上海市虹口区档案馆 编

上海市私立麦伦中学档案汇编

上海教育出版社
SHANGHAI EDUCATIONAL
PUBLISHING HOUSE

本书获
国家重点档案专项资金资助

编者说明

1.《上海市私立麦伦中学档案汇编》(以下简称《汇编》) 内容选自上海市虹口区档案馆 76 号全宗，该批档案时间从 1923—1951 年。我们遴选其中一部分内容汇编成册。

2.《汇编》由校务会议记录、全体教职员会议记录、校友回忆、附录四部分组成，其中附录包含大事记年表和教职员名册。校友回忆由上海市继光高级中学 (原上海市私立麦伦中学) 校友会提供。

3.《汇编》根据原档简体横排转录，并做句逗。如原文疑似错、别、衍字，在文字后加"〔 〕"标明更正；如原文疑似漏字，加"【 】"标明增补；如原文字迹模糊难以辨认，以"□"代之；对需要说明的问题，以"注释①②……"标明。

4.《汇编》以档案时间先后编排，民国纪年括注公元纪年。

5.《汇编》中所涉人物简介，源自上海市继光高级中学校友会所编《时代之光耀》《学子·母校·祖国》《上海市继光 (麦伦) 中学建校 105 周年暨继光命名 50 周年纪念集》。

目录

序

校务会议纪录
（民国二十年—民国三十五年）

全体教职员会议纪录
（民国二十四年—1950 年）

校友回忆

附　录

后　记

序

陈子善

上海市私立麦伦中学，即我中学母校继光中学的前身，其档案汇编即将整理出版了。主其事者嘱我为此写几句话，作为校友，当然义不容辞。

1962年夏，我从上海公平路第一小学毕业。同年秋，入继光中学初一就读。继光中学别致的校园、宽大的操场、小巧的图书馆，尤其是庄重的教学主楼体兰馆，还有和蔼的老师和活泼的同学，当时在我眼里，一切都是那么新鲜，那么可爱。从初一到高一，我在继光中学求学四年，后又待了两年。1969年春，我以"68届高中生"的身份在继光毕业，上山下乡去江西了。

入初中不久，我就知道了这所历史并不短暂的中学原名麦伦中学，1953年更名继光中学。当时只知道更名继光中学是为了纪念中国人民志愿军特级英雄黄继光，其他就不甚了然了。后来才知道，"继光"还有另一层"继承"和"光大"这所中学优秀文化和革命传统的意义在。但是，直到离开继光，我依然不知道自己中学母校前身麦伦中学的历史。我想，继光中学的绝大部分毕业生，应该也像我一样，并不知道这段历史。当然，这是十分令人遗憾的事。

而今，我终于知道了麦伦中学于1898年创设于上海山东路麦家圈，初名从麦都思和伦敦会中各取一字，称为"麦伦书院"。后迁移校址于虹口兆丰路（即今高阳路），建造新校舍，至今已有整整127年的漫长历史了。在我看来，麦伦也即后来的继光中学这个校园是应该好好保护的。麦伦书院系英国基督教伦敦会创办，1927年收回教育权后改名为私立麦伦中学，由夏晋麟出任校长。1932年，著名爱国教育家沈体兰（1899—1976）继任校长，在沈体兰主政麦伦中学的二十年间，他提出"科学、进步、民主"的办学理念并一直努力付诸实施，这在上海现代教育史上是留下深刻印记的。

查《麦伦中学历任教职员名录》，麦伦中学的师资来自全国各地，真是人才济济，甚至还有英、美等国的教师。单从文化艺术界而言，就有赵朴初、魏金枝、冯宾符等名家，是我所较为熟知的。更使我惊喜的是，麦伦中学教师中，还有楼适夷先生和林淡秋先生两位。他们是现代左翼作家、翻译家，都在现代文学史上留下英名。我当年曾经拜访过他们，与他们通过信，得到过他们的指教，但我那时并不知道他们有过在麦伦从教的经历，否则，我一定会请他们回忆一下麦伦，谈谈麦伦时期的教学生活，那该多好。

毋庸置疑，自1903年首届学生毕业起，麦伦中学培养了很多很多优秀的人才，不妨从我亲身经历的角度，举一个颇有代表性的例子。在我所从事的中国现代文学研究领域里，有一个响当当的名字——樊骏。他是改革开放以后，中国现当代文学史研究的领军人物，在现代文学学科建设，包括现代文学文献学的建构等方面，都有极为重要的贡献，产生了深远的影响。而樊骏正是麦伦中学1949届高中毕业生，后入北京大学深造。我曾与他交谈过，他以自己毕业于麦伦为荣，我则以有他这样的学长而自豪。而他的大名，我后来也在一次校庆时，在麦伦的毕业生名录上查到了。

这就要说到麦伦中学的档案了。对麦伦—继光这所具有一百多年历史的海上名校而言，其校史是值得回顾、梳理和研究的，而无论是回顾还是研究，都需要直接或间接的文字记载佐证，麦伦中学各个时期的档案正是直接的第一手的文字记载。麦伦中学的建立、扩展和演变，麦伦中学课程的设置、调整和沿革，麦伦中学的校训、校歌和学生组织，麦伦中学各个时期的各项校内和校外的活动……凡是关于麦伦中学的一切，在麦伦中学档案中都有明确或详细的记载，这不正是研究麦伦颇为珍贵的原始资料么？从这个意义上讲，这部《上海市私立麦伦中学档案汇编》编竣付梓，其价值和意义是不言而喻的。这部书不仅对研究麦伦中学史有益，对研究上海的教会中学史、上海的中学教育史等也均有益，也是上海市虹口区档案馆整理并开放藏品的一个新的可喜的成果。

因此，我乐意为之作序，略作回顾和略抒己见，并希望这部书能发挥它应有的作用。

2025年4月5日于海上梅川书舍

校务会议纪录

（民国二十年 — 民国三十五年）

民国二十年（1931 年）

日　　期：九月三〇日下午四时三刻（第一次）
地　　点：校长室
出席者：夏晋麟　沈体兰　白约翰　孙文贤
　　　　仇子同　汪师竹
列　　席：陈震
主　　席：夏晋麟
纪　　录：陈震

讨论事项

一件：审查本校组织大纲案
决议：由沈先生起草，油印分发研究后提出

下次会议通过。

一件：推定学制委员案
决议：白、李、徐、马、仇、沈六位先生。

一件：规定修订章程委员会组织案
决议：以顾问及各处主任为当然委员，连同教职员会议推出之代表一人组织之。

一件：拟订各处工作计划大纲案
决议：在二星期内草拟完竣，再提出下次会议通过。

夏晋麟
（1896—1993）

英国格拉斯哥大学理学学士，爱丁堡大学文学硕士及哲学博士。1927 年，国内收回教育权的声浪日益高涨，英国伦敦会聘请夏晋麟博士出任麦伦书院首位华人校长。1928 年，"麦伦书院"改名"私立麦伦两级中学"。在夏晋麟先生主校五年间，先后设立训育处、教务处，创立图书室，改建现代实验室，实行部颁中等学校暂行课程标准，采用学分制，推广学生自治会制度。

日　　期：一〇月八日下午一时（第二次）
地　　点：校长室
出席者：沈体兰　仇子同　孙文贤　汪师竹
　　　　白约翰　陈震
主　　席：沈体兰
纪　　录：陈震

讨论事项

一件：双十节国庆如何表示案
决议：届时上午八时半举行庆祝典礼，九时

起放假，至十月十一日下午六时止。

一件：推定组织学生义勇军筹备委员案
决议：推定汪、孙、丁三位先生，并指定丁先生为委员长。

一件：另辟生物学试验室并特制课桌案
决议：（一）扫除储藏室充用。（二）特制每只可坐六人之试验桌六只，式样另定。

沈体兰
（1899—1976）

著名教育家、社会活动家，苏州周庄人。1922年毕业于东吴大学。大学毕业后，任青年会全国协会学校组干事。1927年赴英国牛津大学留学，获文学硕士学位。1932年继任麦伦中学校长。主持校务期间，以"培养新国家公民，造就新人格青年"为办学宗旨，把一所外国教会办的旧麦伦，一手改造为进步的革命的新麦伦。1949年，赴京任第一届中国人民政治协商会议副秘书长。1950年，任华东军政委员会教育部副部长。1953年，调任华东体育委员会主任。1958年，任上海市政协副主席。

日　时：一〇月一九日下午一时（第三次）
地　点：校长室
出席者：沈体兰　汪师竹　白约翰　孙文贤
　　　　仇子同
主　席：沈体兰
纪　录：陈震追纪

讨论事项

　一件：学生聂约翰、叶福堂、黄渭庭夤夜私擅出校，查非一次，据称同往游戏场，是实应如何严惩以儆效尤案
　决议：一律除名斥退。

日　时：一一月三日下午二时五〇分（第四次）
地　点：校长室
出席者：沈体兰　白约翰　仇子同　汪师竹
　　　　孙文贤
主　席：沈体兰
纪　录：陈　震

报告事项

（一）主席报告上次会议情形。
（二）各处工作计划大纲缘未尽草竣，留待下次会议提出通过。

讨论事项

　一件：通过本校组织大纲及办事细则案
　决议：修改通过（大纲及细则另录）。

日　时：一一月六日下午一时（第五次）
地　点：校长室
出席者：沈体兰　白约翰　孙文贤　汪师竹
　　　　仇子同
列席者：陈　震

报告事项

　奉派军事教官已经莅校，特开此会讨论关于军事训练之一切办法。

讨论事项

　一件：组织学生义勇军及以办法报告家属案
　决议：遵令组织学生义勇军，并将办理现状即日通告学生家属。

　一件：分配训练工作案
　决议：高中青年义勇军由训练总监部所派军事教官担任。初中童子义勇军仍由丁先生担任。

一件：变更原定上课时间，重行支配军事训练时间案

决议：每日上午七时一〇分至七时二五分早操，八时一五分至八时四〇分晨会，八时四五分至九时三〇分、九时三五分至一〇时二〇分、一〇时二五分至一一时一〇分、一一时一五分至一二时，下午一时至一时四五分、一时五〇分至二时三五分，照原定课程表上课。二时四〇分至四时一五分为学生义勇军训练时间。

上列办法于十六日起实行。

一件：学生文克勒私自出校，外宿不归，应如何惩处案

决议：令其退学。

一件：重行支配校舍案

决议：高中三准即迁回原来教室，其腾出者改充学生义勇军办事室。现在之童子军办事室改充军事教官卧室。又学生抗日救国会办事室应迁至教员休息室，其腾出者仍充应接室，交事务处办理。

日　期：一一月一三日下午三十分（第六次）

地　点：校长室

出　席：沈体兰　仇子同　白约翰　孙文贤　汪师竹

列　席：陈震

报告事项

宣读上次会议纪录。

讨论事项

一件：初中一部分学生请求加入青年义勇军同受训练案

议决：奉令高、初中分别训练，所请碍难照准。

一件：学生骆传葵侮辱师长应如何惩处案

议决：姑念有悔悟表示，从轻记大过一次，并着当学生自治会委员前认罪，以儆其后。

一件：学生林作诗举动粗暴出手殴人应如何惩戒案

议决：记大过一次，并罢免其自治会委员职务。

日　期：一一月一七日下午一时（第七次）

地　点：校长室

出席者：沈体兰　仇子同　孙文贤　汪师竹　白约翰

列席者：陈震

主　席：沈体兰

纪　录：陈震

报告事项

（一）宣读上次会议纪录。

（二）奉市教育局令转知部令，据本校前呈解释校董会章程一节，尚无不合。

讨论事项

一件：奉令办理爱国活动成绩竞赛案

议决：（一）成绩展览俟接洽本校学生抗日救国会后，再定办法。

（二）演说竞赛交兄弟会办理，先从校内举行，预赛选成绩优良者送往参加。

（三）征文比赛即由本星期作文课中试作，择尤〔优〕送局。

一件：规定演说会时间案

决议：从本星期起，每逢星期六上午十一时十五分至十二时举行，由各级级任指导之。

一件：举办圣诞游艺会案

决议：与学生自治会委员接洽后再定。

一件：通过各种会议规程案

决议：（一）校务会议规程。

（二）教务会议规程。

（三）训育会议规程。

（四）事务会议规程。

以上均修改通过。

一件：设立各项常务及特务委员会并决定人选案

决议：甲、常务的：（1）学制委员会：推定沈、白、仇、李、徐、马六位先生。（2）图书委员会：推定沈、白、李、徐、曹五位先生及毕焓。

（3）课外作业委员会：推定仇、沈、顾（志周）、郭、汪五位先生及周受明。

（4）宗教委员会：推定仇、白、顾（蓉初）、汪四位先生。

乙、特务的：（1）修订章程委员会：推定沈、白、仇、孙连同教职员代表一人。

第八次①

出　席：沈体兰　仇子同　孙文贤　汪师竹
列　席：陈震

报告事项

（一）宣读上次议决案。
（二）本校抗日救国会代表报告：本市中等

学校抗日救国联合会定明日上午十时，在公共体育场举行督促政府收回领土大会，各校学生应全体参加。

讨论事项

一件：明日大会如何参加案
决议：除预科照常上课外，其余各级学生一体参加，由李、丁、汪三位先生领队。

日　期：一一月二三日上午十一时（第九次）
地　点：校长室
出席者：沈体兰　白约翰　汪师竹　仇子同　孙文贤
主　席：沈体兰

讨论事项

一件：学生请求赴京请愿案
决议：根据教育部命令，切实劝止。

日　期：一一月二四日下午一时（第十次）
出席者：沈体兰　汪师竹　孙文贤　仇子同　白约翰
列席者：陈震
主　席：沈体兰
纪　录：陈震

报告事项

学生抗日救国理事会议决，继续请求赴京请愿。

讨论事项

一件：学生请求赴京请愿昨经劝止，兹据议决，推定代表八人前往继续请求允准案
决议：允许下列八人赴京请愿：
沈以玮、项学汉、雷树蕃、吴惠敏、黄寿利、陈惠卿、余绪光、魏其汉，并函知家属。

日　期：一二月一日下午二时（第十一次）
地　点：校长室
出席者：沈体兰　孙文贤　仇子同　汪师竹　白约翰
列席者：陈震
主　席：沈体兰
纪　录：陈震

---

① 原文缺日期和地点。

报告事项（略）

讨论事项

一件：通过各处工作计划大纲案

决议：（1）教务处工作计划大纲。
（2）训育处工作计划大纲。
以上均修改通过。

一件：确定本校校训案

决议：俟下次会议提出通过。

校训

日　期：一二月七日下午一时（第十二次）
地　点：校长室
出席者：沈体兰　白约翰　仇子同　孙文贤　汪师竹
主　席：沈体兰

报告事项

学生抗日救国理事会议决，请求准予召集全体大会讨论罢课问题。

讨论事项

一件：学生请求召集全体大会应否照准案

决议：照准。应于课毕后举行。

一件：学生大会如通过罢课应如何办理案

决议：于下列两项条件之下准学生暂时罢课：（一）罢课期间须有切实工作。（二）罢课须有一定期限。

日　期：一二月九日上午九时（第十三次）
地　点：校长室
出席者：沈体兰　白约翰　仇子同　孙文贤　汪师竹
主　席：沈体兰

报告事项

学生抗日救国理事会议决，请求准予参加学联所召集之示威大会。

讨论事项

一件：学生请求参加示威大会应否照准案

议决：准各生自由参加，不得有所强迫。

日　期：一二月一四日上午九时（第十四次）
地　点：校长室
出席者：沈体兰　白约翰　仇子同　孙文贤　汪师竹
主　席：沈体兰

讨论事项

一件：学生罢课已一星期，应如何劝令复课案

决议：应劝令学生于十六日起复课。

日　期：一二月一六日下午一时（第十五次）
地　点：校长室

出席者：沈体兰　白约翰　仇子同　孙文贤　汪师竹

主　席：沈体兰

讨论事项

　　一件：学生抗日救国会议决继续罢课应如何

办理案

决议：一面以罢课情形通知各家长，一面以下星期一复课为预定目标，倘届时仍不复课，则廿五日起提早放假。

日　期：一二月二四日上午九时（第十六次）
地　点：校长室
出席者：沈体兰　白约翰　仇子同　孙文贤
　　　　汪师竹
主　席：沈体兰

讨论事项

　　一件：学生继续罢课应如何办理案
　　决议：通知各家长廿八日起正式复课。

日　期：一二月二九日下午一时（第十七次）
地　点：校长室
出席者：沈体兰　白约翰　仇子同　孙文贤
　　　　汪师竹
主　席：沈体兰

讨论事项

　　一件：学生大会又议决罢课应如何办理案
　　议决：倘学生于三十一日起复课，则本学期准免大考，寒假展缓至一月廿八日开始，否则决于一月一日提前放假。

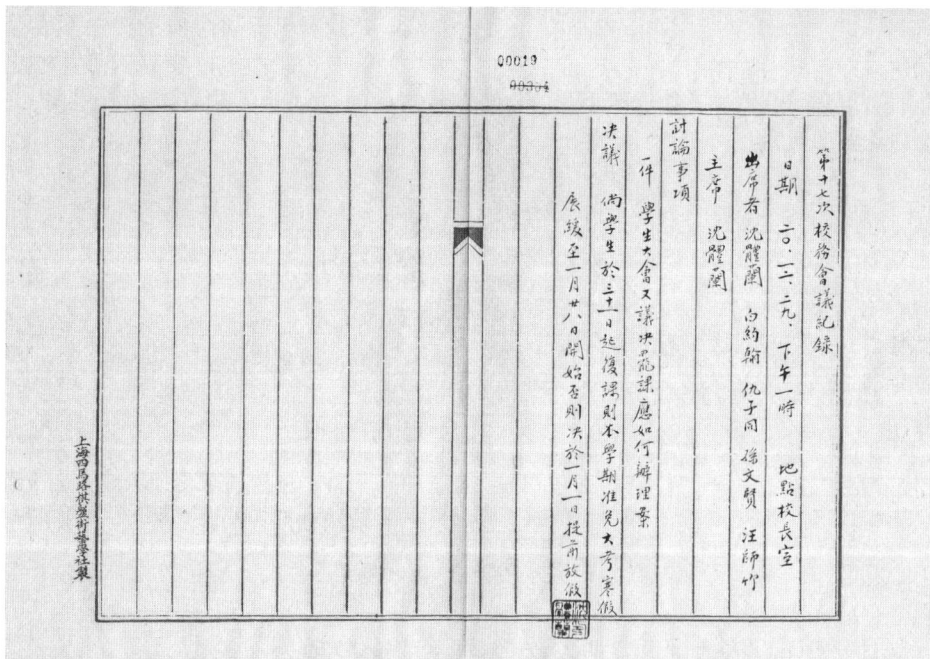

民国二十年十二月二十九日第十七次校务会议记录

民国二十一年（1932 年）

日　　期：一月四日下午一时（第十八次）
地　　点：校长室
出席者：沈体兰　白约翰　仇子同　孙文贤
　　　　汪师竹
主　　席：沈体兰

讨论事项

一件：本届招考新生应于何时举行案
决议：本届应招生两次，定一月廿八日与二
月十一日分别举行。

一件：下学期开学及上课日期应从早规定案
决议：下学期定二月十一日开学，十五日
上课。

报告事项

校长报告派定下列诸人为招生委员：
仇子同、白约翰、忻良德、汪师竹、顾
志周。

白约翰
（John S. Barr，1900—1970）

苏格兰人，英国格拉斯哥大学文学士和理学士。1924 年，受英国基督教伦敦会的派遣来华。1925—1952 年，在麦伦书院、麦伦中学任教，任顾问、高三导师、英文教员。1942 年初，被日寇拘押，在集中营度过了三年多岁月。1945 年 9 月获释返校。1952 年春，离沪赴香港英华书院任教。1955—1965 年，任教于香港中文学院。1965 年回英国，担任苏格兰英中友好协会秘书长。

日　　期：一月五日（第十九次）
地　　点：校长室
出席者：沈体兰　白约翰　仇子同　孙文贤
　　　　汪师竹
主　　席：沈体兰

报告事项

训育主任仇子同报告
学生陈国璋被告发行窃，经查明有据，应如
何处置案
决议：学生陈国璋应予斥退。

日　　期：一月十四日下午三时（第二十次）
地　　点：校长室
出　　席：沈体兰　白约翰　仇子同　孙文贤
　　　　汪师竹

校长报告

市教育局令，应转知退学之学生中有数人可

无问题，及近日来本校学生有数人请求转学
他校各情形。

讨论事项

一件：学生中有数人因担任抗日救国会职
务，要求在寒假期中仍住在校中，以
资便利，应否照准案

议决：因无前例可援，未便照准。

一件：下学期校中一切学生组织应否一例重行登记案

议决：本校一切学生组织下学期起应援用新章，重加审查登记，并严令多注意于校内之实际工作，少从事于校外之无

谓奔走，以免妨碍学业。

一件：应否通知学生家长对于子弟下学期来校肄业者须预加告诫案

议决：通知学生家长须询明子弟在此求学时代，如愿以救国为重，求学为轻，动辄罢课者，下学期请勿来本校肄业。

日　期：三月七日下午二时（第二十一次）
地　点：校长室
出　席：沈体兰　白约翰　仇子同　孙文贤　徐汉章
主　席：沈体兰
纪　录：陈侠泉

校长报告沪变经过及交通阻梗情形，并提出本学期开学或停办，两有困难各点，请讨论。

议决：为顾全学生学业并维持教职员生活起见，应即定期开学，至于薪给问题应如何支配，悉听校董会裁决。

日　期：三月十日上午九时（第二十二次）
地　点：校长室
出　席：沈体兰　白约翰　仇子同　孙文贤　徐汉章
主　席：沈体兰
纪　录：陈侠泉

校长报告校董会执行委员会议议决：
（一）不论学生人数多寡，应即开学。
（二）教职员薪给应依下列方案支配之：

学生人数	薪额
一至四十九人	两个月
五十至七十九人	两个半月
八十至一百六十九人	（中间再分等级，由代理校长会同会计主任酌定之）
一百七十人以上	全薪

校长报告酌定学生人数在八十至一百六十九人之间，教职员应支薪额之方案如下：

学生人数	薪额
八十至九十九人	三个月
一百至一百十九人	三个半月
一百二十至一百三十九人	四个月
一百四十至一百五十九人	四个半月
一百六十至一百六十九人	五个月

议决：定三月廿一日开学，十六日招考新生一次。

日　期：三月十六日上午九时（第二十三次）
地　点：校长室
出　席：沈体兰　白约翰　仇子同　孙文贤　徐汉章
主　席：沈体兰
纪　录：陈侠泉

校长报告
本校前经定期三月廿一日开学，现应定于何日正式上课，请讨论。

议决：定本月廿三日为正式上课日期，廿八日再举行招考新生一次。

日　　期：三月二十二日上午十一时（第二十四次）
地　　点：校长室
出席者：沈体兰　白约翰　仇子同　徐汉章
　　　　孙文贤　顾志周
主　　席：沈体兰
纪　　录：陈侠泉

报告事件

校长报告

（一）教育局指令学生义勇军已告结束，李教官不再来校，所有军事训练应恢复常状。

（二）教育局指令对于前应剔除之插班生十三人，准予留校试读。（三）本学期截至今日止，报到学生约有四十余人。（四）教员中惟新聘严家书先生未到，当再快函催询，如确因故不来，当另聘暂代人员，以免旷课。（五）校舍分配与上次所定者无多改变，惟生物学试验室与工艺教室并为一处。（六）教职员中除丁仲甫、陈侠泉二人因此次突遇特殊情形已准在校中住宿外，其他教职员向不住校者如亦愿改在校中住宿者，当一律设法容纳。

议决事项

（一）定期本月二十五日召集全体教职员会一次。

（二）现正付印之新章程，用新闻纸定印五百本，取价洋一角。

（三）开学后数日内先行复级教授，俟人数确无增加之希望时，再行酌量将人数最少之班单级教授。

日　　期：四月十八日上午十一时半（第二十五次）
地　　点：校长室
出席者：沈体兰　白约翰　仇子同　孙文贤
　　　　徐汉章　顾志周
主　　席：沈体兰
纪　　录：陈侠泉

报告事项

校长报告

（一）上学期自治委员八人，本学期仅有叶兰苏、赵约如、詹炳甫三人来校。本届自治委员应否由叶、赵、詹三人联任，一面另举五人补充之，请讨论。并提出骆传葵、项学汉、马济生、何永照、雷树蕃五人为候选者。（二）沪江大学学生因宿舍问题，前曾托由华东基督教教育会赵传家先生向本校接洽，拟商请本校划出宿舍一部分充作该校学生临时宿舍，应否照准，请讨论。并提出招待友校临时寄生规程十三条（规程另附）。

议决事项

（一）本届因学生人数不多，自治委员名额可减为六人，除叶兰苏、赵约如、詹炳甫三人联任外，另举骆传葵、项学汉、马济生三人充任之。

（二）本校划出宿舍一部分租给沪大学生居住，在不妨碍本校秩序并有团体出面负责保证范围内，应予照准。

二十一年度第一学期高中三学生名册

日　期：四月二十五、六日上午十一时半
　　　　（第二十六次）
地　点：校长室
出席者：沈体兰　白约翰　仇子同　孙文贤
　　　　徐汉军　顾志周
主　席：沈体兰
纪　录：陈侠泉

报告事项

校长报告

本学期因时局关系，到校学生截至今日止只有七十九人。本校各级皆系秋季始业，若本学期辍学之旧生而欲暑假后重来本校肄业者，非留级重读即改为春季始业。惟一级之中若分为春季始业、秋季始业二组，即须添聘教员实为本校经济能力所不逮，欲补救此点惟有办一暑期补习学校，兹提出暑校办法付讨论。

决议事项

——假定办理暑期补习学校，则学生须尽两个足月，修毕一学期之主要学程（国文、英文、算学三科，高中或酌加科学），以补足二十学分为度，其次要学程可于下学期自修，再行补考。但若教育局能有一律办法以救济一般学生，同时他校或他机关发起联合各校办理暑期补习学校，则本校可不必单独举办。又暑期补习而给正式学分是否能得教育局之认可尚属疑问，故此事一时未能为最后之决定。

——旧生所存保证金得保留至下一学期为限，如下一学期仍不来读，则以后不能请求扣抵学费。

——学生自修时间延长半小时，每晚自七时半起至九时。

——本学期结束日期暂定七月十六日，如不办暑期补习学校，则延展一星期至七月廿三日结束。

日　期：五月四日上午十一时半（第二十七次）
地　点：校长室
出席者：沈体兰　白约翰　仇子同　孙文贤
　　　　徐焕章　顾志周
主　席：沈体兰
纪　录：陈侠泉

校长报告与教育局接洽情形，略谓本校所收附学新生与部令并无抵触，可无问题。惟关于暑期补习学校给予正式学分，因受部令限制，未便照准。补救之法惟有将学期延长云云，并提出新旧学生甄别补充条例付讨论。

决议事项

——新旧学生甄别补充条例通过。惟第三条甲项关于学生请求延长学期之人数限制须至少四十人以上一层，届时得酌量情形变通之。

——五月五日下午停课半日，以为本届运动会举行预赛之期。

——本学期因开学较迟，故展期至七月二十三日结束。

日　期：五月十九日上午十一时半
　　　　（第二十八次）
地　点：校长室
出席者：沈体兰　白约翰　仇子同　孙文贤
　　　　徐汉章　顾志周
主　席：沈体兰
纪　录：陈侠泉

校长报告

（一）第二期报名缴费学生现有六人，报名期限决定下星期一（廿三日）截止。（二）本校拟于下星期举行卫生运动，其工作约有五项：1.举行卫生演讲；2.陈列关于卫生之各种图表；3.校内举行大扫除；4.学生体格检查；5.请卫生局派员来校施打防疫针。以上五项工作应如何进行，请讨论。

决议一：本校卫生运动周定在下星期举行。
决议二：组织特别委员会，担任筹备运动周内所有应进行各事宜。
决议三：特别委员会人选如下：
　　　　仇子同先生、孙文贤先生、汪师竹先生、叶兰荪、詹炳甫，并指定仇子同先生为委员长。

决议四：1.聘请演讲人员及借取图表二事，由仇子同先生负责接洽。2.校内大扫除定廿八日上午举行，其人员分队及地段分配由特别委员会会商决

定。3.学生体格检查应通知曹医生于星期一起，先自低级起依次检查。4.施行防疫针事由孙文贤先生亲往上海市卫生局接洽，其日期以星期二、三为最适宜。

日　　期：五月三十一日上午十一时半
　　　　　（第二十九次）
地　　点：校长室
出 席 者：沈体兰　白约翰　仇子同　孙文贤
　　　　　徐汉章　顾志周
主　　席：沈体兰
纪　　录：陈侠泉

校长报告

第二期入学学生早经照章截止，计十七人。兹有钱治元、顾明浩二生因有特殊情形，至今日始来校报到，应否收纳，又第三期是否应开办，均请讨论公决。

决议：为顾全该两生学业起见，应准通融收纳，并议决：1.本星期起，新生绝对不予收纳。2.旧生如在本星期内来校报到，仍予通融收纳。3.下星期起，如有旧生欲来校入学者，照章不得参加大考。

决议：第三期希望能开学，惟须办到下列三项条件：1.征求第一期学生中成绩不佳者，加入第三期补习，其人数至少须连同第二期学生，并计能达三十人以上。2.由校长个人向教职员接洽，至少须有六人以上能于暑期留校帮忙。3.须使学校方面不受经济之损失。

日　　期：六月十一日（星期六）上午十一时半
　　　　　（第三十次）
地　　点：校长室
出 席 者：沈体兰　白约翰　孙文贤　仇子同
　　　　　顾志周
列 席 者：徐汉章　曹　孚　陈侠泉
主　　席：沈体兰
纪　　录：陈侠泉

校长报告

（一）第三期报告学生截至今日止，共有二十五人。曾与教职员方面接洽已略有头绪，当经决定如期开办。计授课时自七月二十五日起至九月五日止，至详细办法俟另日再行拟订。（二）近拟出版卫生运动特刊，为创办校刊之先声，按校刊之作用有三：1.鼓励学生创作之兴趣；2.对外报告本校之进展情形；3.促进学生家属与毕业同学与本校之联络。至编辑一席拟请曹孚先生兼任云。

议决事项

一件议决：校友日与本届休业式同时举行。

一件议决：学生家属恳亲会本学期暂不举行，惟设法请其参观毕业礼。

一件议决：对于学生自治会主张不出席本市中等学校抗日救国会，应予核准。

一件议决：本校前抗日救国理事会既经取消，所有该会簿据账册准由学生自治会接收保管，双方应会同移交清楚并须履行审查账目等手续，以明责任。以后关于本校抗日救国等工作即由学生自治会呈准学校当局办理。

一件议决：膳堂秩序自下星期起废止饭钟，每一桌食毕先散，至迟不得逾半小时。

一件议决：自下星期起，每晚自修课改自七时一刻起至八时三刻止。

一件议决：对于学生自治会所请指派委员长，兹暂指定叶兰荪为该会委员长，嗣后该会委员长应由该会自行推举之。

曹 孚
（1911—1968）

上海宝山人。1929 年在麦伦毕业后，留校任教。1937 年在复旦大学毕业并留校，先后任助教、讲师、副教授。1947 年赴美留学，应哥伦比亚大学之聘，任教美国教育史。中华人民共和国成立后，在复旦大学任教，后任副教务长，同时加入民盟。1954 年调往北京，任人民教育出版社编审。

日　期：九月十九日下午三时半（民国二十一年度第一次）
地　点：会议室
出席者：沈体兰　白约翰　曹　亮　张以藩　陈其德
主　席：沈体兰
纪　录：陈侠泉

校长报告

本校开学已经一星期，本学期教员视前增加，校舍亦修缮一新，颇有新气象。各教职员亦精神饱满，至可欣慰云。

讨论事件

一件：举行恳亲会案
议决：本校定本月二十四日（星期六）下午二时举行恳亲会，邀请本校校董、已毕业校友及学生家长前来与会，其秩序定：（一）参观；（二）开会；（三）余兴；（四）茶点。并指定高中学生十人分任招待，一切费用不得超过二十元。关于筹备方面请事务主任张以藩君负责办理。

一件：举行读书运动周案
议决：本校定十月三日至八日举行读书运动周，请副教务主任曹亮君负责办理。

一件：国庆纪念及放假日期案
议决：国庆纪念定于十月八日上午十时预行庆祝，假期应自十月八日午时起至十日下午六时止。

曹 亮
（1904—1992）

湖南常宁人。1927 年于燕京大学毕业后，在中华基督教青年会全国协会任职。1932 年受沈体兰聘请到麦伦中学执教，后任教务主任兼上公民历史课，同沈体兰共同策划学校的全面改革。1934 年由田汉、阳翰笙介绍加入中国共产党。他是"上海文化界救国会"的发起人和领导人之一，与沈体兰亲密共事，为把麦伦办成一所进步的具有光荣、优良传统的学校，做出了开创性、奠基性的贡献。

日　期：九月廿八日下午三时
　　　　（民国二十一年度第二次）
地　点：校长室
出　席：沈体兰　白约翰　曹　亮　张以藩
　　　　陈其德
主　席：沈体兰
纪　录：陈侠泉

校长报告从略。

讨论事件

一件：本校应否收纳旁听生案

议决：旁听生须遵行下开三个条件：（一）以
　　　选科为限；（二）每门缴听讲费洋
　　　肆元；（三）以通学为限，不准寄宿

校内。

一件：订正浴室规则案

议决：浴室规则第四条"本校浴室非寄宿生
　　　概不准入内"应改为"本校浴室非开
　　　放时间概不准入内"。

一件：变更熄火时间案

议决：初中及高中一年级均仍旧九时半熄
　　　火，惟高中二、三年级展迟半小时，
　　　每晚十时熄火。

一件：读书运动周展缓举行案

议决：读书运动周展缓一星期，定十月十一
　　　至十六日举行，仍请副教务主任曹亮
　　　君负责进行。

日　期：十月三日下午三时
　　　　（民国二十一年度第三次）
地　点：校长室
出　席：沈体兰　白约翰　曹　亮　张以藩
　　　　陈其德
主　席：沈体兰
纪　录：陈侠泉

校长报告各事项如下

（一）合作社已举行股东会，推出董事组成
董事部，并推举徐汉章君为经理，股票已付
印，本星期内即可正式成立。
（二）民众夜校到学生一百四十余人，分三

班，又另设一特别班。
（三）学生自治会开会两次，通过宪章，惟
尚未正式举出职员进行工作。
（四）关于宗教工作，每星期日邀请校外名
人讲道已按照预定程序进行。
（五）关于修理校舍及添置校具，已大致就
绪告一段落，支配校役工作亦已定妥。
（六）关于经济方面去年亏空约八千余元，
除存款及各项补助费移抵外，实计尚亏八百
余元。本年度开始接收后，两月来进行尚属
顺利，惟修理、实验设备、校具设备三项略
有超过耳。

日　期：十月四日下午三时
　　　　（民国二十一年度第四次）
地　址：校长室
出　席：沈体兰　白约翰　曹　亮　张以藩
　　　　陈其德
主　席：沈体兰
纪　录：陈侠泉

校长报告从略。

讨论事件

一件：本校应否举行展览会案

议决：本校应于圣诞节前数日举行展览会，
　　　并派张以藩、江振德、茹泠婴三君为
　　　筹备委员，指定张以藩君为委员长。

一件：本校级任制应否改导师制案

议决：本校改级任制为导师制，前委各级主
　　　任应即撤销另委。

一件：本校学科分系案

议决：本校学科暂分六系，并委任顾志周君
　　　为国语文系主任，曹亮君为社会科学
　　　系主任，马兆椿君为自然科学系主
　　　任，白约翰君为外国语系主任，江振
　　　德君为体育系主任，茹枚君为艺术系
　　　主任。

一件：劳力工程应于何时起实行案

议决：劳力工程俟通知工部局卫生处后，再
　　　行酌办。

张以藩
（1906—1957）

湖南长沙人。1930年毕业于东吴大学法学院。翌年，应沈体兰之邀，任麦伦中学训育主任。在校期间，保护麦伦学生投身"一二·九"运动。1934年，在章士钊律师事务所襄赞业务。1936年"七君子"事件中，他为李公朴出庭辩护。1937年"八一三"事变爆发，回长沙从事抗日救亡运动。中华人民共和国成立后，历任湖南基督教三自爱国委员会副主席、救济总会副主席等职。

日　　期：十一月四日（民国二十一年度第五次）
地　　点：校长室
出席者：沈体兰　白约翰　张以藩　陈其德
　　　　徐汉章
主　　席：沈体兰
纪　　录：陈侠泉

校长报告
学生陈耀塈违犯校规情节重大，当经函邀其家长来校面洽。兹有蔡某来称其父卧病在床，此事未便使其得知，特来代请从宽发落，应如何办理。

议决： 该生家长既未知情，蔡某不能代表一切，所请未便照准。应再函，由保证人转催速来领回该生，作为退学。

日　　期：十一月八日（第六次）
地　　点：校长室
出席者：沈体兰　白约翰　张以藩　陈其德
　　　　徐汉章
主　　席：沈体兰
纪　　录：陈侠泉

校长报告
兹有陈耀塈之祖母来校面请，准陈耀塈继续留校肄业至年终。此外无论任何严厉处分均愿听受，应如何办理。

议决： 该生陈耀塈所犯情节对于本校及夜校风纪、名誉均有影响，未便姑容，应仍着该生家长即日自动领回，否则即布告开除。

日　　期：十一月十一日（第七次）
地　　点：校长室
出席者：沈体兰　白约翰　曹　亮　张以藩
　　　　陈其德　徐汉章
主　　席：沈体兰
纪　　录：陈侠泉

校长报告
本月十二日为总理诞辰，依照校历本应放假一天，以志庆祝。惟近阅报载教育部通令：以现在国难期间务须上下淬励，所有国庆日期各机关应照常办公，本校自当遵照办理。兹据本校学生自治会代表面称，现值考试期间，请求于是日停课半天，俾资温习功课，所陈不无理由，应否予以照准。

议决： 本月十二日上午准停课半日。

日　期：十一月廿八日下午三时半（第八次）
地　点：校长室
出　席：沈体兰　白约翰　曹亮　张以藩
　　　　陈其德　徐汉章
主　席：沈体兰
纪　录：陈侠泉

校长报告

上中协会所主办之越野赛跑，本校既已报名忽又不赴会，本人前日出席该会大会，得悉他校皆到，惟本校缺席，希望以后注意，勿再有类此事件发生。又此次上中协会又举行史地测验比赛，地址在务本女校，高、初中均须各选学生四人前往与赛应照办，请酌选。

议决：挑选高中项学汉、周受明、凌鼎钟、鲍正鹄，候补杜秉鉴、吴炘。初中唐寿颐、钱治元、蒋孝忠、杨德芳为与赛员。

一件：筹备展览会案
议决：本校成绩展览会原定十二月十八日举行，现因筹备不及又为节省经济起见，改于十二月廿四、五日与庆祝圣诞游艺会同时举行。至游艺会应否售券及券价多少、券资移充何项捐款，均交由学生自治会酌办。

议决：加推白约翰、陈其德二君为展览会筹备委员，并采纳筹备委员长张以藩君之意见，对于展览会是否举行，仍须视临时送到展览品会之多少，方可决定。

一件：制定本校校歌案

议决：推曹亮君起草，由白约翰先生转请胡周淑安女士制谱再核。

一件：高中宿舍整洁锦标及二〇六号寝室室长案
议决：由训育处酌量办理，寝室室长如逾期不举定，即可由校委派。

一件：整顿本校秩序案
议决：明日召集全体教职员会议，请全体教职员共同注意。

麦伦中学校歌

日　期：十二月三十日（第九次）
地　点：本校校长室
出席者：沈体兰　白约翰　张以藩　陈其德
　　　　曹亮　徐汉章
主　席：沈体兰
纪　录：陈侠泉

讨论事件

一件：廿二年元旦放假日期应如何规定案
议决：廿二年元旦适值星期，次日补放假一日。

一件：修改校历案
议决：修改校历如下：

一月廿一日	学期考试结束
一月廿四日	寒假开始
一月三十一日	第一学期终了
二月一日	第二学期开始开学
二月三、四日	新生入学试验
二月六、七日	注册
二月八日	开始上课

民国二十二年（1933 年）

日　期：一月七日上午十时四十五分（第十次）
地　点：校长室
出席者：沈体兰　白约翰　曹亮
　　　　张以藩（后到）陈其德　徐汉章
主　席：沈体兰
纪　录：陈侠泉

主席报告

（一）工部局对于补助费情形。（二）校董会对于校长建议添建校舍之表示。（三）下学期对于教室宿舍之改变支配。

讨论事件

一件：师生同乐会应定何日举行案
议决：师生同乐会定本月廿一日晚举行，派张以藩、陈其德、江振德三君为筹备委员。任教职员学生自由参加。

一件：举行本学期休业式日期案
议决：定本月廿一日上午十一时举行本学期休业式。

一件：决定下学期举行始业式日期案
议决：下学期定二月八日上午九时举行始业式。

陈其德
（1904—1970）

浙江永康人，1931 年毕业于东吴大学法律系。1932 年应沈体兰之聘，在麦伦中学任教员兼事务主任。陈其德在麦伦、继光担任事务主任、代校长 24 年之久。他是沈校长的得力助手，对麦伦中学的建设作出重要贡献。1956 年起，他当选为上海原提篮桥区（后并入虹口区）副区长，分管文教工作。

日　期：二月四日上午十时三十分（第十一次）
地　点：校长室
出席者：沈体兰　白约翰　曹亮　张以藩
　　　　陈其德　徐汉章
主　席：沈体兰
纪　录：陈侠泉

讨论事件

一件：校长提出各组委员会委员人选案
议决：各组委员人选（名单如下），通过。
　　　学制委员会：沈体兰、曹亮、白约翰、马兆椿、忻良德、徐汉章。
　　　图书委员会：曹亮、郭大文、茹枚、李庆甫、曹孚、王坚生。
　　　课外作业委员会：陈其德、江振德、张以藩、茹枚、顾志周、曹孚。
　　　宗教委员会：白约翰、陈其德、忻良德、李庆甫、汪师竹、曹亮。
　　　校舍及设备委员会：张以藩、郭大文、马兆椿、江振德、顾志周、陈侠泉。
　　　经济委员会：沈体兰、张以藩、白约翰、徐汉章、汪师竹。

一件：校长提出修正作业时间案
议决：星期一、二、四、五晨会在第一课之前举行，星期三、六晨会移在第四课课毕后举行。又星期六下午一时起，

第一节演说，各级由导师指导在各该教室内行之；第二节集会由训育处指导；第三节运动由体育指导员指导。

一件： 徐汉章先生提出改良晨会演讲案

议决： 推定沈校长、张以藩主任、陈其德主任为晨会主席团，将应聘请之讲员及演讲程序预为订定。

一件： 修正校历案

议决： 修正校历如下：

二月一日	星期三	第二学期开始　开学
二月三、四日	星期五、六	新生入学试验
二月六、七日	星期一、二	注册
二月八日	星期三	开始上课
三月十二日	星期日	总理逝世纪念（放假）
三月十八日	星期六	北平民众革命纪念（不放假）
三月廿一日	星期二	地方纪念（放假）
三月廿九日	星期三	革命先烈纪念（放假）
四月七日至十三日	星期五至四	半学期考试
四月十二日	星期三	清党纪念（不放假）
四月十四日	星期五	春假开始
四月十七日	星期一	春假终了
五月五日	星期五	革命政府纪念（放假）
五月九日	星期二	国耻纪念（不放假）
五月十八日	星期四	先烈陈英士先生纪念（不放假）
六月三日	星期六	拒毒纪念（不放假）
六月十六日	星期五	总理广州蒙难纪念（不放假）
六月十四至廿二日	星期三至四	毕业考试
六月廿二至三十日	星期四至五	学期考试
七月一日	星期六	毕业式
七月二日	星期日	暑假开始
七月三、四日	星期一、二	新生入学试验
七月七日	星期五	上海市政府成立纪念（放假）
七月九日	星期日	国民革命军誓师纪念（放假）
七月三十一日	星期一	第二学期终了

补充校历

（续表）

二月十三日	星期一	民众学校开学
二月十八日	星期六	师生同乐会
三月八日	星期三	妇女节
三月十八日	星期六	补植树节
三月十三至十八日	星期一至六	宗教运动周
四月四日	星期二	儿童节
五月一日	星期一	劳工节
五月四日	星期四	学生节
五月六日	星期六	全校运动会
五月廿九至六月三日	星期二至六	卫生运动周
六月六日	星期二	教师节
六月十四日	星期六	民众学校毕业式

一件： 订定各项会议程序案

议决： 各项会议程序订定如下：

校务会议（星期一）

二月十三日	廿七日	
三月二十日	廿七日	
四月十日		
五月一日	十五日	廿九日
六月十二日	廿六日	

导师会议（星期二）

二月七日教	廿一日训
三月七日教	廿八日训
四月四日教	廿五日训
五月九日教	廿三日训
六月六日教	二十日训

事务会议（星期四）

二月十六日
三月十六日
四月六日
五月十一日
六月八日

各项委员会议（星期五）

一件： 筹备举行师生同乐会案

议决： 师生同乐会定二月十八日举行，并推定张以藩、陈其德、江振德三君为筹备员。

一件：改变全体教职员会议方式案

议决：全体教职员会定二月十一日晚餐后六时半至九时半举行。

议决：此项全体教职员会应如何改变方式另定，名称俟聚会时详加讨论决定。

一件：学生倪武陵不遵限缴交保证金应否通融案

议决：姑念该生转学困难，准其报名续读，并函致其家长加以警告。

日　　期：二月十三日下午一时（第十二次）
地　　点：校长室
出席者：沈体兰　白约翰　曹　亮　陈其德　徐汉章
主　　席：沈体兰
纪　　录：陈侠泉

主席报告

本学期学生统计数目。

讨论事件

一、学生李荣魁未如期到校应否收纳案
议决：通融收纳，惟须照章处罚。

二、教职员全体会会期案
议决：教职员会每月一次，定于每第二星期六晚举行，日程表如下：

二月十一日	（星期六下午六时三十分）
三月十一日	（同上）
四月八日	（同上）
五月十三日	（同上）
六月十日	（同上）

三、举行各级学生恳亲会案
议决：各级学生分别举行恳亲会日程表如下：

二月廿五日	（高三）
三月四日	（初三）
三月十一日	（高一）
三月廿五日	（初一甲组）
四月一日	（初一乙组）
四月八日	（初二甲组）
四月廿二日	（初二乙组）
四月廿九日	（高二）

四、制定校歌校徽校训案
议决：本校应有校歌、校徽、校训，应详细拟具草案式样提出，于下次校务会议决定。

五、拟订本校组织大纲及各处办事细则案
议决：本校组织大纲及各处办事细则应由校长会同各处主任拟订提出，于下次校务会议通过之。

日　　期：二月廿七日下午一时（第十三次）
地　　点：校长室
出席者：沈体兰　白约翰　曹　亮　张以藩　陈其德　徐汉章
主　　席：沈体兰
纪　　录：陈侠泉

主席报告

（一）每晚自修课时间仍照上学期，自下午七时起。（二）举行初三恳亲会时，预先知照初三学生转邀家长来校欢叙。（三）参观博览会征品展览定三月四日下午一时半全体出发，所有该日下午第一课提早一刻退班。（四）师生同乐会已决定三月四日晚举行。（五）上中协会举行自然科学教授讨论会、高中学生越野赛跑、初中学生童子军检阅，分别交自然科学系、体育系主任斟酌参加。

讨论事件

一件：三月十二日总理诞辰适值星期日，应否补行放假案
议决：三月十一日（星期六）下午提前放假半日，以资纪念。

一件：本届植树节应如何筹备案
议决：交校舍设备委员会筹备。

一件：拟订国难时期训练学生实施方案案
议决：应请校长起草，再行提出讨论。

一件：募集航空救国捐案

议决： 不取强制执行方法，俟航空协会到校接洽时，再行公开征求。

一件： 导师会议及课外作业委员会各项建议案

计：甲、训育大纲。乙、课外作业规则。丙、各级级长、宿舍室长、膳堂席长及值日生服务规则。丁、学生自治会组织条例。戊、各级级会组织条例。

议决： 通过。

一件： 修正组织大纲草案案（附原文）

议决： 通过。

● 组织大纲

一、本校为中华基督教伦敦会所设立，由校董会全权办理，定名为上海市私立麦伦中学校。

二、本校以适合高尚教育标准，养成国家健全公民，并实行设立人本意为宗旨。

三、本校依照国民政府教育部颁布私立学校规程，由校董会呈请上海市教育局立案，国民政府教育部备案。

四、本校编制分为高级中学三年，初级中学三年，一律暂办普通科，秋季始业。

五、本校经费除学宿等费收入外，由校董会于本校基金收入项下酌拨常年补助费。

六、本校校长由校董会聘任，对校董会负责，处理本校一切事宜。

七、本校设顾问一人，每学年由校长提请校董会聘任，向校长负责，贡献关于校务之各项意见。

八、本校行政分设教务、训导、事务三处，每学年由校长各聘主任及其他人员，向校长负责，分别处理本校各项校务。各职员办事细则另定之。

九、本校各级设导师一人，每学期由校长委任，向教务及训导主任负责，分别处理各级教务与训导事宜。

十、本校校长顾问、各处主任及教职员会代表一人，组织校务会议，为本校校务之审核机关，校务会议之组织条例另定之。

十一、本校各级导师合组导师会议，为教务与训导之审核机关。事务处组织事务会议，为本校事务之审核机关。导师会议、事务会议之组织条例另定之。

十二、本校教务、训导、事务各处设各项委员会，其人选每学期由校长提出校务会议通过委任之，各项委员会之组织条例另定之。

十三、本校以全体教职员组织教职员会为校务之评议机关，教职员会之组织条例另定之。

十四、本大纲由校长呈请校董会批准施行。

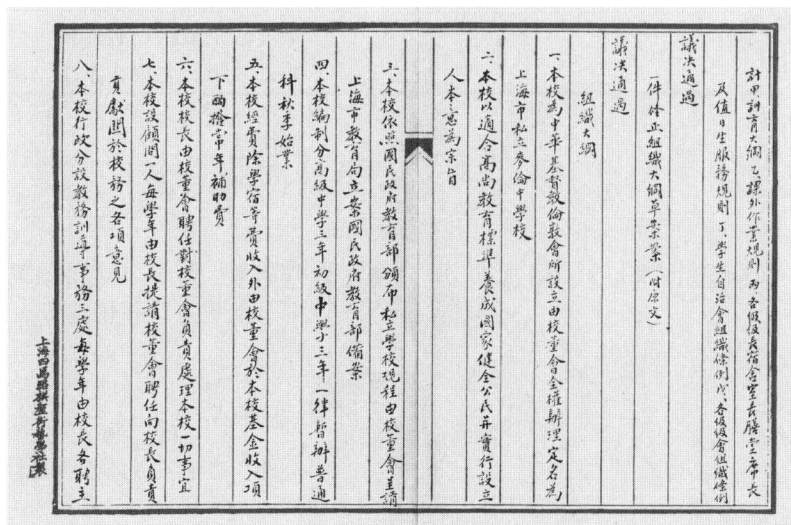

民国二十二年第十三次校务会议记录

日　　期：三月六日下午一时（第十四次）
地　　点：校长室
出席者：沈体兰　白约翰　曹　亮　张以藩
　　　　　陈其德　徐汉章
主　　席：沈体兰
纪　　录：陈侠泉

主席报告

（一）前日举行师生同乐会，师生各有半数以上到会，情形尚佳。（二）昨日举行初三恳亲会，学生家长到者仍不多，将来或须改变方式，改为个别拜访。（三）教职员会本月十一日为第二次聚会之期，已请到刘湛恩博士演讲。（四）宗教运动周下星期举行，已请到金武周先生担任演讲。

讨论事项

一件：主席提出职员办事细则、会计手续条例、各项行政会议组织条例、各项委员会组织条例、教职员会组织条例案
议决：修正通过。

日　　期：三月十日下午三时十五分（第十五次）
地　　点：校长室
出席者：沈体兰　白约翰　曹　亮　陈其德
　　　　　张以藩　徐汉章
主　　席：沈体兰
纪　　录：陈侠泉

主席报告三事

（一）本校实验规则、体育规则、健身房规则、运动场规则、游艺室规则均经导师会议通过。（二）航空捐经市教育会及中国航空协会各提出一种方案。（三）国难时期训练中等以上学校学生方案已经起草，请众讨论。

议决事件

一、本校实验规则、体育规则、健身房规则、运动场规则、游艺室规则均批准施行。
二、航空捐接受中国航空协会办法，开始征求本校师生加入。
三、通过国难时期训练中等以上学校学生方案。

日　　期：三月十四日上午十时三十分
　　　　　（第十六次）
地　　点：校长室
出席者：沈体兰　白约翰　曹　亮　张以藩
　　　　　陈其德　徐汉章
主　　席：沈体兰
纪　　录：陈侠泉

主席报告

顾问提议重行修改本校组织大纲草案及教职员会组织条例案付讨论，经讨论结果议决修改如下：
一、组织大纲草案第十三条修改为"本校以全体教职员组织教职员会议为校务之评议机关，教职员会议之组织条例另定之"。
二、全体教职员会议组织条例草案照修正各点通过。

日　　期：三月二十日下午十二时半（第十七次）
地　　点：校长室
出席者：沈体兰　张以藩　陈其德　徐汉章
主　　席：沈体兰
纪　　录：陈侠泉

校长报告

（一）宗教运动周及植树式经过。（二）实施国难时期训练方案情形。（三）处置患传染病学生办法。（四）华东基督教教育会年会日期地点。并轮流传阅议题，以便研究提案。

讨论事件

一件：修正各级恳亲会日程案
议决：本月廿五日举行初中一年级恳亲会，四月一日举行初中二年级恳亲会，四月八日举行高中二年级恳亲会。

一件：印刷本校概况及一览案

议决：本校概况应即插图付印。本校一览除组织大纲、训育大纲业经先后公布外，须增加教务大纲，并将各种规则、公约详予修订后汇编付印。

一件：推员起草教务大纲及修订各种章则案

议决：教务大纲由教务处起草，各项规则、各项公约之修订由校长会同有关系各职员商洽修订提出，于下次校务会议决定之。

日　期：三月廿五日上午九时（第十八次）
地　点：校长室
出席者：沈体兰　白约翰　张以藩　陈其德
　　　　曹　亮　徐汉章
主　席：沈体兰
纪　录：陈侠泉

讨论事件

主席提出

杜重远先生介绍学生侯立达，原籍辽宁，前肄业北平育英中学初中三年级，愿入本校初中三年级，照章纳费为旁听生，应否准予入学案

议决：学生侯立达既属东北受难学生，应遵教育部令准予收纳为旁听生。

日　期：三月廿七日下午十二时三刻
　　　　（第十九次）
地　点：校长室
出席者：沈体兰　白约翰　曹　亮　张以藩
　　　　陈其德　徐汉章
主　席：沈体兰
纪　录：陈侠泉

主席报告

（一）实施国难时期训练学生方案概况及日期，并拟函致学生家长通告储蓄救国金及穿着制服等事。

（二）航空协会征求会员办法按级组征求，队〔对〕本人任总队长，请陈其德先生任总参谋，自治会职员任参谋，张以藩先生任教职员队队长，各级由级长任队长，副级长任副队长，各级导师任各该级参谋，一俟明日提出，于导师会议通过后实行。

（三）本星期四将举行校董会执委会，彼时须将下列各事提出：1.历届议案执行情形。2.上学期决算审查报告收支相抵，计短银三千两又三百三十九元八角四分。3.本学期预算修正案收支相抵，约短国币二千元。4.本校新订组织大纲草案呈请批准。5.关于下学期课程之变更问题，先征求学制委员会之意见，定明日上午召集学制委员会议。6.关于下学年预算之编造，先征求经济委员会之意见，定明日下午召集经济委员会议。7.关于校舍之支配及建筑问题。

日　期：三月卅一日下午十二时三刻
　　　　（第二十次）
地　点：校长室
出席者：沈体兰　白约翰　曹　亮　张以藩
　　　　徐汉章
主　席：沈体兰
纪　录：陈侠泉

主席报告

（一）校董会执委会昨开会，因讨论事件多时间有限，仅通过查账报告及本学期修正预算。关于亏短之数应如何弥补，须提出校董会再讨论。办补习学校事原则上通过，亦须提出于校董会。关于变更课程，原则上皆表同意。尚有修正组织大纲、下学期预算及关于本校发展建筑各问题皆未议及，均须俟下次续开时再加讨论。（二）华东基督教教育会定四月四至六日在镇江举行年会，本人与白顾问均须前往出席。此外本校或尚有一二人前往赴会。（三）中华基督教会总会为改造乡村问题在杭开会，曾邀本人出席，去否未定。

讨论事件

一件：参观交通大学工业铁道展览会事

议决：星期六下午一时出发，高中学生由导师鼓励多数加入同往，初中则照常上课。惟其中如有对于工业铁道特别感

觉兴趣要求参加者，亦准其参加。

一件：参加四月底举行上海全市运动会事

议决：由体育指导员从事预备，届时酌量参加。

日　　期：四月十日下午十二时三十分
　　　　　（第二十一次）

地　　点：校长室

出　　席：沈体兰　白约翰　曹　亮　张以藩
　　　　　陈其德　陈侠泉

主　　席：沈体兰

纪　　录：陈侠泉

主席报告

（一）初二、高二举行恳亲会情形应由教务处与训导处接洽，妥拟善后办法提出，于下次导师会议决定施行。（二）实施国难时期训练学生方案情形：1. 救国储金第一周已有数班缴到，暂由学生自治会委托吴祥光保管，以后再由该会开会正式决定。2. 紧急集合因章程未公布，前日不过为排队之举。对于消防器具之购置，俟酌量经济情形再行决定。3. 穿制服问题因目前学生只有一套制服，不够换洗之用，暂定自五月一日起每逢星期三至六为一律穿制服之日期。（三）本人此次参加华东基督教教育会年会，已将所见情形在前次教职员交谊会约略报告，惟因多数

教职员未到，故拟于明日在舍间再开一次教职员茶话会。

讨论事件

一件：规定国难演说比赛日期案

议决：国难演说比赛日期定于五月六日上午举行。

一件：制定校歌案

议决：通过。

一件：学生自治会要求延长春假为一星期案

议决：本届春假准予展长，自本月十四日起至十八日止。各级如有团体旅行在外不及赶回者不以旷课论，惟不得超过一星期以上。

一件：各级学生旅行案

议决：高一出发杭州作采集生物标本之旅行，由郭先生率领，高一导师如愿同往者听。高二是否有组织旅行团之必要，由高二导师斟酌办理，或会同初三、高三并组社会科学旅行团均可。

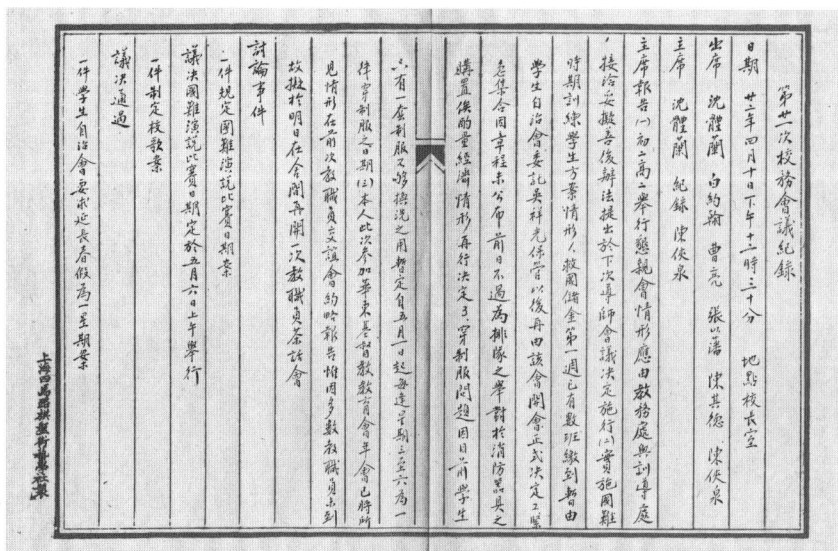

民国二十二年四月十日第廿一次校务会议记录

日　　期：四月廿四日下午十二时三十分
　　　　　（第二十二次）
地　　点：校长室
出 席 者：沈体兰　白约翰　曹　亮　张以藩
　　　　　陈其德　徐汉章
主　　席：沈体兰
纪　　录：陈侠泉

主席报告

（一）校董会执委会第二次开会通过本年度修正预算案及下年度预算案，并以下列三种建议转达校董会：1. 学生人数增至二百人时，教职员照定额增薪，否则照旧。2. 校长自请减薪，应请再行考虑。3. 校长住宅缴纳半数租金应请伦敦会同意。至关于发展建筑各问题均因时晏未及讨论，只得俟五月中校董会开会时再行提出。（二）半学期考试已毕，希望各科教员能在一星期内，将分数单缴交教务处。（三）春假放五天，惟高一因采集旅行赶回时，以途中劳顿继续休息一天。生物学教员郭先生终因天雨未有前往，不免引以为憾。（四）国难时期训练学生方案各项均已次第实施，惟穿制服一事，高中三与初中三因毕业在迩，要求改穿蓝布衫，以便离校后随时可穿应予照准。由训导处准其出外购制，务于五月一日以前办齐。（五）航空协会征求事现在计有三十余人加入，付

款时如欲附加建议，当为照转，此事本校定本月廿八日为总结束期。

讨论事件

一件：规定毕业考试日程案
议决：如教育局会考定于六月十九日，本校毕业考试当提前举行，暂定六月一日至八日，是否再须提前或展缓当视局方会考日期而定。

一件：规定本校纪念日及筹备案
议决：在本校纪念日尚未妥定以前，本年暂以五月六日为临时纪念日。是日上午有演说比赛，下午有全校运动会，此外应多添节目并招待来宾。推张以藩、陈其德、江振德、曹孚四君为筹备委员，由张以藩君负召集之责。

一件：筹备卫生运动周案
议决：本届卫生运动周（五月廿九至六月二日），推陈其德、曹亮、曹志绥、张以藩、江振德五君为筹备委员，由陈其德君负召集之责。

一件：筹备开办补习学校事
议决：本校附设补习学校事，推沈校长、白顾问、张主任为筹备委员。

日　　期：四月廿七日上午十时（第二十三次）
地　　点：校长室
出 　 席：沈体兰　白约翰　曹　亮　张以藩
　　　　　陈其德　徐汉章
主　　席：沈体兰
纪　　录：陈侠泉

讨论事项

一件：学生要求参观本市中学联合运动会案
议决：照准本日下午第二课停止上课，惟初中学生不同往者，仍留校照常上课。

日　　期：五月二日午后十二时三刻
　　　　　（第二十四次）
地　　点：校长室
出 席 者：沈体兰　白约翰　曹　亮　张以藩
　　　　　陈其德　徐汉章
主　　席：沈体兰
纪　　录：陈侠泉

主席报告

（一）本校参加全市中学运动会结果：高中

三学生瞿鸿傑得奖第二名。（二）航空协会征求运动结束，计加入为会员者有三十二人。（三）印刷校歌概况一览等件，校歌已印就分送本校校董、校友及全体师生。概况及一览五月底可以藏事。

讨论事项

一件：全校运动会天雨应否举行案
议决：全校运动会如遇天雨顺延一星期。

一件：工部局学校运动会本校应否准学生前往参观案

议决：高中学生如欲参观者，可准假离校前往。

一件：废止学分制采用绩点制案

议决：下学期起废止学分制采用绩点制，所有学业操行及课外作业标准均以绩点计算。

议决：教务大纲、学业标准原则通过。

议决：训育大纲、操行标准及课外作业标准修正通过。

日　期：五月四日午后十二时三刻（第二十五次）
地　点：校长室
出席者：沈体兰　曹亮　张以藩　陈其德　徐汉章
主　席：沈体兰
纪　录：陈侠泉

讨论事项

一件：训导处报告学生鲍正鹄违背校规与厨役争吵应否开除案

议决：学生鲍正鹄违背校规情节颇关重大本应开除，姑从宽。先予以最后之公开警告，并勒令向厨役道歉，如不遵照即行开除。

日　期：五月八日下午十二时三刻（第二十六次）
地　点：校长室
出　席：沈体兰　白约翰　曹亮　张以藩　陈其德　徐汉章
主　席：沈体兰
纪　录：陈侠泉

主席报告

（一）学校纪念日到者三百余人，情形甚佳。
（二）实施国难时期训练方案情形。

（三）处分学生鲍正鹄事。

讨论事件

一件：暑期军事训练应否遵办案

议决：案关部令自应遵办，惟究应如何办理，俟通函学生家长知照，并达上中协会征求各校意见后，再行定夺。

一件：本校毕业学级请求各点应否照准案

议决：俟征求他校意见，再行办理。

日　期：五月十二日上午十一时（第二十七次）
地　点：校长室
出席者：沈体兰　白约翰　张以藩　曹亮　陈其德　徐汉章
主　席：沈体兰
纪　录：陈侠泉

训导主任报告学生要求改良膳食情形。
事务主任报告处分厨房与改良膳食问题之经过，并提出事务会议通过。对于老校役请学校设法给以养老金令其退休，以便另招得力工人补充之建议。

讨论事项

一件：修改校历案

议决：本届因教育局举行毕业会考之故，应将卫生运动周提早于五月廿二至廿七日举行。招考新生日期展缓至七月十二、三两日举行。

日　期：五月二十日午前八时（第二十八次）
地　点：校长室
出席者：沈体兰　白约翰　曹亮　张以藩　陈其德　徐汉章
主　席：沈体兰
纪　录：陈侠泉

报告事项

主席代卫生运动周筹备主任报告卫生运动周筹备情形。又训导主任报告处分学生倪武陵违背校规情形。

决议事件

一件：本月廿二日（星期一）上午举行全校大扫除应否停课案

议决：本月廿二日上午第三、第四两课停止上课，以便全体动员举行全校大扫除。

日　期：六月五日下午三时十分（第二十九次）
地　点：校长室
出席者：沈体兰　白约翰　张以藩　陈其德　徐汉章　曹　亮（后到）
主　席：沈体兰
纪　录：陈侠泉

报告事项

（一）毕业考试已于一日开始，数日来经过情形尚佳。（二）教师节与教职员交谊会同时举行，定期在六日午刻，并举行全体叙餐会。（三）事务主任报告通知学生家长关于预缴保证金及下学期制服与教本之调度情形。

讨论事项

一件：校长提出附设补习学校组织大纲及简章案
议决：通过。

一件：校长提出附设民众学校组织大纲及修改简章案
议决：通过。

一件：校长提出补助金学额条例及工读生服务及待遇条例案
议决：通过。

日　期：六月十四日（星期三）下午十二时三刻（第三十次）
地　点：校长室
出席者：沈体兰　白约翰　曹　亮　陈其德　徐汉章　汪师竹代张以藩
主　席：沈体兰
纪　录：陈侠泉

主席报告

（一）举行教师节纪念与教职员交谊会同时举行。（二）举行毕业考试，计高中毕业十四人，初中毕业十六人。（三）报送参加会考者计三十二人。（四）筹备毕业式，届时除请党政当局派员指导外，并请校董会、校友会、学生家长及来宾到校演讲。（五）

进行填高地基并装置卫生厕所，将向工部局请求将补助费五千两拨付应用云。

讨论事项

一件：校长提出廿二年度校历、教务大纲、各项规则、各项公约案
议决：通过。

一件：定期召集全体教职员会议案
议决：定本月十五日（星期四）举行全体教职员会议，讨论本届结束事项。

一件：旧生吴玉森由本校教职员四人证明曾在本校初中毕业，请补给证书案
议决：准予补给初中毕业证书一纸。

日　期：六月二十日午后十二时三刻（第三十一次）
地　点：校长室
出席者：沈体兰　白约翰　曹　亮　陈其德　徐汉章　汪师竹（代张）
主　席：沈体兰

纪　录：陈侠泉

主席报告

（一）关于毕业会考事，本校参加者计高中十四人，初中十八人。最初两日经过情形甚佳，至第三日高中试场忽起纠纷，现尚未解

决。本校当与他校商洽而行，未便单独有所主张。（二）关于教职员服务及待遇条例，已在全体教职员会议中公布。下学年之聘约继续问题，现亦已多数接洽就绪。（三）关于本学期教务方面应行结束，各事宜曾在全体教职员会议中报告。各教职员暑假起讫日期应预先规定，亦曾发通告征求意见。（四）关于招生委员会已派定委员七人，委员长为曹亮先生，日内当召集会商进行各事。（五）下学年预算案中，应行接洽事项如薪水、校长住宅租金、免费学额、厨房膳食等详细办法已有相当头绪。

讨论事项

一件：校长提出修改作业时间表案

议决：通过。

一件：学生要求办理暑期补习班案

议决：交教务、训导、事务三处会商妥善办法，再行定夺。

一件：训导主任提出设立夏令儿童义务学校案

议决：交训导处督同兄弟会职员酌议进行。

日　期：七月一日下午十二时三刻
　　　　（第三十二次）

地　点：校长室

出席者：沈体兰　张以藩　曹　亮（张代）
　　　　陈其德　徐汉章

列席者：江振德　汪师竹　曹　孚

主　席：沈体兰

纪　录：陈侠泉

讨论事件

一件：主席提出本届高中毕业生十四人、初中毕业生十六人名单，及应给诸生各种奖状名单案

议决：通过。

日　期：七月七日晚七时（第三十三次）

地　点：校长住宅

出席者：沈体兰　白约翰　曹　亮　张以藩
　　　　陈其德　徐汉章

主　席：沈体兰

纪　录：陈侠泉

讨论事项

一件：高中三学生桂宝万提出医师证明书可否通融准予补考案

议决：碍难照准。

一件：教务、训导两处报告全体学生学行成绩案

议决：通过。计高中二升级者五人：李绍栋、王楚良、杜秉鉴、黎绍聪、钟文森。升级自修者六人：王炳泉、白天祝、任正震、张乃文、甘效轲、柯恩声。补考升级者四人：沈明远、张木铎、丘宪章、霍銮光。未参加大考者三人：鲍正鹄、李秉钧、王世铨。高中一升级者十二人：吴祥光、陆柏年、费圻钢、凌斯骏、陈惠章、廖虚心、凌鼎钟、唐福元、徐仁福、田常青、章达才、贺钜茂升级。自修者五人：张云飞、李南生、傅念亭、钱圣发、强金泉。补考升级者三人：郑斌炽、魏其汉、钱鸿赓。留级者五人：陈宝光、王炳光、谈传洪、倪武陵、邝廷桢。未参加大考者二人：朱云龙、陈国维。初中二升级者十人：张恩湘、严润芳、徐永炜、邵宗焕、朱福元、徐慎言、杨德芳、雷树革、忻良士、孙敬良升级。自修者十七人：赵凯甲、施天保、顾明浩、支振寰、瞿根生、范仁保、丁惠德、黄尧臣、金渊、甘履登、邵宗熙、应启棠、冯树汉、王禹身、陆清源、胡永钦、孙季平。补考升级者八人：臧海岐、林翰如、秦关铃、吕铸洪、陈庆华、金关泉、陈钦裕、汪锐。留级者三人：汤陬生、王耀祖、张云荪。初中一升级者十八人：金德康、萧贤举、袁克钧、侯宝荣、李根久、胡承祖、殷文鑫、李保恒、金以恭、陈品根、徐穆功、孙家鉴、汪启恩、陆钟玉、雷树苏、干学伟、鲍正鹏、

陈声綋。升级自修者十七人：赵传书、黄鸣智、黄鸣仁、朱庆棠、金祖荫、王宗祥、陈恒瑞、徐维城、朱云鹏、史观济、施天恩、俞根芳、陈威廉、杨雪章、周志承、唐康年、黄山衣。补考升级者八人：陆永甫、宋颂道、任松寿、任柏寿、凌斯骠、陈惠民、朱孝鸿、郑际宏。留级者五人：王贤爵、严国鑫、陈勤业、黄舜臣、何曾树。

议决： 操行成绩因条例公布未久，暂缓施行。所有记过等处分仅于报告单上注明，并不扣分。

校长报告

（一）此次校友会根据退职教员之报告，向伦敦会方面攻讦学校当局，已由校董会彻查。同时本人亦向校董会提出辞职，虽经校董会信任慰留继续任职，但学校经此打击大受影响，以后更须积极改进籍图恢复。（二）夏令儿童义务学校现改请清心女学毕业生襄同办理，费用以民校余款拨充，其数当在十元以内。（三）毕业会考事现定十三、四、五日，覆试现查各校皆参加，本校未便独异，自当一同参加。（四）本校一览现已出版，惟教职员名单本届未确定，故暂沿用上年度之名单。对于学校缴纳保证金之期亦略行展缓，成绩报告单亦不能早日寄出，招生委员会亦已改组，皆因内部突生不幸事件所致。惟新生入学考试仍照原定日期举行云云。

日　　期： 九月四日下午一时（第三十四次）
地　　点： 校长室
出席者： 沈体兰　白约翰　苏德宏　张以藩　陈其德　马兆椿
主　　席： 沈体兰
纪　　录： 陈侠泉

主席报告

新聘教务主任苏德宏先生及教职员全体会议选举马兆椿先生加入本会议，特致欢迎之意。

讨论事项

一件：修正校历案
议决： 通过。即日公布施行。

一件：修正作业时间表、职员办公时间表、公共处所开放时间表案
议决： 通过。即日公布施行。

一件：委定补习学校、民众学校职员案
议决： 通过。即日公布。

一件：委定各级导师及各组委员会委员案
议决： 通过。即日公布。

日　　期： 九月十八日下午一时（第三十五次）
地　　点： 校长室
出席者： 沈体兰　白约翰　苏德宏　张以藩　陈其德　马兆椿
主　　席： 沈体兰
纪　　录： 陈侠泉

讨论事项

一件：南部校舍地面积水应如何补救案
议决： 用煤屑石灰填入，由白约翰、张以藩负责与工匠接洽。

日　　期： 九月廿五日下午一时（第三十六次）
地　　点： 校长室
出席者： 沈体兰　白约翰　苏德宏　张以藩　陈其德　马兆椿
主　　席： 沈体兰
纪　　录： 陈侠泉

各处主任报告（略）。

决议事件

一件：校长提出各项会议日程案
议决： 通过。

一件：取缔添菜案

议决：学生不准添菜，违者从严处分。一面
　　　警告厨房不准例外卖菜。

一件：国庆纪念推员筹备案

议决：推张以藩、陈其德、汪师竹负责筹备
　　　国庆纪念式。

日　　期：十月二日（第三十七次）

地　　点：校长室

出席者：沈体兰　白约翰　苏德宏　张以藩
　　　　陈其德　马兆椿

主　　席：沈体兰

纪　　录：陈侠泉

主席报告本年修理费预算情形。

讨论事项

一件：举行教职员交谊会案

议决：教职员交谊会定十月七日举行。

一件：筹备科学运动周案

议决：科学运动周定本月廿三至廿八日，推
　　　沈校长及张以藩、苏德宏、赖璞吾、
　　　郭大文诸先生为筹备委员。

日　　期：十月九日上午十时半（第三十八次）

地　　点：校长室

出席者：沈体兰　白约翰　苏德宏　张以藩
　　　　陈其德　马兆椿

主　　席：沈体兰

纪　　录：陈侠泉

讨论事项

一件：国庆纪念学生要求多给假一天案

议决：未便照准。

日　　期：十月十六日下午一时半（第三十九次）

地　　点：校长室

出席者：沈体兰　白约翰　苏德宏　张以藩
　　　　陈其德　马兆椿

主　　席：沈体兰

纪　　录：陈侠泉

报告事项

各处及各委员会报告各情形（从略）。

讨论事项

一件：参加中等学校协进会活动案

议决：应分别通知本校师生酌量参加。

一件：请求中英庚款补助办法案

议决：请各处主任尽量贡献意见。

一件：学生俞润祥考试舞弊应否斥退案

议决：应予斥退。

日　　期：十月廿一日上午十时半（第四十次）

地　　点：校长室

出席者：沈体兰　白约翰　陈其德　马兆椿
　　　　汪师竹代苏德宏

主　　席：沈体兰

纪　　录：陈侠泉

报告事项

校长报告

学生俞润祥前因考试舞弊本应勒令退学，因
该生已表示痛切悔改，而其家长又陈请从宽

惩戒，姑念其系本届新生，不知本校向来办
法，准改为最后警告处分。

讨论事项

一件：初三学生秦关铃考试舞弊案

议决：秦关铃应勒令退学。

一件：学生在校内应一律穿着制服案

议决：学生出入校门应穿着制服，否则不准
　　　通过。又课室内只准携带课业用品，
　　　衣服不准携带入内。

日　期：十月三十日下午一时（第四十一次）
地　点：本校校长室
出席者：沈体兰　白约翰　张以藩　苏德宏
　　　　陈其德　马兆椿
主　席：沈体兰
纪　录：陈侠泉

报告事项

各处主任报告两星期来各项校务进行情形（从略）。

讨论事项

一件：校长请假加入华北教育考察团案
议决：通过。

一件：筹备发行校刊案
议决：交图书委员会核议。
议决：图书委员会委员狄润君先生辞职，改推黄九如先生担任。

一件：实施国难时期训练方案中关于救国储金一事应否继续进行案
议决：应通函学生家长于十一月一日起施行。
议决：通函学生家长时，将上次议决关于穿制服事一并通知。

一件：编辑学校大事记通讯录案
议决：编辑学校大事记请苏德宏、张以藩、陈其德三先生负责。编辑通讯录请张以藩、陈其德两先生负责督促文书员办理。

一件：日间自修课应如何维持秩序案
议决：应责成各级级长负责维持。

一件：本校学生自治会应如何促成案
议决：请训导处相机进行。

一件：白光社练习演剧案
议决：应指定时间，预先报告训导处派员指导。

日　期：十一月八日下午二时（第四十二次）
地　点：会议室
出席者：沈体兰　白约翰　苏德宏　张以藩
　　　　陈其德　马兆椿
主　席：沈体兰
纪　录：陈侠泉

讨论事项

一件：学生自治会要求总理诞辰补行放假一天案
议决：照准。

一件：白光剧社行动失当应如何取缔案
议决：由训导处转令白光社，将剧社改组。请补习、民众两校主任令各该校学生退出该社。

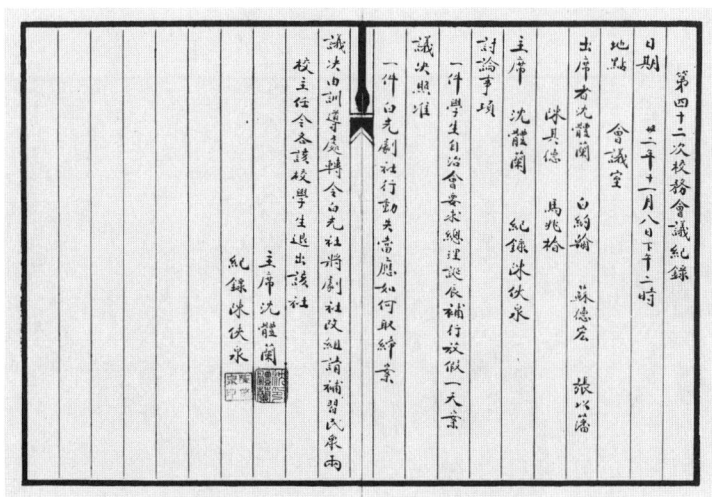

民国二十二年十一月八日第四十二次校务会议记录

日　期：十一月十日下午一时三十分
　　　　（第四十三次）
地　点：校长室
出席者：沈体兰　白约翰　苏德宏　陈其德
　　　　马兆椿
主　席：沈体兰
纪　录：陈侠泉

讨论事项

一件：学生自治会议决向学校当局要求七
　　　项，应如何办理由
议决：关于第一项膳食问题，准学生组织膳
　　　食委员会，随时向事务处贡献意见，
　　　一面由学校物色妥人接办。第二项刊

物问题，准先交学生自治会审查，惟由学校指派顾问一人负最后审核之责。第三项制服问题，学校现正在考虑天气之变迁，而定免穿制服之日期。第四项学生自治会中指导员席次问题，不能由学生决定，惟每次出席指导不必皆坐于台上，可由指导员本人视当时情形而定。第五项图书费、第六项体育费问题，学生请求毫无理由应毋庸议。第七项救国储金继续问题，并不强制执行，此后悉听学生自由，其用途仍由学校监督，不得超出救国范围。俟学生提出要求时，请校长根据以上情形分别予以答复。

日　期：十一月二十日下午一时（第四十四次）
地　点：校长室
出席者：沈体兰　白约翰　苏德宏　张以藩
　　　　陈其德　马兆椿
主　席：沈体兰
纪　录：陈侠泉

主席报告

工部局拨付本校补助费及答复学生自治会各项请求情形（从略）。
各处主任报告各该处近来工作情形（从略）。

讨论事项

一件：委任学生刊物审查委员案
议决：委任张以藩、苏德宏、魏金枝为审查学
　　　生刊物委员，附属于课外作业委员会。

一件：筹备恳亲会案
议决：公推课外作业委员兼任本届恳亲会筹
　　　备委员。

一件：教室及公共处所装置火炉案
议决：教室应否装置火炉由各级学生自行处
　　　理，学校概不干预。至公共处所决定
　　　浴室及教员休息室早日装设、图书馆
　　　装否另日再酌。

一件：苏德宏提出日间自修课维持秩序案
议决：交由教务处与教职员进行接洽。

一件：白约翰提出教职员出在表使用不生效
　　　力可否取消案
议决：可以取消。

魏金枝
（1900—1972）

浙江嵊县人，浙江省立第一师范学校毕业，在上海从事教育工作和文学创作，后加入"左联"。1933年起，长期在麦伦中学教国文。中华人民共和国成立后，调到上海市教育局研究室，任特约研究员，从事中学语文教学的改革和指导工作。1952年起，历任《文艺月报》编辑及《上海文学》《收获》副主编，上海作家协会书记处书记和副主席，上海师范学院教授、中文系主任等职。

日　　期：十一月廿七日下午一时（第四十五次）
地　　点：校长室
出席者：沈体兰　白约翰　苏德宏　张以藩
　　　　陈其德
主　　席：沈体兰
纪　　录：陈侠泉

主席报告

华东区基督教各中学在南京开联合会筹备会，邀请本人出席。定十二月二日前往，四日回校。所有教职员交谊会展缓一星期举行。

各处主任报告各该处情形（从略）。

讨论事项

一件：校长代表经济委员会提出修改预算，计收入项下增加学生纳费约一千元、杂项三百元、补习学校一百元，共计一千四百元。支出项下增加体育费二百五十元、校具费三百元、办公费二百五十元、宣传费二百元，共计一千元案

议决：照案通过。

一件：苏主任报告拟于本星期三下午四时召集学科会议一次案

议决：通过。

一件：张主任报告上学期所收救国储金账项，已审核无误，并以学生自治会名义存入上海银行案

议决：应准备案。

日　　期：十二月八日下午四时（第四十六次）
地　　点：校长室
出席者：沈体兰　苏德宏　张以藩　陈其德
　　　　马兆椿
主　　席：沈体兰
纪　　录：陈侠泉

决议事项

一件：学生张善根考试舞弊案
议决：学生张善根应即开除学籍。

日　　期：十二月十一日下午一时（第四十七次）
地　　点：校长室
出席者：沈体兰　白约翰　苏德宏　张以藩
　　　　陈其德　马兆椿
主　　席：沈体兰
纪　　录：陈侠泉

报告事项

校长报告

赴京筹备苏浙皖私立中等学校协进会经过。

各处主任报告各该处近情（略）。

讨论事项

一件：苏主任提议于导师会议之下添设学科会议及分科会议案
议决：通过。

一件：张主任提出恳亲会程序案
议决：恳亲会定本月廿三日正式举行。下午二时半足球比赛，四时国语演说比赛，七时游艺会。先于廿二晚举行校内预演，准民校、补校学生参观。

一件：耶稣诞辰纪念放假日期案
议决：圣诞纪念放假自本月廿四日上午十一时起至廿五日下午七时止。

一件：学生自治会提出各项要求案
议决：学生自治会要求关于体育部分除第一项应毋庸议，及第七项暂从缓办外，余均已在进行中。关于服务部分请求规定整洁比赛应准，如所请，定十二月廿二日以课余时间为整洁之比赛。关于学术部分请求：第一项国语演说比赛定十二月廿三日下午四时至六时举行。英语演说比赛俟下学期再定期举行。第二项作文比赛定十二月十六日上午十一时至十二时举行。第三项书法比赛定十二月十六日下午一时半至二时举行。第四项常识测验，因本学期于举行科学运动时曾有常识测验之举行，此项应无庸议。关于其他部分请求：第一项开除厨房应交事务处

酌核办理。第二项指导员坐席不能由学生指定，已于上次请求时予以答复，矣应毋庸议。第三项上课时先生迟到应补课，本校向来注意此事，且在事实上早已如此办理，当然表示同意。第四项晨会除星期三及有特别纪念会或德育演讲请来宾主讲外，可以准时

散会。关于游艺会部分请求：第一项在学生存款内每人扣大洋一角作为基金，既经大会通过，应准如所请办理。第二项聘请各部顾问应予照准，惟学校所派之筹备委员会虽将筹备事项交由该会进行，但仍须保留其指导权。

日　　期：十二月十八日下午一时（第四十八次）
地　　点：校长室
出席者：沈体兰　白约翰　苏德宏　张以藩
　　　　陈其德　马兆椿
主　　席：沈体兰
纪　　录：陈侠泉

讨论事项

一件：经济委员会提出修正预算案
议决：本年度预算收入再增加七百三十元，支出再增加一千一百元，通过。请校长照案提出于校董会。

一件：校舍设备委员会提出建筑卫生厕所及筹建健身房案
议决：卫生厕所定寒假中赶造，限下学期开学前完工，请事务处负责进行。健身房建筑图样请校长决定，并请人估价，至迟须于明夏动工。

一件：校长提出请求庚款补助案
议决：请校长计划进行并报告校董会。

一件：初中二年级分组案
议决：请教务处详细计划是否可能，再行酌办。

日　　期：十二月廿一日上午十时半（第四十九次）
地　　点：校长室
出　　席：沈体兰　白约翰　苏德宏　张以藩
主　　席：沈体兰
纪　　录：陈侠泉

讨论事项

一件：学生自治会要求举行整洁比赛时停课案
议决：整洁比赛改在本月廿三日上午举行，并停课半日。

民国二十三年（1934 年）

日　　期：一月八日下午一时（第五十次）
地　　点：校长室
出席者：沈体兰　白约翰　苏德宏　张以藩
　　　　　陈致道　马兆椿
主　　席：沈体兰
纪　　录：陈侠泉

报告事项

一、校长报告一月四日校董会议关于：1. 追加预算；2. 建筑健身房；3. 请求庚款补助；4. 修正教职员待遇条例各情。
二、补习学校主任报告呈请教育局登记情形。
三、各处主任报告各该处情形。

讨论事项

一件：组织招生委员会案
议决：请苏德宏、张以藩、白约翰、郭大文、曹亮、马兆椿、魏金枝为招生委员会委员，以苏德宏为委员长。

一件：初中二年级分组案
议决：教务处所拟四项办法应予接受，俟下学期开学时视学生人数多寡，再行定夺。

一件：筹备校刊案
议决：通过。图书委员会所提出麦伦校刊社组织大纲，俟下学期开学时，再酌量经济情形，决定学校补助款项。

一件：召集全体教职员会议日期案
议决：本学期第二次全体教职员会议定本月十二日午后十二时半举行。

一件：结束本届学生应扣存款案
议决：由事务处与有关系教职员分头接洽办理。

日　　期：一月十五日下午四时（第五十一次）
地　　点：校长会客室
出席者：沈体兰　苏德宏　张以藩　陈其德
　　　　　马兆椿
主　　席：沈体兰
纪　　录：陈侠泉

报告事项

一、经济委员会报告：本学期收支有数项超过预算，已分函各处主任负责注意开源节流，以后编造预算当更求科学化。
二、校舍设备委员会报告：（1）迁移并装设卫生厕所事原定寒假期中举行，兹因是项器具向外洋定购未到，又以天气寒冷不便动工，只得展期至三月间开始工作。（2）建筑健身房事已知照体育指导员规定式样，不日当饬匠绘图估价，希望在五月底竣工。
三、招生委员会报告：所有一切应用印刷品均已齐备，京苏杭等处亦已托该地青年会代为接洽。报名事宜、招生广告已于昨日起刊登申新各报，今晨已有人来报名云。
四、补习学校主任报告：补校已定本星期一起举行学期考试，星期三晚举行休业式，下学期定二月十九日开学。照新章每生入学除缴纳学费外，并缴保证金一元，如在学期中无故缺席在十次以上或请假逾二十次者，保证金没收。
五、民众学校主任报告：本届毕业生拟从严格甄别，能毕业者大约不满十人。下学期起拟增收书籍押款。高级班颇有人要求将来能升入补校肄业，尚未予以最后答复云。
六、校长报告庚款董事会复文内容。

讨论事项

一件：学生张振璜、何振耀、洪强生家长请求给予工读学额案
议决：下学期工读学额尚有一名，查何生振耀操行不甚佳，洪生强生学业成绩平常，惟张生振璜学行均佳，下学期准给予工读学额。何、洪两生之请求应从缓议。

时　日：一月十九日上午八时（第五十二次）
地　点：校长室
到会人：沈体兰　白约翰　苏德宏　张以藩
　　　　陈其德
主　席：沈体兰
纪　录：张以藩

报告事项

一、高三学生霍銮光于本月十七日下午考试人生哲学舞弊有据，应如何处分案
二、初中一甲组学生黄舜臣于本月十七日下午考试植物学舞弊未遂，应如何处分案

三、张主任报告：操行分数扣成绩点后，致各导师所给之及格分数不及规定标准，应如何办理案

决议事件

议决一：勒令霍銮光即日退学，函该生家长即日来校领回。
议决二：黄舜臣给最后警告。
议决三：将操行分数照比例提高，使各导师所给之及格分数扣成绩点时能够及格标准。

日　期：一月廿三日上午九时（第五十三次）
地　点：校长室
出席者：沈体兰　白约翰　苏德宏　张以藩
　　　　陈其德
主　席：沈体兰
纪　录：陈侠泉

校长报告

一、霍銮光宣布开除学籍后，当经其家长领回，惟要求下年回校续读至毕业，应俟届时再予考虑。
二、本校账目每学期由校董会审查一次，兹拟酌加变更，每学期由校内推出查账员审查一次，每学年再行汇送校董会复核一次。
三、校章内关于成绩标准颇有加以修正之必要。
四、各生学业与操行成绩如有确难矫正者，应分别加以警告或拒绝其继续入学。
五、本届举行休业式时发给各生奖状，因时期匆促仅由私人间洽商，本会议应否加以追认。
六、职员假期已修正公布，关于假期内应办事项须于离校时预先商定，委托另一人办理，以免误事。
七、教职员无多更动，惟因初二改组致每人稍增授课钟点。修中诚先生将返国。下学期沈淑女士来校，每星期担任六小时专任教员。曹亮先生与兼任教员黄九如先生互相对调。狄润君先生上学期因病不能到校授课，下学期准可来校担任音乐一门。军事课高三免除，高一、二将增一小时，每星期共三小时。

本校规程修正各条列下：
甲、关于毕业者：
（一）本校学业操行课外作业标准，采用绩点制，初中修完一百七十五（原定一百七十七）学业绩点，九十（原定六十）操行绩点，二十（原定二十二）课外作业绩点为毕业；高中修完一百八十（原定一百八十五）学业绩点，九十操行绩点，四十（原定四十四）课外作业绩点为毕业。
乙、关于操行考核标准者：
（一）操行毕业标准为初、高中各九十绩点（原定初中六十绩点）。及格标准为初、高中各级三十绩点（原定初中各级二十绩点）。
（二）学生操行成绩每得二十分作一绩点计（原定初中每得四十分作一绩点，高中每得二十五分作一绩点）（该项操行分数均以五百分计算）。
丙、关于课外作业考核标准者：
（一）课外作业毕业标准为初中二十绩点（原定二十二绩点），高中四十绩点（原定四十四绩点）。及格标准：初一——六，初二——八，初三——六（原定八），高一——十二，高二——十六，高三——十二（原定十六）。
丁、关于奖惩者：
（一）一学年中（原未规定）实践训导目标遵守各项规约者给"行"字奖。
（二）一学年中（原定一学期）学业成绩平均列甲等者给"学"字奖。
（三）一学年中（原定一学期）从未缺席者给"勤"字奖。
（四）一学期中（原未规定）课外作业有特

殊成绩者给"工"字奖。

（五）记小过一次扣操行成绩二十五分（原根据百分比作五分），大过一次扣七十五分（原根据百分比作十五分），警告一次扣二百分（原根据百分比作四十分）。

戊、关于迟到缺席者：

（一）学生上课迟到满三次（原定五次）者作一次缺席论。

（二）学生上课迟到满五分钟以上者每次作缺席论。

议决事项

议决一：查账员推白约翰、陈其德、苏德宏三先生担任。

议决二：各项成绩标准照修正案通过，一面公布施行并通告各生家长。

议决三：初二学生唐康年学行太差，应函致其家长，下学期勿庸来校肄业。又傅念亭、干学伟、陈恒瑞应分别酌予警告，其余应由训导处酌给批语。

议决四：本届休业式所发奖状应予追认。

苏主任报告

招生事已照常进行，校刊事当俟下学期开学后，再相机进行。

陈主任报告

建筑健身房事现正招人绘图估价，装设卫生厕所事近有开单减至五百三十余元，此为比较最低之数云。

日　　期：二月七日下午十二时半（第五十四次）
地　　点：校长室
出　　席：沈体兰　白约翰　苏德宏　张以藩
　　　　　陈其德　魏金枝
主　　席：沈体兰
纪　　录：陈侠泉

讨论事项

一件：校长提出修正校历案
议决：照案修正公布。

一件：校长提出各级导师及各组委员人选案
议决：通过追认。

一件：校长提出各项会议日程案
议决：通过追认。

一件：校长提出修正作业时间表、职员办公时间表等案
议决：通过追认。

一件：校长提出工部局补助费分配案
议决：以二千三百元划作经常费，以三千元划作建筑费，通过。

一件：筹备学校纪念日案
议决：推苏德宏、张以藩、陈其德、白约翰、江振德、魏金枝、茹枚为筹备委员。

一件：筹备四十五周年纪念案
议决：由本会议全体组织筹备委员会。

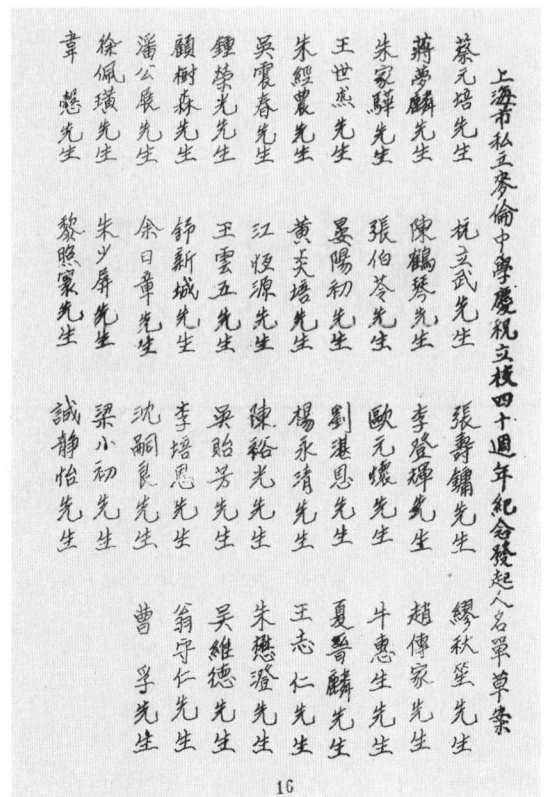

上海市私立麦伦中学庆祝立校四十周年纪念发起人名单草案

日　　期：二月十二日午后一时（第五十五次）
地　　点：校长室
出　　席：沈体兰　白约翰　苏德宏　张以藩
　　　　　陈其德　魏金枝
主　　席：沈体兰
纪　　录：陈侠泉

报告事项

一、校长报告第二次全体教职员会议经过。

二、训导主任报告：学生自治会已成立，各级级会希望在本星期内成立。各室室长、各级级长及值日生名单均已公布。本学期内分别定期召集各级学生家长谈话会，拟请各该级导师负招待之责，晚间自修课秩序当严加整顿，就寝时当严禁说话。现在均亲自巡看游艺室、合作社、图书馆三处，服务生均已派定，本学期拟多与学生作个别谈话工夫，以便随时指示其应矫正之点云。

三、教务主任报告：课程表已再度修正公布。迟到出席亦按照登记执行。点名册希望今明日可发。军训课本学期拟设法严加整顿云。

四、事务主任报告：校役方国桢已开除，另招温桂生补缺。张富明告假三星期，假期中由替工暂代。关于考查校役成绩，本学期不采用记分法，拟将办事不力之人处罚，所得罚款即充作奖励成绩优良者，如有余剩，俟学期终了再行分配以资鼓励。健身房现正招工承造，卫生厕所大约本月底动工云。

讨论事项

一件：音乐教员狄润君辞职，陈蓉馨继任。各项委员人选应加变更案

议决：韩露似调充宗教委员会委员，所遗课外作业委员会委员由陈蓉馨补充，通过。

一件：黄九如先生愿将其子应得指定奖金学额捐给他人案

议决：由校征求黄先生之同意，另招自助学额一名。

一件：推定筹备植树节负责人员案

议决：由事务处负责筹备，另由训导处协助办理。

一件：赴华东基督教教育会年会案

议决：本校赴会名额规定至少五人赴会，旅费由校担任，其他各费则由赴会者自理。

黄九如
（1898—1983）

湖南资兴人。1917年，毕业于湖南省立第一女子师范学校。1919年初留学日本，1925年毕业于日本女子高等师范学校本科地理系。1933年夏，到麦伦中学任教，任初三甲导师、史地教员。1937—1941年，任教务主任，1950年调新沪中学。先后在新沪中学、上海师范专科学校、上海师范学院任教十余年。1956年5月加入中国民主同盟。1964年退休。

日　　期：二月廿六日下午一时（第五十六次）
地　　点：校长室
出席者：沈体兰　白约翰　苏德宏　张以藩
　　　　陈其德　魏金枝
主　　席：沈体兰
纪　　录：陈侠泉

报告事项（略）

讨论事项

一件：校长代表经济委员会提出修正预算案

议决：照案通过，提出校董会。

一件：事务主任代表校舍设备委员会提出建筑健身房预算案

议决：健身房建筑费以一万二千元为限度。

一件：加入中华基督教会教育部案

议决：俟提出校董会，再行决定。

一件：加入苏浙皖基督教中等学校协进会案

议决：应即加入。

一件：决定黄九如先生自助学额案

议决：给予初三学生赵凯甲，俟征求黄先生之同意后决定。

日　期：三月五日下午一时（第五十七次）
地　点：校长室
出席者：沈体兰　白约翰　苏德宏　张以藩
　　　　陈其德　魏金枝
主　席：沈体兰
纪　录：陈侠泉

讨论事项

一件：学生俞诚忠违反校规案

议决：姑念新生初犯，从宽给予最后警告。

一件：校舍设备委员会建议预支下年度修理费四百五十元，修理球场案

议决：核准照案。提请校董会通过。

日　期：三月十日上午十时半（第五十八次）
地　点：校长室
出席者：沈体兰　白约翰　苏德宏　张以藩
　　　　陈其德　魏金枝
主　席：沈体兰
纪　录：陈侠泉

讨论事项

一件：撕毁文告案

议决：由训导处会同各级导师设法侦查。

日　期：三月二十日下午一时（第五十九次）
地　点：校长室
出席者：沈体兰　白约翰　苏德宏　张以藩
　　　　陈其德　魏金枝
主　席：沈体兰
纪　录：陈侠泉

讨论事项

一件：学生自治会要求地方纪念日放假案

议决：仍照第五十四次校务会议议决修正校历案，执行地方纪念日不放假。

日　期：三月廿六日下午一时（第六十次）
地　点：校长室
出席者：沈体兰　白约翰　苏德宏　张以藩
　　　　陈其德　魏金枝
主　席：沈体兰
纪　录：陈侠泉

消费合作社职员

消费合作社

本校为提倡合作精神，与练习合作事业，两年以前就组织了这个「消费合作社」。凡在校的教职员同学工友都是社里的股东，股金每股大洋五角，红利分配方法是百分之四十为股息，百分之三十为公益费，（现在全部拨为民众夜校经费）。百分之二十为公积金，百分之十为职员花红。经理及营业部职员都是学生，理事部监事部职员由股东大会选出。上面的照片是这两部职员的合影裹面有先生有学生也有工友。

消费合作社公告

报告事项

校长报告

1.植树节经过情形；2.军事教官陈绍光辞职，另聘向大延接充；3.华东基督教教育会年会出席人名单及分组情形；4.学生自治会改选及提出各项请求；5.消费合作社宣布改组及高一自组贩卖部；6.改良门禁及实施值夜制。

各处及各委员会报告略。

讨论事项

一件：经济委员会报告二月份度支概况案

议决：准备案。

一件：教职员组织进修会并通函选举筹备委员案

议决：准备案。

一件：民众学校主任提出民众勤学储金章程案

议决：准备案。

日　　期：四月九日下午一时（第六十一次）
地　　点：校长室
出席者：沈体兰　白约翰　苏德宏　张以藩
　　　　陈其德　魏金枝
主　　席：沈体兰
纪　　录：陈侠泉

报告事项

校长报告

华东基督教教育会年会在杭开会经过及学生旅行情形。

讨论事项

一件：加紧筹备学校纪念日案

议决：请筹备委员会早日妥定纪念秩序及一切应行筹备事项。

一件：筹备卫生运动周案

议决：推张以藩、陈其德、江振德三先生为筹备委员，并指定张以藩先生为委员长。

一件：修改章程案

议决：推沈体兰、苏德宏、张以藩、陈其德、魏金枝五先生为修改章程委员，于五月中修改完竣，五月底付印，限六月中出书以便分发应用。

日　　期：四月廿三日下午十二时三刻
　　　　　（第六十二次）
地　　点：校长室
出席者：沈体兰　白约翰　苏德宏　张以藩
　　　　陈其德　魏金枝
主　　席：沈体兰
纪　　录：陈侠泉

报告事项

苏教务主任报告

筹备学校纪念日情形，请柬及秩序单已付印。

校舍设备委员会报告

卫生厕所已不日竣工，健身房图样亦正在作最后之选择。

经济委员会报告

下年度预算定于五月十日以前汇集各方面意

见作成，提出于校董会。

校长报告

校章内修改各点及校徽、校旗样式，请众讨论。又报告消费合作社应推员起草组织条例及高一贩卖部已自动停止进行。又报告团体保险事经宁绍保险公司提出建议，本校应否投保云云。

议决事项

决议一：校章照案修正。推苏德宏先生起草学科会议组织条例。推张以藩先生起草学级会议组织条例。

决议二：校旗、校徽由事务处将所拟图样酌加修正，制就应用。

决议三：消费合作社组织条例推张以藩、魏金枝两先生起草。

决议四：团体保险事下次开会时再讨论。

日　　期：五月三日上午十一时二十分
　　　　　（第六十三次）
地　　点：校长室
出席者：沈体兰　白约翰　苏德宏　张以藩
　　　　　陈其德　魏金枝
主　　席：沈体兰

纪　　录：陈侠泉

讨论事项

一件：筹备纪念日应否于星期五停课案
议决：五月四日（星期五）下午停课半日。

日　　期：五月七日下午一时（第六十四次）
地　　点：校长室
出　　席：沈体兰　白约翰　苏德宏　张以藩
　　　　　陈其德　魏金枝
主　　席：沈体兰
纪　　录：陈侠泉

苏教务主任报告纪念日经过情形。

沈校长报告
今晨第一课高中一无故缺席者十人，应如何处分。又学生自治会仍要求停课半天，请讨论。
决议一：高中一学生十人无故缺席，议决由训导处酌量情形加以惩戒。
决议二：本日各课改为自修，各级学生应各在教室内温课。尚有不及动议各案，定下星期一继续开会讨论。

日　　期：五月十四日下午十二时三刻
　　　　　（第六十五次）
地　　点：校长室
出席者：沈体兰　白约翰　苏德宏　张以藩
　　　　　陈其德　魏金枝
主　　席：沈体兰
纪　　录：陈侠泉

讨论事项

一件：苏教务主任提出分科会议组织条例草案案
议决：修正通过。

一件：张训导主任提出分级会议组织条例草案案
议决：修正通过。

一件：魏金枝先生提出麦伦消费合作社组织条例草案案
议决：修正通过。

一件：第十四次校董会议各项提案案
议决：除下届预算案应提出校董会议外，如有其他提案须先提出，下次校务会议酌夺。

一件：筹备教师节案
议决：推苏德宏、白约翰、魏金枝三君为筹备委员，并指定苏德宏为委员长。

一件：筹备本届毕业式案
议决：推苏德宏、张以藩、陈其德三君为筹备委员，并指定苏德宏为委员长。

一件：筹备下届新生入学试验案
议决：由教务处斟酌提出招生委员会人选，于下次校务会议再行核夺。

一件：筹备体育馆募捐游艺会案
议决：推曹亮、魏金枝、张以藩三君为筹备委员，并指定曹亮为委员长。

一件：苏教务主任报告导师会议议决举行全校实验仪器及图书总登记案
议决：由教务处执行，限八月底以前办竣。

一件：张训导主任提议下学期推广免费学额案
议决：由本会议会员负责，于下学期开学前每人至少募捐免费学额一名。

日　　期：五月廿一日下午十二时三刻
　　　　　（第六十六次）
地　　点：校长室

出席者：沈体兰　白约翰　苏德宏　张以藩
　　　　　陈其德　魏金枝
主　　席：沈体兰

纪　录：陈侠泉

报告事件

一、校长报告：日前据学生自治会呈称，为上海中等学校举行运动会要求酌量放假，曾通函征求诸位之意见，于十九日（星期六）下午放假半天。

二、张训导主任报告卫生运动周筹备情形。

三、苏教务主任报告筹备教师节情形。

四、校长代募捐游艺会筹委会报告筹备情形。

讨论事件

一、校长提出下年度预算草案案

议决：通过，照案提出于校董会。

二、校长提出本校一览最后修正案

议决：通过，照案修正。

三、苏教务主任提出下届招生委员会人选案

议决：通过。名单如下：

苏德宏先生（委员长）

张以藩先生（公民、口试）

魏金枝先生（国文）

黄九如先生（史地）

白约翰先生（英文）

马兆椿先生（算学、化学）

郭大文先生（生物）

江振德先生（体格检查）

陈其德先生（事务）

日　期：六月四日下午十二时三刻（第六十七次）

地　点：校长会客室

出席者：沈体兰　苏德宏　张以藩　陈其德　魏金枝

主　席：沈体兰

纪　录：陈侠泉

报告事项

校长报告

（一）第十四次校董会议出席校董十三人，会议达四小时。议决要案多件，如下届预算案及筹备四十五周年纪念案等，并有人提议本校对于小学应如何利用，须加以注意云。

（二）请求补助费结果：庚款因有特殊情形，私立大中学多数请求均归失败，本校亦无能为。惟庚款利息系每年一度发放，以后不无希望，请诸君帮同继续努力。工部局补助费已确定为五千三百元，其中三千元系充建筑费，一千元抵付地租，六百元划作新教员薪

金，七百元充作生物学购置费云。

苏教务主任报告导师会议情形（略）。

张训导主任报告卫生运动周情形（略）。

苏教务主任报告

筹备毕业礼尚未着手进行。筹备新生入学试验委员会已开过会议一次，所有印刷品均已预备，考试人员亦已聘定云。

讨论事项

一件：修正补助奖金学额条例及制服规则案

议决：通过。

一件：暑假职员工作及休假支配案

议决：先征求各职员之意见，再行通盘计画决定。

一件：学生要求免扣校刊费，或将校刊展缓出版案

议决：校刊先行汇稿付印，发行日期不妨展缓。校刊费本学期准予免扣。

日　期：六月十八日下午十二时三刻（第六十八次）

地　点：校长会客室

出席者：沈体兰　白约翰　苏德宏　张以藩　陈其德　魏金枝

主　席：沈体兰

纪　录：陈侠泉

报告事项

苏教务主任报告

日前举行教师节情形及本届毕业考试结果，计及格者高中十二人，初中二十九人。

沈校长报告

1. 训导主任对于一览内规则公约文字上略有修改之点；2. 近日向各级训话情形；3. 筹备毕

业式及募捐游艺会各情；4.经济委员会审查本学期决算，又建议下年度预算支配方法案。

议决事项

决议一： 对于经济委员会建议予以核准，并推苏德宏、白约翰二君审查本学期账项。

决议二： 全体教职员会议定期下星期五举行。

决议三： 函校友会促开全体会议，俾最近两届毕业生得加入合作。

决议四： 本届毕业生名单通过。

决议五： 暑期补习班由学生自费办理，如人数在二十人以上，准借用校内课室并帮同延聘教员。

决议六： 暑期军训当视可能程度，尽量设法遵局令办理。

决议七： 暑期招待外埠投考生，当根据事务会议议决各情，函青年会得复，再行酌办。

决议八： 校长提出职员假期工作支配表，如拟施行。

决议九： 校务研究会预定地点沪江大学，日期八月廿六日至廿八日，干事人选推白约翰先生负责接洽。

决议十： 加入赴日教育参观团，由校长全权酌夺。

决议十一： 民校暑期班由民校主任斟酌有无办理必要，再行呈候核夺。

决议十二： 请求奖金学额者截至本日止，有周志承、张振璜两生，俟限满后再行汇案核办。

日　　期：六月廿七日下午一时（第六十九次）
地　　点：校长会客室
出席者：沈体兰　苏德宏　张以藩　陈其德　魏金枝
主　　席：沈体兰
纪　　录：陈侠泉

报告事项

补校苏主任报告补校举行第一届休业式情形。

民校陈主任报告民校举行第四届毕业式情形。

张训导主任报告毕业训话会情形。

苏教务主任报告毕业级学生高中十二人、初中廿九人参加毕业会考情形。

议决事项

决议一： 校友会前与学校发生误会，迄未恢复正常关系一事，请由校长相机取必要手段，以期早日解决悬案而利进行。

决议二： 暑期补习会因加入人数不多，暂不举办。

决议三： 各项补助奖金学额通过如下：
得指定奖金学额者：施天宝（全免）、施天恩（全免）、周志承（全免）、殷文鑫（免学费）、汪启恩（免学费）。
得自助奖金学额者：钱圣发、徐仁福、张振璜、蒋孝忠、朱福元、赵凯甲、徐慎言、汪启恩（候补）、殷文鑫（候补）。

决议四： 本届暑期军训是否在大夏大学举行，交由向教官酌办。

决议五： 本届举行毕业式时，例应发给各项奖状，兹因一时不及赶办，俟下学期开学时补发。

决议六： 通过学生销游艺会券缴账办法五条，应公布之。

日　　期：八月廿七日上午十时（第七十次）
地　　点：校长会客室
出席者：沈体兰　白约翰　苏德宏　张以藩　陈其德　魏金枝
主　　席：沈体兰
纪　　录：陈侠泉

报告事项

1. 体育馆募捐游艺会实收一千八百十八元，支出一千一百五十七元六角，净余六百六十元零三角一分。

2. 体育馆建筑工程已于七月三十日开始

进行。

3. 上学期决算收支计亏国币一百四十七元一角九分。

4. 本届新聘教职员有吴帆波、陈兆坤、胡然、王岳西四位先生。

5. 教职员暑期工作均经照预定计划进行，而以事务处收葺校舍为最关重要，军训则延至开学后举行。

6. 招生委员会第一次录取新生三十九人，第二次截至本日止，报告者已达八十人。

7. 校务研究会已于八月廿四、五两日假中西女学举行，讨论各项问题，精神甚好，结果极佳。

讨论事项

一件： 体育馆添置地板案

议决： 体育馆添置地板所需款项当请校董会设法于修理费内指拨五百元，其余五百元再由学校设法筹募之。

一件： 补行暑期军训案

议决： 开学时补行。高中应受军训，学生严格训练三星期，全校学生应同时开始受广义的军事管理，其办法由训导处会同军事教官厘定之。

一件： 改变制服颜色案

议决： 交事务处参照教育局规定斟酌情形，再行报告本会议核定之。

一件： 推进校友会案

议决： 俟体育馆落成时，召集校友会以利接洽。

一件： 校长加入日本教育考察团案

议决： 此事关系颇巨，应从长商议后再行决定。

一件： 校务研究会善后案

议决： 校务研究会中所列八项讨论题目，应分函主领者，请用书面提出讨论大纲，以资考核。

一件： 委任各科首席教员案

议决： 各科首席教员通过如下：

国文科	魏金枝	体育科	江振德
自然科	郭大文	艺术科	茹枚
社会科	黄九如	外国语科	白约翰

一件： 委任各级导师案

议决： 各级导师人选通过如下：

高三	白约翰	初二甲	茹枚
高二	魏金枝	初二乙	黄九如
高一	赖璞吾	初一甲	吴帆波
初三	陈兆坤	初一乙	沈淑

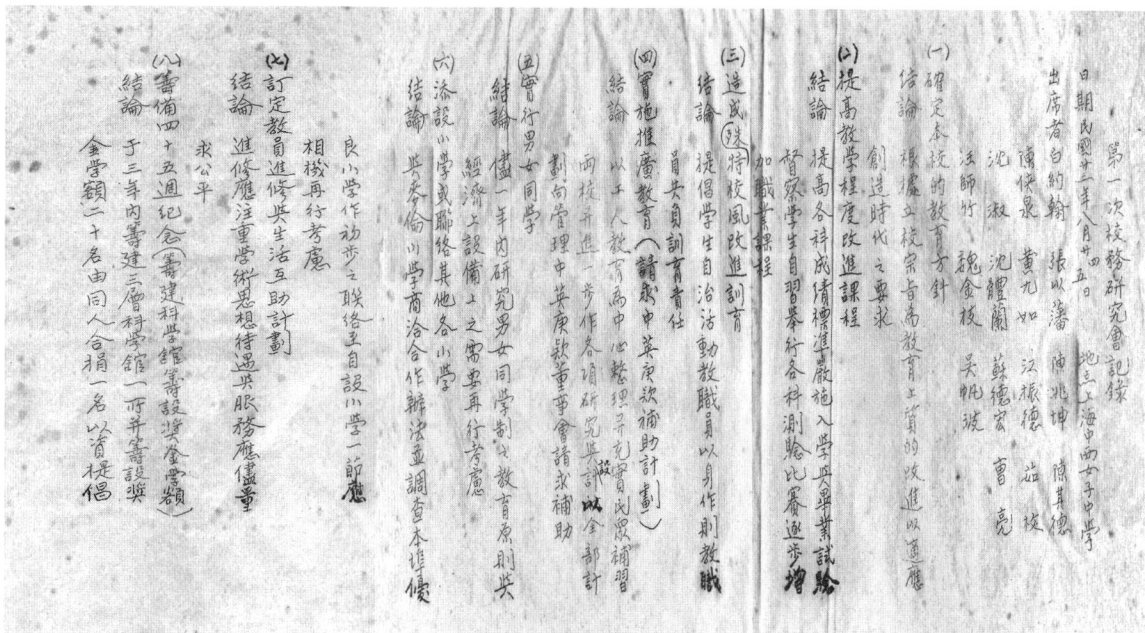

民国二十三年八月第一次校务研究会记录

一件：委任各项委员会案

议决：各项委员会人选通过如下：

体育：江振德委员长、白约翰、苏德宏、陈兆坤、向大延、曹志绥。

图书：黄九如委员长、魏金枝、郭大文、曹亮、吴帆波、王岳西。

课外作业：张以藩委员长、沈体兰、黄九如、沈淑、茹枚、胡然。

宗教：白约翰委员长、张以藩、吴帆波、陈兆坤、汪师竹、王岳西。

经济：沈体兰委员长、陈其德、苏德宏、魏金枝、江振德、汪师竹。

校舍设备：陈其德委员长、白约翰、郭大文、沈淑、茹枚、陈侠泉。

日　　期：九月十日下午一时（第七十一次）

地　　点：校长会长〔客〕室

出席者：沈体兰　白约翰　苏德宏　张以藩　陈其德　魏金枝

主　　席：沈体兰

纪　　录：陈侠泉

报告事项

校长报告全体教职员会议经过及校董会执行委员会议情形。

各处主任报告各该处工作情形。

议决事项

一件：规定晨会次序案

议决：每日晨会次序如下：星期一纪念周，星期二来宾演讲，星期四各级演说会，星期五教职员演讲。此外，遇有必要之临时训话或学生团体开会，指定在星期三、六两日行之。

一件：请求公共租界工部局补助费案

议决：请求公共租界工部局补助费额，俟接洽后，报告下次本会议决定之。

一件：体育馆添置地板案

议决：体育馆添置地板之款仍请校董会准在本年度修理费项下暂时拨借应用，另行设法归还。

日　　期：九月廿四日下午一时（第七十二次）

地　　点：校长会客室

出席者：沈体兰　白约翰　苏德宏　陈其德　魏金枝

主　　席：沈体兰

纪　　录：陈侠泉

报告事项

事务主任报告事务会议情形。

教务主任报告各分科会议情形。

各项委员会报告各该会进行情形。

讨论事项

一件：图书委员会建议图书费不移作别用，如不敷时并请准将校刊费移充案

议决：照准。

一件：麦伦消费合作社建议修正该社组织条例第十条，纯利之分配股息减为百分之四十，公益金增为百分之三十案

议决：通过。

一件：民众学校主任建议修正该校组织大纲第四条关于编制，改为初中、高三级初级仍为五个月毕业，高级、中级均定为一年毕业案

议决：通过。

一件：补习学校应否从早呈请登记案

议决：从速办理，各项表格文件呈请登记，不可再延。

一件：请求公共租界工部局补助费案

议决：请求补助金额定为建筑费二万元，经常费九千元。

一件：筹备劳力运动周案

议决：推张以藩、茹枚、陈其德三君负责筹备，并指定张以藩君为委员长。

一件：筹备体育馆落成纪念典礼案

议决：推江振德、白约翰、曹孚、陈其德诸君负责筹备，指定江振德君为委员长，并授权该委员会加推委员一人，报告下次本会议备案。

体育馆

日　　期：十月八日下午一时（第七十三次）
地　　点：校长会客室
出席者：沈体兰　白约翰　苏德宏　张以藩
　　　　　陈其德　魏金枝
主　　席：沈体兰
纪　　录：陈侠泉

报告事项

课外作业委员会报告。
经济委员会报告。
劳力运动周筹备委员报告筹备情形。
体育馆落成典礼筹备委员报告筹备情形。

主席报告

附设补习学校改称麦伦高级补习学校，并已备文呈请教育局登记。

讨论事项

一件：修改学生自治会章程案
议决：学生自治会章程第十三条修正为"学生自治会职员之学业与操行学期总成绩均不得在乙等以下，不合格者不得当选"。另增加第十四条一条"学生自治会职员不得以来校肄业未满一学

期之学生当选"。

一件：未名剧社呈请准予邀请补校女生合演，应否核准及如何规定指导权限与手续案
议决：男女合演原则上应予核准，应由训导处直接负责指导，至必要时可请教职员帮同办理。惟本校学生如欲与补校学生接洽事务，须请指导员转知，不得直接办理。

一件：修正预算案
议决：照经济委员会所提出之修正案再加修正，通过再请苏教务主任与生物学、化学教员商洽办理。

一件：提高及格标准案
议决：交导师会议讨论。

一件：重新支配课外作业时间案
议决：请教务、训导两处会同课外作业委员会暨体育委员会会商订之。

一件：加紧初中低年级主要科目教授与督促温习案
议决：请教务处与初中各级会议接洽办理。

日　　期：十月十五日下午一时（第七十四次）
地　　点：校长会客室
出席者：沈体兰　白约翰　苏德宏　张以藩

　　　　　陈其德　魏金枝
主　　席：沈体兰
纪　　录：陈侠泉

讨论事项

一件：校刊社组织案

议决：本校校刊社应根据下列原则组织之：（一）本社应定名为麦伦校刊社；（二）本社应隶属于学生自治会；（三）本社章程应由学生自治会拟订之；（四）本社章程应由学生自治会于两星期内订定，向训导处呈报登记之；（五）本社指导员由学校指定之。

日　期：十月廿二日下午一时（第七十五次）
地　点：校长会客室
出席者：沈体兰　白约翰　苏德宏　张以藩
　　　　陈其德　魏金枝
主　席：沈体兰
纪　录：陈侠泉

讨论事项

一件：参加本市第三届运动会案

议决：本市第三届运动会本校应酌量参加，交由体育指导员办理。

一件：筹募添置体育馆地板经费案

议决：体育馆添置地板经费建议校董会准拨用本校贮存金电话公司股票六百两。

时　日：十一月五日下午一时（第七十六次）
地　点：校长会客室
出席者：沈体兰　白约翰　苏德宏　张以藩
　　　　陈其德　魏金枝
主　席：沈体兰
纪　录：陈侠泉

报告事项

校长报告

（一）上月廿八、九日出席华东教育会中等学校协进会年会，当时出席者有二十余校代表，讨论：（1）筹募学校经费案；（2）新教育设施案；（3）各校分工合作案；（4）本会组织案等。选举结果，本校当选为本届执行委员会主席云。
（二）校友会开会选举情形。
（三）四十周【年】立校纪念筹备会建议增加筹备员名额。
张主任报告劳力运动周经过及导师会议情形。

一件：派员列席中华基督教会申湖区会年会案

议决：派张以藩先生届时出席中华基督教会申湖区会年会。

一件：出席华东基督教中等学校协进会案

议决：华东基督教中等学校协进会届时由校长出席。

一件：请求艾约瑟基金委员会增拨常年补助费案

议决：请求艾约瑟基金委员会增拨常年补助费一千元，指定作为增加免费学额之用。

报告事项

校长报告

（一）本星期五（十月廿六日）下午一时举行四十周【年】纪念筹备委员会。（二）会计支款手续应照规定实施。
各处主任报告最近各该处工作情形。
训导主任报告代表列席中华基督教会申禾区会情形。

讨论事项

一件：绘制科学馆工程图样案

议决：请校长向工程师接洽，打样费不得超过造价百分之四，在建筑工程未开始之前，先付打样费之半数。

一件：续请中英庚款补助案

议决：请校长汇集各方意见，于本月内起草计划书，以备送呈中英庚款委员会。

一件：校舍变更使用案

议决：体育馆落成，旧健身房改为学生休息室及游艺室，贮藏室改为校友办公室，交事务处办理。

一件：打字机失窃案

议决：再向有嫌疑之人略加侦查，一面加严门禁，使此后不致再有此种事情发生，交事务处办理。

日　　期：十一月八日上午十一时半（第七十七次）
地　　点：校长室
出席者：沈体兰　白约翰　苏德宏　张以藩
　　　　陈其德　魏金枝
主　　席：沈体兰
纪　　录：陈侠泉

报告事项

校长报告

本校附设补习学校改名麦伦高级补习学校，

已奉本市教育局指令，核准备案。

议决事项

一件：学生自治会代表请求给假前往参观本市第三届中等学校运动会案
议决：本日下午准予停课半日，学生得整队前往参观。

麦伦高级补习学校合影

日　　期：十一月十九日下午一时（第七十八次）
地　　点：校长会客室
出席者：沈体兰　白约翰　苏德宏　张以藩
　　　　陈其德　魏金枝
主　　席：沈体兰
纪　　录：陈侠泉

讨论事项

一件：与麦伦小学协商合作案
议决：麦伦小学既来函表示不愿合作，此事应作罢论。至本校应否自办小学，请苏、张两主任向外间调查情形，报告下次本会议再行决定。

一件：训练总监部通令各校军事管理案

议决：军事管理原则应行接受，所有办法亦当尽量遵行。惟组织一点，暂时不加更张，本案应交训导处负责办理。

一件：市党部嘱托挑选优秀学生往受训练案
议决：本校以有与创办人订立移交契约及请领公共租界工部局补助费等特殊情形，对于政党活动不能自由参加。前项原则只得有条件保留接受，其办法应俟调查后再核。

一件：请定校刊社指导员案
议决：校刊社指导员请魏金枝先生担任，向训导处负责执行指导职务。

一件：筹备恳亲会案

议决：恳亲会分初中、高中各举行一次，其日期定十二月八日与十五日。游艺会定十二月廿二或廿四晚间举行，由有关系各方面负责筹备。

报告事项

校长报告校董会执行委员会议议决：（1）体育馆购置地板款不能动用贮存金，惟所有电话公司股票应否继续保存，颇有研究之必要。（2）四十周【年】立校纪念捐建科学馆事，授权校长向工部局请求拨助款项，随送图样及预算表，并准动支绘图费，以五百元为限。

校长报告体育馆落成典礼情形。

校长报告全体教职员会议议决各案中有应提交本会议备案者三起：（一）限制补修科案；（二）规定课外作业案（附表）；（三）每周星期五举行周会一次案。

议决：第一、三两案准备案。第二案准照表公布施行。

事务主任报告事务会议情形（从略）。

校长报告经济状况（从略）。

日　　期：十二月四日（第七十九次）

地　　点：校长会客室

出席者：沈体兰　张以藩　白约翰　苏德宏　陈其德　魏金枝

主　　席：沈体兰

纪　　录：陈侠泉

报告事项

（一）四十周年纪念筹备委员会报告：已起草筹建科学馆募捐运动办法大纲及募捐运动酬赠赞助人条例，各项草案应俟校董会派定筹备委员后，再开全体委员大会，商议进行办法。

（二）教务主任报告该处工作及出席上海中等学校协进会讨论高一级集中军训补救办法情形。

（三）训导主任报告该处工作及处置学生刘德麟记过事件之经过。

（四）事务主任报告该处工作及修改科学馆建筑图样。

议决事件

议决（一）：对于以上各项报告均予核准备案。

议决（二）：本校设立小学案，请校长根据调查情形，报告校董会，派员再向麦伦小学方面接洽。

议决（三）：本校公积金电话公司股份六百两既无利息，应建议校董会设法售去，将款存储银行生息。

议决（四）：建筑体育馆亏空三百五十元，建议校董会以下学期所收新生建筑费拨抵。不足之数请准由上年度修理费项下余款拨抵。

日　　期：十二月十七日下午一时（第八十次）

地　　点：校长会客室

出席者：沈体兰　白约翰　苏德宏　张以藩　陈其德　魏金枝

主　　席：沈体兰

纪　　录：陈侠泉

报告事项

事务主任报告显微镜失窃案及事务会议经过情形。

校长报告经济委员会、校董会议、四十周年纪念筹委会成立会及教职员进修会各情形。

议决事项

一件：本校失窃显微镜案

议决（一）：请张以藩先生函复行窃者，着速来校面洽一切，并一面通知其父转达此意。

议决（二）：请白约翰先生负捕房方面交涉之责，并将吴函报告捕房。

议决（三）：此项损失费暂在附账内借垫，另日归还。

议决（四）：关于本案善后事宜，责成事务处妥速办理，以免再有疏虞。

一件：本学期控制预算案

议决（一）：嗣后各项支出须在预算范围以内，并须照会计手续条例办理。如万一遇有必须溢支之处，须经主管各处通盘筹划，核准后方为有效。

议决（二）：体育费既有超过预算之处，此次赴苏费用二十元，除已由事务处核准在膳费内拨付六元外，其余十四元应由教务处转知体育指导员，仍在体育费项下支出。

一件：设立小学案

议决：请教务处调查浚德小学程度，一面酌邀著名小学校长谈话，并拟一与麦伦小学合作之方案。

一件：科学馆建筑计划案

议决：请校长与工程师接洽分期建筑与一次建筑其建筑费之比较究竟相差多少，并设法向工部局方面探听究能补助若干，再行决定。

日　　期：十二月廿九日上午十一时半
　　　　　（第八十一次）
地　　点：校长会客室
出席者：沈体兰　白约翰　苏德宏　张以藩
　　　　　陈其德　魏金枝
主　　席：沈体兰
纪　　录：陈侠泉

讨论事项

一件：失窃显微镜案

议决：准对方请求宽限三日，着其亲来面洽。

一件：报告集中军训案

议决：通函各校征求意见，再行核办。

民国二十四年（1935年）

日　　期： 一月七日下午一时（第八十二次）
地　　点： 校长会客室
出席者： 沈体兰　白约翰　苏德宏　张以藩
　　　　　　陈其德　魏金枝
主　　席： 沈体兰
纪　　录： 陈侠泉

讨论事项

　　一件： 筹建科学馆案
　　议决： 除向工部局请求补助及举行募捐运动外，再向艾约瑟基金保管委员会请求拨款国币二万元，俾三层工程得一次完竣。

　　一件： 选派招生委员会案
　　议决： 本届请苏德宏、白约翰、黄九如、赖璞吾、郭大文、张以藩、陈其德、吴帆波、江振德、陈兆坤诸君担任招生委员会委员。

　　一件： 规定第二次校务研究会案
　　议决： 第二次校务研究会定本月二十七日下午举行，会员暂以校务会议同人为限。

　　一件： 收回租地案
　　议决： 请张以藩君以律师名义致函江裕记，催告并限期答复。

报告事项（略）

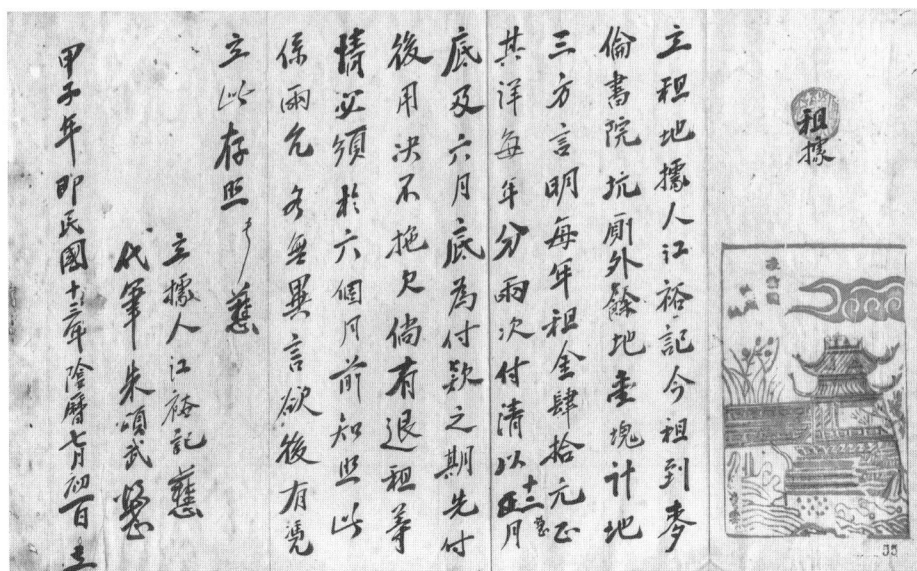

民国十三年江裕记租据

日　　期： 一月廿一日下午一时（第八十三次）
地　　点： 校长会客室
出席者： 沈体兰　白约翰　苏德宏　张以藩
　　　　　　陈其德　魏金枝
主　　席： 沈体兰
纪　　录： 陈侠泉

报告事项

校长报告

（1）校董会议通过科学馆图样，并准向艾约瑟基金保管委员会请求拨款，以期一次造成三层楼房。（2）全体教职员会议议决，教职员代表加入校务会议，其任期为一学期，并选举魏金枝先生联任。

教务主任报告

导师会议议决在校学生成绩不佳者加以警告，并召其家长谈话。

事务主任报告安排宿舍情形，拟定假期住校办法及处置膳食事。

校长报告

教职员进修会本学期举行二次，第一次请赵传家先生演讲东游观感，第二次请廖茂如先生演讲中校制度。

教务主任报告招生委员会聚会及近来进行各情。

讨论事项

一件：厘定校务研究会议程案

议决：校务研究会议程暂定五项，每项请一位领导。

计开：

	领导者
（一）中国今日中等教育之趋势	沈体兰校长
（二）如何进行推广事业	曹　亮 沈体兰 先生
（三）如何实施职业教育	苏德宏先生
（四）非常时期之学生训练	张以藩先生
（五）教职员之合作与进修	魏金枝 白约翰 先生

一件：添设小学案

议决：借用麦伦小学名义办一后期小学，所有行政、经济、地点及聘请教员均自理，不与该校发生关系。请校长根据此项办法拟一预算书建议校董会。

一件：审查本学期收支案

议决：请赖璞吾先生、张以藩先生担任本届查账员。

一件：装置消防设备案

议决：在下年度修理费项下拨洋二百元装置消防设备，因救火会之催促并提早在二月底以前办理。

一件：收回江裕记租地案

议决：收回租地事关公益，不能徇一人之请，仍须致函江裕记限期拆屋还地。

一件：决定本届自助奖金数目及下届学额人选案

议决：本届支给奖金数目如下：

计开：

朱福元　廿四元	蒋孝忠　二十元
徐仁福　二十元	钱圣发　十二元
徐慎言　二十元	赵凯甲　十八元
汪启恩　二十元	

议决：下学期自助学额人选如下：

蒋孝忠、朱福元、徐慎言、施天宝、毛信懋、赵家驹、史观济。

候补二名：殷文鑫、陈钊。

一件：甄别在校学生案

议决：沈绍裘勒令退学，林国柱予以警告。

史　平 （1918—1995）

麦伦中学 38 届校友，又名史观济。在校期间，积极投身"一二·九运动"。1937年底，在武汉参加了"中华全国戏剧界抗敌协会话剧移动七队"（1938年改为"抗敌演剧队第三队"）。1939年2月，随三队到延安，3月在延安加入中国共产党。

日　期： 一月廿五日下午一时（第八十四次）
地　点： 校长会客室

出席者： 沈体兰　白约翰　苏德宏　张以藩
　　　　　陈其德　魏金枝

主　席：沈体兰
纪　录：陈侠泉

讨论事项

一件：修正校章关于训导方法丁项第六款开除下附注内删去"学生于一学期内"七字案

议决：通过。

一件：学生陈惠民、任松寿考试舞弊案

议决：陈惠民着即开除学籍，任松寿着勒令退学。

一件：事务处提出校徽式样案

议决：通过。照样制备使用。

校徽

日　期：二月十一日下午二时（第八十五次）
地　点：校长室
出席者：沈体兰　白约翰　苏德宏　陈其德
　　　　张以藩
主　席：沈体兰
纪　录：陈侠泉

报告事项

校长报告

（一）小学委员会开会情形。
（二）校务研究会开会情形。
（三）宣读中英庚款董事会复函。
（四）请求工部局补助费事经校董会讨论结果，请求补助数目至少须一万元，如不达此数拟从缓进行，保留下年度请求之希望。

（五）上学期结束情形及本学期学生到校人数。

讨论事项

一件：修正校历及校章内关于训导大纲案
议决：照案通过并公布周知。

一件：制定会议日程案
议决：通过。并油印分发全体教职员查照。

一件：扩充魏德辉奖金学额案
议决：通过。惟扩充名额若干应俟下次校务会议再行核定。

一件：收回江裕记租地案
议决：仍函催江裕记于二月底以前拆卸房屋，交还租地。

日　期：二月十八日下午一时（第八十六次）
地　点：校长会客室
出席者：沈体兰　白约翰　苏德宏　张以藩
　　　　陈其德　魏金枝
主　席：沈体兰
纪　录：陈侠泉

报告事项

（一）消费合作社失窃情形。
（二）全体教职员会议情形。
（三）教务处报告学生人数，本学期实到二百三十六人。训导处报告本学期注意自修课秩序及宿舍整洁。事务处报告将装置灭火机五只。

（四）补校主任报告补校举行入学试验及注册情形。民校主任报告民校开学情形。

（五）会计审查结果准备案。

讨论事项

一件：筹备师生同乐会案
议决：由全体教职员会议所推定之委员会与各级级会接洽办理。

一件：筹备植树节案
议决：由全体教职员会议所推定之委员会会同学生自治会办理。

一件：派员出席华东教育会年会案
议决：先征询教职员中已入会者究有几人愿意赴会，以五人为度，每人津贴八元，如不足五人再行指派。

一件：消费合作社失窃案
议决：侦查手续及如何防止后患责成事务处办理。至此次责任及善后问题，应由合作社理监会自行商定。

一件：春假日期应否变更案
议决：先征求高一级各教员意见，再行决定。

一件：自助学额递补案
议决：蒋孝忠既以课忙不能工作，准取消自助学额，由候补第一名殷文鑫递补缺额。

日　　期：三月四日下午一时（第八十七次）
地　　点：校长会客室
出　　席：沈体兰　苏德宏　张以藩　陈其德
　　　　　魏金枝
主　　席：沈体兰
纪　　录：陈侠泉

报告事项

（一）补校主任报告补校开学情形，本届学生共一百十五人。

（二）民校主任报告民校开学情形，本届学生共一百四十三人。

（三）教务主任报告导师会议情形。

（四）事务主任报告事务会议情形。

（五）教务主任报告图书委员会及体育委员会开会情形。

（六）训导主任报告宗教委员会情形。
以上各项报告均准备案。

讨论事项

一件：加入上海市国民军事教育协进会案
议决：本校应即加入该会为会员。

一件：为航空协会办理征求募捐运动案
议决：委托学生自治会办理。

一件：出席华东教育会年会案
议决：除已有会员三人决定赴会外，尚缺二人，由校长接洽办理。

一件：筹备卅八周【年】立校纪念案
议决：推苏德宏、张以藩、茹枚三君会同学生自治会代表二人组织筹备委员会，指定苏德宏君为召集人。

一件：修订本校一览案
议决：推沈校长担任编辑，另由各处负责人供给材料，贡献意见。

一件：批准民校预算案
议决：民校主任提出之第六届预算案修正通过。

一件：高一级自助学额因集中军训，四月一日起须停止服务案
议决：四月一日起，另招他生替补高一级自助学额，其服务报酬照比率计算。

一件：催令江裕记拆屋还地案
议决：一面积极设计利用该地，一面设法令江裕记早日搬迁，以免纠纷。

日　　期：三月十八日下午一时（第八十八次）
地　　点：校长会客室

出席者：沈体兰　白约翰　苏德宏　张以藩
　　　　陈其德　魏金枝

主　席：沈体兰
纪　录：陈侠泉

报告事项

一、教务主任报告导师会议情形。
二、训导主任报告童子军参加本市新生活运动服务团工作及优秀学生参加本市党部训练工作。
三、课外作业委员会报告工作计划。
四、经济委员会报告上学期决算及本学期预算。
五、校长报告上次教职员进修会情形。
六、事务主任报告本届植树节情形。
七、民校主任报告民校近况。

讨论事项

一件：复议革命先烈纪念日放假案
议决：三月二十九日革命先烈纪念照常上课，改为三十日补放假一天。

一件：拟定下年度预算订立程序案

议决：通过。

一件：递补高一军训学生自助学额案
议决：高一自助学额朱福元、徐慎言、毛信懋、施天宝、赵家驹五名因集中军训离校后，以陈钊、陈思尧、金以恭、施天恩、吴同龢五名递补，并以毛信荣、陈恒瑞二名作为候补。

一件：校长加入教育考察团案
议决：通过。

一件：修正本校组织大纲及校务会议组织条例案
议决：出席校务会议之教职员代表自一人增为二人，所有本校组织大纲第十条内"一"改为"二"及校务会议组织条例第一条内"一"改为"二"，又第六条内"三分之二"改为"五人"，又第七条内"四分之三"改为"四人"。

金以恭
（1918—1939）

上海安亭镇人。1931年入麦伦中学初中部就读。1937年11月，奔赴延安并在陕北公学受训。1938年2月，参加浙西抗日游击队，1939年英勇牺牲。

日　期：四月八日下午一时（第八十九次）
地　点：校长会客室
出席者：沈体兰　白约翰　苏德宏　张以藩　陈其德　魏金枝
主　席：沈体兰
纪　录：陈侠泉

首由主席宣读上次会议纪录，通过。

报告事项

校长报告校董会执委会议情形。
教务主任报告第一次小考情形。
校长报告华东教育会年会情形。
训导主任报告春假旅行团情形。

讨论事项

一件：收回江裕记租地案
议决：再限江裕记于本月廿五日以前拆屋还地，并再请工务局准在该地上建一小屋，供社教之用。

一件：修正一览案
议决：（一）新订廿四年度校历、训教原则、校刊社组织条例通过。（二）总则部分修正通过。（三）教务大纲、训导大纲及各项规则公约修正草案，俟提出于导师会议后，再交下次本会议讨论。

日　期：四月十三日下午十二时半（第九十次）
地　点：校长会客室
出席者：沈体兰　白约翰　苏德宏　张以藩
　　　　陈其德　魏金枝
主　席：沈体兰

议决事项

一件：训导主任提出高中二年级化学科小考学生陈思尧、张余尧、张申如等事前窃取试题，通同全级学生舞弊，应否开除学籍以示惩戒而儆效尤案

议决：此次小考以印刷试题略欠周密，以致泄漏，该生等应不予开除之处分，畀以自新之路。其有关系各生，仍由训导处从严论处。

日　期：四月廿二日下午一时（第九十一次）
地　点：校长会客室
出席者：沈体兰　白约翰　苏德宏　张以藩
　　　　陈其德　魏金枝
主　席：沈体兰

报告事项（略）

讨论事项

一件：主席宣读四月八日及十三日校务会议纪录案

议决：全部通过。

一件：主席报告教职员会议对校刊社组织条例建议修正各点案

议决：照案修正。

一件：主席报告教职员会议建议教员发觉学生考试舞弊应即报告训导处案

议决：应予备案。

一件：主席报告教职员会议时，有人提出最近有无未经校务会议通过而受退学处分之学生一节，已经校长室交训导处查明，凡受退学处分之学生均属有案可稽，应提请复核案

议决：应予备案更正。

一件：修正一览规则公约部分案

议决：全部草案再交专任教职员轮流核阅，请将修正意见汇交训导处，俾于下次会议时并案审查。

日　期：四月三十日午后一时（第九十二次）
地　点：校长会客室
出席者：沈体兰　苏德宏　张以藩　陈其德
　　　　魏金枝
主　席：沈体兰

报告事项（略）

讨论事项

一件：校长提出学生自治会请求拨款补助校刊，俾第二期得于学期结束以前出版案

议决：（一）本校为便利校刊第二期得以如期出版起见，特定于六月底以前就保证金收入项下暂拨国币一百元，付给校刊社作为垫款。该款应于廿四年度开学时由校刊社偿还之，惟第二期校刊之一切费用不得有所亏欠。
（二）前经教职员会议及校务会议通过之校刊社组织条例，应自廿四年度起实施，此后校刊之编辑方针及经费预算等项，统由该社向校务会议负责办理之。

一件：校长提出校舍及设备委员会拟定廿四年度修理特款，预算收支两项各二千元，请予核准案

议决：核准备案。

一件：校长提出魏德辉奖学金特款概况。报告廿四年度至廿九年度概算及自廿四年度起增加奖金学额至八名，请予备案通过案

议决：备案通过。

一件：校长提出导师会议修正教务大纲、训导大纲草案请予修正通过案

议决：修正通过。

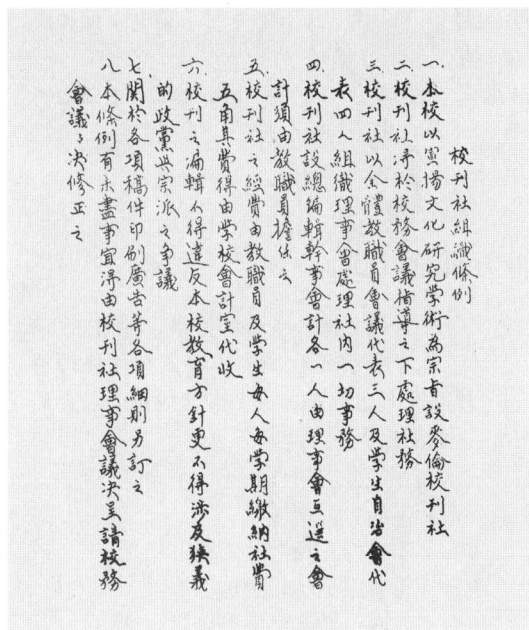

校刊社组织条例

日　期：五月十三日下午一时（第九十三次）
地　点：校长会客室
出席者：沈体兰　白约翰　苏德宏　张以藩　陈其德　魏金枝
主　席：沈体兰
纪　录：陈侠泉

报告事项

（一）宣读九十一次、九十二次校务会议纪录，通过。
（二）全体教职员会议、导师会议、事务会议各情形。
（三）宗教委员会、经济委员会、校舍设备委员会报告开会情形。
（四）举行立校纪念节情形。
（五）参加中等教育参事会及中学师范教育研究会情形。
（六）上海市国民军事教育协进会第二次理事会推本校为常务理事兼秘书情形。
（七）高一学生朱福元来函报告集训情形，已将原函油印分致高一学生家长，并分别函催缺席学生赶速前赴苏州报到，免误学业。

讨论事项

一件：各项建筑计划案
议决：1.建筑科学馆约三万五千元，请艾约瑟基金拨助三万元，另由本校募捐五千元。2.添置体育馆地板约一千五百元，请艾约瑟基金拨助。3.建筑浴室、器械室约五千元，请工部局补助。4.建筑社教室约一千元。以上各项计划提交校董会审核。

一件：廿四年度预算计收支两项各四万七千二百四十元案
议决：通过。提交校董会审核。

一件：修正各项规则公约案
议决：授权张以藩、魏金枝两君修正，如认为有疑义时，再召集临时校务会议议决之。

一件：筹备卫生运动案
议决：本届第十六周为卫生运动周，请苏德宏、张以藩、陈其德三君负责筹备，指定苏德宏君为筹备主任。

一件：收回江裕记租地案
议决：该地收回后，如工务局欲拓宽马路不准建筑，当据情报告创办人核办。

一件：燕京大学免费学额案
议决：交教务处在高中二、三年级内择尤〔优〕挑选一名，以便明夏升入该大学。

日　期：五月廿七日下午一时（第九十四次）
地　点：校长会客室
出席者：沈体兰　白约翰　苏德宏　张以藩
　　　　陈其德　魏金枝
主　席：沈体兰
纪　录：陈侠泉

报告事项

（一）宣读上次校务会议纪录，通过。
（二）校董会年会情形：廿四年度修理特款预算草案未通过，应交校舍设备委员会修正提请复核。
（三）导师会议情形。
（四）事务会议情形。
（五）审查修正规则公约草案结果。
（六）筹备卫生运动经过。
（七）教职员赴苏慰问集训学生情形。
（八）沪江大学与之江大学承认本校为联系中学经过。

讨论事项

一件：科学馆奠基典礼及募捐事项进行案
议决：科学馆奠基典礼在原则上希望能与本届毕业式同时举行，如事实上不能赶及，则展期举行。其绘图、领照、招标等事应交校舍设备委员会相机进行。至募捐事项，应请四十周年纪念筹备委员会主持，其募捐目的应定若干则，俟下次校务会议决定。

一件：收回租地充公后应如何办法案
议决：设法向政府要求给价或交换相仿之地，以免损失，并报告创办人核办。

一件：变通指定奖金条例案
议决：指定奖金学额应照章尽先给予基督徒学生，如有余额时，亦可在非基督徒学生中择尤〔优〕补充。

一件：校长暑期旅行案
议决：华北或庐山择一而行，由校长与有关系各方面商洽再定。

一件：最后修正一览各点案
议决：1.作业时间及给假缺席规则部分，例假改为星期日晨八时起至晚六时止。
2.行政系统及职员办事细则部分，军事教官改隶训导处。

一件：筹备毕业式与招生案
议决：毕业式筹备委员推苏德宏、张以藩、陈其德三君充任，指定苏德宏君为召集人。至招生委员会授权教务主任遴员组织之。

日　期：六月十日下午一时（第九十五次）
地　点：校长会客室
出席者：沈体兰　白约翰　苏德宏　张以藩
　　　　陈其德　魏金枝
主　席：沈体兰
纪　录：陈侠泉

报告事项

（一）宣读上次会议纪录，通过。
（二）举行卫生运动经过。
（三）纪念教师节情形。
（四）课外作业委员会及经济委员会开会情形。
（五）毕业式筹委会及招生委员会进行状况。

讨论事项

一件：筹建科学馆募捐运动案
议决：筹建科学馆募捐目的定为一万元，所有详细办法交由四十周年纪念筹委会讨论决定。

一件：添建沐浴室、器械室计划案
议决：（一）交校舍设备委员会计划进行。
（二）提请校董会批准。

一件：修正修理特款预算案
议决：照修正案通过。提交下次校董会核议。

一件：支配指定及自助奖金学额案
议决：下学期指定及自助奖金学额通过名单如下：
指定奖金学额：徐慎言、金以恭、萧贤举、史观济、殷文鑫、周志承、叶源朝、朱林生。
候补：陈钊、杨修严、沈世雄。
自助奖金学额：陈思尧、张宝星、周志承、施天恩、吴同龢、毛信荣、陈钊。

候补：金国基、林华清、徐慎言、俞根芳。

一件：指给燕大学额案

议决：本届燕大学额应指给高三学生王厚生。

一件：参加本市中学教员检定案

议决：应查照该项条例办理，俟全体教职员会议时，报告各教员准备参加。

一件：职员暑期休假及工作支配案

议决：照案通过。公布实行。

一件：修正民校组织大纲案

议决：通过。

日　　期：六月廿四日下午一时（第九十六次）

地　　点：校长会客室

出席者：沈体兰　白约翰　苏德宏　张以藩　陈其德　魏金枝

主　　席：沈体兰

纪　　录：陈侠泉

报告事项

（一）宣读上次会议纪录，通过。

（二）校董会执行委员会开会情形。廿四年度修理特款预算草案修正通过。关于校长旅费预算通过，准在下年度余款项下开支。

（三）全体教职员会议情形。

（四）导师会议情形。

（五）事务会议情形。

（六）各项委员会开会情形。

（七）教务、训导、事务三处工作情形。

（八）高级补校、民众学校结束情形。

（九）校刊社、消费合作社情形。

（十）校长暑期计画〔划〕修正情形。

以上报告均准备案。

讨论事项

一件：应届毕业学生准予参加会考案

议决：本届毕业级学生经毕业考试及格者，计高中吴祥光等十五人、初中金以恭等三十六人，均准参加会考。

一件：筹建浴室、厨房计画〔划〕案

议决：浴室及厨房合并，同时建筑二层楼房应予通过，俟交工程师测绘详细图样，再行核议。

一件：修正廿四年度预算案

议决：薪金项下减少一百八十元移加于补校

项下应予通过，再向校董会提出。

一件：举行第三届校务研究会案

议决：第三届校务研究会定九月十五日举行，通知全体教职员参加。公推沈校长、魏金枝先生、苏德宏先生为筹备员。

一件：未名剧社参加暑期服务案

议决：未名剧社成立未久，应先充实内部。本届暑期拟出外服务一节，暂从缓议。

一件：举办识字学校案

议决：本校附设识字学校可酌量与党部或工部局华人教育处为事实上之合作，惟对外仍须以本校名义行之。

一件：选举廿三年度第二学期度支审查员案

议决：公推赖璞吾、陈兆坤二先生为廿三年度第二学期度支审查员。

一件：添设清寒学额案

议决：清寒学额如募得四名或四名以下，均给予新生。如超过四名以上，则超过之名额给予旧生。

一件：甄别学生分别奖惩案

议决：交教务、训导二处斟酌办理，如未经校章规定而须令其退学者，应报告本会议核办。

一件：民校分校设立及登记案

议决：（一）请民校主任拟订民校分校设立及登记条例，呈候核定。（二）对于现在三分校是否合格，由民校主任设法调查内容再核。

麦伦识字学校学生合影

日　期：九月二日下午一时（第九十七次）
地　点：校长会客室
出席者：沈体兰　白约翰　苏德宏　张以藩
　　　　陈其德　魏金枝　陈兆坤
主　席：沈体兰
纪　录：陈侠泉

主席宣读上届会议纪录，通过。

报告事项

（一）教务主任报告：
1. 毕业会考成绩。
2. 招考新生经过。
3. 开学注册情形。
（二）训导主任报告办理识字学校经过。
（三）校长报告：
1. 廿三年度收支概况。
2. 筹建科学馆近况。
（四）事务主任报告修理校舍经过。

讨论事项

一件：审议校长提出各项委员会名单案
议决：通过追认（名单附）。

一件：审议校长提出各项会议日程表案
议决：通过，公布施行（日程表附）。

一件：审定校务研究会议程案

议决：校务研究会讨论题目油印分发全体教职员征求意见，由魏金枝先生负责汇集，于九月十日晚召集筹备委员会加以审查整理，俟开会时提出讨论。地点以僻静处所为佳，请白约翰先生负责接洽，借用虹桥别墅或沪江大学、中西女学、上海青年会均可。时间上午九时至十二时，下午二时至五时，如遇必要，晚间七时至九时继续开会。

一件：续办识字学校案
议决：识字学校学生尽可报名入民众学校，其年龄太小或民校额满不收者，编入识字学校，限一班，时间下午五时至六时，以一个月为期，教员以曾担任暑校教员者选充。

一件：实施军事管理办法案
议决：本学期起实施军事管理，照章组织各队，对内仍以训导处名义行之，对外则用学校队名。除特别注意学生制服、礼貌、整洁三事外，每日上午七时、下午六时升降国旗，遇纪念节升旗时，举行全体集合。

一件：谢绝来宾参观案
议决：为节省办公时间起见，本学期起，凡来宾与校务无关者，一概谢绝参观，不予招待。责成号房切实遵照办理，并将本校章程内探访参观规则第三条摘录公布周知。

一件： 补考不及格学生请求升级案

议决： 凡主科一科补考仍不及格，如有正当理由陈述者，暂准升级试读，至本学期终重行补考。

一件： 督促消费合作社及校刊社早日成立案

议决： 分别知照各该社负责人在可能范围内早日进行工作。

一件： 规定晨会演讲案

议决： 由宗教与课外作业两委员会商洽决定。

附：各项委员会委员

体育：赖璞吾主席、江振德书记、魏金枝、沈淑、萧镜玄、曹志绶

图书：黄九如主席、苏德宏书记、郭大文、曹亮、魏金枝、吴帆波、王岳西

课外作业：曹亮主席、张以藩书记、沈体兰、黄九如、吴帆波、茹枚、胡然

宗教：白约翰主席、张以藩书记、赖璞吾、郭大文、沈淑、王岳西、汪师竹

经济：陈其德主席、沈体兰书记、苏德宏、陈兆坤、汪师竹、曹孚

校舍设备：陈兆坤主席、陈其德书记、白约翰、江振德、茹枚、陈侠泉

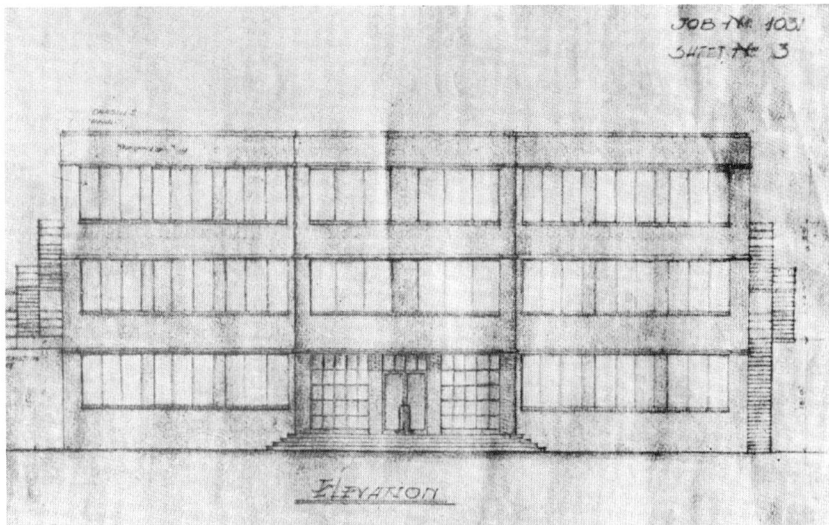

建筑中的科学馆

日　期： 九月三日晚八时半（第九十八次）

地　点： 校长住宅

出席者： 沈体兰　白约翰　苏德宏　张以藩　魏金枝　陈兆坤

主　席： 沈体兰

纪　录： 陈侠泉

讨论事项

一件： 补考不及格及操行课外作业不及格学生请求准予升级案

议决： 本届补考不及格学生一律暂准升级，试读同时分别给予警告，如至学期终重行补考仍不及格者，当即勒令退学。其自愿留级重读者、听操行及课外作业不及格者，亦暂准升级试读，至学期终如仍无进步者，当即勒令退学。即日布告并函达各该生家长知照。

一件： 请求奖学金案

议决： 新生自助学额二名，给予鲁昭德、阮光逵二人。

一件： 补校借款购买打字机案

议决： 准在中学本部储存金项下拨借洋四百元，在两年内分期偿还。

日　期：九月十六日下午一时（第九十九次）
地　点：校长会客室
出席者：沈体兰　白约翰　苏德宏　陈其德
　　　　魏金枝
主　席：沈体兰
纪　录：陈侠泉

主席宣读第九十七、八两次会议纪录，通过。

报告事项

（一）全体教职员会议、导师会议、事务会议情形。
（二）课外作业、宗教、校舍、设备各委员会开会情形。
（三）师生交谊会情形。
（四）校务研究会情形。
（五）补校、民校开学状况。
（六）校刊社、消费合作社改组情形。
（七）注册结果：本届新、旧生共二百七十七人。
（八）廿三年度收支审查结果，无误。

讨论事项

一件：请领工部局廿五年度补助费案

议决：请求补助浴室、厨房建筑费八千元。又经常费房捐一千一百元、薪金四千元、仪器一千元、奖学金五百元、校具一千四百元，共八千元。两共一万六千元。

一件：审定浴室、厨房建筑图形大纲案
议决：通过。

一件：筹备劳力运动周案
议决：请课外作业委员会担任筹备。

一件：校务研究会建议设立简师附小筹委会及推广事业设计委员会案
议决：请校长提出人选名单，交下次本会议决定。

一件：审核民校预算案
议决：本届民校预算收支各为一百二十二元，应予通过。

一件：漆建传达室案
议决：设置传达室用费以一百五十元为限，准在特备费项下支出。

日　期：九月三十日下午一时（第一百次）
地　点：校长会客室
出席者：沈体兰　白约翰　苏德宏　张以藩
　　　　陈其德　魏金枝　陈兆坤
主　席：沈体兰
纪　录：陈侠泉

主席宣读上次会议纪录，通过。

报告事项

（一）分科会议情形。
（二）分级会议情形。
（三）体育委员会情形。
（四）图书委员会情形。
（五）劳力运动周筹备情形。
（六）军事管理实施情形、组织表准备案。
（七）华东基督教教育会近况。
（八）上海中等学校协进会近况。
（九）各省水灾赈捐消息，本校当参照他校办法办理。
（十）学生国货年征求会员办法，本校当表赞同。
（十一）航空协会征求会员办法。

讨论事项

一件：审定简师附小筹备委员人选案
议决：简师附小筹备委员以沈体兰、白约翰、黄九如、吴帆波、曹孚诸君充任。

一件：审定推广事业设计委员人选案
议决：推广事业设计委员以曹亮、苏德宏、陈其德、白约翰、魏金枝诸君充任。

一件：提出廿四年度集中训练办法建议案
议决：本校赞成原建议案中第一种办法，函复上海市国民军事教育协进会查照（原建议案另抄附）。

● 关于廿四年度集中训练办法之建议

（一）高中第一学年设军训课，第三学年第二学期终提前毕业会考，考毕集中训练两个月，大学第一学年亦设军训课。

（二）高中、大学军训课皆取消。高中缩短为五学期或大学缩短为七学期，于高中毕业后或大学入学前，集中训练半年。

（三）高中、大学军训课皆取消，高中缩短为五学期，大学缩短为七学期，于高中毕业后入大学前，集中训练一年。

一件： 提出中学师范教育研究问题案
议决： 提出研究问题共十项，填表呈复教育局（问题征集表另抄附）。

一件： 提出华东基督教教育会中等学校协进会议程案
议决： 提案三起，函达该会查照（提案文另抄附）。

一件： 参加上海国际教育社展览会案
议决： 参加展览及演说比赛，并表演游艺节目。至论文比赛应否参加，俟征求国文科首席教员意见再定。

一件： 派员列席申禾区会年议会案
议决： 本届派员列席，应注意下列三点：一、报告校务；二、积极建议；三、明定组织上之关系。先将此意函达该区会查照。

一件： 学生参观全运会案
议决： 学生参观全国运动会应规定何日，俟下星期一再行开会讨论决定。

一件： 修改宿舍公约案
议决： 宿舍特准放置应用各物，如手提皮箱、鞋、热水瓶、小时钟、日历、课程表、字纸篓、扫帚、畚箕等（表另附）。

日　期： 十月十四日下午一时（第一百零一次）
地　点： 校长会客室
出席者： 沈体兰　白约翰　苏德宏　张以藩　陈其德　魏金枝　陈兆坤
主　席： 沈体兰
纪　录： 陈侠泉

主席宣读上次会议纪录，通过。

报告事项

（一）各处工作状况。
（二）分科会议及分级会议情形。
（三）经济委员会议情形。
（四）华东中等学校协进会经过情形。
（五）本校最近统计：
1. 寄宿生自百分之四〇增至百分之四四。
2. 专任教员自百分之七四增至百分之八三。
3. 学费收入自一五，〇〇〇元增至一九，〇〇〇元。
4. 基督教学生自百分之二三增至百分之三三。
5. 学生参加宗教仪式者自百分之一〇增至百分之二〇。
（六）执行议决案经过情形：

1. 识字学校因学期开始事忙，未及举办，现定于十一月初继续开办。
2. 宿舍准放置操帽、肺部运动器具、干粮袋、水壶四件，添注于前次备案之表内。
以上各项报告准予备案。

讨论事项

一件： 申禾区会年议会请派员列席案
议决： 中禾区会将在浙江平湖举行年议会，本校推举沈校长及张以藩先生前往列席。

一件： 规定参观全运会日期案（与学生自治会请求放假案并案讨论）
议决： 本校定本月十七、十八（星期五、六）停课两日。十七日由教职员率领全体学生参观全运会，十八日准学生自由再往参观，不去者留校自修。

一件： 规定自助奖金学额案
议决： 新生鲁昭德改入补校，所遗自助奖金学额给予高一学生吴惠民。

一件： 修正廿四年度预算案
议决： 修正廿四年度预算，收支各点应再提出校董会。关于文字方面：教职员校役伙食一项内加"其他"二字应予通过。

一件： 规定本校发展计画〔划〕案

议决： 根据假定学额多寡拟具。关于校舍、经济及事工三方面之计划缮就说帖，转呈校董会核示。

一件： 参加上海中等学校协进会时事论文比赛及之江文理学院国语演说、英语背诵比赛案

议决： 参加上海中等学校协进会时事论文比赛请魏金枝先生负责办理。至之江文理学院国语演说、英语背诵比赛，此次暂不参加，以后如有机会再图联络。

一件： 推员审查各项附账案

议决： 请白约翰、张以藩二先生担任审查各项附账。知照民众学校、消费合作社及校刊社各负责人，检送账册候核。

一件： 审议华东教育会教职员休憩所及学生旅舍计划案

议决： 原则应予赞成，惟办法请该会再加考虑。

一件： 汉口中华基督教会请募赈水灾，并将捐款解交该会发放案

议决： 本校已与华洋义赈会接洽，在先将来募得捐款应解交该会。对于汉口中华基督教会之提议，未便照办。

日　期： 十月廿八日下午一时（第一百零二次）

地　点： 校长室

出席者： 沈体兰　白约翰　张以藩　陈其德　魏金枝

主　席： 沈体兰

纪　录： 陈侠泉

主席宣读上次会议纪录，并报告执行议案情形，通过。

报告事项

（一）劳力运动周经过情形。

（二）各处工作状况。

（三）课外作业、宗教委员会情形。

（四）进修会经过情形。

（五）校刊社近况。

（六）出席申禾区会年会情形。

讨论事项

一件： 校董会执行委员会议各项建议案

议决： 向校董会建议修正预算，并提出本校发展计划，请加以考虑。同时将根据校务研究会建议，设立简师附小筹备委员会情形略为报告，借觇校董会各执委之态度以定进行之步骤。

一件： 校长旅行计划案

议决： 校长旅行期间所有校务分配代理，对内由苏德宏先生，对外由张以藩先生，经济由白约翰先生分别担任。

一件： 本校英文校名应否更正案

议决： 本校英文校名虽与中文校名不符，但创办人方面向用英文校名，一旦更改牵涉太多，好在本国通行皆以中文为根据，英文校名尚无重大关系，应暂仍旧。

日　期： 十一月十一日下午一时（第一百零三次）

地　点： 校长会客室

出席者： 沈体兰　白约翰　苏德宏　张以藩　陈其德　魏金枝　陈兆坤

主　席： 沈体兰

纪　录： 陈侠泉

报告事项

（一）宣读上次会议纪录，通过。

（二）校董会执委会议——批准修正预算。对于本校发展计划采取甲项（修正文见一〇五次会议纪录）建议，至添办附小一事须详细设计，再加考虑。

（三）全体教职员会议——已将纪录油印分发。

（四）经济委员会——注意分别控制预算。

（五）校舍设备委员会——修理实验室水管。量操场后面空地，其面积较之马路边充公之地大数倍。

（六）简师附小筹委会——简师请黄九如先生就经济、人才、设备三项起草意见书，附小则请曹孚先生起草。

（七）推广事业设计委员会——民校分校须规定备案手续。补校课程须调查学生需要并注意课外训练。

（八）中学师范教育研究会——分五组。

（九）上海宗教教育会议——曾派训导主任代表本校出席。

讨论事项

一件：教职员请假手续条例、来宾传达规则补请备案案

议决：准备案。

一件：对换土地应否进行案

议决：查阅本校文契，再行酌量办理。

一件：分组讨论中学师范教育研究问题案

议决：推定各组主领人员，再行征求教职员，每人自由认定至少二组。计开课程教育组——苏德宏先生，毕业会考组——魏金枝先生，师资训练组——黄九如先生，经费设备组——陈其德先生，训育军训组——张以藩先生。

日　　期：十一月十八日下午一时
　　　　　（第一百零四次）
地　　点：校长会客室
出 席 者：沈体兰　白约翰　张以藩　陈其德
　　　　　魏金枝　陈兆坤
主　　席：沈体兰
纪　　录：陈侠泉

报告事项

（一）紧急集合办法——本学期拟举行三次，白昼二次，夜间一次。练习警卫传达、救护消防等事，由训导处酌定时间，先一日呈报总司令，以便届时发布命令。

（二）中学师范教育研究问题讨论办法——每组人数业已分配列表公布。

（三）校长旅行计划——展缓十日，如大局安定即由上海径往天津会齐。

讨论事项

一件：应付事变紧急措置办法案

议决：通过。

日　　期：十一月廿五日下午一时
　　　　　（第一百零五次）
地　　点：校长会客室
出 席 者：沈体兰　白约翰　苏德宏　张以藩
　　　　　陈其德　陈兆坤
主　　席：沈体兰
纪　　录：陈侠泉

报告事项

主席宣读第一百零三次、一百零四次会议纪录，并报告前次纪录本校发展计划采取甲项建议一节。校董会执委会有人提出异议，认为未经通过，应加更正。

教务主任报告导师会议及体育、图书委员会情形。

事务主任报告事务会议情形。

校长报告教职员进修会情形及校长旅行计划临时取消经过。

讨论事项

一件：修正修理特款预算案

议决：扩大网球场费用不得超过二十元，准在本年度修理特款项下支出。装置无线电收音机费用至多以五六十元为限，准在校长旅费项下移用。

一件：修正并实施国难时期训练青年方案案

议决：设特务委员会研究修正并推进此项方案。委员人选由校长指派组织，俟下次开会时再提出追认。

日　　期：十二月九日午后一时
　　　　　（第一百零六次）
地　　点：校长会客室
出席者：沈体兰　白约翰　苏德宏　张以藩
　　　　　陈其德　魏金枝　陈兆坤
主　　席：沈体兰
纪　　录：陈侠泉

报告事项

主席宣读上次会议纪录，通过。
训导主任报告分级会议情形。
校长报告简师附小筹委会议情形，暨出席本
市中校协会中等以上校长谈话会各情形。

讨论事项

一件：校长提出修正国难时期训练方案委员
　　　会人选请追认案
议决：通过追认。

一件：校长提出修正职员办公时间表暨夜间
　　　公务轮值表请备案案
议决：准备案。

一件：国难时期训练方案修正案
议决：除办法第三条留待下次再行讨论外，
　　　其余各条通过。

一件：修正作业时间表、课外作业时间表案
议决：修正通过。

日　　期：十二月十六日午后一时
　　　　　（第一百零七次）
地　　点：校长会客室
出席者：沈体兰　白约翰　苏德宏　张以藩
　　　　　陈其德　魏金枝　陈兆坤
主　　席：沈体兰
纪　　录：陈侠泉

报告事项

一、宣读上次会议纪录，通过。
二、外国语分科会议、初三分级会议情形。
三、经济委员会议情形。
四、家长谈话会、游艺会筹备情形。

讨论事项

一件：本校发展计划案
议决：建筑教室计划提交校董会核议。

一件：筹备简师、附小案

议决：简师即日起着手筹备，附小俟校址有
　　　具体办法时，再行酌办。

一件：国难时期训练方案修正案
议决：关于办法第三条户外运动规定每星期
　　　一下午举行团体操一次，星期二至五
　　　逐日分班轮流运动，学生人数较少之
　　　班次两班并作一班。通学生每星期三
　　　上午第四课毕晨操。

一件：训导处报告自助学生陈钊取消奖金学
　　　额案
议决：准备案。所遗奖金学额并准以候补第
　　　一人金国基补充。

一件：规定元旦放假日期案
议决：一月四日（星期六）继续放假一天。

一件：识字学校展期结束案
议决：识字学校准展期一星期，至一月七日
　　　结束。

日　　期：十二月十九日下午十时
　　　　　（第一百零八次）
地　　点：校长住宅
出席者：沈体兰　白约翰　苏德宏　陈其德
　　　　　魏金枝　陈兆坤
主　　席：沈体兰

讨论事项

一件：校长报告学生自治会代表请准明日停
　　　课一天，俾全体学生当晚出发，参加
　　　本市大中学生赴市府作救国请愿，应
　　　请核议如何应付案
议决：学生爱国运动本校未便禁阻，但须恪
　　　守纪律不得越轨，年幼学生不得参加。
　　　明日暂准停课一天，后日照常上课。

日　期：十二月廿三日下午一时（第一百零九次）
地　点：校长会客室
出席者：沈体兰　白约翰　苏德宏　张以藩
　　　　陈其德　魏金枝　陈兆坤
主　席：沈体兰
纪　录：陈侠泉

报告事项

（一）宣读上次会议纪录，通过。
（二）实施国难时期训练方案经过情形。
（三）学生赴市府请愿经过情形。
（四）中等学校协进会情形。
（五）校董会情形。
（六）导师会议、事务会议情形。
（七）宗教委员会情形。
（八）家长谈话会情形。

讨论事项

一件：规定应付学运方针案
议决：根据教育立场，不放任不压迫，注重校内切实训练。对于校外运动非普遍而含有破坏性者，设法阻止。参加学联组织主慎重，原则上亦阻止参加。

一件：建筑校舍计画〔划〕案
议决：仍照原定计画〔划〕，再提出于校董会执委会请求通过。

一件：筹备本届招生案
议决：设招生委员会委员，人选授权教务主任聘请之。

日　期：十二月廿五日下午八时（第一百十次）
地　点：校长住宅
出席者：沈体兰　白约翰　苏德宏　张以藩
　　　　陈其德　魏金枝　陈兆坤
主　席：沈体兰

报告事项

（一）训导主任报告：廿四日晨，少数学生未经请假擅自出校，参加校外爱国运动，及本校派员将全数学生追回经过情形。
（二）校长报告：奉教育局令，即日起提前放年假，及中等学校协进会开会情形。

讨论事项

一件：遵令提前放假案
议决：自廿六日午时起，放年假一星期，暂定一月二日复课。即刻通知学生家长及保证人负责领回学生。

一件：训导处提出对于廿四日擅自出校学生应如何惩处案
议决：学生出校激于爱国热忱且已向学校当局陈明，并非故违校规，请予从宽惩处在案，应请训导处斟酌情形分别惩戒，以儆将来。

民国二十五年（1936 年）

日　期：一月六日午后一时（第一百十一次）

地　点：校长会客室

出席者：沈体兰　白约翰　苏德宏　陈其德　　　魏金枝　陈兆坤　张以藩

主　席：沈体兰

纪　录：陈侠泉

报告事项

一、宣读第【一】百零九次、第一百一十次会议纪录，通过。

二、招生委员会情形。

三、高二、初二分级会议情形。

四、课外作业委员会情形。

五、学生服务团与特种作业情形。

六、补校休业式、民校毕业式与学期考试筹备情形。

讨论事项

一件：筹借款项建筑科学馆案

议决：建筑科学馆预算需二万元，除已有的款一万二千元外，尚缺八千元，拟借用魏德辉基金约六千元及下年度修理特款二千元，向校董会提出，请求通过。

一件：寒假推广事业设计与推行案

议决：寒假推广事业设计与推行，交推广事业设计委员会核办。

一件：订定全体教职员会议议程案

议决：通过。

一件：甄别学生学业及操行成绩案

议决：请训导处会同各级导师详查，列表提出校务会议核办。

一件：处分学生董宗湘案

议决：董宗湘应给予严重警告，以观后效。

特种作业之测量队

特种作业之国术班

日　期：一月八日下午三时（第一百十二次）

地　点：校长会客室

出　席：沈体兰　白约翰　苏德宏　张以藩　　　陈其德　魏金枝

主　席：沈体兰

纪　录：陈侠泉

报告事项

主席宣读上次会议纪录，通过。

讨论事项

一件：训导主任报告：奉教育局长面谕，本

市奉行政院令，酌派中等学校校长晋京听训，拟指定本人代表本校参加等情，应请核议如何复命案

议决：按此次行政院既召集各地中校校长，而本校行政系统与惯例对外悉由校长代表，此次听训蒙行政当局指派，既感荣幸，尤觉兹项使命非常重要。自以仍由校长亲自前往参加较为适当，应请训导主任根据此意转陈教育局

长，请求谅察。倘局方认为本校必须参加听训，则恳请准予本校自行酌定究由校长亲自前往，抑或改派代表，然后再行复命。

一件：倘教育局认为本校必须参加听训，应否由校长亲自前往或改派代表案

议决：应由校长亲自前往，倘校长因故不克前往时，应请校长依例酌派代表。

日　期：一月十三日上午十一时（第一百十三次）
地　点：校长会客室
出　席：沈体兰　白约翰　苏德宏　张以藩　陈其德　陈兆坤
主　席：沈体兰
纪　录：陈侠泉

报告事项

宣读上次会议纪录，通过。
全体教职员会议情形。
导师会议情形。
经济委员会情形。
进修会交谊会情形。
推广事业设计委员会情形。
补校休业式、民校毕业式情形。
训导主任向教育局复命经过情形。

讨论事项

一件：甄别学生案

议决：杜绍预、王耀祖应令退学，下学期毋庸来校。肄业石梦俊准留校再试读一学期，以观其后。胡万邦、张杏川应召其家长来校，给予口头警告。

一件：审核下学期自助奖金学额案

议决：下学期自助奖金学额给予下列诸生：陈思尧、张宝星、毛信懋、陆水泉、施天恩、金国基、全荣根。

一件：审查本学期各项账目案

议决：推白约翰、魏金枝二先生审查本学期总账，苏德宏、张以藩二先生审查本学期副账。

一件：申禾区会执委会请派代表案

议决：派张以藩先生代表出席申禾区会执委会。

一件：校长提出寒假期内职员办公日程表案

议决：准备案。

日　期：一月廿一日下午七时半
　　　　（第一百十四次）
地　点：校长住宅
出　席：沈体兰　白约翰　张以藩　陈其德　魏金枝
主　席：沈体兰

报告事项

一、校长赴京经过情形。
二、校务会议谈话会情形。
三、招生经过情形。

四、申禾区会执委会情形。

讨论事项

一件：校务会议谈话会建议：据训导处报告学生陈一鸣考试舞弊应否开除学籍，该生应由训导处给予最后警告案

议决：照办。

一件：应否举行第二次招考插班生案

议决：定二月四日举行，交招生委员会办理。

日　　期：二月十日下午一时（第一百十五次）
地　　点：校长会客室
出　　席：沈体兰　白约翰　苏德宏　张以藩
　　　　　陈其德　魏金枝　陈兆坤
主　　席：沈体兰
纪　　录：陈侠泉

主席宣读上次会议纪录，通过。

报告事项

一、寒假经过情形。
二、第二次招考插班生结果。
三、注册经过情形。
四、学生自治会大会情形。
五、补习学校、民众学校开学情形。
六、教育行政当局关于国难教育及学生运动训令各点。
七、创办人关于建筑科学馆提出意见。

讨论事项

一件：实施国难教育及处置学生运动案
议决：国难教育方案征求全体教职员意见，再付本会讨论。关于处置学生运动，仍照前定方针，注意校内加紧训练。

一件：答复创办人关于建筑科学馆建议案
议决：建议校董会建筑科学馆当尽力筹款，能建三层楼房最佳。其不敷之款约一万元，应商请艾约瑟基金委员会暂行拨借之。

一件：修正校历、公共处所开放时间表、职员办公时间表并订定各项会议日程表案
议决：修正校历两点：（一）毕业考试提前一星期举行；（二）第一次新生入学试验取消，其余修正及订定各表，均准备案。

一件：筹备师生交谊会植树节案
议决：师生交谊会交教职员交谊会委员会筹备。进行植树节筹备事宜由全体教职员会议讨论之。

一件：递补奖金学额案
议决：指定奖金学额因周志承不来校肄业，由初中二熊庆五补充。

一件：华东教育会派员来校举行教职员灵修会案
议决：交全体教职员会议审核办理。

一件：上海各国校际运动委员会函请捐款，弥补亏空案
议决：不赞成捐款办法，但主张增加下届运动会售票价目，以资弥补。请体育指导员出席说明。

一件：中华职业教育社征求本校为团体社员案
议决：准加入该社为团体社员。

一件：上海扶轮社来函请介绍毕业生参加奖学金考试案
议决：交高三级导师白约翰先生核办。

日　　期：二月二十日下午四时（第一百十六次）
地　　点：校长会客室
出　　席：沈体兰　白约翰　苏德宏　张以藩
　　　　　陈其德　魏金枝　陈兆坤
主　　席：沈体兰
纪　　录：陈侠泉

训导主任报告

学生自治会请求修正课外作业时间表，增加特种训练为每周九节，曾提请导师会议讨论，结果主张每周暂增为六节，请再核议。

议决：特种训练每周暂增为六次，其时间提早十分钟，即自一时十五分至一时五十五分。所有课外作业时间表应即修正公布施行，其星期二至五末节分级运动，凡非轮值作业之各级学生如愿自动进行各项团体活动者，听星期六下午末节准练习自由车，但只许在跑道上行之，不得损坏草场。

教务主任报告

学生周志承家长要求准许周志承重行入学，应如何办理？

议决：学生周志承上学期成绩太劣，不能补考，来亦无益，以此答复其家长。

日　　期：二月廿四日下午一时（第一百十七次）
地　　点：校长会客室
出　　席：沈体兰　白约翰　苏德宏　张以藩
　　　　　陈其德　魏金枝　陈兆坤
主　　席：沈体兰
纪　　录：陈侠泉

报告事项

宣读上次会议纪录，通过。
全体教职员会议、导师会议、事务会议情形。
高一分级会议情形。
体育、图书、课外作业、宗教委员会情形。
师生交谊会经过情形。
上学期收支决算审查结果。
注册结果：本学期计二百六十四人。
军事教官交替情形。
市政府召集各校校长教职员谈话会情形。

讨论事项

一件：审定特种作业时间表案
议决：通过。

一件：学生陆桂请求补行参加集训案
议决：函商上海市国民军事训练委员会，再行核办。

一件：核准民校本届预算案
议决：本届民校预算收支各一百二十六元，准予核准备案。

一件：筹备春假作业案
议决：交课外作业委员会核办。

一件：参加华东基督教教育会年会案
议决：征求本校同人是否愿往，出席费用由校担任半数，如人数不多，再酌加津贴，以资鼓励。

日　　期：三月三日下午一时（第一百十八次）
地　　点：校长会客室
出　　席：沈体兰　白约翰　苏德宏　张以藩
　　　　　陈其德　魏金枝　陈兆坤
主　　席：沈体兰
纪　　录：陈侠泉

报告事项

宣读上次会议纪录，通过。
植树节筹备委员会主席报告该会会议情形。
校长报告出席市政府所召集之军训会议情形。

讨论事项

一件：增筹款项建筑三层楼科学馆案
议决：请艾约瑟基金委员会提前加拨七千元，并发校债六千元，提出校董会请求通过。

一件：训导主任据高中二、三年级导师提议组织军训模范队事，请暂缓进行案
议决：高中二、三年级各项作业繁重，应准暂不参加模范队。高一学生愿参加者听。

日　　期：三月九日下午一时（第一百十九次）
地　　点：校长会客室
出　　席：沈体兰　白约翰　苏德宏　张以藩
　　　　　陈其德　魏金枝　陈兆坤
主　　席：沈体兰
纪　　录：陈侠泉

报告事项

宣读上次会议纪录，通过。
校董会执委会议情形。
国文、自然分科会议情形。
高三、初三分级会议情形。
校舍设备委员会情形。
推广事业设计委员会情形。
课外作业委员会规定春假作业计划。
华东教育会派员来校工作日期及程序。
中等学校协进会情形。

讨论事项

一件：拟定科学馆筹款方法及建筑程序案
议决：通过（见附件）。

● 附件

科学馆筹款方法及建筑程序案
甲、筹款方法
1. 银行信用借款或透支
2. 发行校债
3. 中英庚款补助
4. 特捐
乙、建筑程序
1. 由校舍设备委员会主席、书记于三月十八日以前，根据图样拟制甲、乙两种投标细则草案，提出于三月十八日之临时委员会议审查后，再提出于三月廿三日之校务会议通过。
2. 由校舍设备委员会于三月十八日以前，请工程师将图样转交工部局最后审定。

3. 由校舍设备委员会于四月十五日以前招标汇齐后，提出于四月十五日之委员会议开标审查，再提出于四月二十日之校务会议通过。
4. 由校舍设备委员会与营造厂拟订合同，提出于五月二十日之委员会议审查，再提出于五月二十五日之校务会议通过。
5. 由校长代表校舍设备委员会与营造厂于六月十日签订合同，并规定于六月三十日以前正式开工。

　一件：规定廿五年度预算草案编制原则及程序案
议决： 通过（见附件）。

● 附件

规定廿五年度预算草案编制原则及程序案
甲、编制原则
1. 学额三百名，寄宿一百四十名，高中一百名，初中二百名。
2. 本年盈余至少三千五百元。
3. 实行修正新课程标准。
4. 开始招收女生（请张、苏、黄、魏、陈审查，提出建议）。
5. 初三实行分组。
6. 补校改编减费（请补校提出建议）。
7. 修理一项改拨建筑费。
8. 校长捐款指定用途。
9. 宿舍设备及特种作业设备（请训导处提出建议）。
乙、编制程序
1. 由三月九日校务会议拟订原则。

2. 由校长拟订预算收入部分，提交三月十三日之经济委员会审查。
3. 由三月十三日之经济委员会制成收入部分预算草案，提请三月廿三日之校务会议通过。
4. 由三月十三日之经济委员会请定校长室、各处各委员会分别负责拟订，预算支出部分提出四月十日之经济委员会审查。
5. 由四月十日之经济委员会将审查结果交各该负责人复议后，提出修正意见，于五月八日之经济委员会加以复核。
6. 由五月八日之经济委员会制成支出部分预算草案，提请五月十一日之校务会议最后通过草案。

　一件：规定廿五年度一览修订原则及程序案
议决： 通过（见附件）。

● 附件

规定廿五年度一览修订原则及程序案
甲、修订原则
1. 学额——三百名，高中一百名，初中二百名。
2. 注册——保证金改为五元，即充存款。
3. 纳费——规定选科应缴各费。
4. 作业时间表——实行修正课程标准。
5. 组织大纲——强化导师会议推行训教合一。

6. 训导大纲——修订课外作业。
7. 教务大纲——修订学科。
8. 补校——简章（改编减费）。
乙、修订程序
1. 由三月九日校务会议拟订原则。
2. 由教务处、训导处提出教务大纲、训导大纲修正各点，于三月十七日导师会议审查后，提请三月廿三日之校务会议通过。

3. 由校长提出总则、行政大纲、补校组织大纲及简章（先经补校会议审查）修正各点，于四月六日之校务会议通过。

4. 由训导处提出各项规则公约修正各点，于四月十四日之导师会议审查后，提请四月二十日之校务会议通过。

一件：拟定圈地手续案

议决：请白约翰、张以藩二君于本星期内进行交涉。

一件：植树节展期举行案

议决：本届植树节因天气关系展缓一星期举行。

一件：选派出席华东教育会年会代表案

议决：推定沈校长、张以藩、赖璞吾、沈淑、曹孚代表学校出席华东教育会年会，每人由学校津贴费用国币十四元。此外，如再有人愿意前往出席者，亦一律津贴。

日　期：三月廿三日下午一时（第一百二十次）
地　点：校长会客室
出席者：沈体兰　白约翰　苏德宏　张以藩
　　　　陈其德　魏金枝　陈兆坤
主　席：沈体兰
纪　录：陈侠泉

报告事项

主席宣读上次会议纪录，通过。
各项报告因时间限制，下次补行报告。

讨论事件

一件：修正科学馆建筑图样案

议决：实验室大讲堂改在三层楼设置，其下二层均作为教室，通过。

一件：审议廿五年度预算草案收入部分案

议决：廿五年度预算草案各项收入总数为五万五千六百元，通过。

一件：审议廿五年度预算支出部分拟订标准案

议决：暂定薪金二三〇〇〇元，膳食一一五四〇元，消耗二九〇〇元，设备三三〇〇元，办公三一〇〇元，补校九〇〇元，修理二〇〇〇元，捐款特备八六〇元，津贴奖金四五〇〇元，总数为五二一〇〇元，通过。

一件：修正教务大纲、训导大纲案

议决：分别修正，通过。

一件：筹备学校纪念日及科学馆奠基典礼案

议决：本届学校纪念日程序如下：五月五日停课一天，四日晚举行游艺会，五日上午九时纪念式，十时奠基典礼，十一时童子军检阅，正午校友会叙餐。其一切筹备事宜应请张以藩、魏金枝、陈其德、江振德、曹孚诸君组织委员会负责进行，并指定张以藩君为委员长。

一件：交换地产案

议决：与奚德记商定交换地产（附图），通过。

日　期：四月六日（第一百廿一次）
地　点：校长室
出席者：沈体兰　白约翰　苏德宏　张以藩
　　　　陈其德　魏金枝　陈兆坤
主　席：沈体兰
纪　录：陈侠泉

报告事项

宣读上次会议纪录，通过。
外国语科会议：对于所用课本，下年度拟加以更换。

高一分级会议：因集训提早考试，并于出发前举行话别会一次。
宗教委员会议：请补、民二校主任酌量注意宗教工作。
学校纪念日筹备委员会议分配各人担任工作。
全校运动会已在春假前一日举行，精神甚好。
春假学生有三个团体，出发苏、杭及雁荡山三处，均已回校。
华东教育会年会本校赴会者有六人，本校校

长继续当选会长。

补上届会议应付报告事项：

一、导师、事务会议情形。

二、社会分科、初一分级会议情形。

三、教职员进修会情形。

四、课外作业、经济委员会情形。

五、宗教教育讨论会情形。

六、中学师范教育研究会情形。

七、市政府召集军训会议情形。

日　期：四月二十日下午一时（第一百廿二次）

地　点：校长会客室

出席者：沈体兰　苏德宏　白约翰　张以藩　陈其德　魏金枝　陈兆坤

主　席：沈体兰

纪　录：陈侠泉

报告事项

宣读上次会议纪录，通过。

校董会执委会议通过修改科学馆图样。如捐款足额，则建三层，否则先建二层，其第三层后加，并通过募捐运动办法。至于发行校债条例，则因时间不及，未有讨论。

全体教职员会议惟有数位兼任教职员未到，议决案件六起。

导师会议通过修正各项规约。

高二分级会议提议：对于劣等生设法帮助赶习，并注意养成学生领袖。

课外作业委员会未有开会，另日补行召集。

经济委员会审查廿五年度预算，收支相抵，希望盈余三千五百元作为建筑之用。

校舍设备委员会对于科学馆图样再度加以修正。

补校教职员会议议决：变更编制，使甲、乙、丙三级程度相衔接，收费改为甲四元、乙三元、丙二元。普通科教授国、英、算、常识等课，商科不开班。

高一学生赴苏集训已半月，本校苏教务主任曾去访问一次。

四十周【年】筹委会及执委会均曾开会，定四月廿五日请各队长餐叙，五月四日请全体队员茶叙。

讨论事项

一件：修正科学馆建筑图样案

讨论事项

一件：筹建科学馆募捐运动及募集校债办法案

议决：草案略加修正，提出校董会核议施行。

一件：修正一览内总则及行政大纲案

议决：修正通过。

议决：交校舍设备委员会讨论取决。

一件：确定科学馆筹款方法及筹款程序案

议决：先尽力募捐，同时向银行非正式接洽借款，俟校董会执委会通过校债条例后，再择少数有特别情形的人劝购校债，以期迅速集款。

一件：审定科学馆建筑程序及投标条例与细则案

议决：授权校舍设备委员会核办。

一件：修正廿五年度预算草案收入部分及支出部分标准案

议决：廿五年度预算草案收入应增补校五百元，减伦敦会贴费二百四十元，工部局补助二百元。支出部分请经济委员会按照酌减。

一件：审议廿五年度招收女生案

议决：以招收女生问题研究委员会之建议案，征求全体教职员意见后，再核。

一件：修正总则、行政、教务大纲、各项规则公约及补校组织大纲及简章案

议决：训教原则第四项改为"实行公众服务"。又导师会议名称改为教导会议。教导会议之组织除校长任主席，教务主任、训导主任任副主席及各级导师、体育指导员、军事教官，外加各科首席教员。又级长、室长、席长及值日生服务条例内加宿舍舍长。又学科绩点时间分配及学程纲要由教务处再行详细核定。又各项规则公约，照前次导师会议所通过者修正。补校组织大纲及简章，照该校教职员会议所通过者修正。

日　　期：五月五日下午六时（第一百廿三次）
地　　点：科学实验室
出席者：沈体兰　白约翰　张以藩　陈其德
　　　　魏金枝　陈兆坤
主　　席：沈体兰
纪　　录：陈侠泉

讨论事项

一件：学生因学校纪念日参加各项活动过于
　　　疲劳，请求五月六日停课一天案
议决：照准。惟寄宿生是日须留校休息，不
　　　得出校，晚间仍照常有自修课，布告
　　　全体学生知照。

日　　期：五月十一日下午一时（第一百廿四次）
地　　点：校长会客室
出席者：沈体兰　白约翰　苏德宏　张以藩
　　　　陈其德　魏金枝　陈兆坤
主　　席：沈体兰
纪　　录：陈侠泉

主席宣读上两次会议纪录，通过。

讨论事项

一件：实行部颁免费公费学额规程案
议决：廿五年度第一学期起，照部定标准设
　　　免费学额廿四名，报告校董会备案。

一件：实行部颁特种教育纲要案
议决：遵照部颁特种教育纲要，以教导会议
　　　兼训育指导委员会。教导会议组织条
　　　例中应添校医，并照章成立青年训练
　　　团。至特种教学交课外作业委员会研
　　　究决定，下年度实施。

一件：复核招收女生问题委员会建议案
议决：本案暂行保留。先将原建议书油印分
　　　发全体教职员，征求具体意见，并由
　　　委员会详细调查他校情形再核。

一件：审查廿五年度预算草案案
议决：通过廿五年度预算草案，收支各为
　　　五七二四〇元。

● 各级学校设免费公费学额规程

▲教部通令各校厅局自下学期起实行

（南京七日电）教部依据行政院通过之各级学校设置免费及公费学额办法原则，订定该项规程。七日通令公私立专科以上学校及各校厅局，自下学年起，切实遵行。从兹全国资质颖异儿童或学行俱优青年，虽家境清贫，可望因国家及社会之优待，有一律平等受完全教育机会。该规程全文计二十条，要点如次：㈠各校为奖助家境清贫、体格健全、资质颖异、成绩优良学生起见，应遵照规程规定，设置免费及公费学额。㈡免费学额除免收学费外，体育图书实验以及其他类似等费均免收。㈢公私各校均应依如下规定设置免费学额：（甲）小学以不收费为原则，其因特殊情形征收之小学，应设置全校儿童数百分之四十以上之免费学额。廿五年度至少应设百分之廿，以后逐年增设，限至廿八年度一律达到百分之四十标准。（乙）中等学校初高中及初高职应设置全校百分之十五以上之免费学额，二十五年度至少应设置百分

之八，以后应逐年增设，限至二十八年度一律达到百分之十五标准。（丙）专科以上学校应设置全校学生数百分之十以上之免费学额，二十五年度至少应设置百分之五，限至二十八年度一律达到百分之十之标准。㈣公费学额除免收学费外，并应依第十六条之规定给予最低限度之膳宿、制服、书籍等费。㈤全国各级公立学校除设置免费学额外，并应一律依如下规定设置公费学额：（甲）小学普小及短小二十五年度至少应设置全校学童数百分之四，以后并应逐年酌量增设。（乙）中等学校初高中及初高职二十五年度至少应设置全校学生数百分之三，以后并应逐年酌量增设。中等师范学校之公费待遇依师范规程规定办理。（丙）专科以上学校二十五年度至少应设置全校学生数百分之二，以后并应逐年酌量增设。各级私立学校之经费比较充足或受有政府补助者，亦应酌量设置公费学额。㈥全国各级公立学校设置公费学额经费，应以在学校经常费内撙节开支为原则。

㊐各级学校应于每年暑假开始前，就各该校学生概数与本规程规定比额，订定下年度应设之免费学额与公费学额，并呈报主管教育行政机关。㊑各级学校于每学年末，应将本年度内所已设置之免费及公费学额，以及免费生、公费生名册，呈报主管教育行政机关。㊒各级学校应设置之免费及公费学额，应酌量分配于该校各年级学生，其分配于次年度新招学生之学额，并应于招考时载入招考简章，以资公告。㊓凡学生家境清贫，其家庭无力担负子弟就学费用者，得觅具二人以上切实保证书，向原籍县市或居住在三年以上县市主管教育行政机关申请证明。㊔各县、市主管教育行政机关应各组织免费及公费学额审查委员会，对于前项申请执行审核，其合格者提请县市长给予家境清贫证明书。在审查委员会未成立前，前项审查与证明得暂由县市主管教育行政机关秉承县、市长办理。㊕凡声请免费或公费之待遇者，应依下列规定为之：（甲）投考学生应于报名时呈缴家境清贫证明书。（乙）在校学生应于每学年开始前呈缴家境清贫证明书。㊖各级学校依照本规程规定兼设有免费学额及公费学额者，其公费学额应给予家境清贫而入学考试成绩或在校成绩较优之学生。㊗凡受有免费或公费待遇学生，如其操行与学绩平均不及乙等者，各校得停止其免费或公费待遇。㊘各校对于免费公费学额之给予，应组织委员会共同审定。㊙各校设置公费学额，其给予学生费用由各校依照当地生活情形，就下列范围酌量定之：普小每人每年十元至三十元，初中及初职每人每年四十至八十元，高中及高职每人每年六十至一百元，专科以上每人每年一百五十至二百五十元，短小公费学额之待遇由各校斟酌各地情形定之。㊚各校免费及公费学生如有冒充清贫或伪造证明书等情事，经查明属实者，得由各校向该生或其保证人追缴各费，并得停止发给

成绩证明书或毕业证书。㊛各省市教厅局及公私立专科以上学校，于每学年开始后两个月内，应将办理免费及公费学额经过情形分别呈报教部备案。㊜各校所设之各种奖学学额，其经费系出自公私机关团体或私人，并非由本校经常预算内开支者，仍应概予维持，并不得以之抵充本规程所规定之免费或公费学额。

一件：最后修正一览案
议决：通过廿五年度一览最后修正各点，及分科会议、分级会议改为每学期至少开会一次。

一件：筹备卫生运动案
议决：推赖璞吾、江振德、陈其德三君为卫生运动筹备委员，指定赖君为主席。

一件：筹备毕业式案
议决：推苏德宏君负责组织毕业式筹备委员会。

一件：核议局令组织青年服务团案
议决：本校青年服务团即由初中童子军团组织之，初中全体学生皆为青年服务团团员，造册报局备案。

一件：核议局令募款购机祝寿案
议决：录令通知学生家长在各生存款内每人扣除二角，汇齐解局。

一件：核议华东教育协会募捐巡回工作团旅费案
议决：本校对于华东教育协会已年纳会费，无力再捐，建议该会切实向他校催缴常年捐。

一件：核议校刊社请求借款案
议决：准再借给校刊社国币五十元，以后应由该社自行设法，不得再借。

日　期： 五月廿五日下午一时（第一百廿五次）
地　点： 校长会客室
出席者： 沈体兰　白约翰　苏德宏　张以藩
　　　　　　陈其德　魏金枝　陈兆坤
主　席： 沈体兰
纪　录： 陈侠泉

报告事项

宣读上次会议纪录，通过。
上月间事务会议议决各案均已执行。新近事务会议议决修改管理电话办法，废止五分券，公事电话不用券，均拟于下学期起施行。
初一、初二分级会议均已举行，议决对于留

级两次者，应令退学。

经济委员会议结果：本学期预料可盈余二千余元。

教职员进修会如期举行，精神甚好，下次定六月六日。

旅行苏州，希望同仁皆能参加。

校刊社议决本学期再出一期校刊。

募捐建筑科学馆第一次揭晓，实收二千八百余元已认，而未缴者亦达二千余元。

学校纪念日举行纪念式及科学馆奠基典礼，情况甚盛。

第二次小考已举行，惟毕业级考期略有变更。

科学馆投标者三十九家，已选出九家面洽结果，标价平均为三万一千元，俟调查后下次开会决定。

校董会议决建筑科学馆案，交执行委员会核办。下年度预算案收支各增二百元。满任校董重行当选，联任职员亦已改选。

导师会议议决要案四起：

课外作业委员会因事忙本月未有开会，不日当补开。

卫生运动周筹备参观仁济医院、整洁比赛、健康比赛、演讲、防疫、注射等项目。

毕业会考定六月廿二、三日举行，局方已公布详细办法，当遵照办理。

毕业式筹备会负责人苏主任聘请张主任、陈主任加入，共同筹备。

讨论事项

一件：审定科学馆预算案

议决：建筑科学馆预算收支各为三万八千元，通过。

一件：审定下学期校舍支配大纲案

议决：下学期校舍支配大纲照校舍设备委员会之建议案，通过。

日　　期：六月一日下午四时一刻
　　　　　（第一百廿六次）
地　　点：校长会客室
出席者：沈体兰　白约翰　张以藩　陈其德
　　　　　魏金枝　陈兆坤
主　　席：沈体兰
纪　　录：陈侠泉

报告事项

校舍设备委员会主席报告

调查营造厂资格，并接洽标价及付款时期，结果合于条件者，首推久泰锦记，次为新恒泰。

讨论事项

一件：批准承造科学馆合同案

议决：建筑科学馆归久泰锦记承造，造价超过预算五百元，请校董会追认。合同载明付款分七次或八次，最后两次付款日期当在明年一月间与九月间，并须于六月十五日以前动工，限四个月完工。

一件：核议教师节停课并总动员募捐案

议决：六月六日教师节停课一日。全体学生总动员为建筑科学馆募捐。

日　　期：六月八日下午一时（第一百廿七次）
地　　点：校长会客室
出席者：沈体兰　白约翰　张以藩　陈其德
　　　　　魏金枝　陈兆坤
主　　席：沈体兰
纪　　录：陈侠泉

报告事项

宣读上次会议纪录，通过。

校董会执行委员会于五月廿六日举行，议决

由校长根据建筑科学馆收支预算表，另制分期拨付造价表及借款还本付息程序表。

高三分级会议讨论各生学业成绩，计有金尘明等五人成绩略差，恐难及格。

初三分级会议讨论补课及指导会考事宜。

自然科分科会议讨论下学期用书问题及科学馆设备。

推广事业设计委员会讨论补校常识课，民校分校试办民教师资训练班及结束识字学校等事。

教师节同人赴苏旅行参加者甚为踊跃，假东吴大学慰劳高一军训学生，师生五十余人甚欢而散。

市政府召集校长谈话会，注意制止罢课及取缔救国会。

华东教育会以总干事出国留学，拟请本校张主任以一小部分时间暂代一年。

讨论事项

一件： 举办民教师资训练班案

议决： 赞成。本届暑假举办民教师资训练班，期间定五星期。

上海市教育局公函

一件： 组织招生委员会案

议决： 请校长选聘，报告下次本会议备案。

一件： 建议教务处及补校工作分担办法案

议决： 建议苏主任病假期内补校主任请曹孚先生暂代。毕业式筹备会即由张、陈二主任负责筹备，教务主任暂请校长自兼，并酌量支配工作由教职员分担。

一件： 建议全体教职员会议议程案

议决： 建议全体教职员会议议程应将招收女生案及规定教职员暑期工作案列入。

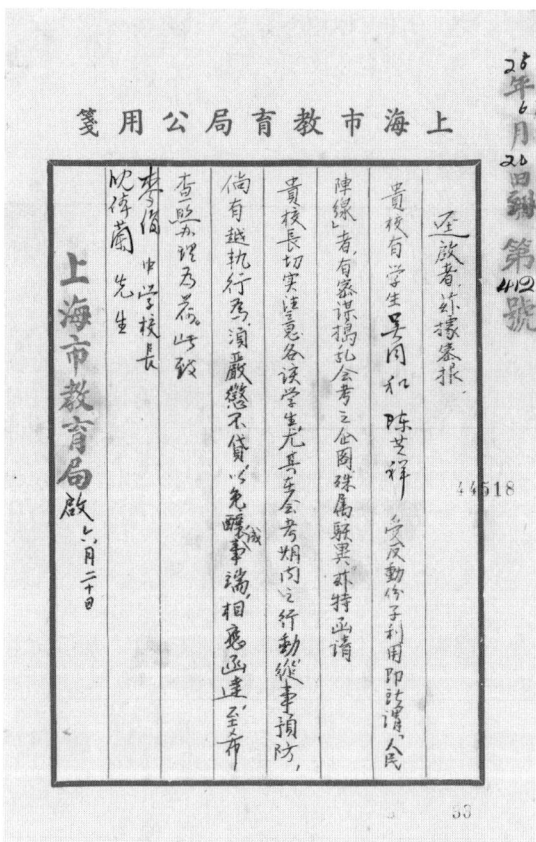

日　期： 六月九日上午十一时半（第一百廿八次）

地　点： 校长会客室

出席者： 沈体兰　白约翰　张以藩　陈其德　魏金枝　陈兆坤

主　席： 沈体兰

纪　录： 陈侠泉

报告事项

1. 宣读上次会议纪录，通过。
2. 教务处工作分配：
一、大考及成绩报告事项（张以藩）。
二、毕业事项（张以藩）。
三、招生事项（陈兆坤）。
四、教本及课程表事项（陈兆坤）。
五、注册事项（陈兆坤）。
六、体育事项（魏金枝）。
七、筹备四十周【年】成绩展览（张以藩）。
3. 招生委员会名单：
陈兆坤委员长、张以藩、魏金枝、白约翰、曹亮、郭大文、陈其德。

讨论事项

一件： 学生自治会为国事严重，上海各校联合罢课要求参加案

议决： 学生为表示爱国热忱，要求罢课须与多数学校一致，并提出切实工作计划候核，否则未便照准。

日　期： 六月廿二日下午一时（第一百廿九次）

地　点： 校长会客室

出席者： 沈体兰　白约翰　张以藩　陈其德　魏金枝　陈兆坤

主　席： 沈体兰

纪　录： 陈侠泉

报告事项

宣读上次会议纪录，通过。

全体教职员会议议决案八起，均已分别执行。

导师会议议决要案五件。

外国语分科会议议决关于下学期应用教本。

经济委员会报告决算五月底止，收入增加二千二百元，支出减省二百元，约可余二千四百元。

校舍设备委员会主要工作为签订建筑科学馆合同及议决关于科学馆内部设备事项。

补校定于本日发给修业证书，并发还学生保证金。

民校已于本月十九日举行休业式，本届初、高级两班毕业生共八十三名，为历届毕业人数之最多者。

本届大考已开始，照往例在体育馆会考。

毕业式定廿七日下午举行，请本市教育局潘局长及大夏大学欧元怀校长演说，校董会派曹云祥博士代表致训。

招生委员会议决分任命题、监试人员及登报等事。

科学馆已于六月十五日开工，由工程师介绍聘洪君为监工。

募捐运动第二次揭晓，实收及已认捐数共有七千余元，现决定展期至七月十五日结束。

讨论事项

一件：检定高、初中毕业生案

议决：高中陈岳祥等二十名，初中叶源朝等三十四名，准予毕业参加会考，并布告知照。

一件：审定各项奖励案

议决：学生陈思尧等二名给予行字奖，张宝星等十五名给予勤字奖，曹学源等十二名给予工字奖，布告知照。

一件：修正教务大纲案

议决：教务大纲关于学业考核成绩增加补考记分办法一条如下：不及格学科补考成绩及格以六十分计，不及格以原有分数计；因故请假得准补考成绩及格亦以六十分计，不及格则依应得分数计。

一件：审定下学期各项免费学额案

议决：施天宝、施天恩、董正德、尤振中、施天德、徐慎言、萧贤举、殷文鑫、金以恭、史观济、叶源朝、朱林生、熊庆五、黄山衣给予指定奖金学额，惟董正德、施天德二名应俟学期结束，视其成绩再定。张宝星、金国基、赵家驹、毛信懋四人为候补。如指定学额无缺可补时，则尽先给予自助学额，陆水泉、施天恩、吴惠民、全荣根、水声宏给予自助学额，邬善法一名为自助学额候补人。公布知照。

一件：审核招收女生办法案

议决：原则通过，俟提请校董会备案后，切实筹备进行。

一件：审核本学期收支账目案

议决：本学期账目推张以藩、郭大文两先生为查账员。

一件：审定暑期民教师范科组织大纲及简章案

议决：修正通过，公布知照。

一件：筹备第四届校务研究会案

议决：会期定九月十二或十三等日，办法请校长拟定施行。

一件：核定教职员暑期工作分配及假期起讫案

议决：准备案。

日　期：八月二十八日（第一百三十次）

地　点：校长住宅

出席者：沈体兰　白约翰　张以藩　陈其德
　　　　陈兆坤

列　席：何照东（早退）

主　席：沈体兰

纪　录：陈侠泉

报告事项

（一）募捐运动结果：捐款一万二千六百元，人数一千〇七十人，尚有二十余人已认捐而未交款。

（二）科学馆六月十六日开工，现已完成第一层，电灯已开始装置，尚有自来水、卫生设备正在接洽中。

（三）民教师范科已经结束，学员三十七人，每日出席平均二十人。

（四）本届教职员更替者有：苏德宏先生去世，赖璞吾、江振德两先生他就，王厚生先生赴东吴求学，改聘何照东、黄胤、夏伯

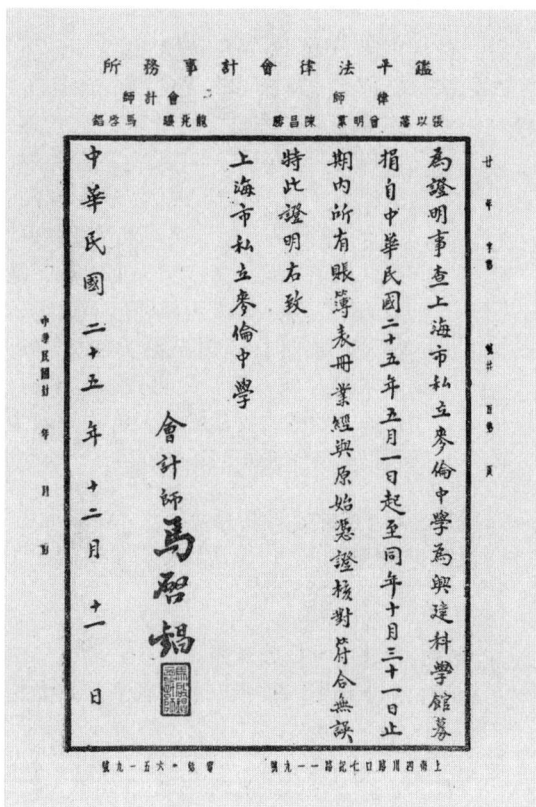

科学馆募捐结果

初、吴上千、王楚良诸先生补缺。

（五）本届招生情形：第一次报名者达百余人，录取十分之七，实到在八成以上。第二次因投考者高中居多数，故决定再招生一次，限招初中一、二年级。

讨论事项

一件：审核请求工部局补助费案

议决：向工部局请求补助厨房、浴室建筑费七千元，教职员薪水四千元，房捐一千五百元，实验器具二千元，校具二千元，免费学额五百元，图书五百元，卫生设备五百元，合计一万八千元。

一件：暂行变更本校行政组织案

议决：教务、训导二处合并改为教导处，设主任、副主任各一。教导会议以教导主任担任主席，副主任担任副主席。惟校务会议缺额赞成由副教导主任补缺者只有三票，并有提议由教职员增推代表一人者，一并留俟下次开会时再报告讨论。

一件：审定本届各项会议日程案

议决：通过。

一件：审定免费学额案

议决：新生免费学额二名，以蔡民强、谢惠民、章歆安三人中选定二人，请张以藩、陈其德二先生调查决定。

日　　期：九月七日下午一时（第一百三十一次）
地　　点：校长会客室
出席者：沈体兰　白约翰　张以藩　陈其德　魏金枝　陈兆坤
主　　席：沈体兰
纪　　录：陈侠泉

报告事项

本届已于八月廿八、九日开学办理注册手续，卅一日上课，计到学生二百九十人。

全体教职员会议除有数位兼任教职员不到外，专任教职员全体出席。

消费合作社已开全体大会，选出理事七人，并已开始营业。

星期日本校学生六人因分发传单被警察带去，当日即向交涉释放。

补校定本日开学，学生注册已有百余人。

民校现分三班，学生有一百八十人。

讨论事项

一件：修正行政大纲案

议决：各点修正通过。校务会议以副教导主任为当然会员。

一件：修正本年度预算案

议决：交经济委员会研究提出修正意见，再核。

一件：拟订校务研究会议程案

议决：草案通过。

一件：变更高中选科文理分组办法案
议决：仍照前定分组办法办理。

一件：增加免费学额案
议决：增加免费学额一名，给予候补章歆安。

日　期：九月廿一日下午一时（第一百三十二次）
地　点：校长会客室
出席者：沈体兰　白约翰　张以藩　何照东
　　　　陈其德　魏金枝　陈兆坤
主　席：沈体兰
纪　录：陈侠泉

报告事项

宣读上次会议纪录，通过。
国难纪念本月十七日晚、十八日晨举行纪念式二次。
校务研究会于九月十三日举行，以全日时间讨论各项问题，结果甚为满意。最后推举招收女生筹备委员黄九如、张以藩、何照东、陈其德、魏金枝、陈兆坤、沈淑等七人。
师生交谊会于九月十二日举行，各级均有一游艺节目。
教导会议于九月八日举行，第一次集会议决要案多起，实行初中各级根据学力分组。
事务会议于九月十日举行，对于加紧门禁及训练校工等问题均有讨论。
图书委员会已照会议日程表如期开会，讨论购书手续及登记等事。
课外作业委员会开会讨论"九一八"纪念方式及今后学生自治会与课外作业委员会联络等案。
经济委员会报告八月份收支情形，并提出修

一件：修正课外作业日程案
议决：通过。

一件：筹备苏前主任追悼会案
议决：推陈兆坤、张以藩、陈其德三君为筹备委员，并推陈兆坤君为主席。

正廿五年度预算草案。
补、民两校及中学部注册情形：补校本届学生计一百五十三人，民校计一百八十四人，中学部注册结果计二百九十六人。
廿四年度第二学期查账员报告查账无讹。

讨论事项

一件：修正课外作业日程案
议决：修正星期一、三、五上午第四节课外作业通过。应油印通知教职员并公布施行。

一件：补充特务委员会人选案
议决：特务委员会委员苏德宏先生之缺由何照东先生补充，吴帆波先生之缺由萧月宸先生补充。

一件：通过军事管理组织案
议决：将名单公布。

一件：审核修正廿五年度预算案
议决：廿五年度预算修正案通过。计收支各为五万四千八百二十元，再向校董会提出。

一件：筹备劳力运动周案
议决：推张以藩、郭大文、陈其德、黄胤、茹枚五君为筹备委员。

日　期：九月廿八日下午一时（第一百三十三次）
地　点：校长会客室
出席者：沈体兰　白约翰　张以藩　何照东
　　　　陈其德　魏金枝
主　席：沈体兰
纪　录：陈侠泉

主席宣读上次纪录，通过。

讨论事项

一件：修正课外作业日程案
议决：课外作业日程：特种作业减为每周四次，星期六下午一时二十分至二时改为各项团体或自修，下午四时十分至五十五分各项团体取销〔消〕其特种作业及课外运动，时间表由教导处会同课外作业委员会修正之。

一件：积极推行学生自治与军事管理案
议决：由教导处征求学生自治会意见，再核。

日　　期：十月五日下午一时（第一百三十四次）
地　　点：校长会客室
出席者：沈体兰　白约翰　张以藩　何照东
　　　　陈其德　魏金枝　陈兆坤
主　　席：沈体兰
纪　　录：陈侠泉

报告事项

宣读上次会议纪录，通过。

教导处提出修正课外作业日程表准备案。

四十周【年】立校纪念筹备委员会议决修正科学馆预算为收支各三万九千元，并推定程序委员会、成绩展览筹备委员会及纪念刊筹备委员会委员。

教职员进修会讨论中国目下大局情形，甚详。

宗教委员会议决聘请联合礼拜讲员及教职员灵修会讲员。

苏前主任追悼会除本校师生参加外，并有苏先生之亲友及家属莅临。

军事教官新任为陈特汉先生，业已到校。

为应付时局，本校曾开校务谈话会一次，商讨各项应变办法。

讨论事项

一件：应付事变方针与办法案
议决：目前先作准备，静候局势推移再定办法，非至万分危急时不停课。

一件：核定军事管理系统案
议决：军事管理系统表及职员一览表通过，公布。

一件：推进四十周【年】立校纪念筹备事宜案
议决：四十周【年】纪念筹委会建议修正科学馆预算及推定各项负责人，均予通过，并由该会书记分别通知。

日　　期：十月十九日午后一时（第一百三十五次）
地　　点：校长会客室
出席者：沈体兰　白约翰　张以藩　何照东
　　　　陈其德　魏金枝　陈兆坤
主　　席：沈体兰
纪　　录：陈侠泉

报告事项

宣读上次会议纪录，通过。

国庆纪念十月九日晚举行纪念式并演戏，十日放假一天。第一次小考已于十月十二日起照常举行，现已考毕。

教导会议议决关于学生学业方面三起、操行方面一起、课外作业方面二起。

事务会议议决关于厨工、卫生、训练、举行大扫除规定、礼堂开放时间表、设立校工考勤簿、取缔补民两校学生早到迟散等案计七起。

课外作业委员会讨论聘请讲员、规定讲题等事。

经济委员会建议实验、图书、体育各项经费分别检查方法及审查每月账目及副账。

校舍设备委员会讨论关于添制科学馆实验室设备案。

四十周【年】纪念各项筹备委员会均已先后开会，讨论各项筹备事宜。

中等学校协进会最近开会更选职员，本校被选为候补常委。

劳力运动周展期，俟科学馆竣工后举行。

讨论事项

一件：审查本校各项副账案
议决：推陈兆坤、吴上千两先生担任。

一件：审定科学馆初步设备预算案
议决：科学馆初步设备请校舍设备委员会根据总预算不得超过一千元编造详细预算，提交下次本会议备案。

一件：拟订非常时期工作大纲案
议决：非常时期工作大纲分三部分：（一）维持校务办法；（二）紧急处置办法；（三）应变善后办法。由校长汇集各方面意见，下次提出本会议审核。

一件：遵照部令组织训育指导委员会案
议决：遵照部令，应指定教导会议为训育指导委员会，教导会议组织应加入校长及事务主任为会员。

一件：遵照部令组织青年训练团案
议决：遵照部令，应将本校原有军事管理总队部改组为青年训练团，附设军训分团及童子军分团，以校长为团长，教导主任及副主任为副团长，军事教官及童子军教练分任分团长，事务主任、各级导师及训育员分任指导员。另请白约翰先生为顾问。

一件：为边疆学生特设免费学额案

议决：为边疆学生设免费学额一名，学杂等费全免，膳费、制服费及存款应由该生设法措交，不能豁免。

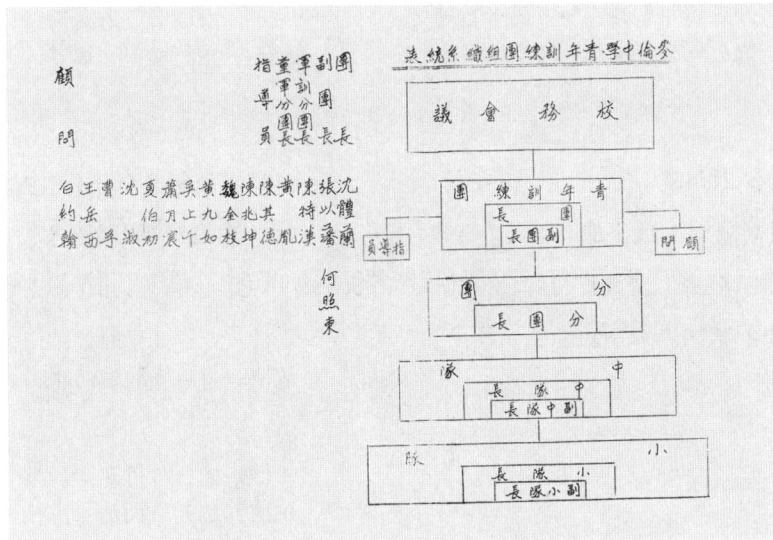

麦伦中学青年训练团组织系统表

日　　期：十一月二日下午一时（第一百三十六次）
地　　点：校长会客室
出席者：沈体兰　白约翰　张以藩　何照东
　　　　陈其德　魏金枝　陈兆坤
主　　席：沈体兰
纪　　录：陈侠泉

报告事项

宣读上次会议纪录，通过。

简师附小筹备委员会于十月廿一日开会，讨论结果推沈校长、黄九如先生草拟筹办简师具体意见书，交下次会议讨论决定，再提交校务会议。筹办附小分两项促进办法：（一）鼓励本校毕业同学先办前期小学；（二）由教职员名义办一小学，经费独立，教室可向本校借用。推黄九如先生草拟具体意见书，候核。

招收女生筹备委员会于日前开会，讨论结果将第一次报告书加以修正。定明年秋季学期开始试办，仍先招高一、初一，通学生学额暂不限定。

推广事业设计委员会原定十月廿三日开会，因主席曹亮先生事忙未能准时举行，当于最近期间补开。

宗教委员会于十月三十日开会，讨论聘请联合礼拜讲员、购买宗教书籍、举行圣诞礼拜日期，及中华基督教会总会定一月十八至二十日借用本校开青年事工研究会等事。

本校青年训练团已遵照部令编成，由校长任团长，张教导主任、何副主任任副团长，陈军事教官、黄体育指导员分任高、初中分团长。

本届全市运动大会本校遵局令于十月廿四日停课一天，由教员率领学生前往参观。

华东基督教教育协会日前举行常务委员会，讨论组织西南教育考察团，并邀请本校校长参加。

讨论事项

一件：定期补行劳力运动周案
议决：本届劳力运动周定十二月十四至十九日举行。

一件：校长加入西南教育考察团案
议决：西南教育考察团定十一月十七日出发，为期一月，应请校长参加。

一件：推定代表参加华东中校协进会案

议决：华东中校协进会定本月二十、二十一两日在沪江大学举行，应请张主任代表本校前往出席。

一件：军事教官请求变更本校行政系统案

议决：本校行政系统军事教官向隶属于教导处已行之数年，根据部令与当地情形

均甚适宜，毋须加以变更。

一件：提出校董会执委会建议案

议决：向校董会执委会提出修正科学馆预算案、修正本年度预算案。通过四十周【年】纪念筹委员建议案、试办招收女生案、筹备简师附小案、核准校长旅行案等建议。

日　期：十一月十六日下午一时
　　　　（第一百三十七次）

地　点：校长会客室

出席者：沈体兰　白约翰　张以藩　何照东
　　　　陈其德　魏金枝　陈兆坤

主　席：沈体兰

纪　录：陈侠泉

报告事项

宣读上次会议纪录，通过。

校董会执委会上星期开会，通过修正科学馆预算案、修正本年度预算案等。

第二次全体教职员会议讨论参加四十周【年】立校纪念、参加劳力运动周等案。

教导会议讨论学生学业不及格、操行不及格补救方法及课外作业过多过少应如何调节等案。

事务会议讨论整理箱箧室、筹备科学馆落成典礼与劳力运动周等案。

经济委员会报告上月收支决算各项账目，按月审查施行后，皆称便利。

总理诞辰纪念会开会时有黄九如先生演讲，先一日学生贴标语，十二日放假一日。

讨论事项

一件：审查非常时期工作大纲案

议决：将草案轮流传观后，提出下次本会议讨论。

一件：校长旅行期间校务分配代理案

议决：总务方面请张主任负责代理，经济方面请白顾问负责代理。

一件：筹备招收女生案

议决：招收女生筹委会建议廿六年度第一学期开始试办，招收高、初中一年级女通学生，应予通过，再提交校董会查核。

一件：拟定第三期建筑计划案

议决：第三期建筑计划应着重宿舍并附带厨房、浴室，应将从前所拟定之整个计划提交校舍设备委员会，根据现时情形详加审核建议。

日　期：十一月三十日下午一时
　　　　（第一百三十八次）

地　点：校长会客室

出席者：张以藩　白约翰　陈其德　何照东
　　　　魏金枝　陈兆坤

主　席：张以藩

纪　录：陈侠泉

报告事项

一、宣读上次会议纪录，通过。

二、校长出发考察教育，现至广西桂林，曾来函述及沿途平安，可如期到沪并致意本校

同人。

三、市社会局为本校向公共租界工部局请求补助费一万八千元事，曾两次派人来校视察：第一次系对于本校会计部分详加审核，第二次系作校内一般的视察。

四、校舍设备委员会曾开会决定科学馆各室设备之用度，原定六百元，现加至七百元，并规定每课室中之黑板设备等事项。

五、科学馆开幕典礼筹备情形。

六、上海基督教学生工作人员团契，本校由教导主任出席参加，本校当选为主席。

讨论事项

一件：学生自治会请求停课一日，出发募捐援助绥远抗战案

议决：停课募捐未便照准。募捐工作可在例假日个别向家长或亲戚为之。惟不得在公共场所聚集多人利用团体名义为之，以免滋生事端。一面调查各学校对于募捐办法，以供本校之参考。

一件：甘肃学生请求免费入学案

议决：准甘肃学生一名免缴学费入学，以一年为限，其他各费不免。

一件：改变星期六下午第一节各项团体开会时间案

议决：星期六下午第一节一时二十分改为上课时间，所有各项团体开会改为课后行之。

一件：应付目前救国运动案

议决：仍本从前既定方针，如发生较重大之情事，即召集校务会议商决行之。凡未经本会议商定之应付办法或未至十分严重程度时，本会议人员以不向学生发表意见为宜。

日　　期：十二月五日下午十二时半
　　　　　（临时，第一百三十九次）
地　　点：校长会客室
出　　席：白约翰　陈其德　何照东　魏金枝
　　　　　陈兆坤　张以藩
主　　席：张以藩

报告事项

一、关于学生出外募捐援绥，并将其油印之募捐须知暨绥远形势图等件备案。
二、关于陈教官布告高二、高三学生事项。

讨论事项

一、应否准许学生于本日下午课毕出街募捐援绥案

议决：准学生出外，照其募捐须知出外劝募

一次。
二、陈教官布告学生颇有反感，应如何调节案

议决：（甲）由白、张向陈教官接洽。
A. 未经本校合法成立团体之图章，不能在校使用。
B. 关于高一课业以外之布告，如有对高中其他各班之事件，须由青年训练团团长名义行之，不得径行布告。
C. 处罚学生须由教导处照本校规则行之，不得直接处分以紊乱本校之行政系统。
D. 借用本校场所须事前征得本校同意，不得径行直接借与。
（乙）雷树苏辞中队长职，准其辞职。由导师陈兆坤先生酌定候补人递补。
（丙）由高三、高二导师劝阻各该级学生之任何直接行动。

日　　期：十二月十一日晚七时半
　　　　　（临时，第一百四十次）
地　　点：校长会客室
出　　席：白约翰　陈其德　何照东　魏金枝
　　　　　陈兆坤
主　　席：白约翰
纪　　录：陈侠泉

报告事项

副教导主任报告与工部局卫生处接洽情形。又张主任牙疾今日下午开刀，刻在休息。

讨论事项

一件：校内发生传染病应否停课案

议决：遵工部局医生劝告，停课八日，本月廿一日照常上课。

一件：科学馆落成典礼应否延期案

议决：延期举行。待校长返校后再定日期。

一件：遣散学生办法案

议决：候明日上午工部局卫生处派员到校指示处置办法，再行核办。

一件：初中学生提前免穿制服案

议决：停课期间免穿制服，以后再讨论。

一件：维持校务办法案

日　期：十二月十二日下午一时半
　　　　（临时，第一百四十一次）
地　点：教导处
出　席：白约翰　张以藩　陈其德　何照东
　　　　魏金枝　陈兆坤
主　席：白约翰
纪　录：陈侠泉

讨论事项

一件：停课时间安置学生办法案

日　期：十二月十八日下午八时
　　　　（第一百四十二次）
地　点：教导处
出　席：沈校长　白约翰　张以藩　陈其德
　　　　魏金枝　陈兆坤
主　席：沈校长
纪　录：陈侠泉

报告事项

校长代表华东基督教教育会赴粤桂沿途考察
教育各情。
副教导主任何照东辞职经过。

讨论事项

一件：为校内发生传染病停课一周应否如期
　　　上课案

议决：下星期一起照常上课，通告各生家长
　　　并详述此次校内澈〔彻〕底消毒各
　　　情形。

一件：定期举行科学馆落成典礼案

议决：科学馆落成典礼定廿六年一月九日
　　　举行。

一件：修正校历案

议决：修正校历如下：

议决：明日下午一时再开临时会议决定
　　　办法。

议决：已检查过而无患病嫌疑之学生，准自
　　　由离校。
　　　未检查者须俟检查后方得离校，并将
　　　校内发生病症消毒及预防情形函达各
　　　生家长。

一件：进行各项消毒及预防工作案

议决：即日起实行分食制，并举办澈〔彻〕
　　　底消毒预防等项工作，由事务主任会
　　　同校医向工部局卫生处接洽合作。下
　　　星期一全校由校医检查口腔。

一月十五日	高级补习学校休业式
一月十六日	民众学校毕业式
一月十八至廿三日	学期考试
一月廿四日	寒假开始
一月卅一日	第一学期终了
二月一日	第二学期开始
二月二日	插班生入学试验
二月十五、六日	开学注册
二月十七日	始业式上课
二月十九日	民众学校始业式
二月二十日	高级补习学校始业式

至二月二十日以后校历应修正之处，再行随时
议决公布。

一件：规定劳力运动周日期案

议决：劳力运动周定廿六年一月四日至九日
　　　举行。

一件：关于春季招生事宜应如何规定案

议决：春季招生委员会应如何组织，俟下次
　　　本会议讨论之。

科学馆

日　　期：十二月廿一日下午一时
　　　　　（第一百四十三次）
地　　点：校长住宅
出　　席：沈校长　白约翰　张以藩　陈其德
　　　　　魏金枝　陈兆坤
主　　席：沈校长
纪　　录：陈侠泉

报告事项

宣读上次会议纪录，通过。

停课期间校务照常维持，本日学生均已回校上课。

十六日接收科学馆，对于此次建筑甚为满意。

讨论事项

一件：修正校历案

议决：二月二十日以后校历修正之点如下：

三月十二日	总理逝世纪念不放假
三月廿四至廿七日	第一次小考
三月廿七日	植树
五月一日	劳工节　立校纪念（放假）
五月十二至十五日	第二次小考
六月廿五日至七月二日	学年考试
七月三日	毕业式
七月四日	暑假开始

一件：各项委员会补缺案

议决：体育委员会主席由白约翰先生代理，经济委员会委员由张以藩先生补缺，成绩展览筹备委员会主席由吴上千先生补缺，招收女生筹备委员会委员由沈校长补缺，合作社董事长由该社自行解决。

一件：组织招生委员会案

议决：春季学期招生委员会请白约翰、魏金枝、陈兆坤、黄九如、夏伯初、郭大文、陈其德、张以藩诸先生组织之，并指定张以藩先生为委员长。

一件：校董会议建议案

议决：以修正预算、修正组织大纲、筹备招收女生、筹设简师附小四案建议于校董会。

民国二十六年（1937 年）

日　期：一月四日下午一时（第一百四十四次）
地　点：校长会客室
出席者：沈体兰　白约翰　张以藩　陈其德
　　　　　魏金枝
主　席：沈体兰
纪　录：陈侠泉

报告事项

宣读上次纪录，通过。

本校全校消毒复课后进行甚佳，并无续发病症，在医院中诊治者，亦已陆续医愈回校。

耶诞及新年放假曾举行庆祝会，表演话剧甚为热闹。

校董会议通过修正经常预算及科学馆设备预算。对于招收女生与设立附小两案，俟交校董会执委会继续并案研究核办。

劳力运动周本日开始，已由筹备委员会聘请国际劳工局局长来校演讲关于劳力运动之问题，并拟订程序表油印分发。

科学馆落成典礼定本月九日举行，请柬已发出。典礼秩序有升旗、鸣爆、演说赠奖、摄影揭幕、参观等项。

招生委员会已开会一次，决定招收插班生，学额数目刊印招考简章并登报公布。

教职员进修会及交谊会于大除夕在校长住宅举行，教职员多数到会参加，精神甚好。

讨论事项

一件：追认为庆祝蒋委员长回京停课半天案
议决：通过。应予追认。

一件：继续研究招收女生问题案
议决：请招收女生筹备委员会继续研究并调查他校情形，搜罗各种材料作为参考。

一件：研究第三期发展计划案
议决：本校第三期发展计划请校长拟具初步设计，征求校舍设备委员会之意见后，再提交本会议研究讨论。

一件：教导处报告学生吴牧违背校规案
议决：吴牧违犯校规情节重大，应予开除学籍之处分。

日　期：一月十八日下午一时（第一百四十五次）
地　点：校长会客室
出席者：沈体兰　白约翰　张以藩　陈其德
　　　　　魏金枝　陈兆坤
主　席：沈体兰
纪　录：陈侠泉

报告事项

宣读上次会议纪录，通过。

全体教职员会议议决要案多起。

教导会议开会讨论本学期结束事宜。

事务会议讨论迁移教室、修理宿舍各问题，并建议仆费每一寄宿生在存款内扣国币五角，自本届起实行，以后当在校章内增订此条。

课外作业委员会对于充实特种作业有所检讨。

校舍设备委员会议决于放假后一星期内，将迁移教室、整理宿舍事办毕，并建议腾出一间宿舍留作教职员休息室。

四十周【年】纪念成绩展览筹委会、纪念刊筹委会均已先后开会，并分别进行各项应筹备事宜。

推广事业设计委员会讨论扩大委员名额，并建议裁并简师附小筹委会。

科学馆落成典礼已举行，仪式隆重，建筑亦颇满意。

会考补考高中一人，因故临时未参加。初中六人，均已补考及格。当据情呈报社会局。

学期考试已举行，在体育馆会考。

补校休业式已于前日举行，有简短演说并报告校务。

民校第九届毕业式已举行，计高级班、初级班毕业生各三十名。

职员轮流休假每人约有十天，假期日程表日内即可排定公布。

本市国民军事教育协进会日前开会，本校继续当选常务理事兼秘书。

讨论事项

一件：审查下学期免费学额案

议决：下学期免费学额给予下列诸生：

荣誉奖金：金以恭、叶源朝。

指定奖金：施天宝、徐慎言、马宝星、殷文鑫、史观济、施天恩、黄山衣、朱林生、董正德、尤振中、熊庆五、金国基、施天德、水声宏、王道成、郎应男、蔡民强、谢惠民、章歙安。

自助奖金：陆水泉、萧贤举、陈恒瑞、吴人豪、徐慎全、毛信荣、全荣根。

一件：修正本校一览案

议决：教务、训导方面及各项规约由教导会议讨论修正，行政部分由本会议讨论修正。

一件：改组推广事业委员会案

议决：改推广事业设计委员会为推广事业委员会，请沈校长为委员长，曹亮先生为副委员长，陈其德先生为书记，白约翰、萧月宸、张以藩、黄九如、魏金枝、陈兆坤、曹孚、张云飞诸先生为委员。

一件：请推广事业委员会担任补、民两校校董会案

议决：准函聘推广事业委员会委员为补、民两校校董。

一件：实行补、民两校行政沟通案

议决：补、民两校应实行初步行政上之沟通，准函达民校主任兼补校代理主任陈其德先生查照。

一件：确定办理民校分校及识字学校方针案

议决：民校分校由民校校友会办理，请推广事业委员会为顾问。识字学校改由初中学生办理。

一件：筹备民教师范研究班案

议决：交推广事业委员会负责办理。

一件：统一寒假期内推广教育办法案

议决：寒假期内推广教育均须向推广事业委员会请求核准登记。

一件：核议高一学生参加干部训练案

议决：本届干部训练因有窒碍，已由本市国民军事教育协进会函知在案，请教导处转知军事教官查照。

日　期：二月廿二日下午一时（第一百四十六次）

地　点：校长会客室

出席者：沈体兰　白约翰　张以藩　陈其德　魏金枝　陈兆坤

主　席：沈体兰

纪　录：陈侠泉

报告事项

宣读上次纪录，通过。

上学期展迟一星期结束、寒假中职员轮值、办理学生成绩报告、收保证金、招插班生及修理校舍等事。

民教范师训练班有男女学生三十余人，大多数系本校附设民校毕业同学现在外办理民校分校者。此外由青年会介绍来者九人，亦住宿校内。讲师除本校教员曹亮、萧月宸诸先生外，特请中国普及教育助成会张宗麟先生、青年协会刘良模先生担任讲师，期间虽仅十日，讲师及助教均甚热心，指导精神极好。

招生委员会招考插班生一次，计录取新生十四人。

本届开学二月十五、十六两日注册，十七【日】举行始业式，新旧生共二百九十六人。

补校十七日举行新生入学试验，二十日开学，因时间关系，日来尚须补办注册手续。

民校十九日开学，高级班、初级班共到学生一百八十人。

讨论事项

一件：补充校务会议缺额案

议决：由本会议特约一人补缺，人选俟下次开会表决之。

一件：补充各项委员会缺额案

议决：体育委员会主席由白约翰君正式补缺，所有宗教委员会主席改由张以藩君充任，招收女生筹备委员会委员一

缺由白约翰君补充。

一件：遵照部令实施军事管理童军管理办法案

议决：遵照部令修正训管组织系统表，公布实施。

一件：规定修正一览程序案

议决：修正一览程序关于总则、行政部分由校长草拟。教务、训导部分由教导主任拟订，先提交教导会议通过。推广事业部分由推广事业委员会主席拟订，先提交推广事业委员会通过后，于四月五日汇齐，再提交本会议最后批准付印。

一件：规定编制廿六年度预算程序案

议决：编制廿六年度预算程序先由校长室斟酌情形，编造收入预算，于三月十二日提交经济委员会通过。然后依照收入数目编制支出预算，所有支出各部门如设备一项由教导处负责编造；消耗、办公两项由事务处编造；修理一项由校舍设备委员会编造；补、民两校由两校主任编造。先将预算草案送呈推广事业委员会核议通过，于四月九日汇齐，提出于经济委员会审核。如有修正之点，尽五月七日以前再行提交经济委员会最后审定，以便提交五月十日本会议。

一件：拟订推广事业程序大纲案

议决：推广事业程序大纲应由推广事业委员会主席草拟，于四月廿三日提出推广事业委员会通过，以便发表。

一件：拟订建筑校舍程序大纲案

议决：建筑校舍程序大纲应由校长室草拟，于五月五日提交校舍设备委员会通过，以便早日确定全部发展之计划。

一件：审定各项会议日程表、课外作业时间表案

议决：通过。油印分发教职员知照。

一件：审查第一学期会计收支案

议决：推吴上千、夏伯初二先生为查账员，审查第一学期会计收支账册。

麦伦中学特种作业时间表

日　期：三月八日下午一时（第一百四十七次）
地　点：校长会客室
出席者：沈体兰　白约翰　张以藩　陈其德
　　　　　魏金枝　陈兆坤
主　席：沈体兰

纪　录：陈侠泉

报告事项

宣读上次会议纪录，通过。

1. 教职员会议除少数兼任教职员未到外，

其余专任教职员均出席，通过议案数件。

2. 教导会议讨论，关于学业：（1）如何督促不及格学生；（2）如何注重各科笔记；（3）如何指导课外读物。关于生活：（1）如何注重卫生教育；（2）如何指导升学就业。关于课外作业：（1）如何督促特种作业；（2）如何指导参加课外活动。此外又讨论如何准备成绩展览会及征求对于修改本校一览意见，并定三月十六日再开临时教导会议一次。

3. 事务会议议决添用助理传达生、添制工人制服、迁移校钟等事。

4. 课外作业委员会讨论各团体进行筹备成绩展览，请导师征求各级级会照片、级刊，请体育指导员定期举行露营，规定学术演讲讲题讲员等事。

5. 校舍设备委员会讨论工部局令改造宿舍楼梯应付办法及科学馆落成后校舍支配办法。

讨论事项

一件： 推选校务会议特约会员案

议决： 校务会议特约会员一席推萧月宸先生充任。

一件： 推举出席华东教育会年会代表案

议决： 华东教育会年会四月五日至七日在苏州举行，本校出席代表以六人为限，除沈校长、白约翰先生、张以藩先生以担任该会职务必须出席外，其余三人当征求同人意见，如愿意参加人数超过三人时，由校长圈定之代表，旅费每人由校津贴国币五元。

一件： 筹备植树节案

议决： 推张以藩、陈其德、陈兆坤、郭大文、茹枚先生为筹备委员，指定张以藩先生为委员长。

一件： 推举出席中华职业教育社代表案

议决： 中华职业教育社年会五月六日至八日在上海举行，推陈兆坤先生为本校代表前往出席。

一件： 教导处据体育指导员报告学生陈世英违反校规请开除学籍案

议决： 学生陈世英违反校规，姑从轻处罚，暂不开除学籍，应如何酌予处分之处，交教导处全权办理，下次报告本会议备案。

一件： 预备成绩展览案

议决： 下星期起各班可酌量利用一部分特种作业时间为成绩展览之预备，交教导处会同成绩展览委员会商定办理。

日　　期： 三月廿二日下午一时（第一百四十八次）

地　　点： 校长会客室

出席者： 沈体兰　白约翰　张以藩　陈其德　魏金枝　陈兆坤　萧月宸

主　　席： 沈体兰

纪　　录： 陈侠泉

报告事项

宣读上次会议纪录，通过。

四十周【年】纪念刊尽本月内努力征稿，其费用以五百元为度。

体育委员会讨论本届运动会及明年度预算。

宗教委员会议决礼拜讲员由教员与学生轮流担任，每隔四次举行联合礼拜一次，教职员灵修会定每星期日晚八时至八时半举行。

经济委员会审查二月份收支账目，预计本年度可盈余一千元，通过下年度预算收入部分。

第一学期账目审查经夏伯初、吴上千两先生执行，已得报告，审查无讹。

职员谈话会于三月九日举行，曾将议决各项印发各职员查照办理。

科学馆建筑费尚有最后一期，造价五千元，约于九月中照付。

讨论事项

一件： 支配本年度决算盈余案

议决： 本年度盈余一千元，全数拨归建筑费项下。

一件： 修正科学馆建筑费预算案

议决： 科学馆建筑费预算应追加装置窗帘一百五十元。又四十周【年】纪念费用预算增加至八百元，收支各为四万元，以此向校董会建议。

一件：审查四十周【年】纪念费用预算案

议决：四十周【年】纪念费用预算支配如下：成绩展览四百五十元、装修舞台一百元、游艺会及聚餐一百元、津贴校刊一百元、杂支五十元，所有支款手续必须经沈校长、陈主任会同签字。

一件：装置救火水龙案

议决：函达救火会，请准予暂从缓办，俟动工建筑宿舍时，当联合伦敦会及女校同时装置。

一件：订定各项附设机关行政系统图案

议决：修正通过。

一件：修正训管组织系统图案

议决：通过。

一件：春假提前案

议决：本届春假无提前之必要，应仍照修正校历办理。

一件：派定华东教育会年会代表案

议决：派韩露似、沈淑、汪师竹三先生代表本会出席华东教育会年会。

一件：掉〔调〕换地产案

议决：与奚德记掉〔调〕换地产照案通过。

一件：修正一览及拟订廿六年度预算案

议决：定本月廿四日晚开临时校务会议再核。

日　　期：三月廿三日晚七时
　　　　　（临时，第一百四十九次）
地　　点：校长住宅
出席者：沈体兰　张以藩　陈其德　魏金枝
　　　　　陈兆坤　萧月宸
主　　席：沈体兰
纪　　录：陈侠泉

讨论事项

一件：修正一览案

议决：总则内应增加军训团、童子军团组织条例。教务之部应增加各项选科学程纲要。其余修正之点均通过。

一件：拟制廿六年度预算案

议决：廿六年度预算，收入部分定为四万六千二百元。支出部分定为：薪俸二万八千元、消耗二千五百元、设备三千八百元、办公二千六百元、修理二千元、捐款特备八百元、补助奖学六千五百元，由校长室、教务处、事务处就上开规定数目范围内分别负责编制详细预算。至关于膳费、制服费、存款、推广事业、校刊社、消费合作社等均作为副账，学校只代负经理之责。

日　　期：四月三日上午十时（第一百五十次）
地　　点：校长会客室
出席者：沈体兰　张以藩　陈其德　魏金枝
　　　　　陈兆坤　萧月宸
主　　席：沈体兰
纪　　录：陈侠泉

报告事项

主席宣读上次会议纪录，通过。

事务会议议决催学生领回上届存款、扩充事务处办公室等案。

四十周【年】立校纪念筹备委员会通过修正建筑费预算，变更纪念程序，并讨论以后继续工作。

四十周【年】立校纪念程序委员会议决：将演说比赛、校友叙餐、纪念礼拜时间略加变更。

推广事业委员会开第二次会，通过修正补、民两校简章，并通过义务学校组织大纲、行政系统及简章。

招收女生筹备委员会议决：下学期起应招收女生，请学校当局向校董会建议。

本学期第一次小考已于上星期举行，教导处正在催各教员缴交分数单。

植树节适值微雨，但本届植树颇多，精神甚好。

讨论事项

一件：修正一览案

议决：一览行政之部增加军训团、童军团组织条例，修正通过。又通过修正补、民两校简章，应呈报社会局核准。又通过义务学校组织大纲、行政系统及简章，至关于增加选科学程纲要，授权教导处酌办。

一件：一览附印于纪念刊案

议决：一览附印于纪念刊，将预算内关于一览印刷费二百元拨给校刊社。

一件：建议修正教职员服务及待遇条例案

议决：关于教职员保寿险、休假、养老、抚恤等办法请校长室起草，提出下次本会议通过，再向校董会建议。

义务学校全体师生合影

日　　期：四月廿六日午后一时（第一百五十一次）

地　　点：校长会客室

出席者：沈体兰　白约翰　张以藩　陈其德
　　　　魏金枝　萧月宸

主　　席：沈体兰

纪　　录：陈侠泉

报告事项

全体教职员会议于四月二十日开会，到会二十一人，只有四位兼任教职员未到，精神甚好。

事务会议、教导会议均因故停开。

图书委员会讨论下半年计划，并议决立校纪念日亦开放任人参观。

经济委员会审查上月份决算，并无超过。

四十周【年】纪念成绩展览筹备委员会议决：关于推广教育成绩品改在补校教室内陈列，其余各项成绩品均在科学馆内陈列。

讨论事项

一件：四十周【年】立校纪念会先后停课案

议决：四月廿九、三十，五月三日停课三天。

一件：修正四十周【年】立校纪念经费预算案

议决：修正四十周【年】立校纪念经费预算如下：展览会四百五十元，津贴校刊一百元，装修舞台一百元，游艺会一百元，杂支五十元，仍为八百元。所有校友叙餐费由膳费项下支出，所有展览会、游艺会以外之招待布置费由办公费项下支出。

日　　期：五月十日下午一时（第一百五十二次）
地　　点：校长会客室
出席者：沈校长　白约翰　张以藩　陈其德
　　　　魏金枝　陈兆坤　萧月宸
主　　席：沈校长
纪　　录：陈侠泉

报告事项

宣读上次会议纪录，通过。

四十周【年】立校纪念于五月一、二日举行。一日因天雨来宾较少，有两项节目延至次日补行，游艺会预定演剧四出，后只演三剧。关于一切展览品、游艺会用品、各方所送礼品现已分别妥加保存，或陈列所有。特请来宾亦已专函道谢。

校舍设备委员会通过修理费预算。

经济委员会审查四月份账目，大约本学期尚可盈余二三百元，并通过廿六年度预算草案及推广事业预算案。

推广事业委员会通过下年度预算，并议决补校过渡办法、接收义务学校办法及暑期办理推广教育师资训练班、儿童劝学团等。

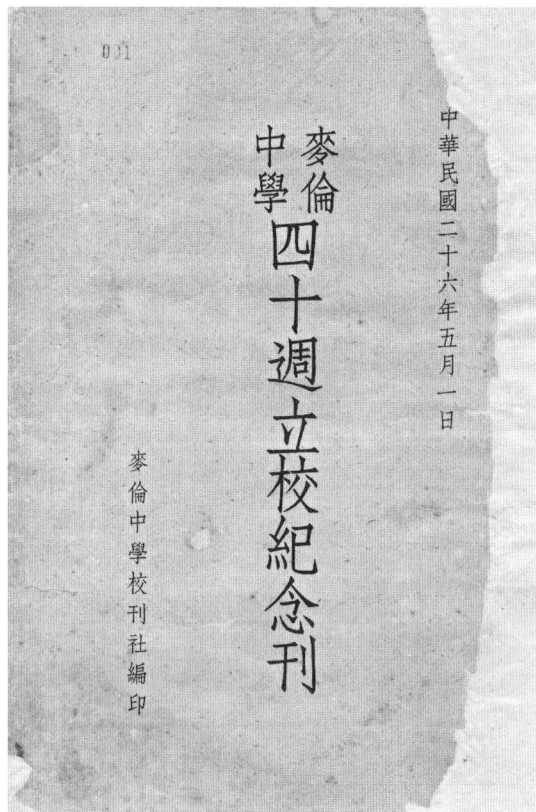

麦伦中学四十周年立校纪念刊封面

讨论事项

一件：四十周【年】纪念善后办法案
议决：（一）所有纪念刊，除作者、刊登广告各户、本校教职员学生及到会之特别来宾、校友已经分发外，由校长室征求各处负责人员开具名单，以便支配分发。（二）纪念刊费用因页数增加超过预算，计不敷一百九十余元，以下学期校刊少出一期之印刷费及一览售得之款项移抵。（三）推夏伯初、郭大文两先生审查收支账目。

一件：核议廿六年度预算草案案
议决：廿六年度预算草案通过。收支各为四万六千三百元。

一件：核议廿六年度修理特款预算草案案
议决：廿六年度修理特款预算支出一千元，原则通过。惟以经济关系，本年暑假先支出半数，其他半数俟明年暑假支出。

一件：核议廿六年度推广事业预算草案案
议决：下年度推广事业费预算收支各为二千八百元，通过。

一件：请求创办人加拨房地案
议决：请校长缮一英文函件，由白顾问转送创办人，请将网球场一带空地及七十七号、七十八号、七十九号、八十号四所房屋拨给本校使用。

一件：筹备卫生运动周案
议决：本届卫生运动周定五月廿四至廿九日举行，业经全体教职员会议推请张以藩、陈其德、黄胤三先生为筹备委员会。教职员方面亦请张、陈、黄三先生斟酌办理。学生方面须由学生自治会推出代表加入，以利进行。

一件：举办暑期学校案
议决：本届应否举办暑期学校，请校长会同教导主任设计办理。

日　　期：五月二十日下午十二时半
　　　　　（临时，第一百五十三次）
地　　点：校长会客室
出席者：沈校长　白约翰　张以藩　陈其德
　　　　　魏金枝　陈兆坤　萧月宸
主　　席：沈校长
纪　　录：陈侠泉

教导主任报告
学生瞿鸿信、朱文炳等窃取消费合作社代

价券情形，应否予以开除学籍之处分，请核议。

议决：学生瞿鸿信窃取消费合作社代价券，又主谋窃取图书员图章，侵害公物妨碍公益情节重大，着即开除学籍。学生朱文炳协同窃取图书员图章及伪造消费合作社代价券，侵害公物妨害公益，着即停学一年。其余情节轻微者，由教导处分别酌予处分。

日　　期：五月廿四日下午一时
　　　　　（第一百五十四次）
地　　点：校长会客室
出席者：沈校长　白约翰　陈其德　魏金枝
　　　　　陈兆坤　萧月宸
主　　席：沈校长
纪　　录：陈侠泉

报告事项

教导会议讨论关于学业操行及课外作业等事项。

事务会议讨论要案数件，如膳食委员会组织条例、校工服务规则等。

宗教委员会讨论学生参加夏令会事。

第二次小考已照规定日期举行，惟高一则提前举行学期考试。

高一集训上星期五、六举行训话及欢送会。昨日出发计四十人，今日补行入队一人，共四十一人。

讨论事项

一件：拟具校董会议各项建议案
议决：以下列各案向校董会提出：1. 廿六年度预算案；2. 顾问一缺应否派人代理案；3. 汪师竹先生请求学额案；4. 修正教职员服务及待遇条例案；5. 发展校舍计划案；6. 选补校董及更选校董会职员案；7. 请创办人加拨房地案；8. 张以藩先生请假出国案。

一件：建议修正教职员服务及待遇条例案
议决：增加条文三条，原则通过。

一件：建议发展校舍计划大纲草案案
议决：原则通过。附录发展校舍计划大纲草案如下：

预拟建筑物	层数	地址	经费
（一）浴室体育办公室	二层	体育馆南相联	八〇〇〇元
（二）宿舍	三层	科学馆南对面	三〇〇〇〇元
（三）教职员住宅	四层	运动场东北	二五〇〇〇元
（四）膳堂厨房游艺室	二层半	艾堂南对面	二〇〇〇〇元
（五）办公厅	二层	艾堂西	一五〇〇〇元
（六）推广事业实验区	二层	办公室南对面	一五〇〇〇元

一件：筹备本届毕业式及招生事宜案
议决：本届毕业式请张以藩、陈兆坤、陈其德三先生负责。筹备招生委员会请校长指派，报告本会议备案。

一件：筹备欢送白约翰先生例假返国、张以藩先生请假赴美、曹亮先生离校高就案
议决：欢送会日期暂定六月十三日，筹备员推沈校长、陈其德先生、陈兆坤先生及教职员代表二人，学生代表二人，补校一人，民校一人组织之。本校应送礼物亦请沈校长及陈其德、陈兆坤两先生核议购办之。

日　　期：六月七日下午一时（第一百五十五次）
地　　点：校长会客室

出席者：沈校长　白约翰　张以藩　陈其德
　　　　　魏金枝　萧月宸

主　席：沈校长
纪　录：陈侠泉

报告事项

宣读上次会议纪录，通过。

校董会议决各案如下：（一）廿六年度预算草案通过。（二）顾问例假，暂不派人代理。（三）汪师竹先生学额向艾约瑟基金保管委员会请求。（四）教职员服务及待遇条例修正增加三条，通过。（五）发展校舍计划原则接受，再交执行委员会研究。（六）会员缺额推选韦悫先生补充，职员均联任。（七）请求创办人加拨房地交执行委员会研究，先为非正式之接洽。（八）张主任赴美留学应表示欢送。（九）校长出国计划派委员会筹备。

推广事业委员会讨论接收义校及补校，施行新章过渡办法。

图书委员会议决：剩余图书费在六月十五日以前尽数购买书籍，并定以后检查存书办法。

课外作业委员会讨论请讲员及结束本学期学生各项课外活动事宜。

卫生运动周于五月下旬举行，请三位医师演讲，并有整洁比赛、注射防疫针、参观医院、捕鼠等事项。

毕业考试已开始，高、初毕业级同时在体育馆举行。

教师节日间赴浦东高桥旅行，参加者十三人。晚间校长邀请全体教职员聚餐于其住宅内，尽欢而散。

民校分校及义校募捐游艺会由民校校友会发起，经过尚佳，大约可得七八十元之谱。

欢送白顾问、张主任大会筹备委员会议决定，六月十三日下午二时至四时，在本校大礼堂举行欢送大会。已函邀校董会、校友会派代表出席致辞。

校长预备赴庐山训练，现已向社会局报名，大约六月廿八日须动身前往。

代理注册员张云飞君于五月卅日离校，顷接其由烟台来函，报告今后或将升学云。

审查四十周【年】立校纪念各项账目，已据查账员郭大文、夏伯初两先生报告，审查无讹。

讨论事项

一件：改聘义校主任案

议决：请校长室斟酌接洽，提出下次本会议讨论决定。

一件：筹备暑期学校案

议决：本届办理暑校，惟主任人选请校长于拟聘教员数人中择一委任。

一件：请求创办人改拨房地案

议决：建议校董会请求创办人改拨网球场北部空地及大门走道一带连同七十一号房子。并建议校董会向艾约瑟基金保管委员会请求，继续补助校长住宅租金。每年一千二百元移储作为他日建筑教职员住宅之用。

一件：学生自治会请求停课案

议决：凡持有赈灾游艺会入场券者，准通融告假离校。高二与初二定在八日下午，初一定在九日下午，以示限制。

一件：请托白顾问于例假返国之便，代向创办人或其他方面接洽，给予本校以精神或物质之援助案

议决：本校因学生宿舍及教职员宿舍亟待建筑应用，兹乘白顾问例假返英之便，托代向创办人及其他方面，在可能范围内请其给予精神或物质上之援助，以期早日集资建筑。又年来国内政治渐上轨道，金融亦稳定，可否请白顾问代向艾约瑟基金委员会接洽，将本校所有基金全部或一部投资于国内银行或实业，以期多得息金，而资应用。

张云飞

（1917—1941）

麦伦中学 35 届校友，江苏无锡人。1932 年在校期间，参加麦伦民众夜校的创建工作，1936 年任民校教务长，引导学生参加救亡工作。1939 年 4 月，参加山西革命干部训练班，后赴延安。1941 年 10 月，在与日寇作战中牺牲。

日　期：六月九日（临时，第一百五十六次）
地　点：校长会客室
出席者：沈校长　白约翰　张以藩　陈其德
　　　　魏金枝　陈兆坤　萧月宸
主　席：沈校长
纪　录：陈侠泉

教导主任根据高三导师报告殷世乾考试舞弊两次情形，如何办理请付公决。

议决：高三学生殷世乾考试舞弊情节重大，本应开除学籍，姑念该生事后悔过情切，特从轻论处，着令停学一学期。

日　期：六月廿一日下午一时（第一百五十七次）
地　点：校长会客室
出席者：沈校长　张以藩　陈其德　魏金枝
　　　　陈兆坤　萧月宸
列席者：黄九如
主　席：沈校长
纪　录：陈侠泉

报告事项

宣读上次纪录，通过。

校董会执委会通过向创办人请求加拨房地等案。

教导会议讨论关于大考及结束功课，并通过毕业生参加会考名单等案。

经济委员会审查上月份收支，本年度赢〔盈〕余预算可有一千元以上，惟因四十周【年】纪念各项开销增多，实际仅可赢〔盈〕余七八百元。

毕业考试校内已举行，今明两日正举行会考，参加者高中二十四人、初中四十九人。

毕业式定七月三日上午十时请韦捧丹博士演讲，并请市党部社会局派代表莅临指导。

民校于本月十九日举行第十届毕业式，计高级班毕业生四十二人、初级班毕业生四十四人。

补校定本晚举行休业式，应给证书甲级有十三人、乙级二十人、丙级三十七人。

欢送白顾问、张主任等大会于本月十三日下午举行，到教职员一部分及全体学生，惟高一集训学生因无例假不能离队，只派代表三人到会。

招生委员会议决定七月廿六日及八月廿五日招考两次。

暑期学校简章已刊印，由陈兆坤先生主持，职员有沈淑、吴上千、曹孚、汪师竹诸先生襄助办理。

推广教育师范班由陈其德先生主持办理，已将组织大纲及简章油印公布。

暑期训练讲习：校长赴庐山为期大约两旬余。王岳西先生赴南京约一月。此外，体育教员黄胤、劳作教员茹枚二君是否参加暑期讲习，尚未十分决定。

讨论事项

一件：审定本届毕业生名额案
议决：本届高中毕业生二十四名、初中毕业生四十九名，准参加毕业会考。

一件：追认招生委员及暑期学校主任聘任案
议决：招生委员会聘黄九如先生为委员长，郭大文、魏金枝、陈兆坤、陈其德、吴上千、沈淑诸先生为委员。暑期学校聘陈兆坤先生为主任。均予追认。

一件：改聘义务学校主任案
议决：义务学校改聘王楚良先生为代理主任，负责接收并进行。征求初中学生担任下学期教员事宜。

一件：定期试办招收女生案
议决：下学期试办招收女生，暂以初中一新生为限。

一件：审核下学期奖金学额案
议决：下学期奖金学额给予下列诸生（艾约瑟奖学金未核定）：
　　　荣誉奖金：金以恭、叶源朝、程筱鹤。
　　　指定奖金：黄山衣、史观济、朱林生、严伟珊、金国基、水声宏、王道成、王家利、谢惠民、蔡民强、马裕隆、章歆安。
　　　自助奖金：萧贤举、吴人豪、周雅谷、徐慎全、陈廷凯、全荣根、袁仁布。

一件：本届学生甄别案
议决：凡学生屡次无故缺席者，或主要学科连续两年不及格者，退学。又凡主要学科两科不及格者留级，至详细办法授权教导处斟酌办理。

一件：审核膳食委员会组织条例草案案
议决：膳食委员会组织条例照草案通过。

日　期：八月三十日（第一百五十八次）
地　点：辣斐德路一二一一号
出席者：沈校长　黄九如　魏金枝　萧月宸
主　席：沈校长
纪　录：陈侠泉

报告事项

上届毕业式于七月一日举行。

暑假于七月二日开始，职员轮流休假。秋季学期原定八月廿五日开学，因战事延期。

校长参加庐山暑期训练，六月杪首途，七月下旬回沪。所有受训期间每日操练甚为严格。教职员参加暑期训练者有：黄胤先生参加南京教育部办体育教员训练班，王岳西先生参加南京卫生署办学校卫生教育训练班。

第一届暑期学校于七月五日开学，分三班，有学生三十三人，惟后因战事提前结束。

民教师范班有学生三十余人，讲师皆能热心讲授，精神甚好。沪战影响使本届不能在原址开学，日前创办人代表曾至战区察看校舍，据说除新建科学馆及游艺室外，余均被毁。

战事发生时即将重要文件移至四川路青年会，旋在辣斐德路设立临时办事处，办理学生登记事宜。一面与慕尔堂接洽借址开学，几费周折始得定议。

组织战时服务团曾呈报社会局奉发调查表，现正在进行中。

讨论事项

一件：借址开学案
议决：借虞洽卿路慕尔堂为校址，暂定九月二十日开学，临时办事处九月十五日起撤消〔销〕。

一件：改定招生日期案
议决：第二次招生改定九月十七日举行。

一件：订定开学临时办法案
议决：校址、校历、学额、纳费注册、借读、作业时间、学科一览、课外作业各点，原则决定请校长拟订大纲，颁布之。

一件：建议预算控制及职工待遇条例案
议决：建议各点，原则决定请校长呈请校董会批准施行。

一件：请求基金委员会照常补助案
议决：请求艾约瑟基金委员会照常补助校长薪金及房租。

一件：请求工部局拨放补助费案
议决：请求工部局从速拨放一九三七年春、夏两季补助费。

日　期：九月二十七日（第一百五十九次）
地　点：大东茶室
出席者：沈体兰　黄九如　陈兆坤　陈其德
　　　　魏金枝　萧月宸
主　席：沈体兰

报告事项

校董会议曾于日前一度召集执行委员会，将本学期控制预算及职工待遇条例与本学期开学临时办法大纲分别修正，通过。

九月十五日迁至慕尔堂，计旧生登记者有一百数十人。十七日举行新生入学试验一次，二十日开始注册，廿一日上课。新旧生到者几达二百人，他校学生尚有续来请求借读者。

讨论事项

一件：拟订本学期预算案
议决：本学期预算草案收支各六千八百八十元，应予通过，提请全体教职员会议审议。

一件：召集全体教职员会议案
议决：定十月一日午时召集本学期第一次全体教职员会议，叙餐地点请陈其德先生负责筹备。

一件：规定校务会议餐费案
议决：校务会议餐费每次应由学校补助每人两角。

日　　期：十月二日（第一百六十次）
地　　点：慕尔堂
出席者：沈体兰　黄九如　陈兆坤　陈其德
　　　　魏金枝
主　　席：沈体兰

讨论事项

一件：审定免费学额案

议决：本学期免费学额因谢惠民、蔡民强、马裕隆已来校报到，故仅存四名，准给陈恒瑞、俞根芳、干学伟、郭栋材所有。金国基来信请求保留免费学额，碍难照准。

干学伟
（1917—2017）

麦伦中学 38 届校友，浙江宁波人。1932 年入麦伦中学，在校期间，作为未名剧社成员参演进步话剧《放下你的鞭子》《扬子江暴风雨》等。1939 年加入中国共产党，进入延安鲁迅艺术学院，任电影导演，导演了《沙家店粮站》《小二黑结婚》《风从东方》等影片，后任北京电影学院教授，是我国电影导演教学工作的创建人之一。

日　　期：十月十一日（第一百六十一次）
地　　点：青年会九楼
出席者：沈体兰　黄九如　陈兆坤　陈其德
　　　　魏金枝　吴上千
列席者：萧月宸　郭大文　王厚生
主　　席：沈体兰
纪　　录：陈侠泉

报告事项

全体教职员会议推举校长、事务主任及萧月宸、郭大文、王厚生先生为经济委员会委员准备案。

宣读以前三次会议记录，通过。

日前，教职员会议在青年会叙餐，教职员全体皆出席。

注册截至本日止，高、初中各一百零三人，共二百零六人。

特种作业定每星期二、四、六讲救护、军事、防空。

学生战时服务团及自治会均正在进行组织中。

特种补助费本届已请求艾约瑟基金委员会继续补助，工部局补助费本年春、夏两季一千六百五十元及伦敦会津贴赖先生薪水七百八十元，均已函催拨付。

上学期收支各项本略有余存，惟因建筑费项下亏短三千余元，故总结亏欠十元余。

讨论事项

一件：修正本学期预算案

议决：本学期预算修正为收支各八千五百元，通过。

一件：决定推广事业方针及办法案

议决：推陈其德、陈兆坤、王厚生三君组织推广事业委员会，办理民校开学事宜。

一件：规定征求图书办法案

议决：推黄九如、魏金枝、郭大文、萧月宸、杨美真、王楚良先生组织图书委员会，进行征求图书事宜。

一件：规定宗教工作案

议决：宗教工作推沈校长、陈兆坤、陈其德先生向慕尔堂及青年会接洽。

日　期：十月廿六日午（第一百六十二次）
地　点：八仙桥青年会九楼
出席者：沈体兰　黄九如　陈兆坤　陈其德
　　　　魏金枝　吴上千
列席者：郭大文　萧月宸　汪师竹
主　席：沈体兰
纪　录：陈侠泉

报告事项

宣读上次会议纪录，通过。

救国公债本校师生共认购一千三百四十五元，此为第一批，已将款项解交新华银行。仍望师生量力继续认购或向亲友劝募。

校董会议通过本年度预算，并审查上年度决算。

特种补助费已向艾约瑟基金委员会及伦敦会接洽，经常补助费颇有拨放希望，惟工部局补助费因救火会未表同意，尚有问题。

教职员进修会第一次已举行，情形甚好。

经济委员会报告：分别审查上学期总账及七、八、九月份另用账，均无误。

推广事业委员会议决办理难民教育，利用第五节时间在课室内上课，每星期四次。

图书委员会报告：由慕尔堂交来借书卡片已转交各级智育部长，借书人须填片汇交本校图书员签名，按照规定时间向慕尔堂借书，本校征求图书不日开始进行。

宗教委员会报告：兄弟会将改称青年会，加入上海青年会及慕尔堂所办宗教工作。

教务处报告：注册截止，学生实到二百零六人，借读生欲改为正式生者，须俟小考后看其成绩如何而定。

训导处报告：战时服务团已选出各组主任。学生自治会正在组织中。近来学生缺席者颇多，对于教室日记须注意随时责成级长查填，以便核对公布。

事务处报告：使用电话登记办法施行尚无窒碍。校工留用二人，其余均已给资遣散。油印机已另购备新机，专印英文信及表格等件，所有普通不甚紧要之文件，仍使用旧机印刷。

讨论事项

一件：追认请求工部局补助费数目案
议决：本届请求工部局补助费共六项，金额为二万一千元，通过追认。

一件：审查本学期学杂费案
议决：本学期学杂费收入推郭大文、萧月宸二先生审查。

一件：审查本学期每月开支案
议决：本学期每月开支推陈其德、王厚生二先生审查，惟十月份一个月特请魏金枝先生审查。

一件：清理学生存款及附设机关账目案
议决：所有学生存款及附设机关账目推沈校长及陈兆坤、吴上千二先生会同各有关人员，于本星期内查核清理。

一件：确定各项委员会委员人选案
议决：各项委员会人选推定如下：
　　经济委员会：萧月宸委员长、沈校长、陈其德、郭大文、王厚生。
　　推广事业委员会：陈其德委员长、陈兆坤、王厚生。
　　图书委员会：黄九如委员长、魏金枝、萧月宸、郭大文、杨美真、王楚良。
　　宗教委员会：陈兆坤委员长、沈校长、陈其德。

一件：补提免费学额人选案
议决：所遗免费学额俟名额确定后，尽先给予前已请求之旧生，新生请求碍难照准。

日　期：十一月八日午（第一百六十三次）
地　点：八仙桥青年会九楼
出席者：沈体兰　黄九如　陈兆坤　陈其德
　　　　魏金枝　吴上千
主　席：沈体兰
纪　录：陈侠泉

报告事项

宣读上次会议纪录，通过。

清理学生存款及附设机关账目委员会报告，据各部分有关系人员称，各项账册因毁于战区，无从检查，只能凭记忆所及约略假定一数目列表查存，如他日发现超过此假定数目时，仍由各经手人负责。如有剩余，则由学校再待决定用途，其执行手续除登报通告外，再设法普遍通知。

讨论事项

一件：审核清理学生存款及附设机关账目委员会报告案

议决：清理学生存款及附设机关账目委员会报告各节准备案，惟中学生上学期存款余数未发还者，应由该委员会继续进行校内登记及校外调查。如登记调查结果确未发还但收据已遗失者，并未超过经手人所报告之假定数目，仍应一体发还。如超过数目颇多者，再由该委员会讨论决定办法，俟各部分办结再报告本会议。

一件：庆祝总理诞辰案
议决：本月十二日总理诞辰，如各校放假，本校亦仿照办理。至庆祝仪式由训导处斟酌届时情形决定之。

一件：规定第二次教职员会议日期案
议决：第二次教职员会议定十一月廿六日（星期五）举行。

一件：补充免费学额案
议决：通告干学伟、马裕隆、谢惠民三生，限于本月十五日以前决定是否回校，如届时不回校上课，其所遗免费学额由洪强生、陈瑞昌二生补充，准免缴第二期学费。

一件：复兴本校方策案
议决：将校长所拟复兴本校方策草案交教职员传观，请教职员同人尽量贡献意见，以便修正后提出于校董会。

日　期：十一月十六日下午
（临时，第一百六十四次）
地　点：办事处
出席者：沈体兰　黄九如　陈兆坤　陈其德　魏金枝　吴上千
列席者：萧月宸
主　席：沈体兰
纪　录：陈侠泉

讨论事项

一件：决定今后本校的计划案
议决：无论时局如何变化，本校决维持现状，一面筹设分校于内地。

一件：核议教职员请假离校案
议决：教职员如有必须请假离校者，以能觅得替人不妨碍校务为限，并须履行下列各条件：1.所请代课教员须担任授课至本人回校销假日为止；2.离校后须时常与校方取得联络；3.离校后须随时相机为筹设分校之接洽。

一件：学生请求退费案
议决：学生中途请求退费，照章不能通融。惟有正当理由者准保留，抵作下学期之留额保证金。

一件：补充免费学额案
议决：免费生干学伟自请退学，所遗免费学额准给予孟俊卿递补。

一件：变更特种作业案
议决：特种作业因讲员离沪，星期六一次取消，星期二、四仍设法照旧办理。

日　期：十一月二十二日下午一时
（第一百六十五次）
地　点：办事处
出席者：沈体兰　黄九如　陈其德　魏金枝
主　席：沈体兰
纪　录：陈侠泉

报告事项

宣读上次会议纪录，通过。
总理诞辰纪念杨美真先生演讲纪念意义，因各校都不放假，本校亦不放假。

小考于十七日起举行，各科均已考毕，已有一部分教员将分数单缴交教务处。试读生及借读生欲改为正式者，其成绩有无问题，俟全体教职员会议时再付讨论。
第二期学生缴费人数一百七十五人，请缓缴者约十人，请免费者数人，自请退学者数人现在请假，已函询其家长，尚未得复者数人。
教职员请假离校者有陈兆坤、吴上千、萧月宸三君，已分别倩〔请〕人代课，以后同人行动须从整个团体打算，免临时有妨公务。

工部局补发补助费须由慕尔堂证明租赁校址之租金数目，方可免缴房捐。日内当将此项手续办理，以期早日具领补助费。

华东基督教教育协会汇集各校损失，请求英美宣教会补助。本校请求补助房租五千元、图书仪器二万五千元、建筑校舍十万元，共十三万元。该会会长为杨永清先生，副会长仍为本校校长，现杨会长不在上海，事实上由副会长代行，目下该会工作暂限于上海一隅。

上海中等学校协进会日前开会，到会者三十余校，议决事件：一、不与非法组织合作；二、与大学联合并使组织益健全；三、设交通网，每区联合附近若干校，推一交通员负责接洽。

讨论事项

一件：确定应付变局方针案

议决：确守办学宗旨，将来不向任何非法组织登记，不服从任何非法组织命令，向校董会报告备案。

一件：建议西顾问补缺案

议决：建议校董会聘请西顾问一人补白约翰君之缺，并促白顾问提前返华销假任事。

一件：建议复兴本校方策案

议决：最近期间尽可能在上海租界继续办学，一面开始筹设分校于内地，假定在湖南衡阳，最好赶下学期开学。同时为建筑永久校舍向下列各机关请款：1. 中英庚款董事会请求补助二十万元；2. 英美宣教会请求补助十三万元；3. 艾约瑟基金委员会请拨付十万元。

一件：审查免费学额案

议决：免费生金以恭、俞根芳、孟俊卿自请退学，所遗免费学额由郭文卿、黄鸣智、童鹤龄三生补缺，免缴第二期学费。

一件：变更特种作业办法案

议决：特种作业暂改为每星期一次，即每星期二第五节演讲救护。

一件：补推校务会议缺席案

议决：陈兆坤先生缺席，由魏金枝先生兼代。吴上千先生缺席，请全体教职员会议再推一人补缺。

日　期：十二月六日下午一时
　　　　（第一百六十六次）
地　点：办公室
出席者：沈体兰　黄九如　魏金枝　陈其德　　　　　郭大文
主　席：沈体兰
纪　录：陈侠泉

报告事项

宣读上次会议纪录，通过。

校董会于十一月廿四日开会，关于应付变局方针，决定依创办人办学宗旨照常进行，并尽量与工部局合作。关于聘西顾问补缺，决定请史慕尔君暂代，一面函催白顾问提前回校销假。关于复兴本校，决定先向英美宣教会请求补助费十三万元，请求庚款及基金补助两事目前因校址未定，暂缓进行。

教职员会议于十一月廿三日举行，教职员全体参加，已将纪录油印分发。

经济委员会审查上月份收支、清理学生存款及附设机关账目，均已分别办妥。

推广事业委员会继续办理难民教育，原定每星期上课四次，现已增至六次。

图书委员会现由沈校长捐书甚多，已由图书员分类登记。

宗教委员会将兄弟会改名学校青年会，加入上海青年会童子部为会员一事已经办妥。上星期并已实际参加该会活动，现正筹备庆祝圣诞事。

华东基督教教育协会联合本埠教会学校，规定每两星期开会一次，交换消息，讨论问题，闻本埠教会学校多数维持现状，惟有三校停办。

上海中等学校协进会已联络大学、小学合组上海教育协会，并议决如发生问题，各校须彼此通知，不得单独办理。

工部局补助费第三、四期已无问题，但第一、二期因救火会作梗，恐尚有波折。伦敦会补助费已接伦敦来电，只允发至本年八月份止。

慕尔堂来函对于借用校址下学期或须收回自用，本校如能另觅相当校址最佳。

讨论事项

一件：择定下学期校址案

议决：希望慕尔堂能继续租赁，以免搬迁之烦，一面向他方探听，如有教室合用、课桌齐备、租金便宜者，亦可进行非正式之接洽。

一件：请求中英庚款及艾约瑟基金补助复兴经费案

议决：本校校址现未决定，请求中英庚款补助按例须在十二月中为之，本届仍当一试。动支艾约瑟基金只请求先将此原则通过，至详细计画〔划〕须俟将来方能提出。

一件：童梅龄递补免费学额案

议决：免费生童鹤龄因家境困难自请退学，并请求将免费学额给予其兄童梅龄，应予照准。惟查童梅龄学业操行均无可取，应函达该生家长从严督促改善，否则当将免费学额取消。

一件：补推各项委员会委员缺额案

议决：推魏金枝、郭大文两先生为整理学生存款及附设机关账目委员会委员，补陈兆坤、吴上千两先生之缺。推魏金枝先生为经济委员会委员，补萧月宸先生之缺。所有经济委员会委员长一席改推陈其德先生担任。推王楚良先生为推广事业委员会委员，补陈兆坤先生之缺。推杨美真先生为宗教委员会委员，补陈兆坤先生之缺。所有宗教委员会委员长一席改推陈其德先生担任。

日　期：十二月二十日下午一时
　　　　（第一百六十七次）
地　点：本校办事处
出席者：沈体兰　史慕尔　黄九如　魏金枝
　　　　陈其德　郭大文
列席者：王厚生
主　席：沈校长
纪　录：陈侠泉

报告事项

宣读上次会议纪录，通过。

欢迎代理顾问史慕尔先生就职，史先生曾任本校校董，对于校务甚为热心，深庆得人。

下学期校址是否继续租赁慕尔堂，现尚未定。日来向他方面作非正式接洽者有协进中学，该校本部因校舍太大，附小则因设备全无，均属不宜。惟培成女校虽无操场礼堂，尚较合适。此外有雷氏德研究院亦颇可借用，不过尚有医院在内，不知何时迁出，日内再向接洽。

工部局补助费第三期已领到，第四期不久亦可具领。第一、二期亦颇有补发希望。伦敦会补助费闻已接伦敦方面消息，虽无全数，但可发放九个月，详情如何另再向查问，下次报告。

筹备庆祝圣诞现正在募捐衣物，预备届时发给难民，并与慕尔堂合开庆祝会。

华东基督教教育协会日前开会，到会者有华东区七校校长，得悉华东区基督教学校多数停办，拟在沪办一联合中学，现正从事筹备进行。又该协会对于联合各校请求英美宣教会拨款补助一事，已将请求文件由航空寄出矣。

上海教育协会日前开会议决两事：一、通电（略）。二、十二月廿五日举行庆祝：1. 各校校长举行聚餐；2. 各校悬旗开庆祝会；3. 募款慰劳伤兵。

讨论事项

一件：筹备庆祝会案

议决：本星期六上午，除在礼堂开庆祝会举行仪式外，再与慕尔堂商借操场悬挂国旗，全体师生摄影以留纪念。募捐一事俟接得详细办法再行遵办，或由教职员发起募捐，学生及学生家长可随意捐助，再由学校酌量拨款，凑集成数转交作为伤兵遣散费。

一件：筹备下学期开学案

议决：下学期尽可能继续在上海筹备开学，但须坚守下列两原则：（一）适应环境之限度，不得违反本校办学宗旨；

（二）应付环境之保障，于本校万一不能继续时，谋教职员工作与生活之维持。

一件：保障教职员工作及生活案

议决：建议校董会本校如遇不得已停办时，对于教职员应予以工作与生活之保障，即完全托付同人继续迁地办学，或暂由校董会另行设法维持。而予同人以一种适当之安置，两者必择其一。

一件：招考新生及甄别旧生案

议决：招考新生考期定二月七日，由教务处全权办理。本学期已交保证金而未来校之旧生，应如何甄别插班，由教务处妥拟办法再核。

一件：修正本学期预算案

议决：本学期预算内收入伦敦会补助费八百元原定作为抵付欠债，但欠债数目综计约七百五十元，尚余五十元准拨付华东基督教教育协会会费。又工部局补助费三千三百元列入收入项下，以一千八百元作为准备金，余一千五百元拨还伦敦会，津贴、校长薪水及房租，由校长指定作为他日教职员之维持费。

一件：审查学费收入案

议决：推黄九如、郭大文两先生审查本学期学费收入账目。

一件：整理附账收支案

议决：追认校刊社向学生存款借垫一百元，向合作社借垫七十七元，另由校刊社设法归还。又追认厨房存款暂向学生存款移借一百元。又暑期学校应付广告费仅现存之十八元付之。

一件：处置本学期学生保证金案

议决：本学期学生缴交保证金而不来读者，照章不发还，但准抵作下学期保证金。其半途退学在十月二十日以前者，发还现款。在十月二十日以后退学者，则改发救国公债票。

日　期：十二月廿七日下午一时
　　　　（第一百六十八次）
地　点：东亚酒楼
出席者：沈体兰　史慕尔　黄九如　魏金枝
　　　　　陈其德
列席者：沈　淑（代王厚生）
主　席：沈体兰
纪　录：陈侠泉

报告事项

宣读上次会议纪录，通过。
庆祝圣诞并纪念民族复兴，开会之后全体师生摄影。
接洽下学期校址，慕尔堂是否续租，一二日内即有确实消息，如不能续租，当以培成女校为最适宜。

讨论事项

一件：校董会建议案

议决：关于办学方针，照上次议决案向校董会建议。

一件：审议下学期预算案

议决：下学期预算案修正通过，收支各为一万二千元。

一件：支配本学期决算盈余案

议决：本学期决算盈余应拨出三百元，作为下学期免半费学额二十名之用。

一件：甄别旧生案

议决：教务处所拟甄别旧生办法通过。

一件：免费生施天恩、尤振中请贴还膳费案

议决：照准。

一件：增加宗教委员会委员名额案

议决：宗教委员会增加委员名额一人，由史慕尔先生充任。

民国二十七年（1938 年）

日　期： 一月三日下午一时（第一百六十九次）
地　点： 东亚酒楼
出席者： 沈体兰　史慕尔　黄九如　魏金枝
　　　　　陈其德　郭大文
主　席： 沈体兰
纪　录： 陈侠泉

报告事项

宣读上次会议纪录，通过。

校董会议议决：下学期继续依办学宗旨在沪开学。通过下学期预算案，并议决在本学期决算盈余项下，提出六百元津贴教职员。

补助费伦敦会已付来七百八十元。工部局补助费第三期已收到，第一期亦已接到发放通知书，第二期已决定取消，第四期尚未发放。

校舍下学期决定迁往与培成女校合作，现正进行订立合同。

宗教委员会报告圣诞节募捐衣物达一千余件，分发难民，现定每星期二第五节举行宗教讨论会，由学生青年会主持。

校长谈话会得悉各教会中学下学期均继续开学。教育协会赵传家先生帮办难民教育，现正征求义务教员。

讨论事项

一件： 修正预算案
议决： 本学期预算案因工部局补助费取消一期，特将准备金减为一千元。

一件： 支配新校舍办法案
议决： 租用校舍合同草案通过，俟得培成女校同意，即签字成立。

一件： 规定学生缴费办法案
议决： 下学期学费仍分两期缴交，免半费者须缴交第一期学费，而免缴第二期。

一件： 规定学生补习办法案
议决： 下学期上课时间自下午一时半起至五时半止，每星期指定三小时为学生补习时间，得采用合班教授。

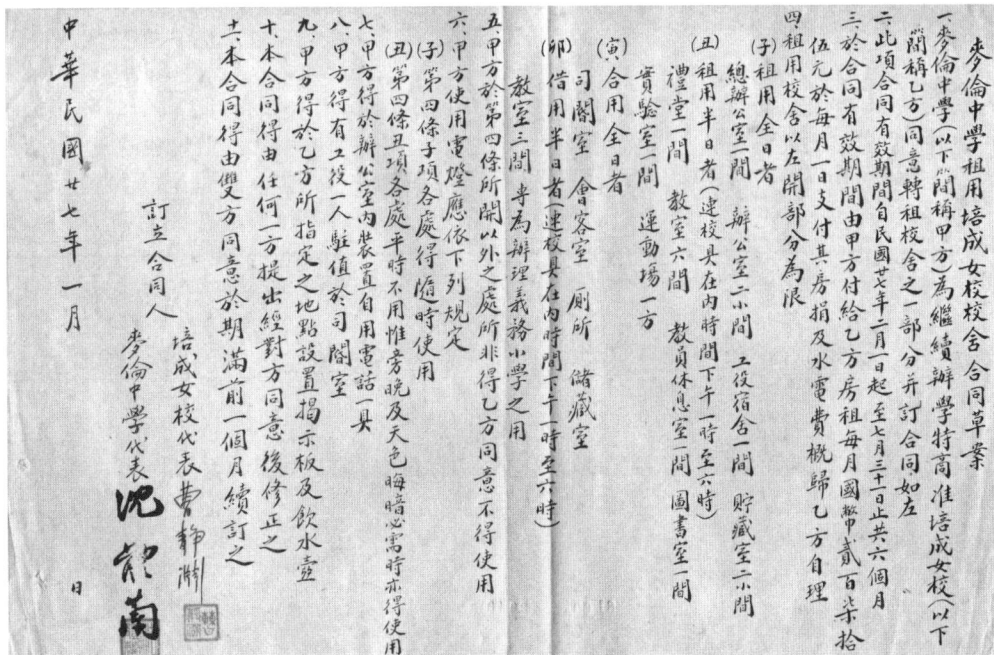

麦伦中学租用培成女校校舍合同草案

日　　期：一月廿一日午（第一百七十次）
地　　点：东亚酒楼
出席者：沈体兰　史慕尔　黄九如　陈兆坤
　　　　　陈其德　魏金枝　吴上千
主　　席：沈体兰
纪　　录：陈侠泉

报告事项

教职员会议改期于一月十七日举行，另当将纪录油印分发。

下学期校址已与培成女校接洽就绪，惟添办小学问题尚待商酌。

华东基督教教育协会日前开执委会，决定开办联合中学，校址择定江西路，学生前往登记者有八十余人。

上海中等学校协进会近来会员增加甚多，现正联合要求报馆减收广告费，并议决自行审查学籍。

讨论事项

一件：修正校舍合同案
议决：校舍合同修正通过。

一件：扩充免费学额案
议决：增加免半费学额十名，新生请求免费不满十人时，仍给旧生之候补者递补。

一件：试办小学案
议决：试办小学，惟校址加租问题俟商得培成女校同意，方能实行。

一件：审查免费学额案
议决：下学期给予免费学额名单如下：
荣誉奖金学额：金以恭、叶源朝、程筱鹤。
指定奖金学额：施天恩、尤振中、董振德、施大德、郎应男、黄山衣、陈承融。
免全费学额：侯宝荣、陈恒瑞、周雅谷、洪强生、朱育勤、郭栋才〔材〕、水声宏、梁焕勋。
免半费学额：萧贤举、陈廷凯、徐慎全、郭文卿、钱仁初、童梅龄、华姚期、戴德琦、袁贞顺、严文骅。
候补：凌斯骠、周焕邦、陈瑞昌、郭文焃。

一件：搬取战区物件案
议决：搬取战区物件俟与创办人协商办理，其费用以国币五十元为限，在下学期预算内支出。

一件：修理校舍案
议决：委托久泰锦记营造厂代为修理。

日　　期：二月九日下午四时（第一百七十一次）
地　　点：校长室
出席者：沈体兰　黄九如　陈兆坤　陈其德
　　　　　魏金枝　吴上千
主　　席：沈体兰
纪　　录：陈侠泉

报告事项

宣读上次会议纪录，通过。

上月下旬举行学期考试，所有成绩报告单现已填就，寄发各生家长。

寒假期间职员轮流到校办公。

迁移校舍秩序尚好，新校舍较之慕尔堂似觉宽舒，惟图书室因与仪器室合为一间，以致本校所有书籍不能陈列在内，只好再行设法。

搬取战区物件：前日因天雨尚未搬毕，应否再雇车往搬须付讨论。

筹备开办小学，因培成要增加房租，暂行停顿。

甄别旧生在本月五日举行，参加者四十余人，及格者计有三十余人。

新生入学试验在本月七日举行，与试者四十余人，录取二十余人。

注册至今日止计二百十人，大约尚有新生数人，须明日补行注册。

讨论事项

一件：继续搬取战区物件案
议决：请事务主任代表学校与西顾问商洽办理。

一件：恢复民校、义校案
议决：恢复民校、义校，请健友社社员担任义务教员，俟征求该社同意进行。

一件：审查半费学额案

议决：给予下列各生半费学额：寿继灿、郭秉忠、陈达铨、凌斯骠、周焕邦。此外有翁卓颖、胡鸿顺二名，俟举行第一次小考后如各科成绩及格，亦准给予半费学额。

一件：规定各项经费限度以资调剂案

议决：一、以清理学生存款及附设机关账目所余之款，拨作本学期办理推广教育之用。二、在上学期没收之保证金内提拨一百元，作为本学期免费学额之经费。三、在上学期没收之保证金内提拨一百四十元，作为推广教育之基金。

一件：规定各项委员会人选案

议决：各项委员会人选名单如下：

经济委员会：吴上千、沈体兰、史慕尔、梁邦彦、汪师竹、王厚生。

图书委员会：魏金枝、杨美真、郭大文、沈淑、梁邦彦、王楚良。

宗教委员会：史慕尔、杨美真、郭大文、陈兆坤、陈侠泉、汪师竹。

推广事业委员会：陈其德、黄九如、沈淑、王楚良、王厚生。

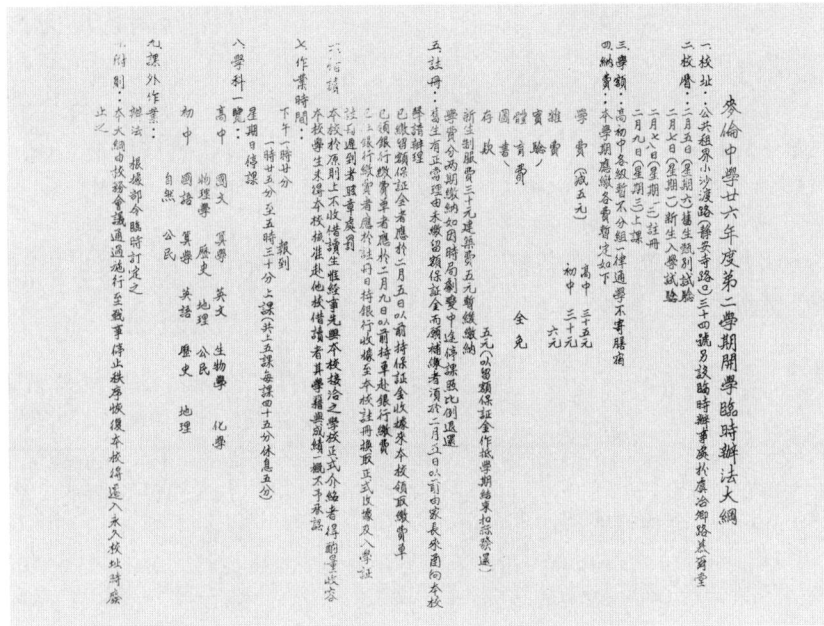

麦伦中学二十六年度第二学期开学临时办法大纲

日　　期：二月廿四日下午六时
　　　　　（第一百七十二次）

地　　点：校长室

出席者：沈体兰　史慕尔　黄九如　陈兆坤
　　　　陈其德　魏金枝　吴上千

主　　席：沈体兰

纪　　录：陈侠泉

报告事项

宣读上次会议纪录及执行议案情形，通过。

教职员会议于二月十一日举行，曾将纪录油印分发，所有议决案均已分别执行。

注册截至今日止，计二百四十人。

补助费工部局方面一九三七年份收到二千四百七十五元，现正在造具报销。艾约瑟基金补助费上学期与本学期均已收到。伦敦会津贴西教员本学期只有三个月，能否增加三个月，须俟四月间白顾问回校方有确息。

上学期收支略有盈余，除遵校董会议决加发一部分教职员薪水一个月外，其余则拨充本学期免费学额经费。

图书委员会讨论学生捐书及寄存书籍办法，并定借书时间每日下午一时至一时半，由免费生帮助办理登记事宜。

宗教委员会讨论学生襄助布道事宜，并议决每月之第四星期五举行教职员宗教讨论会一次。

推广事业委员会报告民校、义校业已开学，分两班，由民校校友会担任义务教员。

清理学生存款及附设机关账目已告结束，当将收支详情公布周知。

华东教育协会日前开会，中学方面推出委员三人，负责进行向国外请求捐款，本校校长被推为委员之一。

上海中等学校协进会曾开会议决：为纪念国难，定上午九时十八分或下午一时廿八分或晚间八时十三分静默一分钟，三个时间由各校自行择一行之。

讨论事项

一件：审查上学期账目案

议决：请陈兆坤、吴上千两先生审查上学期账目。

一件：修正本学期校历案

议决：本学期校历修正两点如下：

一、小考改为一次，定四月十八至廿一日。

二、毕业考试定六月十三至廿一日。

一件：校长赴印出席世界宣教联会案

议决：世界宣教联会定十二月十三至三十日在印度举行，如时局无重大变化，应请校长届时赴印出席该会，以示联络。

日　期：三月二日午后五时三十分

（第一百七十三次）

地　点：校长室

出席者：沈体兰　黄九如　陈兆坤　陈其德　魏金枝　吴上千

主　席：沈体兰

纪　录：陈侠泉

讨论事项

一件：修正本学期预算案

议决：关于汪师竹先生是否休假请人代课及应将预算修正之处，候校董会决定办理。

一件：清心女中学生要求附学案

议决：候调查该生等算学程度与本校课程是否衔接，再行决定。

一件：规定新、旧生入学截止日期案

议决：新生及借读生不再收录。惟旧生要求复学，其学业成绩优良及课堂座位能容者，准予收录，至三月五日一律截止。

日　期：三月九日下午五时三刻

（第一百七十四次）

地　点：校长室

出席者：沈体兰　黄九如　陈兆坤　魏金枝　吴上千

主　席：沈体兰

纪　录：陈侠泉

报告事项

宣读上两次会议纪录，通过。

校董会执委会议决：汪师竹先生在校任事多年，兹以健康发生问题请求减轻工作，特准半休。所有初三算学课由校请人代课，所需薪金以不超过预算二百元为原则。又议决本校科学馆因战事略有损坏，暂不进行修理。又通过建筑费欠朱懋澄、王志仁、白约翰三君各一千元，准提前偿还。

查账员陈兆坤、吴上千两先生报告审查上学期收支账目，无讹。

清心女中前请求准该校学生数人附学，兹因已觅得私人教授，前议应作罢论。

基督教教育协会于上星期日在女青年会召集各校基督徒教员退修会，并有两位西国宣教师演讲，本校有三人前往出席，是日到者一百余人。

本日有西宣教师一人来校向学生演讲，参加者五十余人，是否请其再来演讲一次，交宗教委员会讨论决定。

学生自治会要求在第五节下课后增加体育课，俟天气稍暖时，先在校内篮球场按日分班轮流作小规模运动，另日如能向校外借得较大之操场时，再全体会同举行。

下学期校址问题最好于四月底至迟五月初决定，其应注意者如酌添课室及图书室、实验室亦不可少。又上课时间下午不如上午较为合宜。

讨论事项

一件：规定总理逝世纪念方式案
议决：三月十二日总理逝世纪念放假一日，是日下午一时半在校内举行纪念式，请卢广绵先生演讲。

一件：规定体育费用案
议决：本届未向学生收取体育费，所有运动器具应由学生自治会向会员收费购备。至体育指导员车马费，则由学校担任给付。

日　　期：三月廿二日下午六时（第一百七十五次）
地　　点：校长室
出席者：沈体兰　黄九如　陈兆坤　陈其德　魏金枝　吴上千
主　　席：沈体兰
纪　　录：陈侠泉

报告事项

宣读上次会议纪录，通过。
三月十二日总理逝世纪念，请卢广绵先生演讲，是日放假一日。
训导处报告：近来学生缺席或迟到，除当日列表公布外，并面询究竟，因此缺席迟到已渐减少。学生活动计有六个团体，已经核准进行，颇有精神。辩论会高中各级及初三均参加，惟初一、初二两级列席旁听，以资练习。学生记过近觉减少，惟课堂作弊之风未绝，请同人多加注意。
事务处报告：校具已修理完毕，拟添制书柜二个。校工毛凤山离校，已函招孙明康来校以补其缺，如本月底不到，当另雇他人，不能再等待。
教务处报告：借读生新增加数人，因其前校与本校有相当关系且无躐等，故准予借读。
经济委员会近来未开会。附带报告魏德辉基金新收到捐款八百元。伦敦会西教员津贴本学期只收到三个月四百元。建筑费收到一千五百元。
图书委员会拟请会计室先拨现款一百元购买图书，其购书种类及先后次序另再商定。
宗教委员会报告：本星期五有罗天乐、都礼华先生来校，主领学生宗教讨论班及教职员宗教研究会。
推广事业委员会报告：民校学生现已超过一百人，近来加授新文字每周两小时，每日上课已由二节改为三节。
华东基督教教育协会日前举行校长会议议决：因葛德基先生回美之便，托代中等学校募捐复兴经费。又中等教育参事会定暑假中开会一次。

讨论事项

一件：规定第二次教职员全体会议日期案
议决：第二次教职员全体会议定四月七日晚举行。

一件：规定第二期注册日期案
议决：第二期注册日期定四月八、九两日下午。

一件：规定革命先烈纪念办法案
议决：三月廿九日革命先烈纪念放假一日，先一日举行纪念式，请人演讲。

一件：核定免费学额案
议决：补给免费学额如下：
免学费：沈泓、沈潜。
免半费：朱云鹏、戴兴邦、孟根宝、盛文梁、郭文焴、盛文炜。
候补：黄归宗。

日　　期：四月六日下午六时（第一百七十六次）
地　　点：校长室
出席者：沈体兰　黄九如　陈兆坤　陈其德　魏金枝　吴上千
主　　席：沈体兰
纪　　录：陈侠泉

报告事项

宣读上次会议纪录，通过。
三月廿九日革命先烈纪念放假一日，并下半

旗志哀。又先一日举行纪念式，请卢广绵先生演讲。

上海中等学校协进会开会，到会者十余校，略报告最近情形，无重要讨论。

华东基督教教育协会开会，有葛德基先生报告旅行内地所得各种观感。

讨论事项

一件：建议修正本学期预算案

议决：本学期预算应如何修正，俟工部局补助费发表后，授权经济委员会讨论，再建议本会议核定之。

一件：编制下学期预算案

议决：编制下学期预算，俟征求全体教职员意见，交经济委员会核办。

一件：编印本校一览案

议决：编印一览经费至多不得超过国币一百元。

一件：缩短春假期限案

议决：春假期限仍照修正校历规定，惟各级学生须补习不及格学科，请教务处就假期中后三日排列补课表，由各科教员分别通知不及格学生按时到校补课。

一件：筹备学校纪念日案

议决：五月五日学校纪念日停课一日。筹备员定为七人，教员三人由全体教职员会议推举之，学生四人由学生自治会推举之。其费用学校提出十五元，学生每人捐一角，教职员每人捐二角，作为布置纪念会及聚餐之用。

一件：规定校旗案

议决：校旗上角上海市私立麦伦中学红地白字，下角校徽蓝地白徽，请事务处照制。

日　期：四月廿一日下午六时（第一百七十七次）
地　点：校长室
出席者：沈体兰　白约翰　黄九如　陈兆坤　陈其德　魏金枝
主　席：沈体兰
纪　录：陈侠泉

报告事项

宣读上次会议纪录，通过。

本学期第二次教职员全体会议于日前开会，议决要案十余起。

学校纪念日筹备委员会第一次定四月廿五日召集。

春假期间曾由教务处排定补课表，学业成绩不及格之学生，均有到校补课。

欢迎白顾问回校曾聚餐一次。拟于四月廿七日举行第三次教职员进修会时，再请白顾问出席，报告此行经过详情。

讨论事项

一件：修正一览案

议决：概况、总则、行政大纲各部修正通过。教务大纲、训导大纲部分请教务处、训导处提出修正文，于四月廿九日本会议审核通过，即行付印。

一件：物色下学期校址案

议决：登报征求适宜校址，以供下学期继续办学之用，一面请事务处向各大银行及地产公司探询，希望于本月底以前得有满意之结果。

日　期：四月廿三日下午五时（第一百七十八次）
地　点：校长室
出席者：沈体兰　黄九如　陈兆坤　陈其德　魏金枝
主　席：沈体兰
纪　录：陈侠泉

训导主任报告

初三学生孔志发考试舞弊未遂，已由训导处予以记大过一次、小过二次之处分。旋又有高一寄读生陈柏云、高二学生刘兴基均发觉考试舞弊，似应予以较严厉之处分，特提请讨论。

议决：陈柏云应令退学，刘兴基予以开除学籍之处分。

日　期：四月三十日晚六时半（第一百七十九次）
地　点：校长室
出席者：沈体兰　白约翰　黄九如　陈兆坤
　　　　陈其德　魏金枝　吴上千
主　席：沈体兰
纪　录：陈侠泉

讨论事项

一件：规定团体操时间案
议决：团体操定于每星期一、三、五于课毕

后行之，其时间定为十五分钟。

一件：修正一览案
议决：教务主任提出教务大纲，训导主任提
　　　出训导大纲，均修正通过。
　　　（下开议案一件，当时漏记，特补于此）

一件：规定体育委员会人选案
议决：体育委员会人选以下列诸君充任之：
　　　白约翰委员长、王基恩、陈其德、沈
　　　淑、汪师竹。

日　期：五月十一日下午七时（第一百八十次）
地　点：校长室
出席者：沈体兰　白约翰　黄九如　陈兆坤
　　　　陈其德　魏金枝　吴上千
主　席：沈体兰
纪　录：陈侠泉

报告事项

宣读上次会议纪录，修正通过。
五月五日校庆全体摄影，举行纪念会、游艺
会、校友赛球，精神甚好。
小考按期举行。此次办理较为周密，惟有三
人舞弊，现均已解决。
经济委员会报告修正本学期预算及建议下年
度预算情形。
图书委员会报告征求图书运动周结果，并定
本星期六会同图书员从事整理。
宗教委员会报告：教职员宗教研究会及学生
宗教讨论会均已先后开过。
推广事业委员会报告：恢复民校校友会，帮
助办理街童教育。

讨论事项

一件：选定下学期校址案
议决：下学期校址以胶州路武定路房屋较为
　　　适宜，应即进行接洽。

一件：修正本学期预算案
议决：修正本学期预算。1.收入部分：学生

纳费加为九千一百四十元，各项补助
费减为三千六百元。2.支出部分：补
付教职员薪水上学期与本学期折扣
相同，加为八千二百元，设备费减为
一千元，其总数收支各为一万二千
七百四十元。通过。

一件：审核下年度预算案
议决：下年度预算收支暂定为三万二千
　　　三百八十元。学生数目达三百人者，
　　　教职员发全薪。如不及三百人，每减
　　　少十人，薪水减发半折（除五十元不
　　　折外）。通过，以此向校董会提出。

一件：建议校长出国计划案
议决：对于校长出国计划十分赞助。于校长
　　　出国期间，校务请白顾问会同校务会
　　　议暂摄，以此建议校董会。

一件：补给半费学额案
议决：补给黄归宗半费学额一名。

一件：请求追认学籍案
议决：追认俞根芳学籍，准其明年春季学期
　　　回校复学。

一件：规定毕业考试办法案
议决：高中毕业级除举行学期考试外，加考
　　　几何、大代数、化学、本国地理、本
　　　国历史作为毕业考试。

日　期：五月十九日晚七时（第一百八十一次）
地　点：校长室
出席者：沈体兰　白约翰　黄九如　陈兆坤
　　　　陈其德　魏金枝　吴上千
主　席：沈体兰
纪　录：陈侠泉

报告事项

宣读上次会议纪录，通过。

物色新校址，仍决定租赁胶州路武定路之房屋，惟房租捐税水电年需七千八百元。

伦敦会交到特别津贴五百元，系由澳洲伦敦会捐来补助同人因战事损失者，日内当发给同人略资贴补。

中英庚款此次请求补助十五万元，公文已于日前托人带至香港投邮。

上海中等学校协进会日前开会，报告教育部近派员来沪接洽：（1）呈报新生、插班生学籍；（2）本届毕业事宜；（3）大学举行联合招生考试。

华东基督教教育协会报告：监理会、浸礼会下学期在本埠办联合中学各一所。

讨论事项

一件： 修正下年度预算案

议决： 下年度预算房租捐税水电增加一千八百元，校具增加五百元，校长旅费津贴一项暂行删除，教职员薪水照原定折扣减发一折。

一件： 规定教师节程序案

议决： 六月六日教师节放假一天。是日上午十时在新校舍聚会并聚餐，下午同往中西女学参加华东基督教教育协会所召集之全沪基督教学校教师联谊会。仍照上次议决案请进修委员会筹备，并请陈事务主任加入帮同筹备。

一件： 规定毕业级谈话会案

议决： 在教师节前举行毕业级谈话会一次，请吴上千先生筹备。

一件： 规定下学期作业时间表案

议决： 下学期恢复全日上课。上午八时一刻报到，上四课。下午二时报到，上二课。

一件： 招收女生案

议决： 招收女生继续试办一年，试办期满再定永久办法。

一件： 加入节约运动案

议决： 本校加入青年会所提倡之节约运动，请训导主任洽办。

日　期： 五月廿五日下午七时（第一百八十二次）

地　点： 校长室

出席者： 沈体兰　白约翰　黄九如　陈兆坤　陈其德　魏金枝　吴上千

主　席： 沈体兰

纪　录： 陈侠泉

报告事项

宣读上次会议纪录，通过。

本年工部局补助费为二千三百元，现届发给第一期补助费。但以该局工程处、卫生处对于校舍尚有所指示，须俟按照指示各点改良后，方能照发。已催培成速向该局进行接洽。

新校舍已租定武定路九百四十号，但尚非十分满意。

毕业级谈话会定六月四日在新校舍内举行。

讨论事项

一件： 新校舍换租及分租案

议决： 日内如有别处比较更为适宜之房屋，亦可换租。惟须早日决定，以便征得武定路房东之同意，将该屋设法转租于他人。至于分租一节，在此自觉未能满意之场合，应先尽量自行享用，暂不分租于人。

一件： 添购图书仪器案

议决： 本学期因工部局补助费尚无发给确息，图书只得暂停添购。仪器如必须添购者，暂以本学期连前开支一百元为限。

一件： 办理暑期学校案

议决： 本届办理暑期学校，其期限自七月十一日起至八月二十日止。科目除设国、英、算三科外，应否添设理化或史地，可酌量情形办理。班数初中设三班，高中可酌量减少，满十人以上开班。上课时间在上午八时至十一时。学费每门收国币二元，除开支外，余数分给担任教课者作为夫马费。推黄九如先生为筹备委员长，陈兆坤、吴上千先生为筹备委员。请委员会从速拟具暑校招生简章，赶本月底以前印就备索，并编造收支预算表以备查核。

一件： 选定下学期教本案

议决： 选定下学期教本，请教务处与各科主任教员接洽。

一件： 规定新生入学试验日期案

议决： 首次新生入学试验提早于七月九日举行，末次仍照校历规定于八月廿五日举行。如第一次录取不多，可于七月尽八月初再举行新生入学试验一次，请教务处负责办理。

一件： 规定半费学额案

议决： 半费学额仍定二十名，分配新生、旧生各占半数。

一件： 训导处拟定节约运动周程序案

议决： 准备案。

一件： 高三学生要求上午在新校舍内自修案

议决： 准高三学生自六月六日起上午九时至十一时半在新校舍内自修。

一件： 本学期毕业级各项考试及计分方法案

议决： 照教务处所拟办理。

日　期： 六月八日晚七时（第一百八十三次）
地　点： 校长室
出席者： 沈体兰　白约翰　黄九如　陈兆坤
　　　　　陈其德　魏金枝　吴上千
主　席： 沈体兰
纪　录： 陈侠泉

报告事项

宣读上次纪录，通过。

校董会及执委会先后开过，通过本学期修正预算及下年度预算，更选校董及职员，并讨论校长出国等事宜。

毕业级谈话会由吴上千先生招待，在白顾问住宅举行。

教师节在新校舍聚餐，同人眷属都到，并参加华东教育会所召集之教师联叙会，精神甚好。

暑校筹备大致就绪，惟担任教课诸人正在接洽中。

旧校舍近有日军百余入内占居，现正由创办人交涉要求撤退。

讨论事项

一件： 决定本学期第三次全体教职员会议日期案

议决： 第三次全体教职员会议定本月十六日上午十时，在新校舍举行。聚餐地点仍在临时校舍内。

一件： 提前举行学年考试及毕业式案

议决： 学年考试提前于本月廿三日起至廿九日止。毕业式定本月三十日举行。

一件： 筹备毕业式案

议决： 本届毕业式推陈其德、吴上千、茹枚三先生负责筹备。

一件： 核准暑期特种工作案

议决： 办理暑期特种工作应遵守下列三个条件：（一）预先登记，本月十五日为截止期；（二）时间限于下午，上午与晚间绝对不许；（三）同性质者只准办理一种。交推广事业委员会核办。

一件： 支配校舍及添置校具案

议决： 俟实地研究后再行决定。

一件： 保护旧校舍及设备案

议决： 请创办人根据产权予以保障，至其中校具，必要时当设法搬出应用。

日　期： 六月廿八日下午七时（第一百八十四次）
地　点： 校长室
出席者： 沈体兰　白约翰　黄九如　陈兆坤
　　　　　陈其德　魏金枝　吴上千
主　席： 沈体兰
纪　录： 陈侠泉

主席宣读上次会议纪录，通过。

报告事项

旧校舍内日军尚未撤退，所存校具拟再择要搬出应用一节，已托人设法。

全体教职员会议已于日前在新校舍内举行，同人全体都到。工部局扣发补助费已向接洽，未准通融。

毕业考试、学年考试均已先后举行。

初中毕业级茶话会在新校舍内举行，导师杨美真先生致词勉励。

毕业式请陈鹤琴先生演讲，定先一日演习仪式。

招生及暑校均已由教务处筹备进行。

上海中等学校协进会为呈报毕业生成绩事，特托本校代为催收教会学校之表册，已有数校送至本校汇转。

白顾问捐廉俸二百五十元，指定津贴教职员中午膳费。

王岳西先生去世，由校方援照上学期例再赠送六十元。

校工时恒足来沪，因校中校工已经足额，当由事务处酌给川资遣去。

讨论事件

一件： 工部局补助费扣发应如何弥补案

议决： 暂缓缴付培成房租，俟确知扣发情形后，再行酌量设法弥补。

一件： 核准高初中毕业生名额案

议决： 教务处呈报高中毕业生廿二名、应补考者五名、留级一名。初中毕业生廿八名、应补考者十四名、留级四名、借读生毕业者二名。上届初中会考有一二科不及格，补考及格准予毕业者三名，均准通过。

一件： 规定新校舍支配案

议决： 事务处会同校长顾问勘定之新校舍支配方法，均准通过。

一件： 恢复各项行政会议案

议决： 恢复教导会议、事务会议，所有经济委员会合并于校务会议，图书委员会合并于教导会议。

一件： 核定应给各项奖品案

议决： 萧贤举、应家正二名应给予学字奖。曹厚德、朱育勤、程筱鹤、应家正、周德奎、梁焕勋六名应给予行字奖。陈一鸣、罗雅洁、尤振中、金舜、唐瑞和、刘永椿六名应给予工字奖。

一件： 考核学生成绩案

议决： 授权校长、教务主任、训导主任核办。

一件： 暑校教员住校收费案

议决： 授权事务处核办。

陈鹤琴

（1892—1982）

著名教育家。1928—1939年期间，担任上海工部局华人教育处处长，主管公立和私立小学。30年代被麦伦中学聘为校董。他热心支持教育事业，多次根据学校申报，批准经费补助。1949年10月被任命为中央人民政府政务院文化教育委员会委员。

陈一鸣

（1920—2014）

陈鹤琴之子，麦伦中学38届校友。1937年参加革命，1938年入党，同年于麦伦中学毕业后，考入上海沪江大学，曾任上海地下党学生运动委员会委员。1946年秋赴美留学获硕士学位。1951年春回国，先后任上海市宗教事务局副局长、顾问等职。

日　　期：七月十一日下午五时
　　　　　（第一百八十五次）
地　　点：校长室
出席者：沈体兰　白约翰　黄九如　陈兆坤
　　　　陈其德　魏金枝　吴上千
主　　席：沈体兰
纪　　录：陈侠泉

宣读上次会议纪录，通过。

报告事项

催发工部局补助费，正在接洽中。

本届举行毕业式时发给证书分两种：一系正式毕业证书，发给完全及格者；一系毕业证明书，发给有一二科不及格须补考者。

本届暑假于七月一日开始，职员仍照往例，每人假期一月，轮流休息。

迁移校舍分两次搬毕。布置新校舍及开窗均已就绪，添制校具亦已酌量进行。

第一次招生报名者一百四十八人，考试时只有数人不到。

暑校报名者一百余人，所用课本及授课时间表即将公布。

华东教育会校长会议报告清心事件应慎重宣传，免破坏团结。

讨论事项

一件：教务处报告上届会考一二科不及格补考情形，请核夺案

议决：吕铸洪、黄尧臣二名补考及格，应准毕业发给毕业证书。丁惠德一名仍不及格，准其再参加下届补考一次。

一件：教务处报告第一次新生入学考试成绩，请核夺案

议决：录取高二正取二名、备取一名。高一正取八名、备取七名。初三正取一名、备取二名。初二正取十二名、备取八名。初一正取三十三名、备取十八名。

一件：审核免费学额案

议决：下学期旧生免费学额准给予下列各生：
荣誉奖金：叶源朝、程筱鹤、应家正。
指定奖金：尤振中、郎应男（补考及格得继续）、沈泓、沈潜、陈承融。
免学费：朱育勤、钱仁初、郭栋才〔材〕、水声宏、金国基、陈达铨、梁焕勋。
免半费：徐慎全、戴德琦、陈廷凯、盛文樑、寿继灿、郭秉忠、郭文卿、华姚期、盛文炜、王家利。

一件：修改奖金条文案

议决：下学年起荣誉奖金学额规定初中一名、高中一名，以学年总分数最优者为合格。

一名：麦伦小学保送学生免考案

议决：麦伦小学保送学生一名，暂准免考。

日　　期：七月十六日下午二时（第一百八十六次）
地　　点：校长室
出席者：沈体兰　白约翰　黄九如　陈兆坤
　　　　陈其德　魏金枝　吴上千
主　　席：沈体兰
纪　　录：陈侠泉

宣读上次会议纪录，通过。

报告事项

暑期学校报名截止，计有学生一百七十余人。

工部局补助费第二期扣发通知已到，昨日工务处派人来察看房屋，拟于下星期一再去询问究竟。

基督教中等教育参事会本月十四日起开会三日，讨论：（1）教会学校战时应有的贡献；（2）特殊环境之应付；（3）各校合作问题；（4）促进宗教教育。

讨论事项

一件：审核新生免半费学额案

议决：新生免半费学额准给予王庆翔、陈学勤、杨仁根、孙学三四名，其余因成绩太差或请求逾期，均归入第二次招生时并案审核。

一件：建筑门房案

议决：建筑门房以不超过国币一百五十元为度，打样费、照会费均在内。交事务处酌核办理。

一件：事务处报告校役工作支配案

议决：准备案。

日　期：八月十日午十二时半（第一百八十七次）
地　点：校长室
出席者：沈体兰　白约翰　黄九如　陈兆坤
　　　　陈其德　魏金枝　吴上千
主　席：沈体兰
纪　录：陈侠泉
　　　　宣读上次会议纪录，通过。

报告事项

艾约瑟基金本学期补助费前早已收到。伦敦会上年度津贴所缺三个月今已补足，本年度津贴有无大约下月中可得确讯。工部局补助费因火政工程方面略有未合，俟遵照修改后可无问题。

校舍已遵照工部局指示各点加以改造，惟后进扶梯第二次修改正在绘具图样请示中。校具除已由旧校舍内搬出修理应用外，只添制课桌四十只，又添制长凳五十只。书橱、口造门房估价为九十三元半，由本校木匠承造。暑校近举行一日一分运动，"八一三"停课一天，定十七日开会纪念。十九、二十两日考试毕即结束。学费收入计五百七十五元，已由暑校委员会分配用途，其中教员酬金一项占四百余元。

义务学校分五班，学生近二百人，教员皆为本校高中学生，不日亦预备结束。

峻德小学改组，本学期由本校校友担任校长。此后该小学必能与本校取得密切联系。华东基督教教育协会赵总干事兼任中华基督教教育协会中等教育干事。大学方面向国外募得三十一万元，中学方面募得三四千元，决定拨充各校合作事业及救济失业教员之用。

上海大中小学联合会改称上海市教育协会，通讯处在上海女子中学，本校当选为常务委员之一。

讨论事项

一件：推举查账员案
议决：推魏金枝、吴上千先生为查账员，审查上学期收支账目。

一件：续搬旧校舍内课桌案
议决：下星期内设法搬取旧校舍内所存课桌、乒乓台子、幕布等应用。

一件：与蚂蚁社图书馆合作案
议决：与蚂蚁社图书馆合作。一面整理本校图书，双方议定办法划分权责，以资遵守。

一件：审议校务研究会讨论大纲案
议决：校务研究会讨论五项问题，请沈校长、黄九如、陈兆坤、白约翰诸先生分别担任草拟讨论大纲，并收集材料以供参考。

日　期：八月廿七日上午九时（第一百八十八次）
地　点：校长室
出席者：沈体兰　白约翰　黄九如　陈兆坤
　　　　陈其德　魏金枝　吴上千
主　席：沈体兰
纪　录：陈侠泉

讨论事项

一件：训导处报告学生丁式训、葛天佑舞弊未遂，已予勒令退学案

议决：准备案。

一件：上学期一科不及格学生，应否一律予以留级案
议决：交教务处查明情形，酌予通融办理。

一件：审核第二次录取新生案
议决：高二取二名，高一取十一名，初三取十名（内试读二名），初二取九名（内试读二名），初一取三十五名。

日　期：八月廿九日上午九时（第一百八十九次）
地　点：校长室
出席者：沈体兰　黄九如　陈兆坤　陈其德
　　　　魏金枝　吴上千
主　席：沈体兰

纪　录：陈侠泉

讨论事件

一件：未经录取新生请求降级录取案
议决：未录取新生请求降级录取，如学历学

额两无问题，准予通融。考虑结果须至三十一日始得发表。

一件：审核免费学额案
议决：下列诸生给予免半费学额：

高一：汪仁宏。
初三：李仪贤。
初一：沈福康、徐荣珍、周关和、应诗羔。

日　期：九月五日下午一时（第一百九十次）
地　点：校长室
出席者：沈体兰　白约翰　黄九如　陈兆坤
　　　　陈其德　魏金枝　吴上千
主　席：沈体兰
纪　录：陈侠泉

宣读前三次会议纪录，均通过。

报告事项

工部局补助费，因校舍遵照改造后，尚须请派员复勘一次。现在惟三楼仍作课室，其余均已照改，未知能否通融，日内当函请该局派员莅校察勘定夺。

修理校舍扶梯及添做门房等，共用二百数十元。搬运旧校舍内校具亦已实行，计搬出课桌十余张。

审查上学期账目已由魏、吴二先生审查，无讹，签证在案。

暑校结束，关于学生成绩已分别公布。收入学费除一切开支及致送教员报酬外，现尚存十元左右。

峻德小学初请本校校友王厚生君担任校长，现因王君与该校校长任用条件不合，已辞退，故本校与该校以后亦脱离关系。

华东基督教教育协会组织西南考察团，本校因校长赴印开会，暂不加入。

上海教育协会推进节约救难运动，希望本校师生积极参加。

讨论事项

一件：请领工部局下年度补助费案
议决：向工部局请求下年度补助二万元，即房捐一千元，卫生一千元，补充图书二千元，补充仪器三千元，补充校具一千元，薪水一千元，房租六千元，修理旧校舍五千元。

一件：修正预算案
议决：本学期预算修正为收支各三万三千六百八十元。如工部局补助费扣发一期，则在设备项下减省五百元，特备项下减省一百元。至实验费之分配，由校长会同教务处酌定之。

一件：审核高、初中毕业生补考成绩案
议决：教务处报告高三补考五人，即陈声絃、施天恩、陈一鸣、雷树苏、陈恒瑞五人，完全及格。初三补考十人，及格七人，即孙毓光、王锡定、丁光榆、华德宝、张育民、何洪恩、鲍正鸿。应准备案，并补发毕业证书。

一件：补收新生充实学额案
议决：本届学额已满，对于新生请求补考一节，未便照准。

一件：审订学生请求退费原则案
议决：学生已缴留额保证金而不来者，概不退还，但学费则查明缴付时期分别办理。如明知留级而付费者，亦不准退。

一件：递补免费缺额案
议决：免半费学额郭秉忠、徐荣珍两名不到，由黄归宗、严炳尧二人递补，以方瑞荣一名候补。

一件：审核各项委员会人选案
议决：各项委员会人选如下：
体育委员会：陈兆坤、魏金枝、严家书、沈淑、梁邦彦。
宗教委员会：白约翰、沈体兰、郭大文、吴上千、汪师竹、陈侠泉。
推广事业委员会：陈其德、黄九如、萧月宸、王厚生、费圻钢。

一件：规定自助生工作案
议决：免学费者每星期工作二小时，免半费者每星期工作一小时，其工作由训导处指定之。

一件：中国红十字会上海国际救济会教育委员会请为难民设免费学额案
议决：本届开学已经多日，各级学额已满，未便照办。函复该会下学期再加考虑。

一件：添设女生指导员案
议决：请沈淑先生担任本学期女生指导员。

日　期：十月三日午后十二时三刻
　　　　（第一百九十一次）
地　点：校长室
出席者：沈体兰　白约翰　黄九如　陈兆坤
　　　　陈其德　魏金枝
主　席：沈体兰
纪　录：陈侠泉

宣读上次会议纪录，通过。

报告事项

校董会执委会日前开会，因主席校董王志仁先生赴西南公干，推韦悫先生代理。查账员推郑佳宾先生担任。又通过修正预算。

工部局补助费，因三楼作教室须拆造扶梯一层，与房东洽商未果，故补发尚无确实消息。

教务主任报告：教导会议曾议决试读生、补考学生缺席扣分，学校与家庭合作等案。

事务主任报告：事务会议曾议决电话收费、校役工作分配、加紧门禁等案。

体育委员会主席报告：该委员会议决组织各种球队及商借场地情形。

宗教委员会主席报告：该委员会议决购办宗教书籍及教职员宗教研究会照旧每月开会一次等案。

推广事业委员会主席报告：该委员会议决开办民众、义务两校已开始招生，日来报名者民校有二十余人，义校有八十余人云。

华东基督教教育协会总干事赴粤，十一月初回沪，该会不日开始征求会员。

上海市教育协会发起学校参加征募寒衣运动。

上中协会郑西谷、廖茂如均离沪，赴内地另就他职。

讨论事项

一件：审查本学期学费收入案
议决：推请郭大文、严家书两先生审查本学期学费收入账目。

一件：核议试读生补考留级办法案
议决：俟举行第一次小考后并案办理。

日　期：十月二十日下午四时半
　　　　（第一百九十二次）
地　点：校长室
出席者：沈体兰　白约翰　黄九如　陈兆坤
　　　　陈其德　魏金枝　吴上千
主　席：沈体兰
纪　录：陈侠泉

讨论事项

一件：补请核准葛兴根免费学额案
议决：葛兴根给予指定奖金学额一名，准备案。

一件：初三学生黄甲子违犯校规案
议决：黄甲子窃取公款查明属实，应予以开除学籍之处分。

日　期：十月廿四日下午十二时三刻
　　　　（第一百九十三次）
地　点：校长室
出席者：沈体兰　白约翰　黄九如　陈兆坤
　　　　陈其德　魏金枝　吴上千
主　席：沈体兰
纪　录：陈侠泉

宣读上次会议纪录，通过。

报告事项

伦敦会补助费日前已接伦敦来信，本年度已通过照拨。惟工部局补助费因救火会尚未报告总办处，大约尚须再过一星期，方有确实消息。

上海市教育协会会务照常进行。寒衣捐中学方面约募得四万元左右。现推行节约捐，希望每月三万元。

讨论事项

一件：建议校长出国计划及校务代理方式案
议决：校长定于十一月底出国，先赴印度出席世界基督教宣教联合大会后，再赴英国作研究及演讲，工作至明年八月底返国。在离校期间校务由白顾问暂行代理，惟对主管教育行政机关行文，仍用沈校长名义。参加教育团体由训导主任代表，教导会议主席由教务主任担任。

一件：建议应付时局方针案

议决：1. 如虹口开放，本校暂不迁回旧校舍，须俟大局解决再定。2. 如时局恶化，本校决不向任何机关登记，必要时交还创办人，自行设法维持。

一件：建议复兴本校初步计划案

议决：本校复兴初步经费定为二十万元，请艾约瑟基金方面拨付百分之八十，学校方面募捐百分之二十充之。分为二期办理，每期十万元，第一期在战事甫毕时举办，第二期在第一期办理完成后两年内举办。

日　　期：十月卅一日午后十二时三刻
　　　　　（第一九四次）
地　　点：校长室
出席者：沈体兰　白约翰　黄九如　陈兆坤
　　　　陈其德　魏金枝　吴上千
主　　席：沈体兰
纪　　录：陈侠泉

报告事项

工部局补助费据该局总办处传出消息，可以补发，无问题。

培成女校催索七月份所欠房租，即日令会计室照付。

校董会执委会日前开会，决定校长出国时期工作代理及旅费等问题。

讨论事项

一件：试读生补考不及格应如何办理案

议决：俟校章修正后，再行依照新章办理。

一件：修改校章案

议决：由校长室会同教务处拟定条文，提出下次本会议决定。

日　　期：十一月七日下午十二时三刻
　　　　　（第一九五次）
地　　点：校长室
出席者：沈体兰　白约翰　黄九如　陈兆坤
　　　　陈其德　魏金枝　吴上千
主　　席：沈体兰
纪　　录：陈侠泉

宣读上次会议纪录，通过。

报告事项

工部局补助费已领到第一、二、三,三期计一千七百二十五元。伦敦会补助费已领到半年，计七百八十元。

华东基督教教育协会赵总干事前赴华南，现已公毕返沪。上海市教育协会及上海中等学校协进会最近开会，均发起为本校校长饯行。

校长出国期间，华东基督教教育协会请白顾问代表出席。上海市教育协会及中等学校协进会请陈兆坤先生代表出席。

讨论事项

一件：修正学业成绩考核办法案

议决：关于学生学业成绩考核修正如下（见一览第六四页）

五、学生学年成绩合乎下列标准者升级：

（甲）凡主要、次要各科均及格者。

（乙）凡主要科一科或次要科两科不及格，而成绩均列丁等者。

六、学生学年成绩合乎下列标准者留级：

（甲）主要科两科或次要科三科不及格，而成绩有一科列丁等以下者。

（乙）凡不及格学科超过主要科两科或次要科三科者。

（丙）主要科一科、次要科三科不及格者。

（丁）主要科两科、次要科一科不及格者。

七、学生学年成绩合乎下列标准者，须分别考核再定升级或留级：

（甲）凡主要各科完全及格，次要各

科三科不及格，而成绩有一科列丁等者，准于秋季开学前补考。补考成绩一科以上及格者升级，三科均不及格者留级。

（乙）凡主要科一科、次要科两科不及格，而成绩均列丁等者，准于秋季开学前补考。补考成绩主要科及格，或次要科均及格者升级。主要科不及格，次要科之一亦不及格者，留级。

（丙）凡次要各科完全及格，主要各科两科不及格，而成绩均列丁等者，准于秋季开学前补考。补考成绩一科以上及格者升级，两科均不及格者留级。

一件：召集临时教职员会议案
议决：临时教职员会议定十一月十四日下午四时半在本校举行。

日　　期：十二月五日午后十二时三刻
　　　　　（第一九六次）
地　　点：校长室
出席者：白约翰　黄九如　陈兆坤　陈其德
　　　　　魏金枝　吴上千
主　　席：白约翰
纪　　录：陈侠泉

报告事项

上次会议纪录，通过。静默二分钟。

主席报告：沈校长出国，校友会于上月十九日假座八仙桥青年会开欢送会，教职员同人于廿三日在本校公宴饯别。校长于廿八晨登轮离沪。

教务处报告：本年度图书费一千元，曾邀各科首席教员暨图书员会商决定。本学期支用七百元，下学期支用三百元，应购图书按照图书分类法分成十类，由各负责人尽本月底购置，以便结束。又科学仪器一千三百元，因物理损失最大，故除提出二百元作为该科复兴费外，余由三科均分。并商定本学期支用八百五十元，下学期支用四百五十元。

训导主任报告：出席中等学校教职员联合会情形，该会讨论四点：1.节约运动；2.征募寒衣运动；3.举办全沪中等学校国语演说比赛；4.如遇类似上次有人到学校推销地图情事，须通知他校，以便共筹对付办法。

事务主任报告：与钱建初医师接洽检查学生体格经过，钱医师允于本月七日起到校检查

学生体格。检查费依人数计算，每人二角，检查地点在会议室。

讨论事项

一件：参加中教联所主办之国语演说比赛案
议决：本学期因学生工作太忙，所有校际比赛暂不参加。

一件：小考缺席补考案
议决：小考缺席如有家长正式来函告假者，准其在下星期内补考。

一件：代课教员林先生告假回里案
议决：准林先生告假，由关先生代课，惟至迟须于本年年内回校销假，请白先生负责与林先生接洽。

一件：修正学生成绩考核办法案
议决：全体教职员会议建议修正学生成绩考核办法，增加第七条丁项一节，准备案。

一件：圣诞日适值星期，应否补放假一天案
议决：十二月廿四日上午停课半天，学生可自由到校参加青年会会员大会，会毕出外分发寒衣。

一件：旧生唐寿颐为弟妹请求旁听或借读案
议决：本学期为日无多，未便允准。下学期来校报名，应插班生考试可也。

日　　期：十二月廿七日下午十二时四十分
　　　　　（第一九七次）
地　　点：校长室
出席者：白约翰　黄九如　陈兆坤　陈其德

魏金枝　吴上千
主　　席：白约翰
纪　　录：陈侠泉

报告事项

上次纪录，通过。静默二分钟。

主席报告：校长已安抵印度，身体甚好。又校长临行曾谓欠久泰锦记建筑费三千元，年内可偿付半数。

教务主任报告：教导会议议决案数件，已将纪录油印分发。日前举行英文比赛高中作文比赛，第一名罗雅洁，第二名戴兴邦，第三名叶源朝。初中书法比赛，第一名应诗羔，第二名刘永椿，第三名周德奎。高中演说比赛，第一名凌斯璁，第二名张国粹，第三名罗雅洁。初中背诵比赛，第一名罗会文，第二名曹克家，第三名袁懋锟。不日拟举行国文比赛。

训导主任报告：圣诞招待难童，此次捐到寒衣数百件，分发难民，成绩甚好。

事务主任报告：民校、义校定一月四日结束。推广委员会曾议决征求教职员同人略予捐助购买奖品，以示鼓励。

讨论事项

一件：规定招生日期案

议决：下学期招生定二月七日举行。

一件：收保证金案

议决：旧生准将本学期存款余数移作留额保证金。不足之数定于一月四日至一月二十一日间补缴。

一件：检查学生团体出版物案

议决：各级壁报由各级导师参加，各该级编辑委员会予以指导，出版刊物及布告由训导处检查，方准发布。

一件：规定免费生申请日期案

议决：免费生申请期间定一月四日起至本学期结束日止。

一件：缓购图书仪器案

议决：购买图书仪器因存款不敷暂行从缓。

一件：各种比赛给奖案

议决：俟各种比赛举行完毕，所有应给奖品在学校预备费项下支出，以十元为限。

民国二十八年（1939年）

日　期：一月九日下午十二时三刻（第一九八次）
地　点：校长室
出席者：白约翰　黄九如　陈兆坤　陈其德
　　　　魏金枝　吴上千
主　席：白约翰
纪　录：陈侠泉

报告事项

上次会议纪录，通过。
各校校长会议日前在中西女中开会，讨论举行联合毕业礼事。
教育协会日前开会，报告两事：1.寒衣捐由汉口退汇，现已改汇重庆；2.申报、新闻报广告刊资本系七折，现改为六折。讨论三事：1.毕业证书须贴印花；2.各校续交所得税；3.三月一日在重庆举行全国教育会议，请各校预备提案。

讨论事项

一件：预备全国教育会议提案案

议决：由教务处通告同人尽量供献意见，以便开进修会时提出讨论。

一件：犹太人拟借住本校兆丰路校舍案
议决：由本校委托伦敦会办理出借手续，惟须附以下列之条件：1.借住者须为正式机关；2.如有损坏，借住者须负赔偿之责；3.水电由借住者自理；4.出借人如欲收回自用，即须交还。

一件：萧先生久假不回应如何办理案
议决：俟至本学期结束，如萧君仍无回校确讯，彼时再作决定。

一件：本学期品行恶劣之学生应如何处分案
议决：请训导处提出，于下次本会议决定之。

一件：规定学生自治会大会日期案
议决：学生自治会大会准于星期二或星期四上午第四节举行，请训导处转知学生自治会酌行。

日　期：一月廿五日上午十时半（第一九九次）
地　点：校长室
出席者：白约翰　黄九如　陈兆坤　陈其德
　　　　魏金枝　吴上千
主　席：白约翰
纪　录：陈侠泉

报告事项

静默二分钟。
上次纪录，通过。
白代校长报告：大考结束，经过尚佳。经济方面，工部局第四期补助费已接到通知，日内可以具领，本学期收支足以相抵，不致亏空。
训导主任报告：出席中校协进会情形，略谓该会议决三事，其中有学费收据应贴印花一事，本校须遵照办理。
事务主任报告：寒假中校工每日有三人值班，分任司阍管理、电话及送信等事。

讨论事项

一件：审定廿七年度第二学期免费学额案
议决：廿七年度第二学期免费学额应给予下列各生：
荣誉奖金：叶源朝、程筱鹤、应家正
指定奖金：尤振中、郎应男、葛兴根、沈泓、沈潜、陈承融。
免全费：朱育勤、钱仁初、郭栋材、水声宏、金国基、陈达铨、梁焕勋。
免半费：周雅各、陈廷凯、郭文卿、盛文樑、寿继灿、戴兴邦、华姚期、孟琨宝、汪仁宏、陆巧峰、李仪贤、王家利、杨震方、南德敏、严炳尧、陈学勤、周关和、沈福康、王金根。
候补：施宜、汤汉兆。
保留半费学额一名，以备新生请求。

一件： 审核操行特别不良之学生酌予处分案

议决： 刘永炤、黎绍垣二生应函知其家长，酌令转学他校。张友章、王嘉元、陶冬心、钱临三、马竞良、华德宝等应予警告。

一件： 要求退还保证金案

议决： 已交保证金而因留级不来读者，如于接到成绩报告单后，即来声明者，可查明酌予通融退还。

一件： 新生缺学历半年，应否准其报考案

议决： 初中一年级可酌量通融，准其报考。高中必须衔接，不准通融。

施 宜
（1921— ）

麦伦中学 41 届校友，1939 年加入中国共产党，1940 年任麦伦中学中共地下党支部书记。1941 年进入教会学校圣约翰大学学习，同时，从事地下党的情报工作。解放战争时期，从事地下交通站工作。中华人民共和国成立后，任上海城市规划设计院院长、上海继光（麦伦）中学校友会名誉会长。2015 年 9 月 3 日，作为抗战支前模范代表，参加纪念抗战胜利 70 周年大阅兵。

日　期： 二月十日下午十二时三刻（第二〇〇次）
地　点： 校长室
出席者： 白约翰　黄九如　陈兆坤　陈其德　魏金枝
主　席： 白约翰
纪　录： 陈侠泉

报告事项

静默二分钟。

上次纪录，通过。

兆丰路校舍由伦敦会代表租与犹太人居住，以六个月为期。

沈校长已到英国，希望六月中赴美，八月底回国。

注册截至本日止，计二百七十七人。尚有新生数人已交保证金，未来注册，大概因时间太匆促之故。

中校协进会报告：（一）部派代表驻沪，免费映放教育电影，请事务主任前往接洽；（二）三民主义青年团学生不参加，教员听其自由；（三）教育会议提案有中学将改为五年之说。

各级级会已成立，级长均已选出。德育部名称改为服务部。

校址续租问题，请事务主任早向房东接洽定夺。

年假中修理校具并登记校具情形。

讨论事项

一件： 各级导师暨各组委员会人选案

议决： 通过如下：

各级导师

年级	正		副	
高三	正	白约翰	副	黄九如
高二		魏金枝		陈其德
高一		吴上千		郭大文
初三		关健夫		陈兆坤
初二		严家书		汪师竹
初一甲		李敬祥		费圻钢
初一乙		沈淑		陈侠泉

各项委员会

体育：陈兆坤、魏金枝、严家书、沈淑、李敬祥。

宗教：白约翰、郭大文、吴上千、汪师竹、陈侠泉。

推广：陈其德、黄九如、关健夫、费圻钢。

一件：教员更迭案

议决：萧月宸、梁邦彦、王厚生三君辞职，所授各课聘请关健夫、李敬祥、陆仰苏三先生担任。

一件：结束消费合作社案

议决：请会计员结算存款，照比例发还学生，教职员股款暂时保留。

一件：规定开会日期案

议决：由代理校长拟定油印分发，照办。

一件：给予新生免费学额案

议决：给予新生顾金福免半费学额一名。

日　期：二月廿七日下午十二时半（第二○一次）

地　点：校长室

出席者：白约翰　黄九如　陈兆坤　陈其德　魏金枝　吴上千

主　席：白约翰

纪　录：陈侠泉

静默二分钟。

宣读上次纪录，第二件议决案内"辞职"二字，改为"不能到校"，通过。

报告事项

全体教职员会议推举吴、关二君为查账员。黄、魏、严三君续任进修委员会委员，并讨论处理寒假作业等案。

事务会议议决：校工时恒足擅向学生收取仆费，应予开除，遗缺由冯森林补充。取消贩卖部。吴连生不尽责，加以警告。催促厨房向外面找寻房子等事。

推广事业委员会讨论：（一）民校、义校合并；（二）恢复民校图书馆；（三）限制教职员请假；（四）请汪师竹先生查账。

宗教委员会议决：教职员宗教研究会本学期举行四次，第一次定三月八日举行，请新教员关、李二君演讲。

查账员报告账已查过，无讹。

教务处报告：寒假作业已分发各科教员核阅。添购高三实验器具约需国币一百元付讨论。

讨论事项

一件：添购高三实验器具案

议决：准拨款一百元添购实验器具，至实验材料应向各生收费一元。

日　期：三月十三日下午十二时三刻（第二○二次）

地　点：校长室

出席者：白约翰　黄九如　陈兆坤　陈其德　魏金枝　吴上千

主　席：白约翰

纪　录：陈侠泉

静默二分钟。

宣读上次纪录，通过。

报告事项

上次临时校务会议议决：李敬祥先生因故解职，给予三、四两月份薪金一件，准备案。

初一、高一分级会议皆讨论关于学生操行方面应注意之事项。

学生发起一元还债运动，捐册已印发，尚未届结束期。

校前场地已铺平，篮球架已定制，计需国币八十五元。

校舍问题已向房东方面接洽，加租恐不能免。

校董郑嘉宾先生来校查账，已查讫，无问题。

兆丰路旧校舍租给犹太人，现正由彼方饬匠修理，旬日后，将有数百犹太人入内居住。

华东基督教教育协会发起联合他校举行交谊会，本校拟与清心中学交换叙会。

讨论事项

一件：规定校舍加租限度案

议决：加租至多不得超过百分之十，即每月加租五十元为最高限度。

一件：邀请清心中学教职员举行交谊会案

议决：定期三月三十日下午四时半至七时并聚餐，去函清心中学征求其同意。

一件：物色国文教员案

议决：请教务主任会同国文科主任教员在一星期内物色相当人员，以兼能管理学生者为佳。

日　期：三月廿七日下午十二时三刻
　　　　（第二○三次）
地　点：校长室
出席者：白约翰　黄九如　陈兆坤　陈其德
　　　　魏金枝　吴上千
主　席：白约翰
纪　录：陈侠泉

静默二分钟。宣读上次纪录，通过。

报告事项

下星期照校历规定放春假一星期，职员轮流值日。

本校与清心中学联合举行交谊会，原定本学期举行两次：第一次于上星期六在本校举行，精神甚好；第二次，因该校校舍系借用他校，对于开会颇有困难，故该校意欲将第二次交谊会展缓，至下学期举行。

四月一日在中西女中举行全沪基督教中小学教职员大会，系由本校及清心、裨文、崇德四校担任招待。本校请白约翰、陈兆坤、陈其德、沈淑四位先生为招待员。

教务处报告：新任国文教员张惠衣先生已于上星期一起到校授课。又华东基督教教育会发起基督教中学举行联合礼拜及联合毕业典礼，本校是否参加，付讨论。

训导处报告：本校响应抵制吐痰运动、一元还债运动、精神总动员各情形。又中教联发起举办学艺竞赛会，本校是否参加，付讨论。

事务处报告：门房时恒足因擅收学生仆费开除，但以其情形可怜，另给予川资以示体恤，其职务已调冯森林接充，冯森林遗缺由张章明递补。学生自治会要求装沙滤水事，属可行，应予照办。体育设备新近增置篮球架子、乒乓台、网球等件。厨房前曾通知觅屋迁出，据称延平路有房子，但因离校稍远恐不方便，已嘱其设法就学校邻近租地搭棚暂用，未知可能否。

讨论事项

一件：参加联合礼拜及联合毕业典礼案
议决：本届毕业礼拜及毕业典礼与各校联合举行。

一件：中教联发起学艺竞赛会案
议决：本校学生已有各种课外工作，暂不参加校外竞赛。

一件：校舍加租案
议决：去函房东请求减让，并要求书面答复，以凭核办。

日　期：四月十日下午十二时四十分
　　　　（第二○四次）
地　点：校长室
出席者：白约翰　黄九如　陈兆坤　陈其德
　　　　魏金枝　吴上千
主　席：白约翰
纪　录：陈侠泉

静默二分钟。宣读上次纪录，通过。

报告事项

初二分级会议讨论学生掉换位置及课后留校自修等事。

高二分级会议讨论关于十九人不及格之补救问题。

国文、史地科分科会议议决：1.下学期国文恢复每周六小时；2.史地举行测验；3.活页文选规定每级之教材；4.将学生最易误写之别字列表，油印分发借资纠正。

白代校长报告：近接英国友人来信，皆称赞沈校长之工作。魏德辉礼拜堂曾开会欢迎沈校长，该堂为伦敦最大之礼拜堂。上星期六至兆丰路旧校舍察看，科学馆损坏处均已修好，民住有二十余，犹太难民尚有续来者，闻分配每间住十四人，总数约有数百云。

教务主任报告：此次购买图书约四百余本，价值三百六十余元，余款本月内陆续购完。已关照图书员编造目录，油印补发。本月最后一星期举行读书运动周。

事务主任报告：校舍续租问题尚未解决，现正在往返磋商中，闻派克路有房子，两方面不妨同时并进。

训导主任报告：基督教中学定五月廿七日举行联合运动会，地点在美童公学。

讨论事项

一件：参加联合运动会案

议决：本校加入联合运动会，并定五月二十
日在校内举行预赛。

一件：规定校庆纪念案

议决：五月五日立校纪念，上午举行纪念
式，请主席校董演讲，下午举行各种
球赛，晚间举行校友聚餐会。

日　期：四月廿四日下午十二时三刻
　　　　（第二○五次）
地　点：校长室
出席者：白约翰　黄九如　陈兆坤　陈其德
　　　　魏金枝　吴上千
主　席：白约翰
纪　录：陈侠泉

静默二分钟。宣读上次纪录，通过。

报告事项

白代校长报告：举行宗教运动。本星期一、
三、六初中请吴力先生，高中请都礼华先生
演讲宗教问题。
推广委员会主席报告：曾开会讨论民校拟请
专家俞庆棠先生来校指导等案。
体育委员会主席报告：曾开会讨论参加运动
会项目及增置跳高架子等案。
教务主任报告：学生自治会要求废止毕业

考，其所持理由以为现在抗战时期，正集中
注意力于抗战工作，欲借此减少复习时间。
事务主任报告：为加租问题与房东接洽
情形。

讨论事项

一件：学生自治会请求废止毕业考案
议决：毕业考试为校章所规定，未便遽行废
止，所请不准。

一件：应付房租加租问题案
议决：授权事务主任相机洽办。

一件：团体操改在上午举行案
议决：自本月廿五日起，团体操改在上午第
一节后举行，试办两星期再行定夺。

一件：推举零用账查账员案
议决：推魏金枝先生为零用账查账员，补王
厚生君之缺。

日　期：五月三日上午十一时
　　　　（临时，第二○六次）
地　点：校长室
出席者：白约翰　黄九如　陈兆坤　陈其德
　　　　魏金枝　吴上千
主　席：白约翰
纪　录：陈侠泉

讨论事项

一件：学生要求五三悬挂国旗，应否准许由
议决：准本日下午二时悬旗。

日　期：五月三日下午一时
　　　　（临时，第二○七次）
地　点：校长室
出席者：白约翰　黄九如　陈兆坤　陈其德
　　　　魏金枝　吴上千
主　席：白约翰
纪　录：陈侠泉

讨论事项

一件：学生自治会负责人举动失当，应如何
处分案
议决：学生自治会负责人应令暂先停止活
动，听候核办。布告周知。

日　期：五月三日晚六时半
　　　　（临时，第二○八次）
地　点：校长室
出席者：白约翰　黄九如　陈兆坤　陈其德
　　　　魏金枝　吴上千
主　席：白约翰
纪　录：陈侠泉

讨论事项

一件：本日悬旗纠纷及明日五四应否悬旗案
议决：五四学生运动纪念，应准悬旗一小
　　　时，其余问题与学生代表从长讨论
　　　解决。

日　期：五月五日下午十二时三刻（第二○九次）
地　点：校长室
出席者：白约翰　黄九如　陈兆坤　陈其德
　　　　魏金枝　吴上千
主　席：白约翰
纪　录：陈侠泉
　　　　静默二分钟。宣读上次纪录，通过。

报告事项

白代校长报告经济情形。
初一分级会议曾开会讨论禁止学生在校门口
马路上踢球等事。
宗教委员会曾开会决定五月四日晚举行第三

次教职员宗教研究会，现改定五月十日晚
举行。

讨论事项

一件：上海市教育协会举行教学组讨论会案
议决：由教务处派员参加。

一件：学生自治会建议变更大考及毕业考日
　　　期案
议决：本届大考及毕业考试照校历规定日期
　　　举行。

一件：为悬旗纠纷事通告学生家长案
议决：通过。即日印发。

日　期：五月六日午后十二时三刻
　　　　（临时，第二一○次）
地　点：校长室
出席者：白约翰　黄九如　陈兆坤　陈其德
　　　　魏金枝　吴上千
主　席：白约翰
纪　录：陈侠泉

讨论事项

一件：五九悬旗问题案
议决：致函纳税华人会询问，并请于八日上
　　　午答复，以便公布。

日　期：五月十三日上午十一时
　　　　（临时，第二一一次）
地　点：校长室
出席者：白约翰　黄九如　陈兆坤　陈其德
　　　　魏金枝　吴上千
主　席：白约翰
纪　录：陈侠泉

讨论事项

一件：学生林宝森考试舞弊，蒋叔荣、杨柏
　　　功作弊未遂案
议决：初二学生林宝森开除学籍。高一学生
　　　蒋叔荣、初一学生杨柏功各给最后
　　　警告。

日　期：五月廿五日下午十二时三刻
　　　　（第二一二次）
地　点：校长室

出席者：白约翰　黄九如　陈兆坤　陈其德
　　　　魏金枝　吴上千
主　席：白约翰

纪　录：陈侠泉

静默二分钟。宣读上次会议纪录，通过。

报告事项

数理科曾开分科会议，讨论下学期选科等案。

高二分级会议曾开会讨论不及格学生补救问题等案。

中校协进会曾开会议决：（1）毕业考试须在六月廿日以前结束；（2）各大学仍委托在沪招生；（3）毕业证明书出售处所，并应贴花一角；（4）呈报毕业生成绩两份，加封盖校钤，以示郑重；（5）如遇有到校强销地图者，可报捕房核办；（6）实行精神总动员及训育实施方案；（7）教师节放假由各校依前例办理。

讨论事项

一件：毕业考试应否提早案
议决：毕业考试须于下次校务会议议决。

一件：规定下学期招生次数及开学日期案
议决：暑假中招生两次：第一次定七月六日，第二次定八月十四日。下学期定八月二十九日、三十日两日注册，三十一日正式上课。

一件：六六教师节应否放假案
议决：六六教师节下午放假半天。

日　期：五月廿九日下午十二时三刻
　　　　（第二一三次）
地　点：校长室
出席者：白约翰　黄九如　陈兆坤　陈其德
　　　　魏金枝　吴上千
主　席：白约翰
纪　录：陈侠泉

静默二分钟。宣读上次纪录，通过。

报告事项

初三分级会议讨论不及格学生周尊荣、张祖赓等案。

运动会本校参加十九人，成绩初中得六分，高中得三分。

收到沈校长经募捐款一百三十元。

房租加至每月六百元，已妥定。

讨论事项

一件：续订租约案
议决：照上届成案续订一年。

一件：通过廿八年度预算案
议决：学生学费恢复战前数目。教职员薪给暂照二十七年度办法。廿八年度全年预算收支各为三万七千六百元。

日　期：六月三日上午十一时
　　　　（临时，第二一四次）
地　点：校长室
出席者：白约翰　黄九如　陈兆坤　陈其德
　　　　魏金枝　吴上千
主　席：白约翰
纪　录：陈侠泉

讨论事项

一件：限制招收女生案
议决：下届招收女生，以不超过全体学生数百分之十为限度，以此向校董会建议。

一件：规定暑校开班标准案
议决：暑校每班报名满十人者开班。

日　期：六月十四日下午十二时三刻
　　　　（第二一五次）
地　点：校长室
出席者：白约翰　黄九如　陈兆坤　陈其德
　　　　魏金枝　吴上千
主　席：白约翰
纪　录：陈侠泉

静默二分钟。宣读上次会议纪录，通过。

报告事项

毕业级考试已开始，因鉴于已往曾发生作弊事件，故此次特别编号，尽可能防止作弊。

本届休业式定于本月二十九日上午十一时左右，高、初中分别举行。

初二学生张英才屡次犯规，已令其暂行停学，大考时来校参加考试。

招生广告拟在申报、新闻报两报挨日轮登，其他各报一概不登。

同人参加校外教学组开会情形，各摘录其大意，报告沈校长。

讨论事项

一件：学生要求考试前停课两天案

日　期：六月十七日上午十一时一刻
　　　　（临时，第二一六次）
地　点：校长室
出席者：白约翰　黄九如　陈兆坤　陈其德
　　　　魏金枝　吴上千
主　席：白约翰
纪　录：陈侠泉

日　期：六月廿四日上午十一时
　　　　（临时，第二一七次）
地　点：校长室
出席者：白约翰　黄九如　陈兆坤　陈其德
　　　　魏金枝　吴卜千
主　席：白约翰
纪　录：陈侠泉

日　期：六月廿八日下午十二时三刻
　　　　（第二一八次）
地　点：校长室
出席者：白约翰　黄九如　陈兆坤　陈其德
　　　　魏金枝　吴上千
主　席：白约翰
纪　录：陈侠泉

静默二分钟。宣读上次纪录，通过。

议决：不准停课，惟其家庭环境较佳者，可请假在家温习。

一件：规定缴纳保证金日期案

议决：定六月二十日起至七月七日止，为旧生缴纳留额保证金之期。仍仿照上学期办法，准学生补足存款。日内通告各生家长知照。

一件：限制自由请发转学证书案

议决：缴纳保证金后，不准发给转学证书。请领转学证书者，不准再请求保留学额。

一件：青年会补助清寒学生案

议决：将请求补助办法及手续公布周知。

讨论事项

一件：训导主任报告高三学生陈藻镜、张仁深，于举行学年考试时作弊未遂，应如何处分案

议决：陈藻镜、张仁深应给予停学一年之处分。

讨论事件

一件：训导处报告张英才毁损公物应如何处分案

议决：张英才应予开除学籍。

一件：训导处提出学生应给奖状名单案

议决：通过。

报告事项

六月廿五日举行联合毕业礼拜在慕尔堂，有吴耀宗先生演讲，白翰约〔约翰〕先生读经。三十日举行毕业典礼，先一日举行预习，地点在大上海戏院。

讨论事项

一件：教务处提出毕业生名单案

议决：通过（名单附）。

● 民国廿八年夏毕业生名单

高中部

叶朝源	刘伯年	徐慎全	蒋更顺	罗雅洁
陈廷凯	陈炳鄂	戴德琦	贺振亚	严文骅
吴 明	冯耕阳	袁贞顺	张国粹	韩春鹤
雷树萱	邓 级	朱育勤	王传芰	符水舍
刘鸿藻	曹 瑜	陆以礼	李颂勳	

初中部

刘永榆	顾笃璋	盛文炜	陆巧峰	王妙发
唐开瑞	岑乐衍	蔡济美	成祖甲	金新瑞
孙振光	顾笃瑛	周定远	洪熙藩	李仪贤
王家利	范正矩	张幼成	罗会文	彭铁城
周文彦	陶光裕	顾兴滢	李亮谟	陈焕坤
周汝深	胡文龙	史美镁	马竞良	邵宗炼
陆荣山	陈燮昌	陈惠能	李定銮	祝修强
陈连宝	俞诚孝	唐瑞和		

雷树萱 （1920—?）

麦伦中学 39 届校友，广东台山人。1933
年入麦伦中学。1935 年参加上海学生救
亡运动，1939 年 3 月加入中国共产党。
1944 年大同大学毕业，同年 9 月，到苏
北新四军城工部学习。1945 年 2 月调回
上海，任中共江苏省学委第一社会青年
区委书记。1947 年 3 月，任中共科技部
门委员会书记兼中国技术协会党组书记。
上海解放后，1954 年调北京任职。

日　　期：七月八日上午十一时（第二一九次）
地　　点：校长室
出席者：白约翰　黄九如　陈兆坤　陈其德
　　　　魏金枝　吴上千
主　　席：白约翰
纪　　录：陈侠泉

讨论事项

一件：录取新生案
议决：录取高二一名、高一八名、初三四
名、初二九名、初一八十四名，共计
新生一百零六名。即日公布并专函通
知各生家长。

一件：核定免费学额案
议决：准免学费者：郭栋材、钱仁初、金国基、
陈达铨、梁焕勳。
准免半费者：孟琨宝、王予宏、戴兴邦、
郭文卿、严子平、寿继灿、盛文樑、
孙辅基、华姚期、施宜、盛文炜、
李仪贤、陆巧峰、张幼成、杨震方、
南德敏、汤汉兆、陈学勤。

日　　期：七月十二日上午十一时（第二二〇次）
地　　点：校长室
出席者：白约翰　黄九如　陈兆坤　陈其德
　　　　魏金枝　吴上千
主　　席：白约翰
纪　　录：陈侠泉

讨论事项

一件：核定新生免费学额案
议决：新生免费学额通过如下：王堪、董洪元、
张时鑫、黄丕扬、朱维新、潘得声。
候补：王宝铨。

日　　期：八月十五日上午十一时半（第二二一次）
地　　点：校长室
出席者：白约翰　黄九如　陈兆坤　陈其德
　　　　魏金枝　吴上千
主　　席：白约翰
纪　　录：陈侠泉

讨论事项

一件：审查账目案

议决：推魏金枝、吴上千两先生审查上年度
收支账目。

一件：银行存款应否分存两家案
议决：俟函上海银行询问提款办法后再定。

一件：改造扶梯案
议决：因改造费用太大，暂缓进行。一面据
情向工部局商洽，再定办法。

日　　期：八月廿五日上午十一时（第二二二次）
地　　点：教务处
出席者：白约翰　黄九如　陈其德　魏金枝
　　　　吴上千
主　　席：白约翰
纪　　录：陈侠泉

讨论事项

一件：录取新生案
议决：录取高二三名、高一十名、初三三
名、初二四名、初一二十名，共计新
生四十名。即日公布，并专函通知各
生家长。

日　　期：八月廿九日上午十一时半
　　　　（第二二三次）
地　　点：校长室
出席者：白约翰　黄九如　陈兆坤　陈其德
　　　　魏金枝　吴上千
主　　席：白约翰
纪　　录：陈侠泉

讨论事项

一件：核定新生免费学额案
议决：王宝铨、陈信德、陈志伟各给半费学
额一名。

一件：追认暑校收支账目案
议决：准备案。

日　　期：九月二日下午十二时半（第二二四次）
地　　点：校长室
出席者：白约翰　黄九如　陈兆坤　陈其德
　　　　魏金枝　吴上千
主　　席：白约翰
纪　　录：陈侠泉

讨论事项

一件：沈校长回国定期欢迎案
议决：定本月六日晚六时，在本校举行欢迎

会，并聚餐。

一件：已付保证金而未来注册之学生，应否
专函通知案
议决：函知新生已付保证金者，速来注册。
旧生毋庸通知。

一件：免费生不到，应否另选他生递补案
议决：所遗免费学额，留俟下学期并案
核办。

日　　期：九月十一日下午十二时三刻
　　　　（第二二五次）
地　　点：校长室
出席者：沈体兰　白约翰　黄九如　陈兆坤

陈其德　魏金枝　吴上千
主　　席：沈体兰
纪　　录：陈侠泉

讨论事项

一件：修正预算案

议决：本年度预算暂缓修正，俟各方竭力紧缩，至本学期结束时，再行察酌办理。

一件：修正作业时间表案

议决：高中取消周会，初中照上学期办

法。详细安排由教务处与训导处接洽办理。

一件：修正会议日期表案

议决：教导会议本学期举行四次，开会日期排在每次小考之后，其余照旧。

一件：应付环境案

议决：俟调查他校情形，再行核定。

日　期：九月廿五日下午十二时三刻
　　　　（第二二六次）

地　点：校长室

出席者：沈体兰　白约翰　黄九如　陈兆坤
　　　　陈其德　魏金枝　吴上千

主　席：沈体兰

纪　录：陈侠泉

宣读上次会议纪录，通过。

报告事项

事务会议讨论门禁加严、检查校徽、控制水电、用纸等事。

自然科分科会议讨论实验费分配：物理三百五十元、生物二百五十元、化学四百元。

职员办公时间表已排定公布，希望各职员在办公时间内接洽公事，能便利进行。

图书员费君因在暨大肄业，改兼任初一国文，当另请他人代课。

基督教学校校长会议前日开会，决定各校照旧进行，暂时不必因外界之动荡而有所纷更。

讨论事项

一件：设立各项委员会案

议决：各委员会人选如下：

宗教：白约翰委员长、沈体兰、吴上千、陈维尧、陈侠泉。

体育：陈兆坤委员长、白约翰、陈其德、陈维尧、汪师竹。

图书：黄九如委员长、魏金枝、严家书、沈淑、胡赞平、费圻钢。

推广：陈其德委员长、黄九如、关健夫、张淮孚、胡易。

一件：请求工部局补助费案

议决：本届请求工部局补助房捐一千元，改造楼梯五千元，补充图书仪器四千元，薪金二千元，房租八千元，修理校基、校舍五千元，共式〔贰〕万五千元，应予追认通过。

一件：补请艾约瑟基金补助案

议决：应补手续当照办。请求增加补助一节，俟与该基金委员会驻沪委员晤商再定。

一件：请求伦敦会增加补助案

议决：俟将预算不敷之数向校董会征询弥补办法后，再行定夺。

一件：审查学费收入案

议决：上年度第二学期与本学期学费收入推吴上千、严家书两君审查。

一件：南屏女子中学请求继续借用仪器案

议决：照准。

日　期：十月廿三日下午十二时三刻
　　　　（第二二七次）

地　点：校长室

出席者：沈体兰　白约翰　黄九如　陈兆坤
　　　　陈其德　魏金枝　吴上千

主　席：沈校长

纪　录：陈侠泉

宣读上次会议纪录，通过。

报告事项

工部局通知第三期补助费扣发，因本校未遵照将扶梯改造，现已将难以遵办情形详细函告该局，请予指示。

上年度第二学期与本学期学费收入账目已由查账员吴、严二君审查无讹，签证在案。

教务会议讨论：学生第一次小考有三科以上不及格者，函达其家长加以警告。一面规定督促自修办法等案。

事务会议讨论考查校役清洁办法等案。

宗教委员会议决：教职员宗教研究会连续请徐宝谦博士指导等案。

推广事业委员会讨论编辑民校教材、举办民众教育研究班等案。

初一国文教员因费先生欲求深造，改请蓝仲祥先生代课。

上海基督教学校校长会议讨论寒衣捐统一办法，足供参考。

讨论事项

一件： 修正预算案

议决： 建议校董会准以开支方面减去装修项下八百元。收入方面：增加魏德辉奖金项下拨六百元。上年度盈余累积项下拨一千二百元抵足本年度预算。收入方面：工部局补助费二千六百元之亏数通过，由校长于校董会集会时提出。

一件： 继续试办招收女生案

议决： 建议校董会准许于此非常时期内予以试办。男女同学之便利至迁回兆丰路旧址时，再作最后决定通过，由校长于校董会集会时提出。

一件： 参加征募寒衣捐案

议决： 本校应参加征募寒衣捐，授权训导处负责办理。

一件： 高三学生要求生物学实验案

议决： 应与生物学教员洽商办理，并以全级参加及补交实验费为原则。

日　　期： 十月三十一日下午四时
　　　　　（临时，第二二八次）
地　　点： 校长室
出席者： 沈校长　白约翰　黄九如　陈兆坤
　　　　　陈其德　魏金枝　吴上千
主　　席： 沈校长
纪　　录： 陈侠泉

讨论事项

一件： 关先生因环境关系要求暂住校内案
议决： 照准。

日　　期： 十一月六日下午四时（第一二九次）
地　　点： 校长室
出席者： 沈校长　白约翰　黄九如　陈兆坤
　　　　　陈其德　魏金枝　吴上千
主　　席： 沈校长
纪　　录： 陈侠泉

主席报告

会计员汪师竹先生于本月四日夜，在家因受刺激太深，五日清晨由家中携绳子来校自经于办公室。迨校役发觉即飞请医生，急救无效。当经报官相验，校长偕白顾均到场，问官略询数语，准将遗体交家属。棺殓费用一层，由校先将汪君本学期最后三个月薪水计二百四十元，提前一次付交汪师母具领。同时，因汪君经手账款短少一百三十元，由汪师母付还归账。查汪君自毕业本校后，即在校服务达十六年，兹一旦逝世殊为可惜。所有应举行追悼会及抚恤遗族等等，经讨论议决如下：

（一）议决：邀约申禾区会与麦伦校友会，共同发起开会追悼，时期定十一月十八日下午二时至四时，地点假山东路天安堂。

（二）议决：建议校董会拨款一千元作为汪故员遗族教育基金，并代向艾约瑟基金委员会请求，给予汪故员长子免全费学额一名，自明年秋季学期起。

（三）议决：同人对于汪君丧事如欲致送礼物，一律请改用现金。

（四）议决：会计员遗缺暂由文书员陈侠泉兼代。

（五）议决：医生急救费用由学校酌送，在办公费项下支出。

日　　期：十一月二十日下午一时（第二三零次）
地　　点：校长室
出席者：沈校长　白约翰　黄九如　陈兆坤
　　　　　陈其德　魏金枝　吴上千
主　　席：沈校长
纪　　录：陈侠泉

宣读上次纪录，通过。

报告事项

工部局补助费第三、四两期扣发，经校长亲至救火会接洽后，或有转圜希望。

校董会执委会于日前开会通过修正预算案：指拨汪师竹先生遗孤教育基金一千元；又议决函达艾约瑟基金委员会，请求尽量将息金余款补助本校，抵偿建筑费欠项。

事务会议议决：教职员膳食嘱厨房派人到校内做菜，膳费每月自八十元加至九十元。煤由学校供给，约计每月每人六元，学校与教职员各担负三元。

国文教员张淮孚先生提出辞职，兼任教员蓝仲祥先生改为专任。

汪师竹先生追悼会前日假天安堂举行，到四十余人，收赙仪二百余元。

华东基督教教育会日前举行。校长会议议决：不日定期召集各基督教学校创办人及校董会主席联席会议。

讨论事项

一件：核议对于汪师竹先生遗孤教育基金应如何保管案

议决：组汪氏遗孤教育基金保管委员会，委员人数俟追悼会筹委会结束再定。

一件：核议对于各校创办人及校董会主席联席会议应有何建议案

议决：1.主张基督教学校应照常进行，不需要任何变更；2.反对单独行动，遇有任何压迫，须一致共谋对付；3.必要时迁往内地办学，原则上予以赞同。

日　　期：十二月四日下午四时（第二三一次）
地　　点：校长室
出席者：沈体兰　白约翰　陈兆坤　陈其德
　　　　　魏金枝　吴上千
主　　席：沈体兰
纪　　录：陈侠泉

宣读上次会议纪录，通过。

报告事项

建筑特款亏欠数目及历年经常费总数比较（列表传观）。

工部局补助费第三期已补发。伦敦会西教员津贴费本学期亦已收到。教导会议于日前开会，除报告各级不及格学生名单外，议决要案两件。国文教员张淮孚先生辞职，兼任教员蓝仲祥先生改为专任，另聘郭箴一先生为兼任教员。

汪师竹先生追悼会已开结束，会议议决所收赙金如何处置，函达其家属征求意见。

华东基督教教育会所发起召集之各校创办人、主席、校董及校长联席会议，议决四点：1.无论时局如何变化，教会学校不需任何变更；2.至受外力压迫过甚时，宁暂停办；3.应付环境应谋共同对付，不许单独行动；4.赞成迁校于内地，作必要时之准备。并议决组织临时委员会，委员七人，本校校长被选举为委员之一。

寒衣捐共收一千八百余元，已缴交一千五百元，指定用途由筹募寒衣委员会转汇，已取得前途收据，即席传观。第二次续缴一百五十元，尚未取得收据。

讨论事件

一件：恢复预算原案案

议决：前因工部局扣发补助费，特将预算修正。兹因工部局已准将补助费补发，应即恢复预算原案，并向校董会报告备案。

一件：应付时局方针案

议决：依照各校联席会议议决之四点进行，并报请校董会批准。

一件：参加华东联中分校案

议决：原则上应予赞同。办法如何，俟下次本会议再加讨论。

一件：高一学生有多人患流行性感冒案

议决：为预防传染，该级自十二月五日起停课三天，十二月八日起照常上课。

一件：厨房要求校工增加膳费案

议决：米价涨至卅五元至四十元。校工每人每月加一元涨至四十元，至四十五元加二元。授权事务主任与厨房接洽办理。

日　　期：十二月九日正午十二时
　　　　　（临时，第二三二次）
地　　点：校长室
出席者：沈校长　白约翰　黄九如　陈兆坤
　　　　陈其德　魏金枝　吴上千
主　　席：沈校长
纪　　录：陈侠泉

报告事项

部电，对于本校奖勉有加。

基督教教育会发起召集各校代表，会商对于米价飞涨参加直接采购办法，本校请事务主任代表出席。

讨论事项

一件：庆祝圣诞程序案

议决：廿三日上午十时至十二时举行庆祝圣诞礼拜，由宗教委员会会同本校青年会主持办理。同日下午举行游艺会，由学生自治会主持办理。

日　　期：十二月十八日下午一时（第二三三次）
地　　点：校长室
出席者：沈校长　白约翰　黄九如　陈兆坤
　　　　陈其德　魏金枝　吴上千
主　　席：沈校长
纪　　录：陈侠泉

宣读上两次会议纪录，通过。

报告事项

事务会议议决：关于膳费问题，准厨房要求，酌予加增，惟依照米价涨落而定。此外议决其他要案数件。

华东基督教教育会召集各校代表会议，关于合作购米事现正征求各校签名，公函工部局请求妥速进行。

讨论事项

一件：规定同人米贴办法案

议决：同人米贴依各人家庭负担人数之多寡而定，籼米最高价格在廿五元以上者，每人每月贴半元，三十元以上者一元，卅五元以上者一元半，四十元以上者每人每月贴二元。不负扶养责任或无扶养义务者，不计。即日油印表格分发调查，并呈报校董会通过实施。

一件：应否另觅永久校舍案

议决：在战事未完全结束前，不回旧址，亦不主张此时将旧校舍贱值出售。至战事结束，希望能回旧址。倘或情势不许，则迁至内地或暂留租界，再视情形而定。

民国二十九年（1940 年）

日　　期：一月八日午后一时（第二三四次）
地　　点：校长室
出席者：沈校长　白约翰　黄九如　陈兆坤
　　　　陈其德　魏金枝　吴上千
主　　席：沈校长
纪　　录：陈侠泉

宣读上次纪录，通过。

报告事项

十二月廿一日举行校董会全体会议，议决事件：1.通过修正预算，核准米贴办法；2.续收女生问题未作最后决定，已由会函达伦敦会重加考虑；3.永久校舍问题，准将校务会议议决各点备案；4.应付时局方针，原则上批准备案。

事务会议议决：工人奖惩事项、布置大考事宜、学生仆赏增加一角即每人在存款内扣二角等情【事】。

华东基督教教育会一月六日举行会员大会，本校教职员亦有数人出席该会。赵总干事自浙东一带巡视回沪，报告浙东情形尚佳。华东联中欲设分校，本校拟参加，俟有具体办法再讨论。

集团购米校方订购四包，同人订购十六包，当将定洋送交华东基督教教育会核转。

讨论事项

一件：集团购米案
议决：支款订米每人限借八十元，自一月份起，分五个月在薪水内匀摊扣还支款。不订米或订米不支款者，听每包最高额为四十元，超过之数由学校津贴，但每人以二包为限。购二包以上，超过四十元之数，由各人自行付出。

一件：改筑围墙案
议决：旧校舍改筑围墙应由伦敦会办理，一切手续须用伦敦会名义，费用亦由伦敦会担负。

一件：招收新生案
议决：本届招收插班生惟初一，如相差一学期，暂准通融。但仍应尽先录取学历相符者。

一件：聘请校医案
议决：本件俟下次再行讨论。

一件：女青年会商借地点案
议决：本校各课室寒假中欲保留自用，暂难出借。

日　　期：一月廿二日下午一时（第二三五次）
地　　点：校长室
出席者：沈校长　白约翰　黄九如　陈兆坤
　　　　魏金枝　陈其德　吴上千
主　　席：沈校长
纪　　录：陈侠泉

宣读上次会议纪录，通过。

报告事项

全体教职员会议于一月十三日开会，教职员几全出席，精神甚好。

各项补助费下学期均可继续，并无问题。惟工部局第四期补助费尚未发。

学期考试于本月开始举行一星期，请各监考人员负责监视。

寒假期间本月廿八日起至二月十三日止，职员假期一星期，假期内轮值办公，轮值表似征求各位同意后公布。

下学期教职员均仍旧，惟有一二位兼任教职员或略有变更。

招考新生定一月廿九日，除初一新生报名，缺一学期者略予通融外，其余各级均须学历衔接，始准报名。借读生须有原校具函介绍者，方可免试收录。

集团购米当仍照原则，希望向外洋定购，函达华东基督教教育会声明。

讨论事项

一件：各项奖金学额案
议决：奖金学额上学期超过预算数目，下学期应酌减数名。如为事实所限不能减少，当设法增加预算，由校长斟酌办理。

一件：偿付建筑费欠款案

议决：准在预算项下拨付五百元偿久泰锦记建筑欠款。

一件：学生青年会请准设奖金名额及消费合作社案
议决：照准。

一件：学生自治会请准办消寒室案
议决：原则照准。授权训导处监督办理。

日　期：一月三十日午后一时（第二三六次）
地　点：校长室
出席者：沈校长　白约翰　黄九如　陈兆坤
　　　　陈其德　魏金枝　吴上千
主　席：沈校长
纪　录：陈侠泉

日　期：二月三日上午十时（第二三七次）
地　点：校长室
出席者：沈校长　白约翰　黄九如　陈兆坤
　　　　陈其德　魏金枝
主　席：沈校长
纪　录：陈侠泉

宣读第二三五及二三六次会议纪录，通过。

报告事项

各项补助费均已收领，无问题。
学期考试秩序甚佳，成绩报告单亦已填寄。
初一国文兼任教员聘朱泽甫先生担任。

讨论事项

一件：修正校历案
议决：本届春假改为三月三十日至四月二日。第一次小考改三月廿五日至廿八日举行。

一件：校长提出会议日程草案案
议决：修正通过施行。

一件：聘任各级导师案
议决：本届各级导师名单如下：
　　　高三　白约翰
　　　高二　魏金枝
　　　高一　蓝仲祥
　　　初三　胡赞平

讨论事项

一件：录取新生案
议决：本届录取插班生计高二一名、高一五名、初三四名、初二八名、初一九名，共二十七名。

　　　初二甲　关健夫
　　　初二乙　吴上千
　　　初一甲　沈　淑
　　　初一乙　陈维尧

一件：聘任各项委员会委员案
议决：本届聘任各项委员会委员名单如下：
宗教：白约翰主席、陈维尧书记、沈体兰、吴上千、胡赞平、陈侠泉。
体育：陈兆坤主席、王基恩书记、白约翰、陈其德、关健夫、陈维尧。
图书：黄九如主席、费圻钢书记、魏金枝、陈兆坤、白约翰、沈淑。
推广：陈其德主席、朱泽甫书记、黄九如、陈兆坤、严家书、蓝仲祥、胡易。

一件：规定各项课外作业案
议决：课外作业有纪念周、级会、青年会、周会、时事测验等。周会内容宗教演讲占三分之二，其余三分之一为学术演讲，由训导处与宗教委员会洽商办理。

一件：审定免费学额案
议决：本届各项免费学额给予下列诸生：
荣誉奖金：程筱鹤。
指定奖金：尤振中、沈潜、沈泓、蓝天福、陶光裕、尤振华、陈承融、陈承岳、诚炳星。

免学费：郭栋材、钱仁初、施宜、陆巧峰、汤汉兆。

免半费：郭文卿、盛文梁、寿继灿、戴兴邦、严子平、孙辅基、华姚期、

王予宏、郭家祥、孟琨宝、张幼成、张祖让、吴绿颖、颜振新、陈学勤、姚国祥、南德敏、严炳尧、董洪元、陈保聪、王堪、张时鑫、方忠和、陈志伟、朱惟新、王宝铨。

日　　期：二月十九日午后一时（第二三八次）
地　　点：校长室
出席者：沈校长　白约翰　黄九如　陈兆坤　陈其德　魏金枝
主　　席：沈体兰
纪　　录：陈侠泉

宣读上次会议纪录，通过。

报告事项

日前举行全体教职员会议，因提案较多，讨论甚久，结果尚佳。

上学期收支账目，校董会查账员业已审查，本校查账员吴、胡两君亦不日定期审查云。

本届招生一次，注册入学者计三百零八人。

讨论事项

一件：修正一览案

议决：修正一览：关于教务部分由教务处在各科分科会议讨论之，关于训导部分由训导处在各级分级会议讨论之。再将讨论结果提交第二次教导会议审议后，交校长室，连同总务部分，统交校务会议核定。

一件：编造下年度预算案

议决：下年度预算由各有关方面于四月二十日以前提出意见，在第五、六两次校务会议讨论决定，再交校董会通过。

日　　期：三月五日午后一时（第二三九次）
地　　点：校长室
出席者：沈校长　白约翰　黄九如　陈兆坤　陈其德　魏金枝　吴上千
主　　席：沈校长
纪　　录：陈侠泉

宣读上次会议纪录，通过。

报告事项

上学期收支账目已经校董会代表郑君及教职员代表吴、胡两君审查，无讹。

教导会议讨论：周会由训导处主持；宗教演讲应征求宗教委员会之意见；高中改科由教务处查明，如态度诚恳而过去成绩亦及格者，准其改科。尚有其他议决案从略。

事务会议讨论：场地填以煤屑；膳食仍由厨房包办，俟订购洋米到时，将自行试办。

集团购米第二次征求同人参加，惟每包定价稍昂，校方津贴亦略变更。拟以不超过四十五元为标准，超过此数由校津贴，仍以每人购两包为限。

春节献金：本校曾将所收师生节约捐三百余

元汇往重庆财政部，取得银行汇款收据，并已报告华东教育协会查照矣。

讨论事项

一件：审查本学期学费收入账目案

议决：仍推查账员吴上千、胡赞平两君担任，审查本学期学费账目。

一件：高、初中毕业级要求减少一次小考案

议决：每学期举行小考两次，应照常办理，不便变更。

一件：学生高庆征请求补考案

议决：准高庆征于春节后补考。

一件：学生请求恢复消费合作社案

议决：照准。详细办法由训导处予以指示。

一件：上届毕业生补考案

议决：上届毕业生有一二科不及格，经此次补考及格者，高中有周雅各、钱观澜二名，初中有张祖赓、彭荣燊二名。准备案，补给毕业证书。

日　期：三月十八日下午一时（第二四〇次）

地　点：校长室

出席者：沈校长　白约翰　黄九如　陈兆坤
　　　　陈其德　魏金枝　吴上千

主　席：沈校长

纪　录：陈侠泉

宣读上次纪录，通过。

报告事项

旧校址造筑围墙由伦敦会办理，不日完工。与奚姓调换土地事亦已会同解决。以后拟请伦敦会考虑旧校舍如何加以利用，使能稍得进益。

审查本学期收入学费账目，已经查账员吴、胡两君审查无误。

推广委员会日前已开会讨论自编教本及恢复图书馆等事。

伤兵之友社征求社员，该社如系普遍征求，本校拟参加，办法再斟酌。

宪政问题已由校内教职员进修会公〔共〕同讨论。对于校外之宪政促成会，拟在可能范围内参加讨论。

教育部对于上海中等学校办理严正者将给予补助，本校大约亦在补助之列，拟予接受。

上海市中等学校联谊会征求会员，已由校长复函表示赞成，但未填表格。

华东基督教教育会所发起之分科会议、基督徒教职员团契及生活问题讨论会等，本校已分别参加。关于集团购米事应否继续订购，俟上次订购之米到时，再行决定。

讨论事项

一件：伤兵之友、宪政问题、教育部补助费、中等学校联谊会等各项如何处理案

议决：照校长所拟办理。

一件：拟定下年度预算标准案

议决：下年度预算照下列标准拟订：（一）学额三百四十名。（二）学费仍旧。（三）课程高中酌减选科，共三班，八十三节。初中三年级分组，共六班，一百六十二节。（四）教职员添聘新教员一人。以上计收入增加学生缴费约三千二百元，支出增加教职员生活津贴约二千七百元。（津贴与学额比例如下：学生人数三百至三百十五人，每人每月加津贴五元；三百十五至三百三十人加十元；三百三十至三百四十五人加十五元；三百四十五至三百六十人加二十元。）新教员薪水约一千元，房租房捐如有增加，以本年度盈余拨抵。

日　期：三月廿八日上午十一时
　　　　（临时，第二四一次）

地　点：校长室

出席者：沈校长　白约翰　黄九如　陈兆坤
　　　　陈其德　魏金枝　吴上千

主　席：沈校长

纪　录：陈侠泉

讨论事项

一件：春假起讫日期应否变更案

议决：照修正校历，本届春假应自三月三十日起至四月二日止，早经议决公布在案，毋庸变更，仍照修正案办理。

日　期：四月八日下午一时（第二四二次）

地　点：校长室

出席者：沈校长　白约翰　黄九如　陈兆坤
　　　　陈其德　魏金枝　吴上千

主　席：沈校长

纪　录：陈侠泉

宣读上两次会议纪录，通过。

报告事项

春假照修正校历自三月三十日至四月二日，计放假四日，无特别事情发生。

华东基督教教育协会召开各校校长会议，报告惠中中学新近所发生之事情及特别委员会对于处理此事之意见。

讨论事项

一件：审订廿九年度预算草案案

议决：廿九年度预算收支总额各为四万一千六百元，另附副草案，俟与房东接洽并征求教职员意见后，再行审核通过。

一件：修正学科时间分配表案

议决：俟提出教导会议审查后，再行决定。

一件：拟订课外作业时间表案

议决：与修正学科时间分配表并案办理。

日　期：四月廿二日下午一时（第二四三次）
地　点：校长室
出席者：沈校长　白约翰　黄九如　陈兆坤
　　　　陈其德　魏金枝　吴上千
主　席：沈校长
纪　录：陈侠泉

宣读上次会议纪录，通过。

报告事项

教导会议讨论修正学科时间、课外作业时间等案。

事务会议讨论传达生、校工接替等案，并议决再添购食米，以备自办膳食之用。

宗教委员会议决：于本月底举行教职员宗教研究会，并拟请丁光训、赵传家两先生演讲。

体育委员会议决：举行学生体格检查，请金孚戡医师担任检查，时间在每日午后十二时三刻至二时。

学生自治会要求减轻功课、减少考试、增加测验、参加校务会议等情【事】，当分别予以准驳。

讨论事项

一件：复核廿九年度预算草案案

议决：通过。房捐如有增加，以本年度盈余之数作抵。房租如有增加，以艾约瑟基金特别补助费移抵。俟校董会开会时，提请核准。

一件：修正教务训导大纲案

议决：通过。刊布于本校一览内。

一件：筹备立校纪念案

议决：五月五日校庆适值星期，所有庆祝仪式及其他节目分在五月四日、六日两日举行。

一件：毕业级请求免除第二次小考案

议决：高、初中毕业级准免除第二次小考。

● 民国廿八年度高中毕业生名单

程筱鹤	盛文梁	戴兴邦	寿继灿	郭栋材
钱仁初	严子平	彭洪年	邱从用	郭文卿
孙辅基	林尚民	顾妙春	凌斯聪	袁员禄
樊悌成	陈伯敏	干炎沅	沈宗洵	成祖狄
邝纶锡	尤振中	王家祥	朱祯荣	朱廷幹
沈　潜补考	王加珍	黎绍禧	陆培坤	
蒋孝义	曾庆尧	顾钟仁		

● 初中毕业生名单

陈承融	李定锡	颜振新	金世英	周定忠
孙永祚	陈观吾	陶大钧	王雪明	毛楚洪
徐国华	钱临三	李顺法	袁懋锟	吴松麟
林富祥	孙炯明	唐孝宣	陆　澧	仇来侦
赵振声	马家骝	史美铭	陈寿慈	钱锡华
钱绍桢	胡领臣补考	张志义	蒋孝三	
顾兴钰	王乃照	陈载坤		

唐孝宣 （1925—2007）

麦伦中学 43 届校友，江苏无锡人。1939—1943 年就读于麦伦中学，后入大同大学，积极参加地下党领导的反饥饿、反内战、反迫害运动。1946 年加入中国共产党。

同年转学沪江大学，担任该校地下党支部委员。1950 年于美国威斯康辛大学毕业。曾任华东理工大学生化工程研究所名誉所长、教授。

日　期：五月七日下午一时（第二四四次）
地　点：校长室
出席者：沈校长　白约翰　黄九如　陈兆坤
　　　　陈其德　魏金枝　吴上千
主　席：沈校长
纪　录：陈侠泉

宣读上次会议纪录，通过。

报告事项

学校纪念日适值星期，四日下午招待校友，有各种球类比赛。六日停课一天，上午八时举行庆祝仪式，九时有游艺会，并举行书画展览会。

校董会执委会讨论预算，略有修正，并报告伦敦会对于本校招收女生一案。决定俟时局平定时，得使用旧时麦伦女校校址，办理男女同学之附属小学一所。

房租交涉尚未至最后决裂地步，仍当继续与房东交涉。

图书委员会报告：图书项下余款现正继续征求购书，目录尽五月七日为最后截止日期。华东教育会最近举行校长会议，讨论各校对付加租问题及增加学费问题。

事务主任报告：传达生缺，现有一人暂代。膳食厨房声明包至本月十号止，以后或自办或另物色他人接办，尚未定。

讨论事项

一件：修正预算案
议决：修正廿九年度预算，总额收支各为四万二千三百元，俟再提出于校董会全体会议，请求核准。

一件：房租交涉案
议决：除继续托人向房东探询确实消息外，应同时向各方面物色相当处所，以备万一必须迁移时之用。

日　期：五月二十日下午一时（第二四五次）
地　点：校长室
出席者：沈校长　白约翰　黄九如　陈兆坤
　　　　陈其德　魏金枝　吴上千
主　席：沈校长
纪　录：陈侠泉

宣读上次会议纪录，通过。

报告事项

房租交涉仍在进行，据房东表示似欲加租，究竟应否完全拒绝或允许增加若干，付讨论。

讨论事项

一件：房东要求增加租金案
议决：将本校经济情形详告房东，请其勿再加租，如必欲加租，以不超过每月七百元为限度。

一件：增加学费案
议决：近以各项开支增加，下学期起学费每人增加五元，即高中四十五元，初中四十元。

一件：修正预算案
议决：下年度预算修正为收支总额各四万五千七百元。又附加预算，以本年度结束时盈余五百元，拨充下年度特备开支，俟一并向校董会提出，请求核准。

一件： 拟订廿九年度校历案
议决： 通过。

一件： 筹备毕业式案
议决： 本届毕业式推黄九如、陈兆坤、陈其德三位先生为筹备委员，指定黄九如先生为主席。

日　期： 六月三日下午一时（第二四六次）
地　点： 校长室
出席者： 沈校长　黄九如　陈兆坤　陈其德　魏金枝　吴上千
主　席： 沈校长
纪　录： 陈侠泉

宣读上次会议纪录，通过。

报告事项

本年工部局补助费为国币四千二百元，第一期计一千零五十元，业已领到。

房租每月增加一百元，房东已表示同意，但仍有意借端需索，故迄未定期续订新约，但本校已决意拒绝其他苛求。

校董会已将廿九年度预算草案修正通过，收入补助项及支出特备项均增加一千六百元，故收支总额各为四万七千三百元。对于学生人数，此后拟加以限制。对于宗教工作亦有重要指示。

讨论事项

一件： 响应日光节约案
议决： 自六月三日起，本校遵照工部局通告关于夏季日光节约办法，各项作业提早一小时。

一件： 规定本届招生办法案
议决： 本届暑期招生两次，依照校历第一次定七月六日，第二次定八月二十四日，详细办法授权教务处斟酌办理。

一件： 筹备暑期学校案
议决： 本届筹办暑期学校，推陈其德、魏金枝、胡赞平三位先生为委员，并指定陈其德先生为主席。

日　期： 六月十七日午后一时（第二四七次）
地　点： 校长室
出席者： 沈校长　白约翰　黄九如　陈兆坤　陈其德　吴上千
主　席： 沈校长
纪　录： 陈侠泉

宣读上次会议纪录，通过。

报告事项

房租交涉房东故意节外生枝，现尚在进行洽商中。

教导会议讨论关于监考及限期，规定下学期教本等案。

事务会议讨论布置考场、教职员膳食及打防疫针等案。

暑期学校筹备委员魏先生奔丧返里，似须另推人员负责进行。

毕业考试已开始，在礼堂内，高、初中合并举行。

毕业式拟假用南屏女中礼堂，讲员已请定之江校长明恩德君。

华东教育会发起教会学校联合刊登招生广告，本月廿五日起至三十日止，本校已允参加。

讨论事项

一件： 房东要求增加房租，为每月七百五十元案
议决： 仍照上次议决案不超过七百元之原则，此外要求应不予接受。

一件： 改组暑期学校委员会案
议决： 推黄九如、陈兆坤、陈其德、蓝仲祥、胡赞平先生为暑期学校委员会，指定黄九如先生为主席。

一件： 规定暑期各项会议案
议决： 七月一日下午一时举行全体教职员会议。七月五日下午四时举行教导会议，同日下午六时半举行校务会议。

日　　期：六月廿二日下午三时
　　　　　（临时，第二四八次）
地　　点：校长室
出席者：沈校长　白约翰　黄九如　陈兆坤
　　　　　陈其德　吴上千
主　　席：沈校长
纪　　录：陈侠泉

报告事项

房租交涉房东愿放弃其余要求，但坚主增加房租，为每月七百五十元，不能减少，应否接受，付讨论。

讨论事项

一件：房租增加一百五十元应否接受案
议决：通过接受。

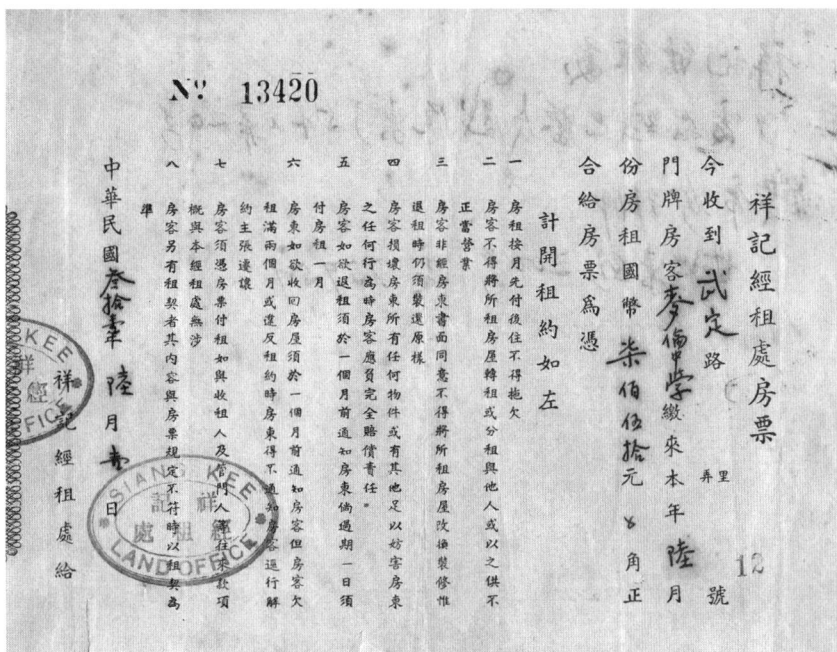

武定路校舍祥记经租处房票

日　　期：六月廿六日午后一时
　　　　　（临时，第二四九次）
地　　点：校长室
出席者：沈校长　黄九如　白约翰　陈兆坤
　　　　　陈其德　吴上千
主　　席：沈校长
纪　　录：陈侠泉

讨论事项

一件：学生程恩备取消特别生学额案

议决：通过追认。

一件：选科计分案
议决：各项选科与同类科目学期成绩平均计算之。

一件：高三学生顾钟仁急于出国留学，毕业考试有一部未参加，如何予以救济案
议决：准发给毕业证明书。但注明某科未参加毕业考试，尚须补考及格方准毕业。

日　　期：六月二十八日下午一时（第二五〇次）
地　　点：校长室
出席者：沈校长　白约翰　黄九如　陈兆坤
　　　　　陈其德　吴上千
主　　席：沈校长
纪　　录：陈侠泉

讨论事项

一件：教务、训导两处提出本届应得各项奖
　　　状学生名单案
议决：通过（名单附）。

一件：教务处呈报本届高、初中毕业生名
　　　单案
议决：准备案。

日　　期：七月五日下午六时半（第二五一次）
出席者：沈校长　白约翰　黄九如　陈兆坤
　　　　陈其德　吴上千
主　　席：沈校长
纪　　录：陈侠泉

讨论事项

一件：教导会议建议，因学行不堪造就之学
　　　生，应否令其退学案
议决：学生张枚仙、陈国醒、陈精为、沈益
　　　康、朱延祖、陈才斌六名应令退学。

一件：审定奖金学额案
议决：廿九年度第一学期核准各项资金学额

如下：
荣誉资金：陈承融。
指定奖金：蓝天福、尤振华、陈承岳、
　　　　　诚炳星。
免学费：华姚期、施宜、汤汉兆、
　　　　南德敏、严炳尧。
免半费：王予宏、童梅龄、王妙发、
　　　　邱维民、张祖让、颜振新、陈学勤、
　　　　王庆翔、姚国祥、王堪、方忠和、
　　　　刘秋瑾、陈志良、吕启荣、蒋家奋、
　　　　王宝铨、叶世模。
得荣誉奖金之陈承融，因担任本校
传达生职停学，是项奖金学额准予
保留。

日　　期：七月十三日上午十一时（第二五二次）
地　　点：校长室
出席者：沈校长　白约翰　黄九如　陈兆坤
　　　　陈其德　吴上千
主　　席：沈校长
纪　　录：陈侠泉

报告事项

本月份为学年结束之一月，经费略感不敷。
工部局补助费第二期定七月廿二日起发给，
本校已接通知，倘能如期收到，尚可弥补。
为房租纠纷，屡请陈贻祥律师帮忙，送酬劳
费二百元。
久泰锦记催索科学馆建筑费，准俟艾约瑟特

别补助费收到时，当结算付清。

讨论事项

一件：审定新生奖金名额案
议决：新生奖金名额给予下列诸人：
　　　指定奖金：董正祥、汪明高。
　　　免半费：闵正阳、杜志宏、俞寅生、
　　　　　　　孟志光。

一件：照章退学之学生准退回保证金案
议决：通过。

一件：操行留级之学生，经家长请求应否
　　　通融案
议决：不愿留级即须退学，未便通融办理。

日　　期：八月廿六日上午十一时（第二五三次）
地　　点：校长室
出席者：沈校长　白约翰　黄九如　陈兆坤
　　　　陈其德　吴上千
主　　席：沈校长
纪　　录：陈侠泉

讨论事项

一件：请求工部局补助费案
议决：请求总额为三万元，即房捐二千五百
　　　元、薪金七千元、图书仪器七千五百
　　　元、房租一万元、修理校基校舍
　　　三千元。

一件：委任各级导师、各科主席暨各项委员
会委员案

议决：各级导师

高三：白约翰

高二：魏金枝

高一：蓝仲祥

初三甲：胡赞平　初三乙：唐紫萍

初二甲：严家书　初二乙：吴上千

初一甲：沈　淑　初一乙：朱泽甫

各科主席

国文：魏金枝

社会：黄九如

自然：陈兆坤

外国语：白约翰

各项委员会委员

宗教：白约翰主席、陈维尧书记、
沈体兰、吴上千、严家书、陈侠泉。

体育：陈兆坤主席、王基恩书记、白约翰、
陈其德、唐紫萍、胡易。

图书：黄九如主席、费圻钢书记、魏金枝、
陈兆坤、沈体兰、蓝仲祥。

推广：陈其德主席、朱泽甫书记、黄九如、
陈兆坤、胡赞平、沈淑。

一件：规定分组原则案

议决：初中分组依据各生能力，初一主要以
英文程度为准，初二、三主要以算学
程度为准。先由教务处挑定名单，再
就商训导处及上学期之导师而定。

一件：审查录取新生名额案

议决：第二次录取新生高一七名、初三九
名、初二六名、初一廿三名、降级录
取十二名，共五十七名。

日　期：八月三十日上午十一时（第二五四次）

地　点：校长室

出席者：沈校长　白约翰　黄九如　陈其德
吴上千

主　席：沈校长

纪　录：陈侠泉

一件：孙振光、陈保聪请准补缴保证金案

议决：准予补缴，应各予罚金一元。

一件：陈载坤、王乃照请求准予在高一试
读案

议决：陈载坤、王乃照补考不及格，碍难准
予试读。

一件：张育才、黄世玲、瞿增祁请求入学案

议求〔决〕：张育才准降级录取，在初三肄
业。黄世玲、瞿增祁降级录
取，在初一肄业。

一件：陈乃斌、李中强、阮景纯请求试读案

议决：照准。

一件：董人杰、马松年请退回学费案

议决：董人杰、马松年因留级退学，准退回
学费。

一件：雷华翰请求先缴学费半数，李绍铎请
求缓缴学费案

议决：照准。

一件：胡永成、邵建安请求入学案

议决：胡永成入学试验成绩太差，邵建安未
经考试，均难照准。

一件：第二次录取新生请求免费学额案

议决：准给予下列三人免半费学额：
周幼赍、陈剑陵、张绍泽。

日　期：九月九日下午一时（第二五五次）

地　点：校长室

出席者：沈校长　白约翰　黄九如　陈其德
胡赞平　蓝仲祥

主　席：沈校长

纪　录：陈侠泉

欢迎新任教职员代表胡赞平、蓝仲祥两先生
加入本会议。

宣读上次会议纪录。修正关于初中分组，只初一依各生英文，初二依各生算学程度为标准。

报告事项

本届八月廿八、廿九两日注册。三十日上课，到新旧生共三百卅二人。

国文科主席教员魏先生因奔丧返里，道梗不克回校，暂请赵仆〔朴〕初先生代课。

训导主任陈兆坤先生因家事返里，来函称十一日准回校。

旧生补考二十八人，及格十六人，准升级。不及格八人，应留级二人，不到应作为自行放弃论，以后不再给予补考机会。

全体教职员会议推举出席校务会议代表、进修交谊会委员及征募寒衣捐委员等。

宗教委员会议决：关于星期日礼拜与祈祷会相间举行。周会，高中请吴高梓先生，初中请吴力先生连续作宗教演讲三次。教职员宗教研究会仍定每月举行一次。

艾约瑟基金特款补助恐难继续，经再三要求，希望至少每年补助一千元，但尚无把握。

呈报新生插班生学籍办法，刊载报章不另行文，限期九月底以前须呈报，本校应奉行。

讨论事项

一件：选举学费收入账目审查员案
议决：推胡赞平、蓝仲祥两先生担任。

一件：筹备国庆纪念案
议决：十月九日周会时举行简单纪念式，十日放假一日。

一件：继续实施教职员待遇及服务条例案
议决：将校董会颁布之条例油印分发全体教职员，如有意见可提出校务会议核议，请求校董会加以修正。

一件：结束日光节约案
议决：应与本埠他校取一致行动。

一件：选科学生请准在他科旁听案
议决：如时间不冲突，准旁听，惟须始终出席，不得自由缺席或中途停止出席。

赵朴初
（1907—2000）

安徽太湖人，著名社会活动家、佛学家、书法家、史学家和文学家。抗战期间，长期从事救亡和救助难民、残疾儿童等工作。1941—1942年，应沈体兰之邀，在麦伦中学担任高二年级的国文课教师。

日　　期：九月廿五日下午一时（第二五六次）
地　　点：校长室
出席者：沈校长　黄九如　陈兆坤　陈其德　胡赞平　蓝仲祥
主　　席：沈校长
纪　　录：陈侠泉

宣读上次会议纪录，通过。

讨论事项

一件：请求艾约瑟基金照拨特别补助费案
议决：学校经济困难，所有艾约瑟基金特别补助费，计一九三八及一九三九两年尚缺四千五百元，建议校董会去函催请照拨，以资挹注。

一件：核定教部补助费用途案
议决：此项补助费之用途，应请校董会斟酌情形，指示遵办。

日　期：十月十四日下午一时（第二五七次）
地　点：校长室
出席者：沈校长　白约翰　黄九如　陈兆坤
　　　　陈其德　胡赞平　蓝仲祥
主　席：沈校长
纪　录：陈侠泉

宣读上次会议纪录，通过。

报告事项

教育部补助费本年度本校可得二千四百元，已发半数。经校董会议决，以一千八百元津贴教职员，每两月发给一次。伦敦会特别补助一千元，指定津贴自战前服务迄今之教职员，已发给九百七十五元，尚余二十五元应分给校役。

八、九两月经济报告：按此支出尚不致超过预算，惟因房租支出甚大，下学期拟增加学生杂费，以资弥补。

本学期学生缴费收入账目已经审查员胡、蓝两君审查签字，证明无误。

毕业补考，高中陆培坤已经考试及格，补发毕业证书。嗣后，毕业补考日期应于校历中明确规定。

日光节约本校定于十月一日起结束，现一切作业已照旧进行。

第一次小考因大水之后照校历规定延期两天，已于本日开始举行。

华东基督教教育会于日前举行，校长会议议决：1.集团购米限本月二十日以前，各校须报告购米之包数；2.寒衣捐定十月底结束，本校目的为一千六百元。

讨论事项

一件：修正本年度预算案
议决：俟下次本会议开会时，再行讨论决定。

一件：教务处报告陆培坤补考及格应准毕业案
议决：准备案。

一件：学生程雏鹤请求改名翼之案
议决：应予照准。

日　期：十一月十一日下午一时（第二五八次）
地　点：校长室
出席者：沈校长　白约翰　黄九如　陈兆坤
　　　　陈其德　胡赞平
主　席：沈校长
纪　录：陈侠泉

宣读上次纪录，通过。

报告事项

十月份经济收支情形。

教导会议、事务会议议决案（见教导会议、事务会议纪录）。

第一次小考有高一学生吴远猷舞弊，应如何处分，付讨论。

集团购米，教职员共订购十八包，代校役订购二包，共二十包，已由华东基督教教育会向民食调节协会订购。

寒衣捐计已收二千八百元左右，团体第一为高二，个人第一为邝宇光。

华东基督教教育协会曾召开校长会议，讨论基督教学校应付时局方策，未作最后决定。

讨论事项

一件：学生吴远猷小考舞弊案
议决：吴远猷应予以最后警告之处分，交训导处办理。

一件：校工代购食米案
议决：先购一石，俟吃完时，如集团购米未到，再代续购一石。

一件：应付时局方策案
议决：俟本星期六全体教职员会议时，提出讨论。

一件：吴上千先生请辞宗教委员案
议决：请宗教委员会主席白约翰先生代表挽留。

一件：修正预算案
议决：修正预算收支各为四万八千六百元，为求弥补不敷之数，应建议校董会对于下学期学生杂费增加四元。

一件：学生自治会请准分组小组案

议决：级会应悉。照级会组织条例办理，不得变更。

一件：工部局建议添装尿斗案

议决：添装尿斗两个，费用以一百元为限，办法及地点由事务处设计。

日　期：十二月九日下午一时（第二五九次）

地　点：校长室

出席者：沈校长　白约翰　黄九如　陈兆坤

　　　　陈其德　胡赞平　蓝仲祥

主　席：沈校长

纪　录：陈侠泉

宣读上次会议纪录，通过。

报告事项

旧校舍租与犹太难民，经伦敦会向国际救济会交涉，允月捐四百元，以一百元划归本校收入。

十一月份经济收支情形（详油印报告）。

教导会议讨论：（一）审查国、算、英各科练习簿，并对于练习簿之形式求其划一；（二）审查小考成绩；（三）指导课外活动，同时提及消费合作社之亟须整顿。

讨论事项

一件：增加旧校舍收入案

议决：请伦敦会将旧校舍收入全部拨归本校，以济急需。

一件：提出校董会建议案

议决：向校董会建议：（一）坚持继续办理本校之决心。（二）至必要变动时，当先商得创办人之同意。（三）赞同各校筹办联合中学，条件如下：（1）地点在华东区；（2）责任只派代表一人，担负其薪金全部。（四）请校董会致函基金委员会，要求补发特别补助共六千五百元，拟将此款存储，以备万一。至不能维持时，发给同人作为遣散费。

一件：本年度预算最后修正，收支各为五万元案

议决：准备案。

一件：事务处报告修正传达室规则案

议决：准备案。

民国三十年（1941 年）

日　期：一月六日下午四时（第二六〇次）
地　点：校长室
出席者：沈校长　白约翰　黄九如　陈兆坤
　　　　陈其德　胡赞平　蓝仲祥
主　席：沈校长
纪　录：陈侠泉

宣读上次会议纪录，通过。

报告事项

日前校董会开会讨论：（一）应付时局议决：
1. 尽可能维持现状；2. 加入筹设联合中学；
3. 预筹经济请创办人特别补助。（二）预算
议决增加学费，提高教职员待遇，交执委会
查核决定。（三）加紧校内宗教工作，并设
法与天安堂合作。
十二月份经济收支情形。
解释进修会时提及电话券收入及东吴大学捐
款两点，查电话券收入每两月收入账册一
次，计两次共十五元四角。东吴大学津贴
三十元，战前按月由文书员接受，转交校中

作为捐款，按月均由校出具收据，有存根可
查，战后该校即停付。
华东基督教教育协会已推定委员会筹设联合
中学及进行集团购米。
寒衣捐本校共收二千八百三十元，已分别解
缴，先后取得收款机关之收据，公布在案。

讨论事项

一件：增收学费案
议决：下学期增收学杂费，计学费高中
　　　五十五元，初中四十五元，杂费高、
　　　初中各十元，通过。以此提请校董会
　　　核议施行。

一件：修正预算案
议决：修正本年度预算收支各为五万三千
　　　四百元，通过。以此提请校董会核议
　　　施行。

一件：增收保证金案
议决：本届留额保证金旧生每人一律再补缴
　　　五元，新生每人应缴十元，通过。

日　期：一月廿一日午后十二时半
　　　　（第二六一次）
地　点：校长室
出席者：沈校长　白约翰　黄九如　陈兆坤
　　　　陈其德　胡赞平　蓝仲祥
主　席：沈校长
纪　录：陈侠泉

宣读上次会议纪录，通过。

报告事项

全体教职员会议于日前举行，议决推员筹办
教职员生活合作社及促进宗教工作两案。
教育部救济上海教职员曾由关系方面调查各
校概况，本校业已填表呈送，并备文向中英
庚款委员会请求补助一万元，结果如何，尚
未可知。

教育部补助费廿九年份余数一千二百元已领
到。工部局第四期补助费尚未发放。二月份
房租因存款不敷，须向房东商请延期付现。
中华基督教教育协会筹款补助各校奖学金，
本校已去函请求补助高、初中半费各十名，
总数为五百元。不日再填表送交该会审查。
旧生缴交保证金一月十八日截止，计
二百九十七人。新生报名计四十八人。

讨论事项

一件：修正预算案
议决：装修项下拨二百元归奖学金项下，总
　　　数无变更，准备案。

一件：训导处报告高一学生吴松麟考试舞
　　　弊案
议决：吴松麟给予最后警告之处分。

一件：教职员合作社提出章程案

议决：准备案。

一件：拨款开办教职员合作社案

议决：由学生保证金项下拨借一千元，作为教职员合作社之资本。

一件：加给校工津贴案

议决：校工及传达生每月共加给津贴四十七元，预算不敷之数，由特备项下拨补。

一件：录取新生案

议决：录取新生计高二两名、高一六名、初二三名、初一十名，共二十一名。

一件：核定奖金学额案

议决：廿九年度第二学期给予奖学金名额如下：

指定奖金：蓝天福、尤振华、诚炳星、陈承岳、汪明高、董正祥。

免学费：华姚期、施宜、汤汉兆、南德敏、严炳尧、陈剑陵。

免半费：黄越根、王予宏、童梅龄、邱维民、徐有恒、王宝铨、蒋家奋、陈志良、吕启荣、陈保聪、王堪、杜志宏、周幼赍、孙家声、李中强、俞传爱、张祖璜、俞寅生、孟志光。

日　期：二月四日下午一时（第二六二次）

地　点：初二甲教室

出席者：沈体兰　白约翰　黄九如　陈兆坤　陈其德　胡赞平　蓝仲祥

主　席：沈校长

纪　录：陈侠泉

宣读上次会议纪录，通过。

报告事项

理科教员严家书先生辞职他就，继任人选正在洽聘中。国文教员唐紫萍先生前因病请林淡秋先生代课，林先生近欲离沪，唐先生又不能回校，已另聘楼轶甫先生继任。朱泽甫先生前因母病返乡，请盛雨辰先生代课，现朱先生因母病未愈，须留乡间不能出来，仍请盛先生继续代课一月。

新旧生缴纳留额保证金者，共三百十九人。上学期结束，总账存五百元余。工部局第四期补助费通知本月十二日可发。

宗教委员会日前开会讨论青年会工作、周会及礼拜等应如何改良及推进，结果尚佳。

讨论事项

一件：核定补充免费名额案

议决：核准给予下列二生免半费名额：
蔡关元旧生　严锡赓新生

一件：规定全体教职员会议日期案

议决：本学期第一次全体教职员会议定本月八日上午举行。

一件：学生赵震南请求回校准予补考案

议决：特准赵震南于二月五日到校，报名补考。

日　期：二月十日下午一时（第二六三次）

地　点：校长室

出席者：沈校长　白约翰　黄九如　陈兆坤　陈其德　胡赞平　蓝仲祥

主　席：沈校长

纪　录：陈侠泉

报告事项

日前全体教职员会议开会，议决案件六起。教员吴上千先生来函辞职，势难挽留，继任人员在商聘中。

注册截止共计三百十八人。

宗教委员会本学期拟增加名额，请公决。

讨论事项

一件：核定各项委员会人选案

议决：各项委员会名单如下：

宗教：白约翰主席、陈维尧书记、沈体兰、吴上千、陈其德、沈淑、朱泽甫。

体育：陈兆坤主席、王基恩书记、白约翰、黄九如、楼轶甫、胡易。

图书：黄九如主席、费圻钢书记、魏金枝、胡赞平、沈体兰、蓝仲祥。

推广：陈其德主席、朱泽甫书记、陈兆坤、严家书、沈淑、陈侠泉。

一件： 审查学生缴费账目案

议决： 推胡赞平、陈其德两先生审查本学期学生缴费账目。

一件： 修正一览案

议决： 修正本年度一览，付印。关于教务部分由教务处负责，训导部分由训导处负责，总务部分由校长室负责。将修

正文提交四月十四日本会议核定。

一件： 拟订下年度预算案

议决： 由校长室拟具预算标准，提出三月十日本会议讨论。并于四月十四日提出预算草案，五月十二日提出修正案，先后通过后，再行呈报校董会批准。

一件： 毕业级请求减少一次小考案

议决： 照准。其日期由教务处酌予调整。

日　期： 三月十日下午一时（第二六四次）

地　点： 校长室

出席者： 沈校长　白约翰　黄九如　陈兆坤　陈其德　胡赞平　蓝仲祥

主　席： 沈校长

纪　录： 陈侠泉

宣读上次会议纪录，通过。

报告事项

日前校董会开会讨论事件：（一）教职员津贴照最高标准，即专任每人每月五十元；（二）校长与韩露似先生各捐一百元，分配于教职员，作为集团购米之米贴；（三）学生存款内提一千元作为校舍押租，一千元作为教职员合作社资本；（四）宗教工作由宗教委员会积极筹划进行。

二月份经济报告总账收入二二〇三一.五〇元，支出六三三九.〇九元。

查账员查账情形：上学期总账及本学期学生缴费账目均已分别查讫，由查账员签字证明无误。

教员更动：严家书、吴上千两先生辞职，由漆锦标、陈世骢两先生继任；朱泽甫先生辞职，由盛雨辰先生继任。

推广事业委员会日前开会，主要讨论本届民校预算，定为七十元，必要时可加至八十元。

教育部拨款救济上海教职员，外传八十万款已到沪，实属不确。至何时可到，数目若干，有关方面亦未得确讯云。

华东教育会日前召开校长会议，讨论救济教职员、筹备联合中学及应付时局等案。

讨论事项

一件： 规定预算标准案

议决： 暂照校长所拟标准编制下年度预算，收入方面要求伦敦会增加补助，支出方面要求房东不再加租。至下年度学费应加与否，俟视一般趋势而定，即下年度教职员薪金津贴之能否增加，亦取决于此。

一件： 续租校舍案

议决： 续租校舍照约，三月底以前函达房东，声明继续租赁。

一件： 更改上课时间案

议决： 上午第三节改为十时十分上课，第四节改为十一时十分上课，下星期一起实行。

日　期： 三月十五日上午十时（第二六五次）

地　点： 校长室

出席者： 沈校长　白约翰　陈兆坤　陈其德　胡赞平　蓝仲祥

主　席： 沈校长

纪　录： 陈侠泉

报告事项

工部局发表，下星期一起改照新钟点，本校受外界影响，应如何应付，请讨论。

讨论事项

一件：改变上课时间案

议决：下星期一起上课时间照新钟规定如下：

第一节	八时四十五分至九时三十五分	第四节	十一时四十分至十二时三十分
第二节	九时四十分至十时三十分	第五节	二时三十分至三时二十分
第三节	十时四十分至十一时三十分	第六节	三时二十五分至四时十五分

日　　期：三月廿八日（临时，第二六六次）

地　　点：校长室

出席者：沈校长　白约翰　黄九如　陈兆坤
　　　　陈其德　胡赞平　蓝仲祥

主　　席：沈校长

纪　　录：陈侠泉

训导处报告

初一学生秦伟民窃取同学财物。又高二学生陆荣山、邝宇光小考舞弊各情。

讨论事项

一件：秦伟民窃物案

议决：秦伟民应照章开除学籍。

一件：陆荣山等小考舞弊案

议决：陆荣山小考舞弊，应予最后警告之处分。邝宇光有帮同舞弊情事，由训导处酌予惩儆。

一件：推员担任审查零用账案

议决：推陈其德、陈世聪二位先生担任，审查每月零用账目。

日　　期：四月十四日下午一时（第二六七次）

地　　点：校长室

出席者：沈校长　白约翰　黄九如　陈兆坤
　　　　陈其德　蓝仲祥

主　　席：沈校长

纪　　录：陈侠泉

宣读上次会议纪录，通过。

报告事项

三月份经济报告截至三月底止，共收二二〇四九.九〇元，共付一一二八一.六五元。艾约瑟基金特别补助费去年尚欠一千元，兹已收到，移作汪师竹先生遗孤教育基金，后如再来，方能偿付久泰锦记之建筑欠款。白师母又收到美国友人捐款一百元，指定作为教职员米贴。

工部局一九四一年补助费增为八千五百元，本学期收入多一千三百余元，拟建议校董会准拨充教职员津贴。

教员楼轶甫先生因事忙请假，暂请华涤生先生代课。

讨论事项

一件：修正一览案

议决：应修正各点通过，付印。

一件：续租校舍案

议决：继续向房东交涉，续租期满后给予再续租之优先权。

一件：编订下年度预算案

议决：下年度预算暂定为收支各六万四千五百元。

一件：办理暑校案

议决：接受全体教职员会议之建议，本年照往年例开办暑校，并推沈校长、黄九如、陈其德、胡赞平、魏金枝五位先生为筹备委员，指定沈校长为召集人。

一件：学生郭育培、刘中秋在校外窃物案

议决：郭、刘二生应令退学。

一件：规定毕业级大考日期案

议决：高三、初三两班定六月九日至十三日举行学期考试，六月十八至廿一日举行毕业考试。

日　　期：四月三十日下午一时一刻
　　　　　（临时，第二六八次）

地　　点：校长室

出席者：沈校长　黄九如　陈兆坤　陈其德
　　　　　胡赞平　蓝仲祥

主　　席：沈校长

纪　　录：陈侠泉

报告事项

校董会执委会对于同人生活问题深表关切，除通过将工部局补助费增加之数拨充教职员

津贴外，如有可以开源节流之处，当设法使教职员津贴逐渐提高。

华东教育会决议下学期普加学费，并以所得大部分充教职员津贴，小部分充推广免费学额，将通告各校照办。

讨论事项

一件：提早上课时间，实行日光节约案

议决：五月六日起，作业时间再提早半小时，即照新钟，第一节八时一刻上课。

日　　期：五月十二日下午一时（第二六九次）

地　　点：校长室

出席者：沈校长　白约翰　黄九如　陈兆坤
　　　　　陈其德　胡赞平　蓝仲祥

主　　席：沈校长

纪　　录：陈侠泉

宣读上两次会议纪录，通过。

报告事项

四月份经济报告截至四月底止，共收二二九八五.三〇元，共付一六五二七.八七元。

教员更替，华涤生先生代课期满，改聘冯仲

足先生担任。

续租校舍尚待房东复信，再行批签合同。

立校纪念日因学生未有全体报到，摄影改期。

其余节目均照预定程序进行，情形尚佳。

讨论事项

一件：改订下年度预算案

议决：下年度预算收支改订为六万九千三百元。

一件：筹备毕业式案

议决：推黄九如、陈兆坤、陈其德三位先生为筹备毕业式委员。

日　　期：五月二十七日下午一时
　　　　　（临时，第二七〇次）

地　　点：校长室

出席者：沈校长　白约翰　黄九如　陈兆坤
　　　　　陈其德　胡赞平　蓝仲祥

主　　席：沈校长

纪　　录：陈侠泉

讨论事项

一件：规定教育部救济费支配原则案

议决：部发救济费二千一百六十元应即领收，除提出六十元分给校工外，其余二千一百元一次发给现任教职员，专任每人一百五十元，兼任每人七十五元。其在本学年中途应聘到校者，依照到校时日久暂比例分配。

一件：核定暑校章程案

议决：暑校筹委会所拟订之章程，除杂费应改收每人二元外，其余各条文均通过。

日　　期：六月九日下午一时（第二七一次）

地　　点：校长室

出席者：沈体兰　白约翰　黄九如　陈兆坤
　　　　　陈其德　胡赞平

主　　席：沈校长

纪　　录：陈侠泉

宣读上两次会议纪录，通过。

报告事项

校董会于五月三十一日开会议决：增加下学期学费为高中七十元、初中六十元，即以此项收入增加校长教职员津贴及免费学额，并

通过全年预算总数，收支各为七万二千五百元。又讨论万一局势变化时之必要准备。议决交校董执委会核议。

五月份经济报告截至五月三十一日止，共收二五一一〇．三〇元，共付二一五四一．七五元。

教员陆锦标辞职，暂由胡赞平先生兼代其一部分课务。

续租校舍已续订合同一年，至明年六月底满期。但房东坚主取消期满得再续约之条文，本校被迫只得承认。

讨论事项

一件：筹备招生案

议决：照往例，由教务处主持办理。

一件：规定下学期奖金名额案

议决：艾约瑟指定奖金限定四名，自助奖金增为二十五名，余照旧。

日　期：六月廿八日下午一时（第二七二次）
地　点：校长室
出席者：沈校长　白约翰　黄九如　陈其德
　　　　胡赞平　蓝仲祥
主　席：沈校长
纪　录：陈侠泉

宣读上次会议纪录，通过。

报告事项

五月份经济报告因漏列收入转账一笔，已补登，截至五月底止共收二五八三八．五〇元。训导主任陈兆坤先生辞职到内地办学，无法挽留，只得照准。全体教职员曾叙餐欢送。

讨论事项

一件：审查教务处提出毕业级学生成绩案

议决：高中毕业生二十一名，有一二科不及格须经补考及格始能毕业者五名。初中毕业生三十九名，有一二科不及格须经补考及格始能毕业者七名，特别生三名，准通过（名单附）。

一件：审查训导处提出给予各生奖状案

议决：通过（名单附）。

一件：保送高中毕业生升学内地专科以上学校案

议决：交教务处办理。

一件：审查操行不及格学生分别予以退学或留级案

议决：高二陆荣山留级，邝宇光姑准试读。高一吴远猷姑准试读。初三邵康年留级。初二孙怀定留级，袁培元、瞿承章应令退学，林得孙姑准试读。初一许天柱应令退学，瞿增祁留级。

● 高中毕业生二十一名

蔡锡年	全陆伯	宣葆元	施　宜	张孝镛
王予宏	郭家祥	孟琨宝	陈达铨	梁元康
高庆徵	吕思光	华姚期	刘衡礼	王馥庭
黄越根	王毓骅	钱存学	蓝天福	龚祯祥
缪明恩				

有一二科不及格须俟补考及格后方准毕业者六名：

王保恩	俞鸿士	孙毓光	胡文象	华德宝
陈秀文				

● 初中毕业生三十九名

陈秀明	汤汉兆	严炳尧	余元鑫	倪维泉
李　伟	叶良睦	刘起凤	狄兆鼎	李士成
钱学昌	姚国祥	俞鸿绩	杨家鹏	陈蔼琳
范森贤	程家齐	林宝爵	翁傅安	赵家傲
富立民	程家辉	柴永祁	潘世藏	杨光杰
蔡诗群	徐仁华	宣成元	盛耀南	顾名渊

郑鸿瑞　刘乾福　朱犹龙　吴芝媚　陆汝憘
郭育基　梁嘉镛　卜　庸　陈其光

有一二科不及格须俟补考及格后方准毕业者
七名：

阮景绥　王庆翔　余宝丰　王经修　刘铁汉
郑鸿英　强源海

特别生三名：

陈正鸿　颜锡源　樊旋咸

● 得奖学生名单

学字奖二名：
蔡锡年　陈秀明

行字奖九名：
张孝镛　尤振华　王雪明　汤汉兆　陈秀明
许锡振　王荣鑫　韩行健　张绍泽

工字奖七名：

王毓骅　华姚期　尤振华　徐有恒　陈秀明
恺国钧　俞传爱

勤字奖十二名：
吴人勉　严炳尧　盛耀南　樊旋咸　郑士辉
舒鑫全　汪明高　蔡关元　董正祥　陈剑陵
郭大礼　王应翔

钱存学
（1923—？）

麦伦中学41届校友，江苏泰州市人。1939年9月参加革命，在上海麦伦中学参加"上海学生界救亡协会"，参加《学生生活》《五月史话》等书刊的编辑和秘密发行工作。1946年2月加入中国共产党。解放战争时期，曾在重庆和上海交通大学任中国学联常驻国际学联代表及国际学联副主席。

日　期：七月十四日上午十一时（第二七三次）
地　点：校长室
出席者：沈校长　白约翰　黄九如　陈其德
　　　　胡赞平　蓝仲祥
主　席：沈体兰
纪　录：陈侠泉

宣读上次会议纪录，通过。

报告事项

六月份经济报告截至六月三十日止，共收二七一九九.二〇元，共付二六二一六.一五元。

本年为续租校舍事，多烦陈贻祥律师，仍照去年送酬二百元。

教部颁发校长特别救济费二百元，改由校领收，作为民校基金。

下学期职员更动如下：黄教务主任辞职改任教员，原职由白顾问兼任；训导主任一职由陈事务主任兼任；图书员改任训导员；助理员升任教务员。

毕业式请东吴大学代理校长文乃史演讲，此次来宾较历届为多，精神亦较好。

暑校本日上午八时举行始业式。

七月十二日招考新生，报名二百六十余人。是日晨，适值大雨，致有二十余人未到考。

讨论事项

一件：录取新生案
议决：此次录取新生名额如下：高二一名、高一十六名、初三八名、初二九名、初一九十八名，共一百三十二名。

一件：审核免费名额案
议决：下学期各项免费名额给予下列诸生：
　　　荣誉奖金：陈秀明。
　　　指定奖金：苏伟康、陈承岳、汪明高、尤振华、董正祥。
　　　免学费：容国銮、蔡达君、徐有恒、汤汉兆、蒋家奋、陈剑陵、杜志宏。

免半费：成祖甲、金新瑞、邱维民、张祖让、严锡赓、徐福尧、范森贤、严炳尧、吕启荣、陈保聪、王堪、

陈志良、王宝铨、杨重光、鲍浩贤、陈宝琴、俞传爱、俞寅生、张绍泽、孟志光、王如龙、范自强。

日　期：八月廿五日下午一时（第二七四次）
地　点：校长室
出席者：沈校长　白约翰　黄九如　胡赞平　蓝仲祥
列席者：费圻钢
主　席：沈校长
纪　录：陈侠泉

宣读上次会议纪录，通过。

报告事项

七月份经济收支连前共收三〇七四三.〇一元，共付三一二二六.六〇元。
教职员更动：陈其德先生辞职，训导主任由蓝仲祥先生继任，另调费圻钢先生为副事务主任；严家书先生回校仍担任专任教员，授课廿五小时；另聘段力佩先生为兼任教员。
暑校结束，本届有学生二百零六人，惟各生成绩及格者甚少。

第二次招生报名计八十八人，前日已举行入学试验。
沈淑先生为纪念其母钱云英女士，特捐赠本校指定奖金一名，免半费。

讨论事项

一件：甄别第一次新生案
议决：第一次录取新生应补习而不来补习或补习仍不及格者，作试读生。惟毛昭政一名应取消学额，发还保证金。

一件：录取第二次新生案
议决：第二次新生录取高二一名、高一五名、初三三名、初二一名、初一八名，共正取十八名。另备取高一一名、初一七名。

一件：审核免费名额案
议决：准给予下列诸生免半费学额，计开：孙初达（指定）、周幼责、金永泉。

日　期：九月十日下午一时（第二七五次）
地　点：校长室
出席者：沈校长　白约翰　蓝仲祥　胡赞平　费圻钢（陈侠泉代）
主　席：沈校长
纪　录：陈侠泉

宣读上次会议纪录，通过。

报告事项

上年度账目已经校董会查账员查核，证明无误。按照向例，尚须经教职员代表二人审查之。
登记仪器图书已着手办理，尚未完毕。
旧生补考不及格而留级者有高一蒋孝三、秦维德，初二程光曦、林德孙，初一陈永方共五人，其余均及格，准升级。
本届注册截至本日止，计三百四十八人。日内尚有数人续来补行注册手续。

讨论事项

一件：请求工部局补助费案
议决：一九四二年份请求工部局补助费总数为四万五千元。

一件：修正行政大纲案
议决：行政大纲不必修正，但本学期暂定分级会议归并于教导会议。分科会议开会次数视需要而定。各项委员会先设宗教委员会，其余从缓。校务会议因当然会员人数减少，教职员代表暂时增为三人。

一件：聘任各级导师、各科首席教员及宗教委员会委员案
议决：聘任各级导师、各科首席教员及宗教委员会委员如下：
各级导师：
高中三　白约翰
高中二　魏金枝

高中一　冯仲足
初三甲　黄九如
初三乙　严家书
初二甲　陈世聪
初二乙　陈维尧
初一甲　沈　淑
初一乙　盛雨辰
各科首席教员：
国文科　魏金枝
社会科　黄九如
自然科　胡赞平
外国语科　白约翰
宗教委员会委员：
白约翰主席、陈维尧书记、沈体兰、

沈淑、盛雨辰、陈世聪

一件：补充免费学额案

议决：如有因家境清寒而辍学者，查明确实与标准相符，准予补给。

一件：参加保健会案

议决：本校加入保健会原则赞成。其学生缴费额俟征求学生自治会意见，再作最后决定。

一件：强源海、林德孙请求升级试读案

议决：照章留级。学生请求升级试读于例不合，未便照准。

日　期：九月廿二日下午一时（第二七六次）
地　点：校长室
出席者：沈校长　白约翰　蓝仲祥　胡赞平
　　　　严家书　黄九如　费圻钢
主　席：沈校长
纪　录：陈侠泉

宣读上次会议纪录，通过。

报告事项

本年份教育部补助费已于上学期收三分之一，计六百元，其余未收。工部局补助费已于上学期收二期，计四千三百元，尚有二期未收。艾约瑟基金委员会补助费二千四百元，本学期已全数收到。伦敦会补助费：（一）西教员一人之薪水，本学期七百八十元已收，尚有增加希望，俟确定后再补发云；（二）犹太人租用科学馆本学期共六百元亦收到。魏德辉特款补助费尚未转账。基督教教育协会补助费本学期计二百三十元，已收到。

八月份经济报告，计总账收入四○五九.○○元，支出五一二六.九二元。

校董会议议决

（一）查账员报告查账无误，准备案。（二）校务研究会中所提出之民廿六年度"教职员遣散费"问题，经校长详查校董会议、校务会议纪录及学校账册，缮具报告书一份，当经核议，结果认为所谓"教职员遣散费"既未经校董会批准成立，亦未另立特

款。（三）复兴特款并入公积特款项下，共一○七五.四三元。（四）本年度预算修正为七万五千元，专任教职员应增给额外津贴每月十元，兼任每月五元。（五）准教职员借款购米，但限在本学期内拨还。（六）建筑费积欠久泰锦记营造厂之款，本学期应予清偿。

教职员会议选举查账员、出席校务会议代表、进修委员会委员、交谊会会长及教职员消费合作社委员等。

教导会议日前开会，因时间匆促讨论未毕，宣告延期，本星期六将与进修会合并召集。

事务会议决案件共有十三起，如改良午膳、训练工友等。

本学期注册结果，新旧生共三百五十二人。

讨论事项

一件：核定候补免费学额案

议决：前经声请免费而未得核准者，俟第一次小考后，如成绩有进步，当酌予补给。

一件：聘任民校主任案

议决：推黄九如先生为民校主任。

一件：教职员购米案

议决：请教职员消费合作社委员会筹划进行。

一件：审查学生缴费案

议决：推严家书、陈维尧两先生担任，审查本学期学生缴费账目。

一件： 自助生工作分配案
议决： 分派自助生免全费七名，于各实验室及图书馆服务，其工作每日以半小时为度。

日　期： 十月十三日下午一时（第二七七次）
地　点： 校长室
出席者： 沈校长　白约翰　黄九如　胡赞平　严家书　费圻钢
主　席： 沈校长
纪　录： 陈侠泉

宣读上次会议纪录，通过。

报告事项

校董会议决：重订会计项目，采用最新簿记，当场分发。校董会查账员所编制上学期总账决算清单一纸，计资产项共一万七千四百九十八元四角七分，负债项共一万七千一百四十二元四角八分，连经常费收支计借贷两方各四万八千七百二十五元零七分正。又校董会查账员所核定修正本年度预算，计收入部分学生缴费五万四千一百二十元，各项补助费二万零二百元，杂项收入六百八十元；支出部分薪工五万元，设备费用四千元，办公费用七千元，房租奖学一万二千二百元，特项支出一千八百元，收支两方仍各七万五千元。

八月份经济报告根据重订会计项目，收入方面：经常费四○五九.○○元，附账一七七.四三元，特款一七四七.○○元。支出方面：经常费五一二六.九二元，附账八○.○○元，特款二二四七.○○元。又九月份，收入方面：经常费二八五一三.○○元，附账一七五.○○元，特款三五○○.○○元，转账一○七○.○○元。支出方面：经常费八二六一.○七元，特款四六六六.六一元，转账一○七○.○○元。

审查学生缴费结果，总数为二七九五三.○○元，已经查账员严家书、陈维尧两先生签证无误。

登记仪器承理科教员帮忙，现已办毕，照例应分别立册存查。

教导会议初次因时间匆促延会，后继续开会讨论，计议决规定小考办法等案五件。

训导主任蓝仲祥先生辞职（经过从略），暂由校长兼代处理训导处事务。

讨论事项

一件： 规定学生保证金结余用途案
议决： 学生已交保证金而放弃者，准收入汪氏奖金账内。

一件： 改订小考日期案
议决： 第一次小考定十月廿四日、廿五日、廿七日，举行三日。

一件： 发动良心献金案
议决： 交学生自治会讨论进行。

日　期： 十一月十日下午一时（第二七八次）
地　点： 校长室
出席者： 沈校长　白约翰　李仲融　黄九如　胡赞平　严家书　费圻钢
主　席： 沈校长
纪　录： 陈侠泉

欢迎代理训导主任李仲融先生。
宣读上次会议纪录，通过。

报告事项

十月份经济报告：计收入总账二四○.四○元，特款一三八.七五元，转账三五六.五二元；支出总账六五○七.九九元，附账一二五.○○元，特款三八一.五○元，转账三五六.五二元。

登记图书承前任教务主任黄九如先生提倡，于先经前任及现任图书员协力从事，业已办毕。存书册数由图书员胡易先生开列清单，不日油印分发同人存查。

教导会议议决案件五起，其中有一起系通过学生课外活动范围及留校时间规则，应提交本会议备案（通过）。

事务会议讨论关于搏节各项开支及通知学生补行检查体格等案。

华东基督教教育协会总干事赵传家先生请假

休养，职务现由白约翰先生与另一位干事分任代理，所有校长会议及分组会议均照常举行。

中华基督教教育会总干事缪秋笙先生赴美募捐，救济教职员，方于日前回国，闻此行成绩尚称满意云。

讨论事项

一件：控制预算案

议决：关于实验、图书、体育由教务处控制，办公费用由事务处控制，并请各教职员协助督策学生、校役注意撙节各项购置及消费。

一件：变更会计手续案

议决：以后会计手续改为二十元以上签发支票，二十元以下支付零用现款。

一件：审核民校预算案

议决：本学期民校预算仍照旧，准支国币一百元，所有印刷文具由校供给。

一件：恢复各项委员会案

议决：恢复图书、体育两项委员会，其人选如下：

图书：胡赞平（主席）、胡易（书记）、白约翰、黄九如、魏金枝。

体育：陈世聪（主席）、王基恩（书记）、白约翰、沈淑、费圻钢。

日 期：十二月八日午（临时，第二七九次）
地 点：校长室
出席者：沈校长 白约翰 李仲融 黄九如
　　　　胡赞平 严家书 费圻钢
主 席：沈校长
纪 录：陈侠泉

报告（略）。

讨论事项

一件：学生因交通不便应否停课案

议决：徇多数学生家长要求，自十二月九日起至十一日止暂行停课三天，十二日照常上课。

日 期：十二月十一日上午（临时，第二八〇次）
地 点：校长室
出 席：沈校长 白约翰 李仲融 黄九如
　　　　胡赞平 严家书 费圻钢
主 席：沈校长
纪 录：陈侠泉

报告（略）。

讨论事项

一件：停课期满应否复课案

议决：十二月十二日起照常上课。

一件：改变课外作业方式案

议决：时事讨论与级会时间均改为自修。

一件：紧缩开支案

议决：本学期暂时停止购置（除必需品外），并加紧控制一切消耗，以节省开支。

一件：本学期提前放寒假案

议决：征询全体教职员会议后，再行决定。

日 期：十二月十五日下午一时（第二八一次）
地 点：校长室
出席者：沈校长 白约翰 李仲融 黄九如
　　　　胡赞平 严家书 费圻钢
主 席：沈校长
纪 录：陈侠泉

宣读上次会议及两次临时会纪录，通过。

报告事项

十一月份经济报告

计收入总账二四七五.〇〇元，转账六六〇.四〇元；支出总账六七二二.六二元，转账六六〇.四〇元。又本学期四个月决算清单计资产项二三八五五.三四元，负债项一四七三三.一二元，连经常费收支计借贷两方各五〇五二三.九四元。

讨论事项

一件：变更校历案

议决：本学期提前结束。耶稣诞辰及元旦各放假一天。学期大考自一月五日起至九日上午止，九日下午起放寒假。

一件：结束民校案

议决：民校提前于本星期内结束。

一件：弥补经费案

议决：本学期补助费受时局影响，预算亏绌，请校董会设法弥补。

一件：核定今后办法案

议决：根据教职员会建议本校暂行停办，应转呈校董会请予裁夺，并指示善后办法。

民国三十一年（1942 年）

日　　期：一月六日下午三时（第二八二次）
地　　点：校长室
出席者：沈校长　白约翰　李仲融　黄九如
　　　　胡赞平　严家书　费圻钢
主　　席：沈校长
纪　　录：陈侠泉

宣读上次会议纪录及全体教职员会议纪录，通过。

报告事项

十二月份经济收支：计收入经常费无特款一〇〇〇元，转账四六八〇.〇〇元；支出经常费五七〇三.五七元，附账一〇五.〇〇元，转账四六八〇.〇〇元。又本年度五个月决算至十二月三十一日止，计资产项一八〇四六.七七元，负债项一四七〇八.一二元，连经常费收支借贷双方各五〇四一八.九四元。

校董会议议决：以设立人经济来源断绝，下学期本校应暂行停办。十二月份及一月份薪水津贴，暂照聘约所定数目发给，特别津贴只能取消。

近闻校董王志仁、吴维德、毕礼克三君以个人名义组织委员会，筹设迈伦补习社，聘白约翰先生为社长，设法救济失学青年。

讨论事项

一件：保管校产案
议决：本校不动产之保管方法应请校董会与设立人妥商定之。至校内所有动产如校具、仪器、图书等，应请校董会自行决定保管办法施行。

一件：订定处理学籍善后办法案
议决：处理学籍善后办法六条，修正通过，公布施行。

一件：临时提议举行教职员话别会案
议决：一月九日午餐举行话别会，费用由校支付。

民国三十二年（1943 年）

时　　间：二月二十四日上午十二时半（第一次）
地　　点：教职员休息室
出席者：王志仁　胡赞平　陈其德　陈维尧
　　　　段力佩
主　　席：王志仁
纪　　录：段力佩

报告事项

总务方面

㊀ 赴海军司令部接洽经过情形。
㊁ 参加维护校舍谈话会情形。
㊂ 填报市教育委员会童子军调查表。
㊃ 校工张明请假逾期，去函催促情形。

教务方面

㊀ 教师不缺课。
㊁ 名单不再印。
㊂ 办理补考。
㊃ 下星期起提早一刻钟上课，延迟五分钟放午学，每课恢复至五十分钟。

训导方面

㊀ 青年会情形良好，会员一百七十二人。
㊁ 小团契业经成立。
㊂ 秩序尚好。
㊃ 迟到习惯未尽革除。

体育委员会方面

㊀ 早操——由同学范操，段先生经常出席，朱、黄两先生轮流出席。
㊁ 组织篮球队。
㊂ 女生每星期举行早操一次。

讨论事项

（一）划分一学年为三学期案
决议：应毋庸议。
（二）应否设立夜校案
决议：交陈、胡、段三先生研究后，再提交校务会议讨论。
（三）添辟阅览室案
决议：通过。并购置申报月刊、科学晚报以及万象等刊物陈列。
（四）举行教职员交谊会
决议：地点——本校大礼堂，日期——二月廿八日，如能更改则另定。

时　　间：三月十日（第二次）
地　　点：办公室
出席者：王志仁　陈其德　胡赞平　陈维尧
　　　　段力佩
主　　席：王志仁
纪　　录：段力佩

报告事项

（一）主席报告

一、董事会请陈其德先生兼任副校长。
二、盛先生可往防痨协会疗养。

（二）总务报告

一、赴市教育会接洽青少年团事，此次检阅可免去。
二、陈、盛两先生疾病情形。
三、儿童图书馆募捐并希望本校利用。
四、思源奖学金情形。
五、互助奖学金第一次会议，各级代表二人，青年会三人，教职员三人。

（三）教务报告

一、教员请假情形。
二、上学期成绩统计：高二、三及初三较优，初一乙较劣。

（四）训导报告

一、各种活动照常。
二、服务风纪体育联席会议。
三、小团契第一期已出版。
四、女生早操已开始。

讨论事项

（一）教员缺课应如何补救案

决议：尽量设法请代课教员，以劳绩金依钟点扣出作为酬报，详细办法由总、教两处订定之。

（二）征收食米案

决议：数量为两升，二、三两期分别征收一升，办法由三处便宜行事。

（三）全体教职员会议日期案

决议：展缓，俟分数核定后举行。

（四）加入防痨协会案

决议：即日起积极推动。

（五）盛先生疾病案

决议：介绍入防痨协会医院，并稍事津贴入院费。

（六）唱诗班指导员案

决议：由张容江先生介绍，礼拜改十点钟起。

时　　间：四月十四日下午一时（第三次）

地　　点：办公室

出席者：王志仁　陈其德　胡赞平　陈维尧　段力佩

主　　席：王志仁

纪　　录：段力佩

报告事项

总务报告

一、各决议案已遵照进行。

二、盛先生疾病情形。

三、白先生去后情形。

四、高三旷课处理情形。

讨论事项

（一）举行分级会议案

决议：二次小考前举行。

（二）学米分配案

决议：专任全数，兼任半数。本人一单位，配偶一半，子女又一半，父母又一半。

（三）开办夜校案

决议：照办法纲要办理。

时　　间：四月二十三日下午一时
　　　　　（临时，第二次）

地　　点：办公室

出席者：王志仁　陈其德　胡赞平　陈维尧　段力佩

报告事项

总务

（一）收得学米代金五四四〇元，米一二一磅，每单位分得二五六元。尚差三十二元，由校方填补，如其余之四学生补交齐全，则尚有余剩，当买米留存学校。

（二）校舍问题，已接费律师通知书，当继续进行交涉。

教务

（一）上课时间定五月六日起提早一刻钟。

讨论事项

（一）处理张佩华案

决议：在代人受过方面予以口头训斥，并一次警告。在诚心悔悟方面积极予以鼓励。

（二）处理祝修明案

决议：开除。

（三）关于以后风纪案

决议：定星期一（廿六日）高、初中在礼堂分别训话。

时　　间：四月二十五日上午九时
　　　　　（临时，第三次）

地　　点：办公室

出席者：王志仁　陈其德　胡赞平　陈维尧　段力佩

主　　席：王志仁

纪　　录：段力佩

报告事项

祝修强、王妙发来校经过。

讨论事项

（一）祝修强关于祝修明事提出新证案

议决：该项新证与事实不符，应毋庸议，照

原案执行。

（二）训导主任段力佩先生辞职案

议决：暂缓讨论。

王妙发
（1927—1946）

1941年秋，进入麦伦中学学习。1945年春到淮南根据地，1946年加入中国共产党，在《拂晓报》社电台做译电工作。1946年冬在洪泽湖地区被捕，坚贞不屈，牺牲时年仅19岁。

时　间：五月八日下午一时半（第四次）
地　点：本校办公室
出　席：王志仁先生　陈其德先生　胡赞平先生
　　　　陈维尧先生　张容江先生
列　席：黄瑫先生
主　席：王志仁先生
纪　录：张容江先生

报告事项

（一）主席报告上次纪录。

（二）训导处报告：初一学生张鼎衡、蔡国杰在英文课上作弊案审查经过。

议决事项

（一）训导主任段先生辞职案

议决：补登上次纪录。

（二）操行成绩考核标准案

议决：暂时改订为守规约、有礼貌、勤学、诚实、卫生各十二分；守时、爱护公物、爱护团体、服务尽责各拾分，合共一百分。

（三）张、蔡二生作弊案

议决：本应除名，兹从宽惩罚，除该科给予零分外，着具悔过书，并给予最后警告。此后无论何人，考试舞弊一概除名。

（四）借用本校场地手续案

议决：应与训导处接洽，并得副校长许可。

（五）女生早操应否与男生合并案

议决：下学期实行。

（六）新国民运动促进会青少年团出席代表人选案

议决：推请蔡达君先生任之。

蔡达君
（1923—1945）

麦伦中学42届校友，浙江宁波人。在校时，靠刻钢板补助清寒生活。在魏金枝、冯宾符、王元化等老师的帮助下，学会写作，发表作品，笔名郑定文，是"孤岛"文坛知名作家。1945年，去苏南宜兴根据地，在苏浙军区城工部工作。后为救一溺水战友牺牲，被追认为烈士。

时　间：六月二日下午一时（第五次）
地　点：本校办公室
出席者：王志仁　陈其德　陈维尧　胡赞平
　　　　张容江
主　席：王志仁
纪　录：张容江

报告事项

书记报告上次纪录。

总务处报告

1. 青少年团出席代表未曾出席缘因。
2. 校舍续租问题接洽经过。
3. 工部局辅助费约数。
4. 本学期经济情形。

教务处报告

1. 高三学期考试因使毕业同学投考大学便利起见，提早举行。

训导处报告

1. 推动互助奖金运动情形。
2. 惩罚蔡国杰、张鼎衡二生经过。

决议事项

一、修正上次纪录——第一项内"补登……"等词应改为"请学校当局酌量办理"。
二、兼任教员续聘案——续聘时仍为兼任，俟下学期视需要之情形再定改聘为专任与否。
三、七月份如有双薪，决俟九月份收到下学期学费后发出。
四、追决教务处及分级会议、教导会议更改高三学期考试日期之提案。
五、高二学生须经毕业生审查委员会审查合格，方准毕业。
六、毕业生审查委员会由校务会议会员及该级导师、女生指导及体育指导组织而成。
七、教职员工作减轻并供给午膳案——教员工作照旧，职员教课时数略微减少，除每遇校中举行特别会议供给午膳外，其余午膳仍归自理。
八、增加学费案——决议：请校董会决定之。
九、订定卅二年度新校历案——接受副校长拟就之草案。
十、订定暑期学校章程——接受教务主任拟就之草案。较去年增设日语一科，增收报名费五元，入学时充作杂费，并将学费改为每科念伍元。上课日期为七月五日至八月十四日。
十一、下学期新生报名费改为大洋五元。
十二、增改留额保证金案——决议改收肆拾圆。
十三、派遣留日学生案——请校董会决定。

时【间】：六月三日上午十二时半
　　　　　（临时，第四次）
地【点】：本校办公室
出席者：陈其德　陈维尧　胡赞平　张容江
主　席：陈其德
纪　录：张容江

报告事项

训导处报告

初二乙学生俞善良屡犯校规，已受最后警告，后依然不改劣迹，久该开除学籍。前因其家长来校请求姑予试读，原期该生知所儆惕，努力向上，奈其顽梗成性故态复明，违犯教室规则，并未经请假手续擅自离校，应如何处理。
决议：该生屡戒不悛，难望更新，决予开除学籍不贷。

日　期：六月十二日一时三刻（第六次）
纪　录：张容江

报告事项

（Ⅰ）总务报告

房租问题继续接洽经过。

（Ⅱ）教务报告

（甲）顾兴钰、龚裕祥、钟本堃要求于暑校补习六星期，成绩合格毕业或提早，请余先生补习。（乙）龚裕祥算学不合格，请于七日补考，俟校务会议决议后，再定此次补考有无效验。（丙）黎培基自认愚笨并非不用心，要求能否给予补考机会。

（Ⅲ）训导报告

募捐。

议决

（Ⅰ）房屋加租。

（Ⅱ）三生准于暑校补习提早，但须三十六小时纳费，须按照暑校办理。

（Ⅲ）教职员薪金案：决议按副校长所建议者通过。但副校长薪金及办公津贴均应增加拾元。

（Ⅳ）下学期预算案：通过。

时　间：八月三日
地　点：办公室
出　席：全体

讨论事项

（一）关于高二开班问题。

（二）学费问题。

（三）校董会主席吴维德先生提子弟免费案。

决议

（一）接洽借读，同时设法合并高二、三两班。

（二）初一：三九〇元。初二：四二〇元。初三：四五〇元。高一：四八〇【元】。高三：四九五元。另各加补助费九〇元。

（三）通过子弟免去学费，只收补助费。

日　期：八月卅一日（临时）
地　点：办公室
出　席：胡赞平　陈其德　张容江

讨论事项

学生须知、教职员备忘录印行案。

议决：照案通过。

日　期：九月十一日一时
出　席：陈其德　胡赞平　张容江　陈世聪

报告事项

总务报告

高二不开班，借读沪江、正养情形良好。其办法如下：毕业后用本校名义。

人数二七九，较预算略少。

房子第三次和解未成，待廿五号第四审再定。

租金加若干成问题。

津贴请求案。

教务报告

教室情形良好。

教员努力，只有余先生因病请假一天。

史地课本问题暂时不定。

训导报告

早操缺席旷课处治办法。

交谊会【报告】

第一次，十九日至兆丰。第二、三次参观。第四次聚餐。

图【书馆报告】

下礼拜借书，以学费收条为借书证。

决议

津贴数额——请求五万，内教师津贴二万，房租一万五千，实验设备一万，免费五千。

房屋问题：酌办。

教科书：暂时不定。

早操：二次旷课作一次学业旷课。

补考缴费案：小考不收费，大考每科收五元，最多二十元。

高三学生请求加三角一科案，准其所请。办法向总务处接洽，以不妨教员工作为原则。

日　　期：九月廿七日
地　　点：办公室
出　　席：陈其德　胡赞平　张容江　陈世聪

事项

（一）通过上次纪录。
（二）房屋问题庭上宣布本月卅日上午宣判。
（三）学生人数二八二名。
（四）孔子诞通过放假一天。

日　　期：十月二日下午一时半
出　　席：王志仁　陈其德　张容江　陈世聪

（Ⅰ）通过上次纪录
（Ⅱ）报告
（一）总务
（甲）第一区警局请求津贴表格已缴入。
（乙）预算不致大有影响。
（丙）房屋诉讼事四审后宣判胜诉。
（丁）张咏义先生辞职案，继任人才正物色中。
（二）训导
（甲）模范级标准细则数条。
（乙）与家长合作情形：查出陈宝珊、杨介椿等缺课及不用心之原因，因与家长之合作而解决。
（丙）旷课人数不多，旷课原因：1.不明规则；2.生病未愈。
（三）教务
（甲）读书精神颇佳。
（乙）小考于十三日开始。
（丙）早操改为课程，情形颇好。
（丁）图【书馆】借书方法改变情形甚好。

（四）交谊会
（甲）本拟上星期二，因雨改期。
（乙）改期十月三日，又因多人不能出席，决改十月十日。
（Ⅲ）议决事项
（一）上课时间案
议决：第一次小考后改迟十分钟。
（二）定期招集导师会案
议决：十六或二十日以前召集之。
（三）初中史地计分法案
议决：史地分开者仍作一课计算。
（四）小考学行成绩考核案
议决：由分级会议会同训导考核，并列名次表，以资鼓励。
（五）张咏义先生辞职案
议决：通过。
（六）继任人选案
议决：试请郭栋材先生代理。
（七）校董会日期案
议决：暂定十二月上旬，或放学前六月初或五月底。
（八）酬劳律师案
议决：一千元。

日　　期：十月八日十二时十分
地　　点：办公室
出　　席：陈其德　胡赞平　张容江　陈世聪

议决事项

（一）十月十一日补放国庆假案
议决：通过。
（二）若欲买米，教员可向校方支款。

日　　期：十月十四日十一时四十五分
地　　点：办公室
出　　席：陈其德　胡赞平　张容江　陈世聪

（Ⅰ）通过上次纪录
（Ⅱ）报告事项
（甲）房屋讼案已判决，正式判决书已送到。

（乙）教育局表格已送入。
（丙）郭育基、刘乾福二生小考时有迹近作弊行为。
（丁）金世洵小考作弊属实。
（Ⅲ）议决事项
（甲）郭育基、刘乾福二生迹近作弊案
议决：应各记大过一次。

（乙）金世洵作弊属实案

议决：应即开除。

（丙）考试时不准携带片纸集字案

议决：通决。

日　　期：十月廿九日十二时一刻（临时）

出　　席：陈其德　胡赞平　张容江　陈世聪

报告事项

接市政府训令，推派学生参加中央重要广播。

议决事项

推派高中及初三学生参加，其余学生照常上课。

日　　期：十一月十三日下午一时

出　　席：王志仁　陈其德　胡赞平　陈世聪
　　　　　张容江

（甲）通过上次纪录

（乙）报告

（一）总务报告

一、参加重要广播情形。

二、继赁房屋接洽情形及护校委员会开会经过。

三、教部津贴已领到。

（二）教务报告

一、成绩报告：高三第一，初一乙不及格。

二、本学期有四十二名试读生，现今审查初二甲胡万有、龚颖聪二生成绩过劣，降至初一甲。

（三）训导报告

一、壁报：高一甲、初三二班及青年会已出版，其他如高一乙，正在筹备中。

二、歌诗班正在设法组织中。

三、圣诞庆祝已由青年会发起。

四、寒衣捐已发动。

五、各级注重推动积极工作作为最优级条件

之一。

（丙）讨论

（一）规定模范级标准案

议决：学业总平八十分以上。

操行总平八十分以上。

品学均为全校最优者。

课外活动在三名以内者。

（二）规定模范生标准

议决：德智体群均在九十分以上。

由王校长捐助铜牌一座，留名以作纪念。

（三）圣诞庆祝费用案

议决：由校方拨款，不得超过伍佰圆，陈其德、张容江、陈世聪为监督。

（四）如何办理防空案

议决[①]

（五）应否增收辅助费案

议决：应加五十元。

（六）征收体育费案

议决：应在保证金内扣除。

（七）校董会开会日期案

议决：十二月廿八日星期二在银行俱乐部。

（八）查账委员张咏义先生继任人选案

议决：郭栋材先生继任。

日　　期：十二月十八日下午一时半

地　　点：办公室

出　　席：王志仁　陈其德　胡赞平　张容江
　　　　　陈世聪

（甲）修正通过上次纪录

（乙）报告

（一）报告（校长）

防空演讲人员接洽经过，均谓训练则可，演讲不便。

（二）总务报告

（1）教育局所命填写之表格已在填写中。

（2）教育会有来示，谓兼任教员之补助金须退回。

（3）公务局辅助费：经卫生、火政二处已来

---

① 原文如此。

调查，说明应加注意者数点。

（4）生活辅助费共收一二五九〇元，教员每人每小时十一元，其余分派与校工。

（5）校舍问题仍无若何变化。

（三）教务报告

（1）第二次小考学业成绩以高三为最优。

（2）家长谈话来者很少。

（四）训导报告

（1）初中三组织有国语研究班，成绩尚佳。

（2）壁报高一乙亦已出版。

（3）圣诞庆祝积极筹备中。

（4）寒衣捐进行极佳。

（丙）讨论事项

（一）招生日期案

议决：招生两次，第一次一月廿二日，第二次二月五日。

（二）学期考试教室案

议决：教务处与总务、训导处按当时情形决定之。

（三）圣诞庆祝案

议决：廿六日上午九时。

（四）招待校友案

议决：同圣诞日。

（五）带领学生前往美琪戏院日语大会案

议决：初一自由参加，高三全体参加。

（六）学期预算案

议决：由三处为预算委员，视各私立学校、教会学校收费情形及教职员生活标准而定。

（七）校历案

议决：照草案通过。

（八）学费及生活补助费查账员案

议决：朱世璜、张容江。

（九）溯源献金案

议决：交校董会决定。

日　　期：十二月廿六日五时半（临时）
地　　点：办公室
出　　席：陈　张　胡　黄

讨论事项

为学生要求补假案

议决：通过。

民国三十三年（1944 年）

日　　期：一月四日（临时）
出　　席：全体

讨论事项

黄志平开除案
议决：通过。

日　　期：一月十五日十二时
出　　席：全体

（一）**通过上次纪录**
（二）**报告**
（1）校董会方面
（a）预算以量出为入为原则，仍委校长及董事长决定之。
（b）征求图书案及献金事，原则通过。至具体办法另定，必要时开临时校董会议决之。
（2）总务报告
（a）教育局召集谈话：
（i）询问日籍教员授课情形。
（ii）日籍教员须改成专任，授课钟点须十六小时以上。
（iii）立案问题有所讨论。
（b）黄瑫先生下学期拟请假。
（c）公务处、火政处及卫生处均已调查，并欲于假期中将须修正各点办妥。
（d）留额情形良好，迄今已达二一四人。
（e）经济情形尚佳。

（f）房租问题尚未解决。
（3）教务报告
（a）大考情形颇佳，先生均能准时出席。
（b）国文作文比赛由校内评判，业已揭晓结果，高中部刘起凤第一，初中部章祁第一。
（4）训导报告
（a）大考未有作弊情事发生，经过良好。
（b）各级级会总报告大部缴入。
（c）寒衣捐业已全部结束，遗失捐簿者处以罚金，并由家长备函声明。
（d）最后一星期最后一课仍照常上课。
（e）学生态度转佳。
（三）**讨论事项**
（1）助学金案
议决：不用学校名义，导师用师生影响，使养成互助精神。
（2）立案案
议决：请求校董会先办理登记。
（3）预算案
议决：修正通过。

日　　期：二月十九日（星期六）正午
地　　点：办公室
出　　席：王志仁　陈其德　胡赞平
　　　　　张容江（早退）陈世聪五位
主　　席：王志仁
纪　　录：张容江（胡赞平代）

宣读上次会议纪录，通过。

报告事项

（一）**总务报告**
（1）校舍纠纷最近情形。

（2）江宁路分局调查学校及教员情形。
（3）消防处及卫生处指示改良各点均已照办。
（4）为教职员代办小子白煤情形。
（5）教育局令：调日籍日语教师大关恒夫代替吉濑宽。
（6）已缴费学生共二七六名，尚有二名即将缴费。
（7）寒假招生两次，共取五一名。
（二）**教务报告**
（1）本学期授课时间表及各科用书表均已颁布实行，大致与上学期同。

（2）学生一般秩序较上学为佳。

（3）上学期各级学行最优为：

高三	富立民	八八．二七
高一甲	杜志宏	八五．二五
高一乙	王行淳	八六．一
初三	高渊默	八七．七
初二甲	黄立钫	八八．〇八
初二乙	张恩民	八五．八九
初一甲	杨正瑞	八五．五
初一乙	沈丽霞	七八．〇九
全校理化最优	高渊默	九八．一
全校日语最优	王行淳	九八．三
全校算学最优	富立民	一〇〇
全校生物最优	杜志宏	九三．八

讨论事项

（一）审核本学期免费学额案

议决：初一冯文阶、刘齐英，初二谢重光，初三张世泽、叶良瞳，以上均减免学费三分之一。

（二）欢送欢迎日籍教师案

议决：以聚餐表示欢送欢迎。

（三）征募图书案

议决：由图书馆指导，会同各级服务部长拟具办法，提交下次校务会议决实行。

（四）征求各项奖金案

议决：由总务处拟具奖金项目，再由各人自由认定。

（五）创办附属高级小学案

议决：提交全体教职员会议研究。

日　　期：三月十一日一时
地　　点：办公室
出　　席：王志仁　陈其德　胡赞平　张容江
　　　　　陈世聪

通过上次纪录。

报告事项

（一）总务报告

（1）校舍纠纷房主上诉，定今日午后判决。

（2）教育局救济费具领情形。

（3）日籍教员尚未到校。

（4）学生人数现共二百八十二人，内特别生一名。

（5）黄瑶先生翁君去世，由学校送礼。

（6）交通银行招初级行员。

（二）教务报告

（1）学生人数，初一甲增加，初二则减少。

（2）第一次小考定于下星期六起举行。

（3）小考后上课时间提早十五分钟。

（三）训导报告

（1）一般情形良好。

（2）青年会自动参加者约六十人。

（3）迟到缺席人数减少。

讨论事项

（1）总理逝世纪念，星期一应否补假案

议决：补假一天。

（2）第二期缴费应否增加案

议决：第二期每生加缴一百元，家境困难者得减免。

（3）护路演讲推派代表案

议决：派陈兆章出席参加。

（4）唱歌比赛参加与否案

议决：因时间与人材关系，不能参加。

（5）指派学生参加听讲办法案

议决：各级抽派六人参加，有特殊情形不能参加者，须由本人负责请人替代。

（6）提早上课时间案

议决：小考后提早一刻钟。

日　　期：三月廿二日
出　　席：陈其德　胡赞平　张容江　王志仁

讨论事项

（一）高一乙组学生何振洪小考时舞弊属实

如何处置案

议决：开除学籍。

（二）高一乙组学生伍伦小考时有迹近作弊行为如何处置案

议决：记大过一次，小过二次。

日　期：三月廿七日十二时半（临时）
出　席：陈其德　胡赞平　张容江　陈世璁

讨论事项

春假改自三月卅日起至四月五日止，六日起正式上课案。
议决：通过。

日　期：四月十三日下午一时
地　点：办公室
出　席：王志仁　陈其德　胡赞平　张容江
　　　　陈世璁

通过上次纪录。
（Ⅰ）总务报告
（一）房屋诉讼判决胜诉，该问题暂时告一段落。
（二）教育局辅助费确数尚未定。
（三）日文教师大关先生已到校，情形甚佳。
（四）黄瑶、余志行二先生代课，教员代课情形均甚佳。
（五）曾开导师会议拟定庆祝校庆办法。
上午　纪念仪式　演讲比赛
下午　游艺会
展览委员会推定陈维尧、陈世璁、郭栋材先生会同学术部负责进行之。
游艺会推定张容江、黎培基先生会同服务部负责进行之。
征募图书比赛亦于五月五日揭晓。
（Ⅱ）教务报告
（一）小考结算结果（参看另表）。
（二）五科不及格者加以训斥。
（三）补习班已开始，人数约六十，以补习算学者为最多，国文大约不能开班。

（Ⅲ）训导报告（参见另表）

讨论事项

（Ⅰ）考试问题：高三要求第二次小考免予举行案
理由：（一）毕业级大考较他级为早，故读书时间亦少，小考须停课三天，免考后可多上课三天，功课得以赶完。（二）距大考时间太近。
议决：初、高中毕业级均准免第二次小考，第一次小考作二〇％计算。
（Ⅱ）校庆日节目筹备案
议决：上午十时至十一时仪式：（一）校董致词——陆梅僧先生；（二）校友致词；（三）家长致词——孙亦冲家长；（四）报告。
十一时至十二时半演讲比赛，评判王志仁、吴维德、洪志豪。
（Ⅲ）试办小学案
议决：请胡赞平先生负责研究。
（Ⅳ）第二次小考后提早上课案
议决：提早一刻钟。
（Ⅴ）交谊会定廿三日至叶家花园案
议决：通过。天雨顺延，由校方拨款二千元。

日　期：四月十九日上午十时半（临时）
地　点：办公室
出　席：陈其德　胡赞平　张容江　陈世璁

讨论事项

第二次小考在校庆日前数日，应否延迟案
议决：五月十日后举行。

日　期：六月三日下午一时
出　席：全体
主　席：王志仁
纪　录：胡赞平

通过纪录。

总务报告
一、校舍纠纷问题：业主又提起加租诉讼，已准备应付。
二、经济情形：收入减少因公署津贴未领到，但预算仍可过去。
三、校长会议讨论加学费案。应较一般学校

低，仍主张以钱为标准：初小一五〇〇—二五〇〇，高小二五〇〇—三〇〇〇，初中三〇〇〇—四〇〇〇，高中四〇〇〇—五〇〇〇，暑校每人二五〇—三〇〇，高中以科计，各校自定。

教务报告

一、第二次小考延期，除毕业级外，各级均参加。

二、毕业级考试情形良好。

三、毕业考试延期至十日开始，三天考完。

四、各级学期考试二十日考完，二十三日毕业典礼时间太促，请延期。

五、补习班初三学生已停止上课。

训导报告

一、毕业级总扣分高三甚佳，初三较劣，因纪录严密之故。

二、互学金已有一万四五千元之谱。

讨论事项

一、校舍问题开审是否须请出庭律师案

议决：不请律师。

二、毕业典礼延期案

议决：延至廿八日。

三、毕业生操考核案

议决：请求校董会修改校章，以一学年为计算标准。

四、操行成绩不及格特准升级试读，而有成效者如何处理案

议决：作六十分论。

五、下学期增加学费案

议决：拟定二种学费先作预算，再看将来情形而决定之：

（1）初一自二仟八百五十元起，每高一级加三百元。

（2）初一自三仟元起，每高一级加三百元。

六、下学期增设初中补习班案

议决：增设与否将视将来学生人数而定之。

七、暑校学费案

议决：每科（每科每星期三小时）学费一百二十元，杂费每人五十元。

八、毕业礼拜案

议决：借南屏女中礼堂举行。讲员请钱团运先生。

九、聘请毕业典礼讲员案

议决：请朱博泉先生或郑章成先生。

十、招待毕业生案

议决：（1）高中毕业生举行聚餐会费用由师生各半负担。

（2）招待初中毕业生，举行茶话会，日期定六月十八日中午。

十一、招生案

议决：（1）简章每份收费一元以示限止。报名单不取费，惟须先付报名费二十元。

（2）招生以二次为原则，必要时得增加一次。

十二、暑校开学日期案

议决：七月五日开始上课。

十三、收留额金费案

议决：三百元。

日　　期：六月十日（临时）

出　　席：陈其德　胡赞平　陈世聪　张容江

日　　期：六月十二日十一时

出　　席：全体

主　　席：陈其德

纪　　录：黎佩基

讨论事项

毕业考试时发现初三学生四人有作弊行为，

讨论事项

初三学生不能参加毕业考试者六人，要求准许参加毕业考试案。

议决：姑念悔悟情切，准予参加毕业考试。

应如何处置案

议决：初三学生张世泽作弊查明属实，应即开除不贷。程翼之前因考试舞弊曾予最后警告，今又帮同作弊，应即开除不贷。

侯忠洛、陈家杰舞弊属实，姑念诚实自首，从宽处罚，着予最后警告，俾以自新并警效尤。

日　　期：六月廿二日十时半（临时）
出　　席：陈其德　胡赞平　张容江　陈世聪
主　　席：陈其德
纪　　录：黎佩基

讨论事项

一、第一次招考日期应否改期案
议决：改至七月四日。
二、致送王校长车马费案
议决：致送五千元。

日　　期：六月廿七日十二时半
出　　席：陈其德　胡赞平　张容江　陈世聪
列　　席：朱世璜
主　　席：陈其德
纪　　录：黎佩基

报告事项

一、审查本届毕业生：高中毕业班廿四人，按章均能毕业。其中三人有一课不及格。
初三学生五十七名，其中一名高渊默缺席过多，未曾参加大考。参加毕业试者五十六名，有陈昌沂、李光熙二名因三科不及格，不能毕业。二名考试舞弊开除。另有侯忠洛、陈家杰、富安民、陈敏铮操行不及格，不准毕业。另有沈吟霞、蔡玲传学历不合不能毕业。

讨论事项

一、陈昌沂应否准予补习机会案
议决：准予暑校补习及格后准予毕业。
二、学历不合二生应否予毕业案
议决：不准毕业。
三、陈家杰、富安民、侯忠洛、陈敏铮如何处置案
议决：四生准予升级试读，待观其操行确有改善明证，补发证书。如不来校求学者，发给肄业证书，待以后所在学校证明其操行已改善，补发毕业证书。

民国三十三年六月二十八日迈伦中学第三届毕业集影

日　　期：七月廿九日下午五时
出　　席：王志仁　陈其德　胡赞平　陈世聪
　　　　　魏义云
纪　　录：魏义云

报告事项

总务报告

一、下学期各校收费情形：多数收钞，少数收米。收钞者最高为岭南、沪江等校。中等为崇德女、清心、中西等校。最低为青中、怀恩等校。

二、联合购米情形：（1）教会学校联合购米事已作罢。（2）教育会主办联合购米事，已与政府接洽中。

三、下学期房捐情形：已得市政府允可，下学期房捐可以免缴。

四、房屋纠纷事件：房主仍拟上诉，迄未有决定解决。

五、上学期经济状况：收入四十二万余，支出四十一万余，除付房租外，或可稍有盈余。

教务报告

一、学生成绩单已于日前全部发出。

二、办理申请清寒奖学金情形：向申报申请者二六人，向教育会申请者五人。

三、暑校情形：学生六六名，科目十种。

四、学生留额情形：旧生一五六名，第一次考取新生七七人，共二三三名。

五、第一次招考新生情形：报名者一〇三名，正取七三，试读二一名，共九四名。

讨论事项

一、下学期学费案

议决：初一，四二〇〇；初二，四五〇〇；初三，四八〇〇；高一，五一〇〇；高二，五四〇〇。

二、下学期学生总额案

议决：二七〇名。

三、加入集体购米案

议决：苟有加入机会，决加入。

四、推举本届查账员案

议决：推定朱世璜、郭栋材二先生担任。

日　　期：八月十八日（临时）
出　　席：陈其德　胡赞平　魏义云　陈世聪
主　　席：陈其德
纪　　录：黎佩基

讨论事项

一、留级生特予补考案

议决：应留级学生经教务审核如认为有升级可能者，得商请校长许可，特予补考机会。补考后合乎升级标准者，予以升级，但其未及格学科仍须参加补习班补修。

二、凡经校方饬令退学学生处置案

议决：凡经学校饬令退学学生，而经参加暑校补修认为尚有造就者，得准升级试读之。第一期成绩仍旧恶劣者，得令退学或留级。

日　　期：八月廿四日
出　　席：王志仁　陈其德　胡赞平　陈世聪
　　　　　魏义云
纪　　录：黎佩基

讨论事项

一、录取新生名额

议决：初一，正取七名，备取六名；初二，正取六名，试读二名；初三，正取二名，备取二名；高一，正取四名，试读三名；高二，正取五名，试读一名。

二、张恩民家长请免学费案

议决：学费暂免，杂费照出。将来归还时作奖学金之用。

三、奖学金支配案

议决：

互助奖学金：王闽、顾杜新、冯文阶、吕和俭、孙以贤、张春荣、鲍浩贤、谢重光、顾鸿九名。

学校奖学金：

三分之一：芮瑞蓉、萧运新、张振华、孙儒杰、魏学淼、沈明德、朱宝全、黎生许；

四分之一：刘渭若、史于汉十名。

日　　期：九月十八日中午
出　　席：陈其德　胡赞平　魏义云　陈世骢
主　　席：陈其德
纪　　录：黎佩基

报告事项

（一）房主纠纷案（二号已去信，请业主告以最低和解条件，业主提出条件如下：1. 限期延至明年六月底。2. 租金以往每月四千，以后每月五千）。

（二）学生人数共三百〇〔零〕二人。

（三）日文教师大关先生合级上课担任十小时，黄先生担任二小时。

（四）补习班共四十五人参加一四四单位，共十一班，免费十二·五单位。

（五）教务处自本星期三起，因日文教师发生困难，课程表另加排定。日文课初一、二，高二各级改为甲乙两班合组上课。

（六）补习班点名，请各位先生每周将缺席学生名单交与教务处，俾便稽查。

讨论事项

（一）房屋问题处理案
议决：一、租期明年期满，承租人仍得续租。
二、租金以往二千，今后四千。

（二）煤球分配案
议决：已经签字已经领去者照八百算，未签未领者照平均数算。

（三）补习班教员薪水案
议决：每单位至少千五百元，不足者由杂费内拨付之。

（四）试读生成绩仍劣者处置案
议决：由教务处审核，认为有降级必要者得报告。

（五）磊潮补习学校借用校舍案
议决：拒绝，不借。

日　　期：九月廿七日（临时）
出　　席：陈其德　胡赞平　魏义云　陈世骢
主　　席：陈其德
纪　　录：黎佩基

讨论事项

孔子诞辰应否放假一天案
议决：准予放假一天。

日　　期：十月二日中午
出　　席：王志仁　陈其德　胡赞平　魏义云
　　　　　陈世骢
纪　　录：魏义云

报告事项

一、房租纠纷和解情形，条件大致如下：
1. 租期至三十四年七月底止，战事未平而麦伦中学兆丰路房屋未能收回或未能借予施用时，仍得继续租赁。
2. 房金三十三年七月前每月三千元，三十三年七月后每月四千五百元。

二、黎培基辞职案
已准辞职，另请翁昭麟试用。

三、特种配给米情形
本校现已将呈报手续办理清楚，静待发给。

讨论事项

一、第二期增加学费案
议决：第二期不加。

二、加严第一次小考案
1. 综合考试。
2. 于考试时不得互相借用文具。
3. 试卷到手即应将级别、学额、姓名填就。

三、试读生如何甄别案
教务处考核第一期全部成绩，而成绩过劣者提出校务会议决降级。

四、审查受助生策励会组织大纲
议决：通过。

五、第二期补习班如何办理案
1. 主要科二科以上不及格者，必须补习。
2. 有家庭教师者，仍须与学校保持联络。
3. 期限十月廿五日始业，至十一月十八日止。
4. 每班满十五人开班。

日　期：十月卅一日中午
出　席：王志仁　陈其德　胡赞平　魏义云
　　　　陈世璁
纪　录：魏义云

报告事项

总务方面

1. 配给米情形：第一期已过期，第二期已领到。
2. 房租纠纷善后：承陈贻祥先生帮忙，已拨五千元作谢。
3. 白先生情形：白先生、白师母精神健好，并有手书致本校同人。
4. 市政府补助费：现已函知，本年补助费壹万捌千元，由教育局发给。
5. 购米情形：须候圣玛利亚陆校长示知确价及米样后，再行决定。
6. 第二期学〔费〕：已收到者三十九万余。

教务方面

1. 第二期补习班情形：五五人，一六六单位。国20单，算28单，英42单，科26单。
2. 各级成绩统计：各级均已制表张贴。
3. 甄别试读生情形：降级者八人，三人已来，五人已退，请追认。

训导方面

1. 操行情形：不及格者三人。
2. 缺席情形：另表。
3. 各级级会情形：高一、初三最好，初一乙最差。

讨论事项

1. 加费问题，议决：
（一）各级每生普加一千元，清寒者得请求减免。
（二）全部收入作为补助员工生活之用。
（三）多发一月之薪水，其余之数作为教职员工家属津贴之用，如不及数，则此项津贴即作罢论。
2. 请领补助费问题：无条件则领，有条件则不领。
3. 举行各种比赛案：国文（习字、大小楷）、作文、英文（作文、习字）。日期办法由各首席教员与教务处合议行之。
4. 举行宗教演讲案：定十一月底举行。讲员由宗教指导员与陈其德先生合议办法。
5. 举寒衣运动案：由训导处议具办法核办。
6. 追认降级生案：通过。
7. 十一月十三日总理诞辰补予放假。

日　期：十一月廿五日中午
出　席：陈其德　胡赞平　魏义云　陈世璁

报告事项

总务方面

1. 领取补助费案：已领到第一、二、三,三期共计壹万叁仟五百元，并无枝节。
2. 购米案：因米价太高且认购数量太少，已作罢论。
3. 领配给米案：第二期配给证希望于本月内领到。
4. 空袭案：因上海空袭，不得已停止一天，考试顺延举行。
5. 第三期收费案：现已收毕，情形尚好。内有刘起虬、黎金富等系受助生，仍补交补助费，颇可嘉尚。

训导方面

1. 失窃书籍案：在第二次小考期间——十一月廿一日上午地理考试时，训导处发现高一学生吴明章窃取同级孙骊、吴宏道英文读本。再加诘问，乃悉学生消费合作社书籍亦系彼所窃取，案情大白，乃将人交其父吴慎甫领归。廿五日，其父又来承认愿意赔偿全数之三成，于卜月内分期付出。

教务方面

1. 第二次小考情形：此次小考已于星期四结束，幸无不幸事件发生。自廿二日起，上课时间又加调整延迟一刻钟。
2. 第二期补习班情形：197单位，26人，9科。

议决事项

1. 失窃案办法：（1）自承屡次偷窃调查属实，开除。（2）由家长赔偿三成（先付零散，后付学生消【费】合作社）发还失窃者。
2. 宗教演讲：暂定于十二月初举行，连续三天，请约翰大学徐怀启先生演讲，时间另定。

3. 中英文比赛案：定于十二月上旬举行，时间请教务处及各首席教员另定之。

4. 第三期补习办法，仍照第二期办法办理。

5. 上课时间案：改迟一刻钟。

6. 应付空袭办法案

议决：（另纸）。

日　期：十二月廿八日

出　席：王志仁　陈其德　胡赞平　魏义云
　　　　陈世聪

主　席：王志仁先生

纪　录：魏义云

报告事项

总务处

一、各私校开会情形，约定：1. 学费：初小二—三斗，高小三—四斗，初中四—五斗，高中五—七斗。2. 报名费：贰百元。3. 留额金：壹仟元。4. 结束日期：一月中旬。5. 开学日期：二月初。

二、教会中学开会情形：1. 学费：沪江、岭南主张提高学费，其余各校主张采取中庸办法，初中二万元，高中二万五千元，开学日期二月一日。2. 收费有主分三期，仍以米价为准，然听各校自便，惟以能使学生便利为原则。

三、庆祝圣诞情形，经过尚好。

四、劝募奖学金寒衣捐事：奖学金已捐三万余元，寒衣八十余件。

五、有人接洽使用旧校址操场内煤屑。

六、陈诒先先生因割痔疮请假，功课已请人代理。

七、送白先生礼物共费 12 838 元，由各先生分配，专任九百五十元，兼任六百元，廿日交去，约廿一日可收到。

教务处

一、第二次小考各级成绩名次：1. 高二甲；2. 初三；3. 初二甲；4. 初一甲；5. 高一；

6. 高二乙；7. 初二乙。

二、补习班情形：三十人，开班七单位，单位数七十。

三、英文书法比赛情形：

1. 钟汉杰　2. 翁维楷　3. 陈维樑　高中

1. 金耀庭　2. 蔡银元　3. 李道恒　初中

议决事项

一、增加学费案

议决：采取中下标准，详情请校董会决定。

二、收费手续案

议决：一次付清，其清寒者得与学校接洽。

三、应否提早放假案

议决：照校历办理，一月十七日放假。

四、新年假期案

议决：照校历办理，一、二、三,三日。

五、审查校历案

议决：照拟通过。

六、招收新生案

议决：第一次一月廿日，第二次一月廿九日。

七、招收高三学生案

议决：成绩合于升级标准而由原校保送者，且人数须在三十人以上，可以开班。

八、学生仆费案

议决：每人五十元。

九、出卖原校址操场内煤屑案

议决：以无根据，拒绝出卖。

十、定期召开校董会案

议决：在校内开会，拟定下月六日或十三日下午。

民国三十四年（1945 年）

日　　期： 一月十六日
地　　点： 校内
出　　席： 王志仁　陈其德　胡赞平　魏义云
　　　　　　陈世聪
主　　席： 王志仁先生
纪　　录： 魏义云先生

讨论事项

一、高二乙组学生严锡鑫、应可俭、徐炎海、蒋锡聪、何国良、王信宏等六名蹿级问题，据金科负责人证明，严锡鑫并未在该校初三毕业，应可俭等并未升入高一，所缴证件俱属伪造，讨论处置办法。
议决：函知其家长劝令退学。

二、韩松岩、邓铿诚考试日文作弊案
议决：审查情形，酌定处罚，于下次校务会议决定。

三、添收高三学生案，有少数沪江、约翰高三学生因交通不便，拟请本校容纳，本校当经提出须其履行三项：1. 由原校保送。2. 各项成绩及格。3. 人数在三十人以上才开班。唯两校不肯履行，而各该生家长亦未能来函请求。
议决：既不能履行前提条件，则作罢论。

日　　期： 一月廿日
出　　席： 陈其德　胡赞平　陈世聪　魏义云

讨论事项

审查入学新生案
议决：

	正取	试读	降级录取
初一：	邝寿退等三名	林小鹤等六名	
初二：	王礼敬等三名	李志铭一名	
初三：	黄民享等三名	冯安鹤等三名	
高一：	沈旭初等二名	侯忠洛一名	
高二：			陆纯青等二名

日　　期： 一月廿九日
出　　席： 陈其德　胡赞平　魏义云　陈世聪

讨论事项

一、审查入学新生案
议决：

	正取	试读	降取
初一：	倪文豪等二名	徐鹤荣等二名	
初二：	徐骥云等三名	张国钧等二名	
初三：	蔡志云一名		张志荣一名
高一：	李绍熹一名		
高二：	陈毓修等二名		

日　　期： 一月卅一日
出　　席： 陈其德　胡赞平　魏义云　陈世聪

讨论事项

一、高二乙组学生耿立鸣请求试读案
议决：令其书面请求，并担保以后痛自悔改，则姑准试读。

二、决定给予各种奖金案
议决：
1. 各级学行俱在 85 以上者：2B 樊骏 86.3，3. 张恩民 90.2，4. 蔡明训 87.6，5A 顾兴源 86.4。
2. 全校国文成绩第一名　　　高文隆 95
3. 全校算学成绩第一名　　　杜志宏 97.1
4. 全校科学成绩第一名　　　林志宏 96

5. 全校英文成绩第一名　　　高文隆 95
6. 早操从未旷课而成绩最优　邝兴发
7. 学业有显著进步者　　　　魏才根
8. 操行有显著进步者　　　　萧希贤

日　期：二月九日
出　席：陈其德　胡赞平　魏义云　陈世聪

议决事项

一、购买廉价米案：照特配米成案，以十七单位填报。

二、应否举办晨校案：以困难甚多，观情形如何再行定夺。

三、决定春假日期案：自十二日起至十八日止。

四、补收新生案：由教务处向各级报告，倘有无力入学之旧生，可准特减学费入学。请求入学新生，亦得于廿四日补行入学考试一次。

日　期：二月二十四日
出　席：陈其德　胡赞平　魏义云　陈世聪
主　席：陈其德先生
纪　录：魏义云先生

报告事项

总务处

一、取缔超过规定学费案：曾有二三十校被干涉，但亦敷衍而过，大抵可无问题。

二、平价米问题：本校第一期平价米量已获准五担，每担价值三万三千七百五十元，俱已缴付，静候配领。

三、学校疏散问题：教局方面尚无一定办法，惟教会有关方面已进行战时临时应付方法，教会学校并议定倘非校方自动停办，各生学费概不退还。

四、学生人数：截至今日止已注册者二百四十一人，请减免学费者八十余人。

五、上学期决算案：收入壹百八十四万，收支相抵，尚余六千余元。

六、本学期预算案：收入学费约五百五十四万、补助四千四百五十元、其他十五万元。支出薪金奖金四百四十四万元、助免费四十五万、水电杂用共十万、办公二十万元、膳食交际费二十万元、装修设备十六万元、广告六万、特备八万八千元。

教务处

一、图书馆仍由张祖璜管理，尚称熟手。

二、教职员中惟郭先生病，邵先生返里，其余教员俱未缺席。

训导处

一、拟统一各级工作。二、严防课桌椅之损坏。三、体育工作情形尚好。

议决事项

一、审查新生案

议决：陈乐吾试读，陈莹降级，蔡威华降级。

二、通过本学期预算案

议决：照原提案通过。

三、参加基督教联合会临时救会工作案

议决：参加。

四、廉价米如何分配案

议决：照担任钟点之多少定为 1、1/4、2/4、3/4 四种。

五、优级生案

议决：学行俱在八十五分以上者。

六、征求各种奖金案

议决：由各教职员认赠，数目由五百至壹仟元。修改项目中，改正"学业进步最显著而合于升级标准者""操行进步最显著而能越等者"。

七、夏维新、严玉仙请求减免学〔费〕案

议决：严玉仙准予减半，余由同学助金补助。夏维新由同学助金拨助。

八、高二学生管绍淳、盛卓人、王重义、陈维梁、管绍渊破坏团体活动，不合于本校之教育方针，理应劝令退学。姑念学期开始，由导师先行警告，倘不痛自悔改而无积极之事实表现，当即照章办理，以儆效尤，而振校风。

三、追认减免学费名额案

胡文骅因成绩不佳照例不得减免。陈由迪准减五千元，余志珍准减六千元，陈宝发由教职员同人捐助一部分。

时　　间：三月二十四日
地　　点：校内
出　　席：陈其德　胡赞平　魏义云　陈世璁
主　　席：陈其德先生

讨论事项

一、高二学生盛卓人违抗师长指导案

议决：予以停学一星期之处分，使之痛自退思，自廿三日至廿九日。

二、初三学生黄民享考试作弊案

议决：以其情节尚轻，着记大过一次，小过一次之处分。

日　　期：四月廿一日
出　　席：王志仁　陈其德　胡赞平　魏义云
主　　席：王志仁先生
纪　　录：魏义云先生

报告事项

总务处

一、交谊会：到者约五十人，热闹为历届之冠。

二、煤球配给已经申请，可于廿八日决定分量，该款由校暂垫。

三、平配米：第三期米仍无消息。

教务处

一、小考经过尚好，成绩初三1，高一2，高二3，初二乙4，初二甲5，初一甲6，初一乙7。

训导处

一、一般情形尚称平静，现在各班正在准备校庆节目。

议决事项

一、校庆节目：1.仪式（陈其德）。2.主席报告（王志仁）。3.祈祷（王志仁）。4.校董代表（洪士豪）。5.校友代表（瞿鸿杰）。6.教职员代表（黄瑶）。7.学生代表（学生自推）。

二、校庆场地：1.开会场：本校操场。2.展览：前进。

三、时间：1.仪式十时起。2.比赛十一时起。3.游艺节目午后二时起（由五月三、四号由筹备会发帖请校董、校友暨学生家长，略备茶点）。

四、周五停课以资筹备。

五、中英文比赛评判员：王志仁、洪士豪、瞿鸿杰。

六、校庆献书问题：拟发起购置四部备要，由学生、教员共同捐募。

议决：决定购置，办法由学校商定。

七、小运动会案：以兴趣为主，日期暂定五月十七日前后，办法由体育委员会规定之。

日　　期：八月七日
出　　席：陈其德　胡赞平　陈世璁
主　　席：陈其德先生
纪　　录：翁昭麟代

报告事项

总务处

一、校舍问题：经过一个多月之谈判，租金及租期已获相当解决，惟合约中有关法律数点，提会商讨施行。

二、中等联校会议议决事项：A.学费标准：初中自三十万至五十万，高中自四十万至六十万，确数由各校量情决定之。B.开学日期八月廿日左右，注册八月廿三日起。C.钞票及开单问题以观届时之市情而定。D.疏散问题：闻当局有饬令疏散一半之拟。

三、最近有许多学校被逼迁让情事。

四、筹备组织事宜：拟组织互助会，对受灾及校舍纠纷等采一致协助之方策。

五、本期决算略有亏空。

六、至今留额人数共180人。

七、教员课程工作之分配当力求合理。

教务处

暑校成绩可于八月十三日结出，随发补考证，于十八日参加补考。

讨论事项

一、签订校舍租约案
议决：同陈律师协商后提早签订之。
二、暂定收费额案
议决：初一三十五万，初二三十七万，初三三十九万，高一四十五万，高二四十七万，高三三十九万。
三、决定上期校长车马费案
议决：陆万元。
四、决定开学日期案
议决：如无特殊变化，依照校历办理。

日　　期：八月十八日
出　　席：陈其德　胡赞平　陈世璁
主　　席：陈其德先生
纪　　录：翁昭麟代

报告事项

一、新旧生留额人数共 187 名。
二、因时局突变，其他学校皆拟延期，吾校如何提会讨论。
三、昨日本校师生暨校友十人至龙华访问白先生，精神很愉快。

讨论事项

一、审定新生案
议决：正取王凌鹏等九名，试读金兆祥等七名，降级录取徐大伟等四名。（详名册）
二、开学日期案
议决：暂定九月一日，细节届时再定。
三、筹备欢宴白先生案
议决：由教职员、学生及校友组织筹备会，家属也可参加。
四、核查请求特准补考之学生案
议决：令其书面请求，由校务会再行核定。
五、再定期招考新生案
议决：先行办理报名，考期缓定。

日　　期：八月廿三日
出　　席：陈其德　胡赞平　陈世璁
主　　席：陈其德先生
纪　　录：翁昭麟代

讨论事项

一、定期末次招生案
议决：九月八日。
二、商定收费方式案
议决：定分三期征收。

三、暂定学费数额案
议决：第一次（再由校董会核定）

	甲	乙	丙
初一	11 万	12 万	13 万
初二	12 万	13 万	14 万
初三	13 万	14 万	15 万
高一	15 万	16 万	17 万
高二	16 万	17 万	18 万
高三	17 万	18 万	19 万

日　　期：八月廿九日（临时）
出　　席：陈其德　胡赞平　魏义云　陈世璁
主　　席：陈其德先生
纪　　录：魏义云先生

报告事项

一、校董会议决要点：1.校董会共同参加校方欢宴白先生。2.迈伦校董会宣告解散，另请原创办人重组麦伦校董会推进校处，下期起恢复麦伦名义。3.学费数额：初中十二、十三、十四万元，高中十七、十八、十九万元。4.查账会计师由郑佳宾先生聘请。5.校长车马费定陆万元。
二、前所参加采购之杂粮，因时局关系改配面粉，价每袋十五万元，余款五万元候通知后往领。

三、以前所购之米，计二十余万元。

四、助金捐款交到者仅五十余万元。

讨论事项

一、特殊学生申请给予补考案

议决：准予九月八日举行。

日　期：九月八日（补誊）

列　席：陈其德　胡赞平　魏金枝

一、审核新生名额案

决议：（见新生名册）。

二、通过受助生名额案

决议：通过（见名册）。

三、请求追认加入复兴校舍联合会，向有关

日　期：九月廿二日

出　席：陈其德　胡赞平　魏金枝　陈世聪

主　席：陈其德先生

纪　录：魏金枝先生

报告事项

一、学生人数共 266 名：初一 53，初二 46，初三 44，高一 50，高二 36，高三 37。

二、白先生愿将面粉一袋分与同人，定日分发。

三、女青年会主办之民众学校，由俞庆堂先生介绍借用本校校舍。

四、前校长沈先生曾有信与陈、白两先生，表示愿回本校。

五、试在虹口开办初中及高级小学。

日　期：九月廿九日

出　席：陈其德　胡赞平　魏金枝　陈世聪

主　席：陈其德先生

纪　录：魏金枝先生

报告事项

一、费圻钢先生现由福建长汀返沪，带回本校加入联中备案公文，并表示愿入本校服务之意。

二、如何办理恢复校名手续案

议决：同白先生商洽后，于招生广告上注明之。

三、改正校历案

议决：暂依所拟。

当局申请借用敌产、援助物资案

决议：通过。

四、通过向创办人建议在原址试办初中分校案

决议：如议。

五、补向教局登记案

决议：照章进行。

讨论事项

一、设立麦伦中学恢复基金案

议决：通过。

二、设立分校案

议决：暂假天乐堂试办初一、二及高小，人数以每班二十五人为目标，不足报名费发还。至于经费，则除开办费外，其经常费概以收支相抵为原则。报名即日起至十月十日止。

三、女青年会民众学校借用校舍案

议决：暂予借用，两个月为限。而一切电费须由该校自负，学生各备证章并不作政治活动。

四、修改预算案

议决：以 260 人为标准，复兴费折合法币存入银行。

二、学校教员奖品恐物价变动，已将储钞买成香肠，暂借各教员应用，将来得奖即作奖品，否则须归还。

三、学校经费预备换成法币。

四、日昨上海教会学校方面招持〔待〕毕范宇、顾惠人及白先生等，惟白先生因事未到，当场报告内地情形。

五、分配面粉及枣子，仍照以前消费合作社分配物资办法办理。

议决事项

一、向教厅申请准予复校。

二、学校人事已确定，但对于费先生入校服务一节，当尽量设法，并定于下周周会时请彼演讲。

日　　期：十月九日（临时）
出　　席：陈其德　胡赞平　魏金枝　陈世聪
主　　席：陈其德先生
纪　　录：魏金枝先生

三、庆祝胜利由学生自由签名加入，旗帜标语须由校方审查。

四、对外团体不与发生政治关系，概取超然态度。

决议事项

一、参加大庆祝会，由高中各级自由参加，满五十人则决定加入，否则作罢，而在校内自行庆祝。

二、国庆日放假三日，自十月十日至十二日。

日　　期：十月十九日（临时）
出　　席：白约翰　陈其德　胡赞平　魏金枝
主　　席：陈其德先生

决议

一、初中第二期学费各为法币壹仟壹百元，

高中各为壹仟四百五十元，二、三两期合交者听便。

二、虹口分校学生虽未及原定人数，但为学校前途计仍旧开办。

三、三期学费于第一次一次缴纳者，不再追缴。

四、小考日期改为四天。

日　　期：十一月二十日（临时）
出　　席：白约翰　陈其德　胡赞平　魏金枝
主　　席：陈其德先生
纪　　录：魏金枝先生

一、管绍淳试读案

议决：照原议实行，再不上课，则照缺席办法办理。

二、筹措复校经费案

议决：接受同学之建议，举行音乐会，以门

券所得概充复校之用，名义为麦伦中学复兴经费，劝募音乐会由教职员代表陈其德、陈维尧、魏金枝三位及各级代表组织筹备会。

三、如何征收第三期学费案

议决：最低拟照教局规定补行收足，俟十二月初再作最后决定。

四、如何举行秋季远足案

议决：地点市中心，学生伙食车资自备。教师方面由交谊会办理，并由各级代表及交谊会组织筹备会主持细节。

日　　期：十二月三日
出　　席：陈其德　胡赞平　魏金枝　白约翰
主　　席：陈其德先生
纪　　录：魏金枝先生

报告事项

一、基督教中学校长会议到会者有二十余人。教局代表陈选善处长亦到会即席报告：（1）实行导师制度。（2）举办实验站。

（3）注意课外活动。（4）统一高初中教程。

（5）联合向市府请求免除地税，并放宽水电用度。

二、全市校长会议到会者八十余单位，局长及各处长均到会，除慰问在沪办学人员外，并指示教育方针。

三、调查表一份已呈交重庆国民政府。

四、初一英文补习班共十三人，每人学费250元，期限共七星期，提会备案。

决议事项

一、第三期学杂费调整为：初中壹仟伍百元，高中壹仟八百元（内有杂费三百元）。

二、作文纸每五张二十元。

三、免费学额以依照该生学业成绩为给予原则，惟家境确属清寒者，仍给以机会。

日　　期：十二月廿八日

出　　席：白约翰　陈其德　胡赞平　魏金枝　郭栋材

报告事项

一、美国教会捐助全上海教会学校教职员救济金共七百余万元，本校得到＄236 800，如何分配提会讨论。

二、下星期二（元旦）下午举行音乐会，座券尚俟努力推销。

三、本校经募之助学金定于月底结束。

决议事项

一、救济金分配标准依年份授课而定：（一）胡赞平、陈其德、陈维尧、魏金枝各＄27 300。（二）陈世聪、郭栋材、翁昭麟、费圻钢各＄18 200。（三）陆增礽、桂壮、陈诒先各＄9 100。（四）黄瑶、黄九如各＄13 650。

二、追认郭栋材先生加入校务会。

三、修正校历，新年假期遵教局规定为二天。

四、教局清寒学生补助金共有名额廿八名，在校择优保送。

五、校内本届助学金不再举行募捐。

六、追认推销音乐会座券及助学金，满壹万元者列名纪念牌。

日　　期：十二月卅一日（临时）

出　　席：白约翰　胡赞平　陈其德　魏金枝　郭栋材

主　　席：陈其德先生

纪　　录：魏金枝先生

决议事项

一、伦敦会给本校补助费共七万伍仟元，其分配数额见附表（在内）。

二、音乐会入座券，优待学生甲种伍百元，乙种贰百元。

姓名	签名
白约翰先生	
胡赞平先生	＄9 000
陆增礽先生	3 000
翁昭麟先生	4 500
陈世聪先生	
陈其德先生	9 000
陈诒先生	3 000
陈维尧先生	9 000
黄九如先生	4 500
黄瑶先生	4 500
郭栋材先生	6 000
魏金枝先生	9 000
张祖璜	1 500
桂壮先生	2 000
张明君	5 000
冯生林君	5 000

民国三十五年（1946 年）

日　　期：一月五日（临时）

出　　席：陈其德　胡赞平　魏金枝　郭栋材

主　　席：陈其德先生

纪　　录：魏金枝先生

报告事项

一、伦敦会拨到补助费七万伍仟元，已照上次议决标准分发各教职员。

二、音乐会经过情形不甚美满，收到票款十三万余元，尚未清结。

议决事项

一、少数学生擅自联名请求校方并建议陈维尧【先】生改良教授方法案，现学生方面自认行动失当及应负之责任，另决定下列数点

令其遵办：

（一）嗣后开会之先须报告训导处或其他负责教师出席指导。（二）学生如有善意建议，须依合法手续，不得有签名等煽动群众行动。（三）此案负责人张显崇、侯忠洛、马柏年、章匀姗须负责向陈维尧先生道歉。（四）以上三点若不在规定期内办理，或发生同错误者，决予重罚。

二、决定招生日期案，第一次二月八日，第二次未定。

三、留额金壹仟元，报名费贰百元，补考费贰百元，仆赏每生贰拾元。

四、留额期限一月十七日至廿三日。

五、筹组复校委员会案，拟由校友、校董、教职员暨学生组织之细则，下次决定。

张显崇
（1927—2014）

麦伦中学 46 届校友，浙江宁波人。1945 年加入中国共产党，任上海地下党学委男中区委委员、上海沪东区委提篮桥区委委员。中华人民共和国成立后任上海市提篮桥区委书记，上海市人民政府外事办公室副主任、党组副书记，上海外国语大学党委书记等职。

日　　期：一月廿二日

出　　席：陈其德　白约翰　魏金枝　郭栋材

列　　席：费圻钢

主　　席：陈其德先生

纪　　录：魏金枝先生

报告事项

一、此次因教局所定私校收费标准过低，各私校讨论结果，推派代表九人向教局请愿增加。其后教局招待各私校校长，允将小学由六千增为八千，初中九千增为一万贰千元，高中由一万贰千增至一万六千元。

二、最近其他学校学生时常参加游行，教局乃召集若干校长谈话，劝戒〔诫〕以后勿有同样行动。结果各校校长亦决定公函政治协商会，请求各党派勿以学校为活动根据地。

三、基督教学校校长会议于上星期六举行，决定：（1）讨论学费不能超过教局规定。（2）主张分期征收。（3）分配美国救济旧衣。（4）上次圣约翰附中多领款额（救济

费）之处置办法。（5）被难各校联合请求救济。

四、音乐会募得十七万一千四百元，净余十二万二千余元。

五、圣诞节寒衣捐得仅廿五件，已送交基督教孤儿院。

六、校友会已于一月廿日举行，到会三十余人，因人数过少，讨论以后进行办法，决议先由各级推派代表一人负责调查，后再于校庆日开全体大会。

七、本期收入九十四五万元，付出九十余万元，将来再作详细报告。

八、下学期陆增初先生因东吴迁苏，陈维尧先生因事辞职实属可惜，学生拟于最近举行话别会。

九、缴留额金者计壹百十七名，情形乐观。

十、第二次小考各级平均皆及格，最低者61.9，个人最高者达九十六分，其名次：高二、高三、高一、初二、初三、初一。

十一、分校报名学生二十三人，录取十四人，现只十人，十月十七日开学。总校同时放假，现在报名者二十余名。

决议事项

一、分配旧衣案
以需要为分配标准，请胡赞平、魏金枝、郭栋材、陈其德四位分配。

二、定期聚餐案
日期一月廿九日，由交谊会办理。

三、通过校历案
根据教局规定，参酌校内特殊情形，修正通过之。

四、招考高三新生案
是否候教育局指示。

五、规定下期费额案
以不超教局规定为原则，分三期收取。

六、学生举办冬令营案
决议：（一）校外学生不得来校开会。（二）请校外名人演讲须得校方同意。（三）由校派员督导之。

七、如何复校案
向伦敦会请求：（一）借用女校之舍三年。（二）借用住宅二所。（三）供给科学教员。（四）津贴白先生代课教员薪金。（五）恢复各种原有补助费。（六）于一九四六年供给修理费三千磅〔镑〕，并逐年拨助建筑经费。（七）草议首期建筑计划。

八、下期分校推进案
（一）初中收费以照教局规定。（二）改名麦伦中学虹口分班。（三）初预应改为补习班，学生程度须修毕五年级。（四）每班人数以三十人为最低标准。

九、如何处置本期操行过劣学生案
是否劝令转学，提教职员会讨论。

十、本期各种优胜奖状合并为学年成绩结算，列下期毕业式中发给案
通过。

十一、留额逾期每日罚百元，五百元为限。

日　　期：二月八日
出　　席：陈其德　胡赞平　魏金枝　郭栋材
主　　席：陈其德先生
纪　　录：魏金枝先生

讨论事项

一、审查卅四年度下学期新生案
议决：（见名册）。

二、如何回复房东函件案
议决：与陈贻祥律师磋商致复。

三、如何运用英国救济会基金案
议决：先购米三十至四十担，余款容后决定。

四、下期初三人数增多如何办理案
议决：决将前楼、进楼下两间相连，越旦办公室请其迁至二楼。

五、上期奖品分配案
议决：腊肠以八百元一斤作价，得奖者计专任四人，兼任二人，专任一份，兼半份。

六、前购杂粮决充教员公用。

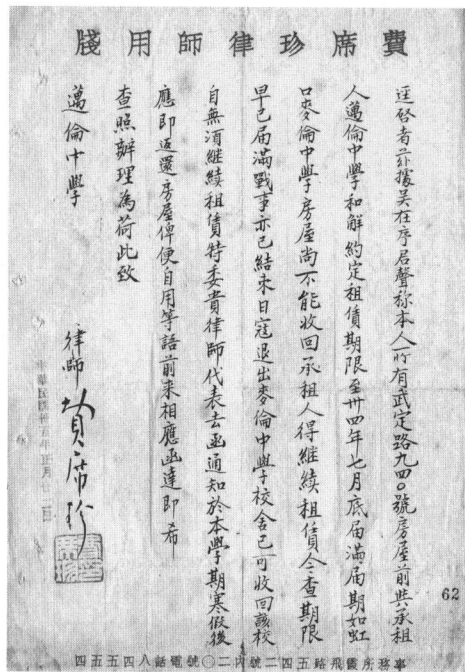

催还迈伦租房的律师函

日　　期：三月十六日下午
出　　席：陈其德　胡赞平　黄瑶　魏金枝
　　　　　郭栋材
主　　席：陈其德
纪　　录：魏金枝

决议事项

一、华东基督教教育协会会期定四月二、

三、四三天，本校由陈其德、胡赞平、黄瑶、柯天斧四位先生参加。

二、上海市教育会征求本校教职员参加案，决定全体加入。

三、春假决定自四月二日至四日，共三天。

四、主管教室日记之级长，务须将当日之日记填送训导处，否则须受玩忽职务处分。

五、首次交谊会于春假后举行。

日　　期：三月廿六日（临时）
出　　席：陈其德　胡赞平　黄瑶　魏金枝
　　　　　郭栋材
主　　席：陈其德先生
纪　　录：魏金枝先生

报告事项

一、以前基督教学校所联合申请之维太命丸，日内可照领，将依按教职员授课时数分配，圣诞礼物不日可以领取。

二、美国发给教会人员救济费全国共四千八百万元，我校内如何分配，提会讨论之。

三、曾联合向行政院救济总署请发奶粉、杀虫粉及学校救护药品等。

四、下期学费有增加趋势，吾校如何，提会

讨论。

五、伦敦会来信，言小校校舍及住宅两所可允使用，修理费决拨五百磅〔镑〕，科学教员仍当派来一人，惟免费学额，则因该捐款教堂受毁，不能继续，建筑费难以负担。

决议事项

一、英国伦敦会救济费分票标准案

议决：以现任钟点数、服务年限、直系家属人数为分配标准。

二、增加学费案

议决：第二期学费以能提高教职员待遇加倍为准，至少高中壹万元，初中八千元。

三、改定春假日期案

四月二、三、四、五、六,五天。

日　　期：四月十九日（临时）

出　　席：陈其德　胡赞平　魏金枝

主　　席：陈其德先生

纪　　录：魏金枝先生

决议事项

一、教局补助费七万捌千元，专任十人@6 000，兼任五人@3 000，其余三千元分与张祖璜及两工役，各壹仟元。

二、华东基督教会救济费四十万元，按年限、任课、家属之多少为分配比例。

三、教职员交谊会日期由交谊会决定。

四、英文演讲预赛定于五月一日，中文四月廿七日。

五、决定第三期费额案：高中二万元，初中一万六千元。

日　　期：五月十二日（临时）

出　　席：胡赞平　陈其德　魏金枝　黄瑶

决议事项

一、高三请求免除第二次小考案：不准所请。

二、高二请求第二次小考延期案：准延二天。

日　　期：六月一日下午一时

出　　席：陈其德　胡赞平　黄瑶　魏金枝　郭栋材

主　　席：陈其德先生

纪　　录：魏金枝先生

报告事项

一、白先生来函，言战后基督教教育复兴委员会委托白先生担任在华基督教教育复兴工作，但以仍能担任麦伦为工作原则，请校董会通过。

二、小运动会已于昨日在原址举行，秩序甚好。

三、今年高中毕业生集训问题，据教局表示恐未能举行。

四、毕业文凭已由教局转委七书局代印，供应各校。

五、请领奶粉、面粉等未有回音。

六、第三期学费尚有八十八人未缴。

七、旧校舍问题：伦敦会已去函犹太难民总会，本校亦再具呈市府及教局，惟仍无回音。

八、本年度应届毕业生名册已呈报，至抗战期中历届毕业生名册因检查成绩相当困难，迄未填就。

九、教职员检定文件已呈送教局，尚未有复文。

十、第二次小考成绩约于下星期一可以发表。

决议事项

一、如何举行毕业级学期考试案

议决：日期六月十一日起至十七日止，每日第三、四两课时间举行。高、初混合受试。

二、如何举行本届毕业考试案

议决：日期六月廿一日至廿五日。

科目：初中化学、算术、代数，本国历史、地理。

高中化学、生物，本国史地、几何、大代数、三角。

命题：以现在担任学科之教员出题为原则。

监考：以现任高、初中之教员为原则。

三、如何指导升学学生及给予补课案

议决：1.请在各名大学肄业之校友来校作介绍演讲。2.时间在毕业级学期考试以后、毕业考试以前，或毕业考试以后、毕业仪式以前，任择一时。3.若由在校教师补课者，其补课费以学生各自负担为原则。3.向沪江、之江、东吴各大学请对本校投考之学生予以特别便利。

四、参加基督教教育协会主办之教师补校案

议决：欢迎本校教师加入，由校贴膳费壹万元。

五、处理分校失窃案

议决：牛毛毡由森昌负责。

椅子由校方负责。

消费合作社物品由该社负责。

六、如何欢迎沈先生案

议决：照欢迎白先生办法。

七、如何举行教职员旅行案
议决：
地点：南翔、昆山、真如。

费用：膳食自备，车资校付。
时间：暂定九日。
其他手续由交谊会代办。

日　期：六月十五日
出　席：陈其德　胡赞平　黄　瑶　魏金枝
　　　　郭栋材
主　席：陈其德先生
纪　录：魏金枝先生

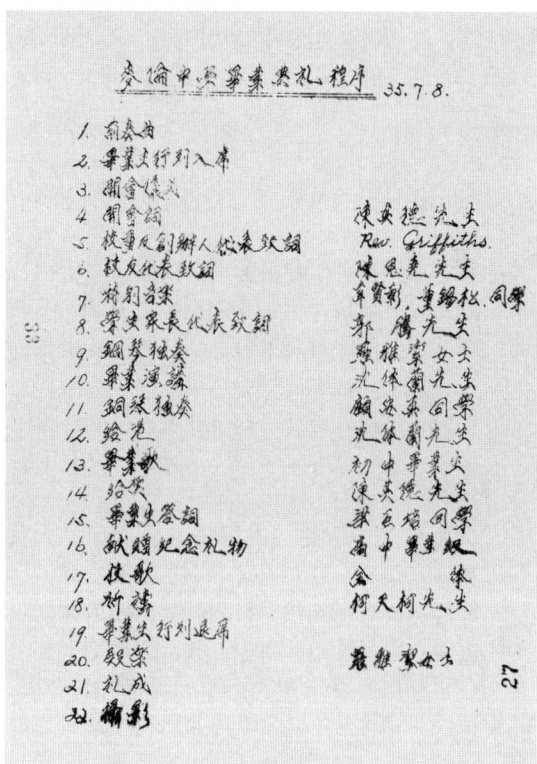

民国三十五年七月八日麦伦中学毕业典礼程序

报告事项

1. 基督教会主办之教员暑期补习班因报名者不多，或将委托圣约翰代办。
2. 最近行文中英庚款委员会请求补助。
3. 复兴经费现已募得相当成数，其中除修理外，另提整数壹百万元由校董会代为投资。
4. 教局代发之面粉共领到十六袋。历届毕业生名册已送出。

决议事项

1. 毕业考试延期案
议决：改于六月廿二日起至廿六日止。
2. 毕业级学行分数如何计算案
议决：学业成绩按照以行成例计算。操行由分级会议连同评定。
3. 是否参加女青年会所举办之女生夏会案
议决：由女生组织之铁花团契自行决定。
4. 举办暑校案
议决：请教务处计划举办。
5. 追认复兴经费劝募委员会组织条例案
议决：准予备案。
6. 如何举行毕业礼及毕业礼拜案
议决：借地举行，地点另定。
时间：毕业礼拜暂定七月七日，请徐松石先生讲道。毕业典礼暂定七月八日。
7. 如何分配奖品案
议决：胡赞平、魏金枝、黄瑶、陈诒先未曾缺席，按授课比例分配之。

日　期：六月廿一日（临时）
出　席：陈其德　胡赞平　魏金枝　黄　瑶
　　　　郭栋材
主　席：陈其德先生
纪　录：魏金枝先生

讨论事项

一、审查应届毕业生参加毕业考试案
议决：依照十二月八日以前办法办理，因不

合升级标准而不得参加毕业考试者如下：
高三：周增灵主科两科一在四十分以下
　　　张锡璠同上
初三：张建国主二科次一科　吴子华同
　　　陈乐吾主三科　陈志文主三科次二科
　　　林葆焜主二科次二科　胡文骅主三科次一科
　　　林洲主三科次一科，操行不及格
二、若毕业考试成绩欠佳者应于何时给予补考案议决：日期定于毕业式以前。

三、如何收取留额金及报名费案

议决：留额金伍仟元，日期自六月廿七日至七月三日止，报名费壹仟元。

四、如何举办暑校案

议决：日期自七月十五日至八月廿四日。

学费：每单位四仟元（每单位三小时）。

杂费：每名二仟元。

五、定期举行新生考试案

议决：报名日期七月三日起。

考名日期七月十二日。

六、回复振粹小学保送该校优良毕业生案

议决：除口试报名照章办理，其他课目准予免试。

日　期：七月七日下午四时半（临时）

出　席：陈其德　胡赞平　黄　瑶　郭栋材

主　席：陈其德先生

纪　录：郭栋材先生代

决议事项

一、审查初、高中毕业生案

议决：高中黄人信等三十六名，初中陈达先

等三十八名，经考核成绩及格准予毕业（附挟名单）。

二、审核各项得奖学生名单案

议决：通过（详附名单）。

三、审核参加青年会少年营人选案

议决：吴觉民、蔡明训、俞梦兰、汪嘉谷、张思民、朱纯熙（候补）。

四、劳绩教职员据统计结果有：黄瑶、胡赞平、魏金枝、陈诒先（折半发给），各给予奖品。

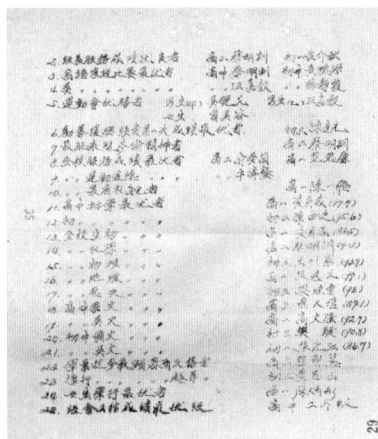

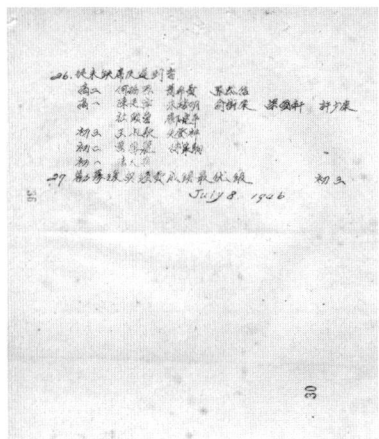

46 届毕业生题名

日　期：七月十二日下午

出　席：胡赞平　黄　瑶　魏金枝　郭栋材

决议事项

一、通过录取新生案

议决：高中姚芝娟、初中王煜明等共七十九

名，其未呈验证件者，不准留额。

二、定期举行旧生补考案

议决：八月三十日。

三、留级生或退学生应否给予补考机会案

议决：应先个别书面请求，经校务会议决许可后，方可参加暑校补习并参加升级补考。

日　期：七月十五日下午一时半

出　席：陈其德　胡赞平　黄　瑶　魏金枝
　　　　郭栋材

主　席：陈其德先生

纪　录：魏金枝先生

报告事项

一、白先生来信报告在英情形，并询问华东基督教会及学校情形。

二、华东基督教会主办夏令讲习会，本校曾派人出席。

三、第一次报考新生计 144 名，录取 79 名。

四、学生报告单已于十二日发出，成绩不良者亦由邮局寄发。

五、暑校今日开始参加补习者共 47 人，

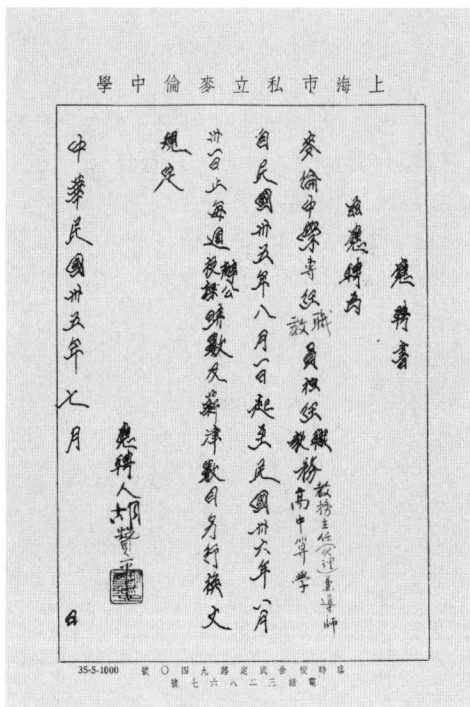

胡赞平聘书

十四单位，惟英文教师尚未决定。

决议事项

一、定期举行第二、三次新生考试案

议决：八月六日，八月三十日。

二、议定暑校成绩考核办法案

议决：1. 学业方面——小考一次 20%，大考一次 30%，平日积分 50%。2. 缺席过三分之一者，概不给分。3. 操行分数由暑校全体教员会评定。

三、退学生及留级生参加暑校补习案

议决：1. 留级生而曾请求参加补习者，准予进暑校补习，取得补考升级资格后，给予补考之机会。2. 应退学学生之操行：原来及格而因缺席过多扣分而致不及格者，须于暑期内观察而认为满意者，准予补考。3. 申请日期限至十七日为止。

四、消费合作社剩余物资如何分配案

议决：除一部分作为劳绩奖品及配送沈体兰、陈侠泉两先生以外，按照任课时数分配予各教职员（本期在校之旧教员）。

五、奖品分配案

议决：米三斗、面粉四袋、肥皂二百块、油四十斤，按：胡 4、瑶 3、魏 2、诒 1 分配之。

六、义校借用校舍案

议决：在相当条件下，可准借用。

七、未录取新生请求予以降级录取案

议决：令于第二次再行投考。

八、剩余奶粉如何分配案

议决：按家庭人数分配之，每人三磅。

全体教职员会议纪录

（民国二十四年—1950年）

民国二十四年（1935 年）

日　期：一月十五日午时
　　　　（廿三年度第二学期第一次）
地　点：会议室
出席者：沈体兰　白约翰　苏德宏　张以藩
　　　　陈其德　赖璞吾　魏金枝　江振德
　　　　曹　亮　黄九如　萧百新　沈　淑
　　　　吴帆波　萧镜玄　陈兆坤　茹　枚
　　　　汪师竹　王岳西　陈侠泉
主　席：沈体兰
纪　录：陈侠泉

报告事项

（一）总务报告

1. 修正校历；2. 修正训导大纲；3. 分发各项会议日程；4. 经济状况；5. 校务研究会情形；6. 消费合作社与校刊进行状况。

（二）教务报告

1. 本届招生情形；2. 注册情形；3. 课程支配；4. 分科会议。

（三）训导报告

1. 训导方法；2. 课外作业；3. 分级会议。

（四）事务报告

1. 制服；2. 徽章；3. 仆费。

讨论事项

一件：筹备师生交谊会案
议决：推沈淑、张以藩、白约翰三位负责进行。

一件：筹备进修会案
议决：推黄九如、曹亮、陈兆坤三位负责进行。

一件：筹备植树节案
议决：推陈其德、郭大文、王岳西三位负责进行。

一件：实施非常时期训练青年案
议决：请教职员用书面提出意见，以便交体育委员会及课外作业委员会审核。

一件：注意自修课秩序案
议决：由教务处会同训导处严加监督，并请导师随时注意。

一件：整饬学生礼貌案
议决：交训导处研究方法，再行酌量实施。

赖璞吾
（Ralph Lapwood，1910—1984）

英国人，剑桥大学物理学荣誉学位获得者。1932 年，应沈体兰之聘来麦伦中学教物理。1936 年离开麦伦，赴燕京大学任教。1939 年到晋察冀抗日根据地，会见朱德、彭德怀、聂荣臻等同志。1942 年到成都，任燕京大学理学院代理院长兼数学系主任。1945 年回国，在剑桥大学进修博士学位，1948 年重返燕京大学任教。1952 年回英国，任剑桥大学数学系主任。

日　期：二月十四日

报告事项

（一）总务
修正校历、修正训导大纲、各项会议日程、经济状况、校务研究会、消费合作社、校刊社近况。

（二）教务
招生、注册、课程支配、分科会议。

（三）训导
训导方法、课外作业、分级会议。

（四）事务
制服、徽章。

讨论事项

（一）筹备师生交谊会案
（二）筹备进修会案
（三）筹备植树节案
（四）实施非常时期训练青年方案
（五）注意自修课秩序案
（六）整饬学生礼貌案
（七）其他提案

日　期：四月十九日午时
　　　　（廿三年度第二学期第二次）
地　点：会议室
出席者：沈体兰　白约翰　苏德宏　张以藩
　　　　陈其德　魏金枝　赖璞吾　江振德
　　　　曹　亮　黄九如　萧百新　沈　淑
　　　　吴帆波　郭大文　陈兆坤　茹　枚
　　　　汪师竹　陈侠泉
主　席：沈体兰
纪　录：陈侠泉

报告事项

一、主席宣读上次会议纪录
二、关于总务方面
1. 植树节情形。
2. 全校运动会经过情形。
3. 春假旅行团情形。
4. 本校代表出席华东教育会年会，本校校长当选该会会长，及该会本届征求会员各项情形。
5. 进修会进行状况。
6. 教职员国语研究会状况。
7. 教职员晨操班状况。
8. 新生活运动视察团长曾来校参观，系非正式的。
9. 学生国货年运动推本校为第四区委员会正主任。
10. 航空协会征求运动本校系委托学生自治会办理。
11. 民众识字运动曾在市政府开会一次，本校派民校陈主任出席。
12. 读书运动系中国文化建设协会发起，本校接到通告亦定上周为读书运动周。

13. 修正本校一览，同人如有意见，请尽于五月十三日以前用书面通知。
14. 廿四年度预算草案正在修订中，亦定五月十三日为最后审查期限。

三、关于教务方面
1. 第一次小考已照常举行，惟高一因集中军训已提前结束。
2. 分科会议已先后分别举行，所讨论者如各科教材及教授方法等，并将各项测验、比赛日期订定。
3. 高一集中军训已于本月十九日晨出发赴苏，本校派王训育员随往，以便沿途帮同照料一切。
4. 立校纪念筹备会已举行第二次集会，讨论征集各科成绩之手绩〔迹〕。

四、关于训导方面
1. 操行考核注意将最优与最劣之学生列表，以供参考。
2. 课外作业考核因本届将各小团体归并级会内，故合法登记者只有十余团体。
3. 分级会议原定每学期举行两次，现已开会一次。
4. 毕业级谈话会初中定本月二十日下午举行，由校长室缮发通告。
5. 学生家长谈话会定本月二十七日下午举行，拟即日印发通告。

五、关于事务方面
1. 事务会议曾举行两次。
2. 本校教职员于植树节植树九株，现皆欣欣向荣。
3. 嗣后，关于各项正式会议如需预备茶点，须先时通知事务处，以便照办。

讨论事项

一件： 修正教职员会议组织条例建议案
议决： 通过。

一件： 订定校刊社组织条例建议案
议决： 修正通过。

一件： 遵守会议日程避免时间冲突案
议决： 各项会议非有万不得已情形时，须依会议日程表上所规定之时间举行。其有临时召集会议者，须先查明该表避免时间冲突。

一件： 奉令参加中学师范教育研究会案
议决： 分组讨论，并规定每组开会时间及参加人员列表通知。

一件： 规定进修会读书办法案
议决： 对于进修会，建议用抽签法以定轮流报告读书心得之办法，予以追认。

一件： 参加筹备学校纪念日案
议决： 学校纪念日举行成绩展览会，由同人等尽量参加。定下星期内为收集陈列品截止之期。

一件： 筹备教师节纪念案
议决： 推沈淑、赖璞吾、张以藩三位为筹备员。

一件： 油印试题应如何保守严密案
议决： 每次考试，教员如需油印试题，须亲交教务处，由教务处妥慎办理。

一件： 教员发觉学生考试舞弊应否报告训导处及其手续案
议决： 如发觉学生对于考试意图舞弊，无论已遂、未遂，均须据情报告训导处，视其情节轻重酌施惩戒。如情节重大者，须提出校务会议核办。

日　期： 六月十四日午后十二时三刻
（廿三年度第二学期第三次）
地　点： 会议室
出席者： 沈体兰　白约翰　苏德宏　张以藩
　　　　　陈其德　黄九如　赖璞吾　郭大文
　　　　　曹　亮　陈兆坤　江振德　沈　淑
　　　　　曹志绥　汪师竹　王岳西　陈侠泉
　　　　　魏金枝　吴帆波　茹　枚
主　席： 沈体兰
纪　录： 陈侠泉

报告事项

（一）宣读上届会议纪录（附校务会议更正案），通过。
（二）关于总务方面报告
1. 学校纪念节情形。
2. 卫生运动经过。
3. 教职员进修会情形。
4. 教师节纪念情形。
5. 教职员赴苏慰劳集训学生经过。
6. 各大学举办暑期讲习会情形。
7. 出席中华教育协会中等教育会议情形。
8. 参加本市中学师范教育研究会情形。
9. 各大学承认本校经过。
10. 筹建科学馆、浴室、器械室计划。
11. 廿四年度预算案。
12. 各项奖金学额。
13. 一览修正各点。
14. 校刊社第二期征稿。
15. 专任教职员暑期工作支配。
16. 廿四年度教职员聘约问题。
（三）关于教务方面报告
1. 举行第二次小考经过。
2. 举行大考日期。
3. 毕业筹备情形。
4. 本届招生筹备情形。
（四）关于训导方面报告
1. 分级会议开会情形。
2. 操行考核办法。
3. 课外作业考核办法。
4. 暑期服务筹备情形。
（五）关于事务方面报告（略）

讨论事项

一件： 奉令参加中学教员检定案
议决： 依照法令尽量参加。

一件： 参加科学馆募捐运动案
议决： 对于募捐运动办法表示赞同，当尽量参加。

一件：规定暑期进修计划案

议决：尽量利用时机参加各项讲习会。

一件：选举代表出席校务会议案

议决：公推魏金枝、陈兆坤二君为代表，出席校务会议。

一件：选举代表加入校刊社理事会案

议决：公推黄九如、曹亮、魏金枝三君为代表，加入校刊社理事会。

日　　期：九月五日午十二时半
　　　　　（二十四年第一学期第一次）
地　　点：会议室
出席者：沈体兰　白约翰　苏德宏　张以藩
　　　　陈其德　曹亮　魏金枝　郭大文
　　　　黄九如　赖璞吾　陈兆坤　江振德
　　　　吴帆波（萧月宸代）　沈淑言
　　　　茹枚　萧镜玄　曹孚　汪师竹
　　　　王岳西　陈侠泉
主　　席：沈体兰
纪　　录：陈侠泉

报告事项

（一）宣读上届会议纪录

（二）总务方面

介绍新教职员。

毕业式、暑假。

筹建科学馆。

二十三年度收支概况。

校刊社、消费合作社。

第三届校务研究会。

各项会议日程。

（三）教务方面

会考、招生、注册、课程表、教本、分科、会议。

（四）训导方面

乡村服务、识字学校、军事管理、分级会议、晨会讲题。

（五）事务方面

校舍、设备、员役。

讨论事项

一件：筹备师生交谊会案

议决：请沈淑、陈其德、江振德、茹枚、张以藩五位为筹备员，并以得票最多之沈淑先生为召集人。

一件：筹备第三届校务研究会案

议决：关于第三届校务研究会举行时地及方法，请筹备委员会斟酌进行。

一件：准备参加劳力运动周案

议决：教职员尽量参加并帮助学生进行。

一件：选举进修委员会案

议决：仍请黄九如、曹亮、陈兆坤三先生联任。

日　　期：十一月八日午后一时
　　　　　（廿四年度第一学期第二次）
地　　点：会议室
出席者：沈体兰　白约翰　苏德宏　张以藩
　　　　陈其德　魏金枝　陈兆坤　赖璞吾
　　　　郭大文　曹亮　黄九如　江振德
　　　　茹枚　沈淑　吴帆波（萧月宸代）
　　　　萧镜玄　汪师竹　王岳西　王厚生
　　　　陈侠泉
主　　席：沈体兰
纪　　录：陈侠泉

报告事项

一、宣读上次会议纪录，通过。分发印刷品五种。

二、总务方面报告

第三次校务研究会——组织简师附小筹备委员会及推广事业设计委员会。

修正廿四年度预算——收入增加二千五百元，支出增加二千四百元。

劳力运动周——注重实行劳力工程，请校内教职员分任演讲。

校刊社——为经济所限，本期只收中文稿件。

进修会、交谊会——均已分别如期举行。进修会精神甚好，交谊会则因旅行较远，参加者不多。

中学师范教育研究会——已汇集各人意见，转呈市教育局采择（附印件）。

校长旅行计划——校务由白约翰、苏德宏、张以藩三君分任代理。

三、教务方面报告

分科会议——规定各项比赛日期。

体育——校外服务全运会，校内分期举行级际足球比赛。

图书——已实行分类改编书目。发行借书卡，教职员每人二张，掉换应用。

小考——拟将分数报告家长，籍收家庭与学校合作之利益。

进度表——即教授草案，每隔六星期填报一次。

四、训导方面报告

分级会议：（1）讨论高三、初三毕业之预备事项；（2）讨论高一集中军训之预备事项。

课外作业：（1）级会；（2）学生会；（3）兄弟会；（4）各团体；（5）旅行参观；（6）国货年征求；（7）华洋义赈会为水灾募捐；（8）参加国际教育展览会；（9）下星期时事测验；（10）本月内将举行家长谈话会一次。

宗教——礼拜改在晚间，参加者增多，精神较前大有进步。

军事管理——整顿内务，如宿舍整洁，学生制服、纪律等均有显著之成效。

五、事务方面报告

经济——九月份结算情形甚为满意。十月份尚未结束，预料亦必不错。

校舍——大建筑如科学馆、厨房、浴室等正在计划进行。小建筑如传达室、木工室因需要甚急，所费不多，均已次第添建。

传达手续——已经事务会议通过（附印件）。

讨论事项

一件： 建议本校发展计划案（附印件）

议决： 请校务会议从长设计，以期见诸实行。

一件： 建议举行并参加紧急集合案

议决： 请训导主任、事务主任、体育指导员、军事教官会同拟办。

一件： 水灾赈捐案

议决： 教职员当尽量捐助。对于目下托本校代募之机关，如华洋义赈会、汉口中华基督教会，均请多多认捐，以救灾黎。

一件： 举行交谊会案

议决： 下次交谊会与进修会合并举行。请交谊会筹备委员会拟定办法，与进修委员会接洽办理。

一件： 规定教职员请假手续案

议决： 通过。试行如有困难，再随时加以修正。

一件： 征求对于"教职员休憩所"意见案

议决： 华东教育会所提捐款建筑教员休憩所一节，在目前经济状况之下，认为非必要之举，应从缓议。

一件： 临时提议增修教职员休息室设备，以便充分利用案

议决： 请校舍设备委员会计划改善。

一件： 临时提议划一教职员服装案

议决： 教职员当在可能范围内，尽量改穿制服，以期渐趋一律。

民国二十五年（1936 年）

日　期：一月九日午时
　　　　（廿四年度第一学期第三次）

报告事项

一、上届会议纪录
二、总务
本校发展程序拟订经过（附一件）。
简师附小筹备情形（附二件）。
修正国难时期训练方案（附一件）。
修正作业时间表（附一件）。
新订应付事变紧急措置办法（附一件）。
修正职员办公时间表（附一件）。
修正教职员服务及待遇条例（附一件）。
学生参加爱国运动及本校措置经过。
寒假第二学期开学。

中学师范教育研究会。
家长谈话情形。
三、教务
分科会议、各科测验比赛、大考、招生。
四、训导
分级会议、特种作业、操行、课外成绩。
五、事务

讨论事项

一、拟订国难时期教育方针与设施案
二、建议本校发展程序案
三、实施修正国难时期训练方案案
四、研究本校对学生运动应取方针案
五、规定下学期进修会、交谊会办法案
六、其他提案

● 麦伦中学发展程序大纲草案

甲、学额三百名：高中一百名，初中二百名。寄宿一百八十名。

一、校舍

子、建筑科学馆一所（教室）——二〇〇〇〇元：艾约瑟基金常年补助三六〇〇元；艾约瑟基金特别补助五九〇〇元；借款七〇〇〇元；经常费余款二五〇〇元；建筑特款一〇〇〇元。

二、经济

子、常年预算（廿五年度）收入五四〇〇〇元，支出五四〇〇〇元。

三、事工

子、试办简易师范科
丑、试办男女同学
寅、接洽联系小学
卯、发展补、民两校

乙、学额二百四十名：高中八十名，初中一百六十名。寄宿一百二十名。

一、校舍

子、建筑浴室厨房一所——七〇〇〇元：艾约瑟基金特别补助四〇〇〇元；工部局补助三〇〇〇元。
丑、装置体育馆地板——一五〇〇元（经常费余款）。

二、经济

子、常年预算收入四五〇〇〇元，支出四九〇〇〇元。
丑、请艾约瑟基金增加补助四〇〇〇元。

三、事工

子、接洽联系小学
丑、发展补、民两校

● 简师计划大纲草案

一、缘起

本校原为普通中学，但年来办学政策渐注意于生产教育及民众教育，故有添办简易师范科之议，兹将需要略述如下：

1. 政府积极推行义务教育，亟需大批师资之训练。

2. 全国初中毕业生升学高中者仅有七分之一，以高中专为升入大学之预备，为中产以下家庭经济所不许，简师即为初中毕业生谋一出路。

3. 本校初中毕业生亦有一小部分不能升学高中。

4. 英算程度略低、年龄略大不能录入高中者，亦可改入简师。

5. 本校学生担任民众学校、识字学校教员者，亦可得相当之师资训练。

二、定名麦伦中学附设简易师范科

三、组织

由校长聘主任一人负责办理。

四、编制

招收初中毕业或同等学力者加以一年之训练（十六岁至二十五岁，男女兼收）。

五、学额

暂定五十名。

六、校舍

科学馆建筑后可拨教室一间应用。

七、教职员

资格：曾在高等师范毕业，曾有师范教学经验。

人数：约二人。

待遇：假定主任一百元，另一教员七十元。

八、经费

常年支出：开办费约五百元，薪金约二千元，办公杂支约四百元。

常年收入：学费四十人，每人五十元，约二千元。杂费图书实验四元，体育二元，杂项四元，约四百元。

● 附小计划大纲草案

一、缘起

本校素无直属之小学，邻近之麦伦女学不愿合作，其他小学亦以种种关系暂时不能发生联系，至于自办小学则有下列之需要：

1. 本市小学太少，不能容学龄学童，而本区小学更少。

2. 麦伦女学只收女生，使男童无入学机会。

3. 本校招收其他小学毕业生，学业程度不够，标准一般，训练更差。

4. 本校招生过于严格，影响学校经济。

二、定名

麦伦附属小学。

三、系统

名义上有独立之校董会、校长、主任等等。

四、编制

完全小学。复式编制——以两学级为一教室，故初办时全校共三教室。每教室人数最少三十人（即每级十五人），最多五十人。

五、校舍

科学馆。校内另建校舍——最合理想。校外租校舍。

六、教职员

资格：学历——曾受师范训练；经历——曾有小学教员经验。待遇——假定初办时平均每人四十元（月薪）。人数——每教室3～4人。

七、经费

开办费——校方当另筹的款。经常费——以

自给为原则。经常费来源——学费：高级部——十五元；初小三、四——十二元；初小一、二——十元。假定每级人数为十五人，全年收入二千二百二十元。

每教室支出——薪给每级六百四十元，办公设备费每级七十元，其比例为薪给百分之九十，办公设备百分之十。

全校支出——薪给一千九百二十元，办公设

备二百十元。全年合计二千一百三十元。

补充说明：

1. 如每学级人数可不低于十五人之假定可以成立，则小学一开办经济上即可以自给。

2. 如嫌办公设备费对薪给之比例太小，可加收杂费若干以补救之。

3. 如建筑小学校舍时，其地址之选择宜以不与中学本身之需要相冲突为标准。

● 修正国难时期训练学生方案

甲、目的

（一）须使学生认识环境，尤其是造成国难的基本要素。

（二）须使学生审察本身于国难中所处的地位。

（三）须使学生负起解放民族的使命。

（四）须使学生站在民众的立场，谋共同的出路。

（五）须使学生养成集团生活与行动的习惯。

（六）须使学生担任挽救国难的具体工作。

乙、办法

（一）每日早晚升降国旗。

（二）每日举行晨操至少十分钟。

（三）每日下午课毕后，户外运动至少半小时（连通学生在内）。

（四）每星期高中军事训练、初中童子军训练至少两小时（术科）。

（五）每星期须举行纪念周一次，讲述时事。

（六）学生须一律穿着制服。

（七）学生须担任整洁工作。

（八）校内训育须采取军事管理之组织。

（九）校内须设学生自治会及级会，为集团生活之训练。

（十）校内须酌设研究会、演说会、校刊社等，为思想言论出版之训练。

（十一）校内须酌设服务团，为服务民众之训练。

（十二）校内须由教师指导阅报及课外读物。

（十三）校内须揭示重要时事。

（十四）校内须陈列与国难有关之图书。

（十五）每星期举行时事测验一次。

（十六）每月至少举行军事常识演讲二次。

（十七）每月至少举行紧急集合二次，为保卫、消防、救护、传递等演习。

（十八）组织射击队与救护班，分级轮流讲习，于一定时期表演。

（十九）组织交通队，分自行车、骑马、游泳等组，每生必须加入一组，于一定时期表演。

（二十）研究、制造、供应物品（如防毒面具），每生于一学期内必须制成一具，于一定时期展览。

（二十一）绘制地图（注意东北华北），每生于一学期内必须绘成一幅，于一定时期展览。

（二十二）练习与国难有关之唱歌、演剧，于一定时期表演。

射击练习

救护班上课

● 修正作业时间表
民国廿五年二月一日起施行

名　目	星期一至星期五	星期六	星期日
起身寄宿	上午六时三十分	上午六时三十分	上午六时三十分
晨操寄宿	七时	七时	
整理宿舍寄宿	七时十五分	七时十五分	七时十五分
早餐寄宿	七时三十分	七时三十分	七时三十分
报到通学	七时五十分	七时五十分	
升旗	七时五十分	七时五十分	
第一课	八时	八时	
第二课	八时五十分	八时五十分	
第三课	九时四十五分	九时四十五分	
第四课	十时三十五分	十时三十五分	
课外作业	十一时三十分	十一时三十分	
午餐寄膳	十二时五分	十二时五分	十二时
休息	十二时三十分	十二时三十分	十二时三十分
整理教室	下午一时十五分	下午一时十五分	
课外作业	一时三十分	一时三十分	
第五课	二时	二时	
第六课	二时四十五分		
第七课	三时三十分		
降旗	四时十五分	四时十五分	
课外作业	四时十五分至五时	二时四十五分至四时十分	
晚餐寄膳	六时	六时	六时
自修寄宿	七时至七时五十五分 八时五分至九时		七时至七时五十五分 八时五分至九时
休息寄宿	九时	九时	九时
就寝寄宿	初中九时三十分，高中十时	初中九时三十分，高中十时	初中九时三十分，高中十时

● 应付事变紧急措置办法

一、事变发生时，须由校长（白、苏、张）立即召集临时校务会议，讨论详细措置办法。

二、事变发生时，如职员适在校外，应立即设法赶回校中，向校长（白、苏、张）报到，一面亦应由校长（白、苏、张）立即电知本人指示一切。

三、事变中，职员因故离校，须得校长（白、苏、张）之同意，不得自由行动。

四、事变中，得由校长（白、苏、张）发紧急集合命令，各职员应立将重要印信文件汇交校长室保存。

五、事变中，得由校长（白、苏、张）宣布全校戒严，实施全校（连教职员及工役）军事管理。

六、事变中，应由校长（白、苏、张）负责

先谋学生之安顿，次及教职员（先徒后师）。

七、事变中，特种对外接洽得由校长（白、苏、张）指派西顾问担任之。

八、事变中，为保护校产计，得由校长（白、苏、张）商得□□同意暂时悬挂英国国旗。

● 职员办公时间表

（平均每人每星期办公四十六小时，担任教课者每小时折合二小时计算。）

时间＼职别	上午	下午	值夜（地点教务处）
校长沈	九.〇〇——二.〇〇（星期一至六）	一.三〇——四.三〇（星期一至六）	
教务主任苏	九.四五——一一.三〇（星期一至六）	二.〇〇——四.〇〇（星期一至五）	七.〇〇——九.〇〇（星期一、四）
训导主任张	九.〇〇——二.〇〇（星期一至六）九.〇〇——一一.〇〇（星期日）	一.〇〇——一.三〇四.〇〇——五.三〇（星期一至六）	七.〇〇——九.〇〇（星期三、日）
事务主任陈	九.〇〇——一一.三〇（星期一至六）	二.三〇——四.三〇（星期一至六）	七.〇〇——九.〇〇（星期二、五）
体育指导员江	七.〇〇——七.三〇（星期一至六）	四.〇〇——六.〇〇（星期一至五）二.〇〇——四.〇〇（星期六）	
军事教官萧	八.〇〇——一一.〇〇（星期一至六）		
注册员汪	一〇.〇〇——一一.三〇（星期一至六）	一.三〇——四.〇〇（星期一至六）	
会计员汪	一〇.〇〇——一一.三〇（星期一至六）	一.三〇——四.〇〇（星期一至六）	七.〇〇——九.〇〇（星期二、日）
图书员王	八.〇〇——八.三〇（星期一至六）	一.〇〇——一.三〇（星期一至六）	
训育员王	七.三〇——八.〇〇（除星期三外）	一二.三〇——一.〇〇四.〇〇——六.〇〇（除星期三外）	七.〇〇——九.〇〇（除星期二外）
文书员陈	八.〇〇——一一.三〇（星期一至六）	一.三〇——五.〇〇（星期一至六）	七.〇〇——九.〇〇（星期一、四）
校医曹		四.〇〇——五.〇〇（星期一至五）	
补校教导科长曹			七.〇〇——九.三〇（除星期六、日）
民校教务员王			七.〇〇——九.三〇（星期一至日）

● 修正教职员服务及待遇条例
民国廿五年七月一日起施行

六、改"本校专任教员每周教学时数至少二十小时，专任职员办公时数至少四十小时。"

七、改"本校专任教职员其每周教学办公时数得视教务职务之繁简酌定之，以办公两小时折抵教学一小时。"

八、改"本校专任教职员所授一种学科之教学时数或所任一种职务之办公时数不足定额时，须兼任他种性质相近之学科或职务。"

十五、改"本校教职员应照章于教室日记及职员签到簿上按时签到，非有万不得已事故，不得于教学及办公时间迟到或早退，尤不得未经请假无故缺席。"

十六、删

十八、改"本校专任教职员于一学期内请假积满一星期而未能请人代理者，须依缺席时数之比例酌扣薪金。"

廿二、改"本校教职员依下表所列标准酌支薪金。专任教职员以十二个月每月四周计算，兼任教职员以十个月每月四周计算，其增加则以各人服务之成绩与进修之程度酌定之。"

	中等学校毕业或同等学力		国内大学或专科毕业		国外大学或专科毕业	
初中	.50	1.00	.75	1.25	1.00	1.50
高中			1.00	1.50	1.25	2.00
办公	.25	.50	.45	.75	.55	.85
	每小时最低	每小时最高	每小时最低	每小时最高	每小时最低	每小时最高

廿三、改"本校专任教职员以在校膳宿为原则，膳宿费概免。其在校外膳宿者，则校方并不贴费。"

廿四、改"本校兼任教职员欲在校膳宿者，每月暂收膳宿费二十元。"

廿五、删

日　期：二月十三日午时
（廿四年度第二学期第一次）

报告事项

一、上届会议纪录

二、总务

寒假经过及本学期开学情形。

修正校历。

修正作业时间表、课外作业时间表、公共处所开放时间表、职员办公时间表。

本学期各项会议日程表。

校长赴京经过情形。

关于国难教育及学生运动各项政令。

筹建科学馆情形。

编制廿五年度预算草案。

校刊社、消费合作社、高级补习学校、民众学校情形。

进修交谊委员会情形。

三、教务

招考插班生、注册、分科会议、小考。

四、训导

假期服务、课外作业、特种训练、分级会议。

五、事务

传达、电话。

讨论事项

一、拟订国难教育方案案

二、建议筹建科学馆计划案

三、建议廿五年度预算草案编制方法案

四、增添教职员休息室设备案

五、筹备师生交谊会、植树节案

六、审议华东教育会函请派员来校举行教职员灵修会案

七、其他提案

日　　期：四月十六日午刻
　　　　　（廿四年度第二学期第二次）
地　　点：会议室
出席者：沈体兰　苏德宏　白约翰　张以藩
　　　　　曹　亮　黄九如　郭大文　魏金枝
　　　　　陈其德　陈兆坤　萧月宸　江振德
　　　　　赖璞吾　茹　枚　曹孚　沈　淑
　　　　　汪师竹　王岳西　陈侠泉
主　　席：沈体兰
纪　　录：陈侠泉

报告事项

宣读上次会议纪录，通过。

总务方面

师生交谊会于二月十五日举行，精神甚好。

植树节因天气关系展迟至三月廿一日举行，师生全体参加，植树数百株。

全校运动会于三月廿八日举行，有各项运动比赛成绩甚优，来宾颇众。

春假自三月廿九日起至四月四日一星期，学生组织团体旅行苏、杭等处者数十人，假满照常上课。

教职员进修会如期举行，会中讨论时事，交换意见，佐以余兴而散。

华东教育会今年年会四月初在芜湖举行，本校赴会代表五人，校长继续当选会长。

本市中学师范教育研究会，本校加入国难教育组及课程教学组之外国语科。又该会征求初中学生各科心得报告，已由教务处印发表格，请初中各级导师会同各科教员查照办理。

市政府召集校长会议三次，两次为学生爱国运动事，一次为军训事。

四十周【年】立校纪念曾开筹备委员会，通过条例三种。

筹建科学馆事尚缺款项一万元，先进行募捐，如不足再发行校债。

第一学期收支预算审查结果，收支相抵，颇有盈余，详细情形另当公布。

拟订廿五年度预算草案，收支各为五万六千一百元，尚非最后决定。如有问题或意见可向校长室提出。

修订一览内总则、行政、教务训导大纲及各项规约。又导师会议名称拟更改。训教原则四项，其第四项尚须修正，请诸位有暇加以思考，各抒所见。

学校纪念日及科学馆奠基典礼同于五月五日举行。是日，停课一天，请诸位届时参加，并分任招待。

教务方面

本学期注册结果学生人数为二百六十五人。

分科会议均按照会议时间表开会。

第一次小考已于三月中举行，尚有数位未缴交分数表，请早日交教务处。

毕业考试照校历提早一星期，定六月五日至十三日举行。请毕业级教员对于教材预为计算，设法加紧教授。

训导方面

分级会议均按会议日程表举行。

课外作业因国难时期增加特种训练，施行以来颇著成效。

高一集中训练到苏后已接报告，谓队中管理虽严尚不觉困难。教职员定每隔二星期轮流赴苏访问一次。

事务方面

校舍计添筑动物苑内之禽室与校园内之亭子。

电话费上月份略有增加，希望同人对于使用电话券，无论公私事务在可能范围内随时付券，切勿记账以利稽核。

讨论事项

一件：筹备四十周年纪念案
议决：推成绩展览会筹委七人，以苏德宏、张以藩、黄九如、茹枚、魏金枝、陈其德、白约翰诸先生充之，并指定苏德宏先生为召集人。

一件：参加筹建科学馆募捐运动案
议决：募捐运动同人当积极参加该项办法，共分四队，每队人选由四队长互商定之。

一件：参加筹备学校纪念日案
议决：教职员一致参加，分任筹备及招待事宜。

一件：参加筹备卫生运动案
议决：请校务会议推派筹备委员负责进行。

一件：筹备教师节案
议决：请进修交谊委员会兼任筹备教师节。

一件：赴苏慰劳集训学生案
议决：定六月七日全体教职员赴苏慰劳集训学生，同时庆祝教师节。

动物苑

日　期：六月十八日正午
　　　　（廿四年度第二学期第三次）
地　点：会议室
出席者：沈体兰　白约翰　张以藩　黄九如
　　　　曹亮　魏金枝　陈其德　郭大文
　　　　赖璞吾　萧月宸　江振德　陈兆坤
　　　　沈淑　茹枚　曹孚　汪师竹
　　　　王岳西　陈侠泉
主　席：沈体兰
纪　录：陈侠泉

报告事项

一、宣读上次会议纪录，通过。

二、总务方面

五月五日举行学校纪念日，同时举行科学馆奠基典礼，到者甚众。

卫生运动周在五月之最后一星期举行，有卫生演讲、整洁比赛、防疫、注射、检查身体等项目。

六月六日教师节赴苏旅行，参加者十九人。游木渎、虎邱诸胜，并慰劳高一集训学生，最后参观东吴大学。

部颁特种教育纲要，内容分精神、技术、体格三项。训练与本校所设施者旨趣相同，惟对于形式上，下学期再酌加增删，以符定章。

市政府召集校长谈话会，注意制止学生罢课。本校学生曾于六月九日罢课半天，次日即全体复课。

筹备四十周【年】纪念，同时举行成绩展览会，尤注重筹建科学馆，其建筑费预算定为三万八千元。

本学期收支决算五月底止，收入项下余二千余元，支出项下节省二百余元。

廿五年度预算收支各为五万七千四百四十元。

修正一览已出版，每人分发一本以供考查。

苏主任于本月初起忽患肠病，入博习医院开刀，须有长时期之休息。其职务由张以藩、陈兆坤两先生分代一部分，名义上由校长兼理。

下学年教职员聘约下星期可以致送，大致无变动。

本届毕业式由筹备员张以藩、陈其德两先生负责筹备。

暑期民教师范科由民校陈主任着手筹备。

校刊再出一期，一部分稿已付手民排印。各位如有大作，即日交去当可编入，约月底可出版。

消费合作社每届结账必有多少盈余，本届欲将红利之一部分捐充民教，某项经费现正在征求股东之意见。

补校原定本月二十日结束，旋以结算分数赶办不及展期二日，定本月廿二日晚举行休业式。

民校定本月十九日举行第八届毕业式。

三、教务方面

分科会议各科均已举行，惟社会科少开一次。如对于下学期教本已经决定，亦无须补开。

本届大考仍举行会考制，考某科时请该科各级教员同时莅场监试。成绩报告草拟于大考后即星夜赶办，早日报告各生家长。

往年对于下学期所用教本每至开学时间未完全决定，本届拟于学期结束前决定，以免临时匆促，请各科教员注意照办。

下学期课程表教务处现正根据各位授课钟点编排，请各位将授课时间认为绝对不便者开明交教务处。惟星期六下午与星期一上午不能同时除外，以免与他人冲突不易支配。

教员自定补考时间，须公开补考及格分数，以六十分为限，不及格者照原有分数。其因故请假得准补考亦以六十分为限，不及格者照补考时应得分数给予。

四、训导方面

分级会议主张一级中分组，须将优等生、劣等生习分俾收，提携促进之效。操行成绩报告希望于本星期内交训导处，以便注册填发报告单。暑期服务有赴和县及浏河等处工作者，亦有在本校办理民校识字学校者。

特种作业有救护、测量、调查等八种，成绩都佳。

五、事务方面

校舍在此两月中殊少变动，无可报告。惟植树节建造茅亭一座，兹已漆毕并于亭旁略植花木以资点缀。

本学期结束在即，仆费仍照向例办理。

电话费下学期略有变更，即废止五分券。本学期已届结束，请于本月底以前将用剩之券缴还，以资结算。

讨论事项

一件：先期筹备四十周【年】纪念成绩展览会案
议决：请张以藩先生代苏德宏先生，负责催请各科首席教员早日规定成绩簿表格式。

一件：扩大募捐运动案
议决：请教职员队队长督促各该队员再度努力，每队最低限度务达五百元。

一件：实行招收女生案
议决：原则通过。实行时期及办法由校务会议决定之。

一件：选举代表出席校务会议案
议决：续推魏金枝、陈兆坤两先生代表教职员参加校务会议。

一件：欢送赖璞吾、江振德、王厚生先生案
议决：定六月二十日（星期六）晚聚餐、摄影以表欢送而留纪念，详细办法请交谊委员会定之。

一件：商订暑期工作及进修计划案
议决：教职员暑期工作之分配俟提交校务会议备案后施行。关于各教员进修计划，请各人就其个性之所近而尽量参加。

一件：筹备第四届校务研究会案
议决：第四届校务研究会拟于九月十二或十三日举行，建议校务会议决定之。

一件：遵令参加购机祝寿案
议决：通告教职员酌量认捐。

暑期服务一
在安徽和县开辟公共运动场

暑期服务二
在安徽和县筑路，村民主动帮忙

日　　期：九月一日午刻
　　　　　（廿五年度第一学期第一次）
地　　点：会议室
出席者：沈体兰　白约翰　张以藩　何照东
　　　　陈其德　黄九如　曹　亮　郭大文
　　　　魏金枝　陈兆坤　萧月宸　黄　胤
　　　　沈　淑　吴上千　茹　枚　汪师竹
　　　　王岳西　曹　孚　王楚良　陈侠泉
主　　席：沈
纪　　录：侠

报告事项

一、宣读上届会议纪录，通过。

二、总务方面报告

本学期所聘教职员计有夏伯初、何照东、黄胤、吴上千、王楚良五位。以五君之学问经验，其所担任之教科与职务甚为合式〔适〕，殊堪欣庆。

廿四年度第二学期毕业生人数最多，为历届所未有，故举行毕业式时精神甚佳。

暑期依照校历规定放假两月，职员亦轮流略事休息。

本届已于廿八日开学办理注册手续，卅一日举行始业式。

科学馆募捐运动成绩超过目的，计捐款壹万贰仟陆佰元，人数一千○七十人。

科学馆建筑工程六月十五日开始，约十月底可以落成。

民教师范科计有学生卅七人，每日上课平均在二十人以上。

廿四年度收支概况已油印一纸分发诸位查阅，惟因查账员事忙尚未审查。

本学期行政组织略有变更，因教务主任苏君去世，一时未能觅得继人，暂由训导主任兼代，并将教务、训导两处合并，改称教导处。主任之外，添设副主任一人，聘何照东先生担任。

本学期各项委员会委员名单已拟定，即日公布，请诸位查照，勉任其难。

本学期各项会议日程表已油印分发，请诸位查照表列分别主持召集或参加。

本学期作业时间表及办公时间表略有修正，亦已公布。

三、训导方面

本届暑期学生甚热心服务，校内计办有四个学校。

特种作业计有十种，教导处已着手编列日程公布施行。

军事管理注重内务、整洁及学生礼貌等数项。詹教言在京受训尚未回校，由黄胤先生暂代。

分级会议每月举行一次，请照会议日程表所定日期召集开会。上届毕业生有八人已就职，其余大半升学。

四十周年成绩展览所有练习簿式已规定，由消费合作社经售，簿面俟临时装订。

四、教务方面

上届参加会考者高中二十人，初中卅四人。高中及格者十九人，一人须补考。初中及格者廿八人，六人须补考。

本届招生第一次报名一百○九人，参加入学考试一百○三人，录取七十五名。第二次报名六十九人，参加入学考试六十五人，录取三十三名。因初一、二年级尚有余额，故定于九月二日再举行招考新生一次。

本学期注册截至本日止，新旧生共百八十五人。

课程表已公布，如非万不得已希望诸位不要更动，因一人更动势必牵及他人。

本届所用教本如发现有不适合时，请速通知教导处，以便酌加更换。

分科会议与教学有关，请各科首席教员依照会议日程表所定时间召集开会。查本校学生对于自然、英文二科成绩时有不及格之虞，该二科分科会议对此须加意讨论补救方法。

五、事务方面

本学期开始两月，因科学馆尚未完工，宿舍不敷分配，有数位教员只得二人合住一间，俟十月底科学馆竣工再行分配，每人一间。

本学期因寄宿生人数增加添制铁床十张。又因新增教职员数人，故增置教员宿舍用具数事。

新电话使用券已印行，每本一元计三分卅四张，五分券已废止。华界打电话一次须付券两张。

讨论事项

一件：筹备师生交谊会案
议决：交交谊委员会负责筹备。

一件：筹备第四届校务研究会案
议决：交校务会议负责筹备。

一件：筹备劳力运动周案
议决：推张以藩、郭大文、陈其德、黄胤、

茹枚五君为筹备委员。

一件： 筹备四十周【年】纪念成绩展览案
议决： 推黄九如、何照东、郭大文、白约翰、夏伯初、吴上千、茹枚、曹亮、魏金枝为筹备委员。

一件： 选举进修交谊委员会案
议决： 进修委员会推黄九如、曹亮、陈兆坤

三君联任。交谊委员会推黄胤先生补江振德先生之缺，其余沈淑、张以藩、陈其德、茹枚四君仍旧联任。

一件： 选举校刊社理事案
议决： 推魏金枝、吴上千、陈兆坤三君为校刊社理事，以魏金枝先生为委员长。

吴上千
（1901—1995）

江苏武进人。1935—1941 年，在麦伦中学任数学教师。爱好戏剧，尤其擅长导演话剧。1937 年夏，上海各校举行联合公演，麦伦中学参演，其作品获得第二名。1941 年离开麦伦，专业从事话剧、电影编导工作，曾被誉为上海四大话剧名导演之一。

日　　期：十一月十日午时
　　　　　（廿五年度第一学期第二次）

报告事项

一、总务
修正行政大纲（附一览修正行政系统图）、修正课外作业日程、组织训育指导委员会及青年训练团（附组织系统图及职员一览表）。
修正廿五年预算（附表）。
各项特务委员会补充人选、新任军事教官。
拟订非常时期工作大纲（甲、维持校务办法；乙、紧急处置办法；丙、应变善后办法）。
四十周【年】立校纪念筹备委员会情形（附名单）。
招收女生筹备委员会情形（附报告）。
高级补习学校、民众学校近况。
华东教育会、上海中等学校协进会情形。
师生交谊会、校务研究会、国难纪念、苏前主任追悼会、国庆纪念经过情形。

二、教导
教导会议情形。
分级会议情形。
分科会议情形。
第一次小考情形。
特种作业情形。

三、事务
校工工作概况。
传达室员役轮值办法。

讨论事项

一、建议非常时期工作案
二、参加紧急集合案
三、参加劳力运动案
四、参加科学馆落成典礼案
五、参加并促进四十周【年】立校纪念各项筹备事宜案
六、参加航空救国一日运动案
七、建议教职员休息室设备案
八、其他提案

民国二十六年（1937 年）

日　　期：一月十二日午刻
　　　　　（廿五年度第一学期第三次）
地　　点：会议室
出席者：沈体兰　白约翰　张以藩　郭大文
　　　　魏金枝　萧月宸　曹　孚　夏伯初
　　　　陈其德　陈兆坤　黄九如　王岳西
　　　　王楚良　茹　枚　黄　胤　汪师竹
　　　　陈特汉　曹志绶　陈侠泉
主　　席：沈体兰
纪　　录：陈侠泉

报告事项

一、宣读上次会议纪录

二、总务方面

校董会常会于十二月廿二日开会，通过修正科学馆设备预算、本年度常年预算及修正本校组织大纲。惟招收女生与设立附小两案，交校董会执委会继续并案研究，再作最后决定。

非常时期工作大纲草案前经有关系方面会同草拟，计分三部分，应继续征求同人意见。

总理诞辰、耶稣诞辰及中华民国成立纪念均照校历规定先后放假，并举行庆祝会。新年假期中，并举行游艺会表演话剧，券资收入充民校分校经费。

劳力运动周因与科学馆落成典礼有关，展期至一月四日至九日举行，各级学生均有参加，精神甚好。

上月校内不幸发生传染病，留校师生全体检验并举行全部校舍彻底消毒。幸扑灭得法，旋即平安无事，照常上课。

修正校历经校务会议通过。本学期延期一星期放寒假，下学期亦延期开学，已呈报本市社会局准予备案。

放寒假时关于教课方面，请与教导处接洽，职员则由校长室排定轮流休假表公布。

四十周【年】纪念应筹备事项已由各分组委员会分任筹备，如募捐运动已刊发征信录；科学馆已举行落成典礼，仪式隆重，建筑亦满意；成绩展览各科推一负责人，由茹枚先生担任总布置负责人；纪念刊亦着手征稿并招登广告。

校长代表华东基督教教育协会率领西南教育考察团团员赴粤桂考察教育，经湘赣回沪。学生节食捐助援绥，此种精神殊堪嘉尚，尤望能保持久远。

边疆学生本校已收容一人，下学期或续有来者亦未可知。教职员交谊会于除夕在校长住宅聚餐，多数教职员均到会，合作精神及友谊均甚佳。

华东基督教教育协会、上海中等学校协进会、上海市国民军事教育协进会，本校均继续被选为各该会重要职员。

三、教导方面

本学期教导会议举行五次，对于训教合一收效甚宏。

分科会议国文科曾举办国文常识测验，外国语科曾举办英文书法背诵比赛。自然科学分科会议对于科学馆设备建议尤多。

分级会议各级均举行一次或两次，讨论各生学行颇多贡献。

第二次小考成绩比较第一次略有进步，分数报告家长，颇得家长方面之好评。

小考未考者、升级试读者之补考及初三毕业生之会考补考均已照规定日期举行。

学期考试日程表已排定油印分发，仍照向例在体育馆会考。

学业成绩即平日积分及大考分数须于廿五日以前交教导处。操行分数亦请早日填报并请各导师酌加批语。课外作业成绩请填报各生工作。

下学期课程表需重行编排，诸位如有必要情形指定钟点除外者，以每星期四小时为限。

教本如需调换，请于本学期结束前妥定新教本，报告教导处照办。

本学期特种作业学生参加不十分踊跃，诸位如有意见请向课外作业委员会建议。

假期作业请推广事业设计委员会计划进行。

下学期招插班生已在各报刊登广告，简章亦已印出，请招生委员或非委员特别分神帮忙。

四、事务方面

校舍支配教室均迁科学馆内，宿舍俟修理后

迁移科学馆，器具即可搬入。

膳食拟试行分食制，置办分食器具。

工役现添用一人，专管科学馆内整洁勤务。

仆费学生方面另定办法，教职员仍照向例，将赏金数目填于摺内，以便汇集匀分。

讨论事项

一件： 促进四十周【年】纪念各项筹备工作案

议决： 请各分组委员会负责进行，全体教职员应尽量赞助。

一件： 建议第三期校舍建筑计划案

议决： 第三期建筑计划应视全盘计划如何而定，请校长先拟订全盘计划，再征求各方面意见决定进行。

一件： 继续研究招收女生问题案

议决： 请招收女生筹备委员会继续调查研究。

一件： 建议修正一览案

议决： 由校长室收集各方意见酌量修正。

一件： 建议充实特种作业内容案

议决： 请课外作业委员会征求教职员同人之意见，酌量改进。

一件： 遵令缴纳所得税及缴付飞机捐案

议决： 所得税应遵令缴纳，飞机捐应暂从缓议。

一件： 慰劳绥远前方将士案

议决： 请沈淑先生代表本校全体师生向绥远抗战将士慰劳。

一件： 注意发展体育案

议决： 请体育委员会讨论建议。

一件： 购置用枪案

议决： 由教导处会同体育委员会核办。

民国二十六年一月十二日麦伦中学学期考试日程表

日　期：二月廿三日午后十二时半
　　　　（廿五年度第二学期第一次）
地　点：会议室
出席者：沈体兰　白约翰　张以藩　陈其德
　　　　郭大文　陈兆坤　黄九如　曹　亮
　　　　夏伯初　魏金枝　萧月宸　吴上千
　　　　黄　胤　沈淑　茹枚　陈特汉

曹　孚　汪师竹　王岳西　王楚良
张云飞　陈侠泉

主　席：沈体兰
纪　录：陈侠泉

报告事项

一、宣读上次会议纪录，通过。

二、总务方面

科学馆落成典礼于一月九日举行，来宾及校友到者颇众，行揭幕礼后，摄影留为纪念，并参观一周，仪式甚为隆重。

会考补考，高中一人因病临时未参加，初中六人均已补考及格，呈准社会局备案。

慰劳绥战将士，除捐款汇往外，教员中有沈淑先生参加妇女慰劳团，北上赴绥慰劳，已于旬日前回沪。

民教师范训练班有男女学生约四十人，大多数系本校附设民校毕业同学，现在外办理民校分校者对于整顿分校颇有帮助。

上学期展迟一星期结束，寒假三星期中职员轮值办公。教室宿舍迁移及修理均在开学前办毕。招收插班生一次，计录取十四名，二月十五、十六两日注册，十七日举行始业式，本学期新旧学生共二百九十六人。

修正课外作业时间表、公共处所开放时期表、职员办公时间表、教职员值夜时间表油印分发。如对于办公时间、值夜有不便时，可于本星期内向校长室声明，请勿自由变更。

订定本学期各项会议日程表，油印分发，请按照表列日期开会，俾校务得以循序推进。

实施军事管理，童子军管理办法依照部颁中等学校特种教育纲要。军事管理办法及童军管理办法由校长督策，教导处、军事教官、童军教练及教职员共同担任，一切人员同承校长之命令办理关于训管学生事宜，当印发本校训管组织系统表，以便遵照办理。

修正一览程序关于总则、行政部分由校长草拟；教务、训导部分由教导主任拟订，先提交教导会议通过；推广事业部分由推广事业委员会主席拟订，先提交推广事业委员会通过后，于四月五日汇齐再提交校务会议最后批准付印。同仁如有意见，请分别向负责起草者接洽。

审查上学期会计收支账册，校务会议推吴上千、夏伯初二君为查账员，另有函知。

编制廿六年度预算程序，收入部分初步预算定三月中编造，支出部分初步预算定四月中编造，五月上旬须作最后之审定。

改推广事业设计委员会为推广事业委员会，扩充委员名额，讨论今后推广事业计划，拟订推广事业程序，按步实施。

拟订建筑校舍程序，请校舍设备委员会研究。

校刊社近正忙于搜集立校纪念刊之材料。

消费合作社不日举行会员大会，选举理、监事，以便从事整顿。

高级补习学校已于二月十七日举行新生入学试验，二十日开学，本期约有学生一百十余人。

民众学校十九日开学，初级班、高级班共有学生二百余名。

三、教导方面

寒假中招考插班生一次，投考者三十余人，计录取十四人。

办理注册结果寄宿生一百廿二人，通学生一百七十四人，共二百九十六人，与第一学期人数相等。

分科会议希望各科首席教员按照会议日程表召集，开会多研究如何变更课程，使更适合中国需要。

第一次小考日期照修正校历定三月廿四日至廿七日。

假期服务除校中举行民校师范训练班外，有学生数人骑自由车旅行。课外作业学生自治会颇能遵照校章办理。

特种作业项目本届略有变更，每星期一、三、五举行三次。

分级会议讨论各级事务，对于促进学生成绩颇能收效。两毕业级应注意升学就业一点。

四、事务方面

校舍：高、初中教室皆已迁往新建科学馆内，旧教室作为选科教学之用。

校工：分配科学馆内添用一人，余均照旧担任职务。

来宾传达：门房将来宾稽核单请来宾填就后，先将来宾延入会客室内等候。

电话使用券：如欲续购者，此时可以购备，其款由会计室先付。公事电话使用券存传达生处，以后如为公事通电不必付券。

讨论事项

一件：选举进修交谊委员案
议决：教职员进修、交谊两委员会委员人选均照旧联任。

一件：推进教职员同人进修与交谊生活案
议决：请教职员进修、交谊委员会商酌办理。

一件：促进本校宗教工作案
议决：请宗教委员会设计进行。

一件：建议编制廿六年度预算各项意见案

议决：廿六年度预算请分科会议于三月中开会，将各该科下年度需要详列预算。各组委员会主席将各该组下年度需要详列预算。关于推广事业预算将另列一项。膳食账目下年度亦将划分独立，学校仅负监督之责。各位如有意见，请随时向经济委员会建议。

一件：建议拟订推广事业程序各项意见案

议决：关于补校、民校及义务学校，如有意见请随时向推广事业委员会提出。

民众学校暨分校师生合影

日　期：四月二十日午后十二时半
　　　　（廿五年度第二学期第二次）
地　点：会议室
出席者：沈体兰　白约翰　张以藩　陈其德
　　　　曹　亮　郭大文　魏金枝　陈兆坤
　　　　黄九如　吴上千　萧月宸　夏伯初
　　　　沈　淑　曹　孚　黄　胤　茹　枚
　　　　汪师竹　王岳西　王楚良　张云飞
　　　　陈侠泉
主　席：沈体兰
纪　录：陈侠泉

主席宣读上次会议纪录，通过。

报告事项

（一）总务方面

本届植树节适值微雨，但植树颇多，精神甚好。

校务会议缺额会员，聘请萧月宸先生补充。

本校近来附设机关逐渐增多，特拟订各项附设机关行政系统图，已经校务会议通过油印分发。

修正训管组织系统，不独注重军事训练，亦甚提倡学生自治，此项系统图已经校务会议通过油印分发。

新订军训团、童军团组织条例，将团长、副团长、军训团团附、童军团团附等职权及办事手续加以厘定。此项条例已经校务会议通过油印分发。

第一学期收支账目经查账员审查后，已报告，并无错误。

本学期过去两月决算均经经济委员会审查，并经校务会议议决，将盈余一千元全数拨归建筑费项下。

廿六年度预算与从前略有不同，如膳费与补、民两校出入款项均划出独立，作为副账由校代为经理。全校预算草案须提交五月七日之经济委员会通过。各部分主管人员须于期前汇集各该经管部分，逐项编造。如有意见，请于本月底以前提出，以便酌核。

推广事业委员会将补、民两校及义务学校行政系统图、组织大纲及简章加以修正或拟订，均经校务会议通过油印分发。

招收女生筹备委员会议决：下学期起，应招收女生，请学校当局向校董会建议。俟再详细调查他校情形，作成报告一并提出，以供校董会之参考。

全国基督教中学校长会议于本月上旬在沪开会，到者一百十余人。对于教会学校经费、课程、军训及与政府关系等问题均有详细讨论。会毕时，曾来本校参观。

华东基督教教育协会年会在苏开会，会员到者一百八十余人，本校代表赴苏出席者五人，本校校长又被推选为该会副会长。现该会举行论文比赛，并征求会员。曾交到印刷品二种，分发参考。

四十周【年】立校纪念筹备委员会通过，修正科学馆建筑费预算为四万元。截至上月底止，已收款项三万三千元，付出款项三万三千二百五十元。

立校纪念程序委员会已将纪念程序最后修正付印。

成绩展览会正在积极催收成绩品。

《纪念刊》稿件已付印，此次招登广告成绩甚佳。

（二）教导方面

教导会议已开会一次，第二次原定四月六日开会，因一部分会员赴苏公干故停开，俟有定期再行通告召集。

自然科分科会议讨论关于成绩陈列品之决定及预算之分配问题。国文科分科会议讨论对于成绩展览会之准备。

高一分级会议讨论关于军训问题。初三、高三曾举行升学就业指导会，请廖世承、潘仰尧两先生演说。

预算关于校具一项，请各科主任参酌各该科情形，有无添购校具之必要，早日决定开交教导处，以便编造。

小考分数在各教员十分忙碌之中一再催交，殊觉抱歉，敬致谢意。

操行考核比去年有进步，夜课秩序亦良好。

课外作业考核已分发表格，请各位参阅。

（三）事务方面

事务会议已开会两次，所有议决案现正在进行中者有：1. 由事务处拟定副账用收据清单格式，以便付印。2. 添制校工制服、门房制服，略仿门警制服格式。

预算关于办公、消耗两项，请各部分经管人员于五月底以前详细开列，否则即照去年数目编造，以后不能有所增加。

校舍新近略有变更：1. 礼堂讲台添做台面，后开一门。2. 事务所与庶务室沟通。3. 扶梯改造依照救火会建议，并将北部扶梯关断。

膳食下学期由学生自治会组织管理，膳食委员会负责办理，由校方严加督促。膳费亦由校方代为保管。《条例》现正在事务处拟订中。

校工最近添毛凤山一名，暂系义务性质。

讨论事项

一件： 参加四十周【年】立校纪念各项程序案

议决： 1. 成绩展览会由各室负责人于本月廿六日将所有成绩品分壁面、桌面详开清单，交茹枚、吴上千两先生，以便代为设计。2. 各项成绩品限于本月二十八日午时以前，一律点交主席吴上千先生。3. 本月廿九、三十日停课两天，从事布置，由教导处指派学生帮忙。4. 展览会开幕时，每室派高中学生六人帮同照料。

一件： 建议廿六年度预算项目案

议决： 关于廿六年度预算支出部分，限于五月底以前编造完竣。如有意见，请交经济委员会主席魏金枝先生核办。

一件： 建议推广事业计划案

议决： 关于推广事业计划，请同人尽量建议，于日内向校长室提出。

一件： 建议扩展校舍计划案

议决： 扩展校舍计划，同人如有书面建议，请于五月底以前提出，甚为欢迎。

一件： 建议修正教职员服务及待遇条例案

议决： 修正教职员服务及待遇条例征求教职员意见，请在五月底以前向校长室提出。

一件： 参加筹备卫生运动周案

议决： 推张以藩、陈其德、黄胤三先生为筹备本届卫生运动周委员会委员。

一件： 筹备教师节案

议决： 本届教师节请交谊委员会负责筹备。

一件： 征求合作社社员案

议决： 教职员未加入合作社者，请酌量加入该社为社员，请向夏伯初先生接洽。

日　期：六月廿二日正午

　　　　（廿五年度第二学期第三次）

地　点：会议室

出席者：沈体兰　张以藩　陈其德　黄九如

　　　　陈兆坤　郭大文　夏伯初　魏金枝

　　　　萧月宸　吴上千　黄胤　茹枚

　　　　曹志绥　胡然　汪师竹　王岳西

　　　　王楚良　陈侠泉

主　席：沈体兰

纪　录：陈侠泉

报告事项

宣读上次会议纪录，通过。

总务方面

校董会通过修正教职员服务及待遇条例，明年当刊印于聘约内。又通过发展校舍计划大纲及廿六年度预算案，廿六年度预算收支各为四万六千元，比往年略减，因膳费及推广事业费划出独立故也。又通过请创办人加拨房地案，此案能否实现，年内当可确定。

四十周年立校纪念举行成绩展览，来参观者皆表示满意，颇得好评。惟第一日天雨，似觉美中不足耳。

卫生运动周曾经数位著名医生演讲，并举行整洁比赛、注射防疫针、参观医院等事项。

高一参加集训计四十二人，营房设备较往届有进步，惟管理加严。

教师节教职员旅行浦东高桥，兴致极佳。晚间，校长邀宴于其住宅，教职员几全体前往。餐后有余兴，甚欢而散。

欢送白、韩、张诸先生大会于六月十三日在大礼堂举行，到教职员一部分及全体学生。教职员推黄九如先生代表致辞。高一集训，学生因非例假不能离队，亦派代表三人来校参加。

推广事业预算下届决定为二千八百元。

补校本届甲级毕业有十三人，乙级二十人，丙级卅七人。

民校本届毕业生高级班有四十四人，初级班有四十二人。

义务学校下届聘王楚良先生为代理主任，负责接收并征求初中学生担任教员。

暑期师训班由陈其德先生负责筹备。

本届毕业式定七月三日上午十时举行，请韦捧丹博士演讲，并已函请市党部社会局派代表莅临指导。韦博士曾任上海市教育局长，新任本校校董。

本届招生委员会聘请黄九如先生为委员长，郭大文、魏金枝、陈兆坤、陈其德、吴上千、沈淑诸先生为委员。招考新生两次，第一次定七月廿六日，第二次定八月廿五日。

本届第一次办理暑期学校，聘陈兆坤先生为主任，职员有沈淑、吴上千、曹孚、汪师竹诸先生襄助办理。

校长参加暑期训练，定月杪赴庐山，七月下旬回沪。教员参加暑期讲习已确定者为王岳西先生，定七月中旬赴南京，八月中旬回沪。未确定者黄胤、茹枚两先生正在征询中。

下年度学校行政因张以藩先生出国，请黄九如先生代理教务处，请陈兆坤先生代理训导处职务。

教职员聘约已于日前发出，大多数仍旧贯副本，请于六月廿五日以前盖章交回。

教导方面

教导会议本学期共开过四次，已讨论而未决者为特种作业。下学期应如何规定，请同人加以考虑。

分科会议本学期均照规定日期开会，以后请对于各科用书多注意讨论。

分级会议颇多讨论每生学行问题，希望以后对于如何改进各级之一般精神加以讨论。

大考定廿五日起在体育馆举行，应参加者有高二、初二、初一各级。

各项成绩报告请同人于结束前，尽速缴交分数，以便造报。

各教员所用教本、教具因有酌量调换者，故必须于结束时一律缴还教导处，俟下学期开学时再行更替核发。

事务方面

事务会议本学期均按期举行。

经济收支本学期略有盈余。

宿舍下学期无多变动，暑期中亦仅小修理耳。

膳食将另组膳食委员会，章则已由校务会议通过。

下学期本校校工亦多数仍旧雇用，仆费仍照以前办法办理。

讨论事项

一件：慰劳集训学生案

议决：定六月廿五日上午十一时一刻出发，推定代表张以藩先生等数人。

一件：征求甄别学生意见案
议决：如有意见请向教导处报告，以供参考。

一件：协助招生委员会工作案
议决：教职员同人当尽量充分协助招生委员会办理招生事宜。

一件：定期试办招收女生案

议决：下学期试办招收女生，暂以初中一新生为限。

一件：筹备第五届校务研究会案
议决：定九月四日、五日举行校务研究会两天。推沈校长、黄九如、陈兆坤、陈其德诸先生为筹备员。

王楚良
（1915—2011）

1933年入麦伦高二插班读书，1934年参加中国共产主义青年团、左翼作家联盟。1936年留校任图书员兼补校事务科长。1938年加入中国共产党。1942年于上海沪江大学英文系毕业。参加过"一二九"学生运动。先后任党的宣传刊物《上海周报》《文萃》编辑。中华人民共和国成立后，曾任中国人民外交协会副秘书长。

日　期：十月一日午
（廿六年度第一学期第一次）
地　点：八仙桥青年会九楼
出席者：沈校长　黄九如　陈兆坤　陈其德
魏金枝　郭大文　吴上千　杨美真
萧月宸　沈淑茹　枚　王楚良
王厚生　陈侠泉
主　席：沈校长
纪　录：陈侠泉

报告事项

一、宣读上次会议纪录，通过。

二、总务方面

上届毕业式于七月一日举行。

暑假于七月二日开始，职员轮流休假。秋季学期原定八月廿五日开学，因战事延期。校长参加庐山暑期训练，六月抄首途，七月下旬回沪。所有受训期间，每日操练甚为严格。教职员参加暑期训练者有：黄胤先生参加南京教育部办体育教员训练班，王岳西先生参加南京卫生署办学校卫生教育训练班。第一届暑期学校于七月五日开学，分三班，有学生三十三人，惟后因战事提前结束。民教师范班有学生三十余人，讲师皆能热心讲授，精神甚好。

沪战影响，使本届不能在原址开学。日前，创办人代表曾至战区察看校舍，据说除新建科学馆及游艺室外，余均被毁。

战事发生时，即将重要文件移至四川路青年会。旋在辣斐德路设立临时办事处，办理学生登记事宜。一面与慕尔堂接洽，借址开学，几费周折，始得定议。

组织战事服务团，曾呈报社会局奉发调查表，现正在进行中。

校董会议曾于日前　度召集执行委员会，将本学期控制预算及职工待遇条例与本学期开学临时办法大纲，分别修正通过。

九月十五日迁至慕尔堂，计旧生登记者有一百数十人。十七日举行新生入学试验一次。二十日开始注册。廿一日上课，新旧生到者几达二百人。他校学生尚有续来请求借读者。

欢迎新职员就职，计有黄九如先生、陈兆坤先生分任教务、训导两处工作。教职员自外埠赶回者有陈其德、吴上千、陈兆坤、陈侠泉四位。

三、教务方面

课程表已公布，如无必要更改之处，请诸位即照表上课。

教材请诸位预为估计，如能酌量插入关于国

防及民族意识方面之材料更佳。

参考书价钱不甚昂贵者，当量为购备。

关于计核学生成绩所用表簿，仍仿照从前办法办理。

四、训导方面

学生请假缺席须凭家长来函，方可核准。

特种作业酌聘专家演讲救获、防空、防毒等方法。

学生团体各级皆已成立级会，惟初一因人数未齐，暂缓成立。

五、事务方面

本届预算购置项下只有三十五元，此后购置用品务须先经事务处核准，以免溢支。

印刷文件如必须铅印，概交事务处办理。

校役因本届限于经费，只留用二人，一司内部整洁工作，一司递送信件。此外有助理员、传达生各一人，分任缮写油印、来宾传达等事。

电话每次须付费五分，如系私事，由个人自理；如系公事，由传达生随时登记付费。

讨论事项

一件：审查廿五年度第二学期收支案

议决：推举郭大文、萧月宸两先生审查廿五年度第二学期收支。

一件：审议廿六年度第一学期预算案

议决：廿六年度第一学期预算通过，收支各为六千八百八十元。

一件：推选校务会议代表案

议决：推选魏金枝、吴上千两先生为校务会议代表。

一件：规定应设各项会议案

议决：暂先设置经济委员会，以沈校长、陈

其德、郭大文、萧月宸、王厚生先生为委员。

一件：拟定征求图书办法案

议决：征求图书办法，请校务会议派员组织委员会办理之。

一件：审议推广事业进行方针及办法案

议决：关于推广事业进行方针及办法，由校务会议邀请有关系人员参订之。

一件：推行救国公债案

议决：教职员每位至少以月薪百分之三十购买救国公债，一次多购者听。

一件：推行服务团工作案

议决：推行服务团工作，交训导处核办。

一件：研究复兴本校方策案

议决：复兴本校方策请校长拟具草案，提出校务会议审定，再报告本会议。

一件：拟定本学期校历案

议决：本学期校历通过公布。

一件：筹备国庆纪念案

议决：本届国庆纪念推陈兆坤、陈其德、茹枚三先生负责筹备。

一件：举行进修会案

议决：本学期教职员进修会每月举行一次，推黄九如、陈兆坤、萧月宸三君为委员。

一件：慰问创办人及白顾问案

议决：致函慰问创办人及白顾问，由教职员签名寄发。

日　期：十一月廿三日午

　　　（廿六年度第一学期第二次）

地　点：办事处

出席者：沈体兰　黄九如　魏金枝　陈其德

　　　　郭大文　杨美真　梁邦彦　沈　淑

　　　　汪师竹　王楚良　王厚生　陈侠泉

主　席：沈体兰

纪　录：陈侠泉

报告事项

一、宣读上次会议纪录，通过。

二、总务方面

校董会已通过本学期修正预算案，收支各为八千五百元，并已派员审查上学期决算账目。对于复兴本校计划，先由校长提出意见书，于下次开会时讨论之。

上学期收支账目经校内查账员及校董会查账员先后审查，无讹。

清理学生存款及附设机关账目，已由各经手人将经手之款缴交委员会保管，并已登报招领。

本学期预算因第二期学生缴费比第一期减少二十人，故收入略减，但支出亦可略省，结果收支或可相抵。

请领特种补助费经多方接洽，结果艾约瑟基金委员会补助费均可具领，西教员津贴亦颇有希望，工部局补助费俟手续办妥亦可望发放。

经济委员会曾开会两次，对于编造预算审查决算均已妥为办理。

图书委员会得杨美真先生、萧月宸先生暨学生数人捐赠书籍，对于图书馆之复兴已略具规模。一面已商得慕尔堂同意，准本校师生在规定时间内，凭借书卡片向该堂借书。

宗教委员会对于兄弟会改名学校青年会，并加入上海青年会童子部为会员一事现已办妥。又参加慕尔堂宗教研究班，陈其德先生亦担任主领一班。

推广事业委员会办理难民教育，由中央收容所来上课者有一百二十余人，每星期四次有民校校友帮忙，现又预备在新设立之赫德路难民收容所内办理民众学校。

教职员进修会本学期已举行两次，均请曹亮先生演讲，第三次约在下月初举行，如有意见，请向黄九如先生建议。

教职员请假离校者有陈兆坤、吴上千、萧月宸三君，已分别请人代课，以后同人行动，须从整个团体着想，避免个人行动。

募购救国公债十月初旬着手进行，旋即将认购之款一千三百四十五元缴交银行，现已领到公债票分发各人收执。

华东基督教教育协会汇集各校损失，请求英美国外宣教联合会补助，本校为该会会员之一，亦胪列损失情形，请求该会转请补助十三万元。

上海中等学校协进会日前开会，到会者三十余校。议决：一、不与任何非法组织合作；二、健全组织；三、设交通网，每区推一交通员负责接洽。

讨论事项

一件：确定应付变局方针案
议决：确守办学宗旨，尽可能共同维持现状。请校长向校董会报告备案。

一件：建议复兴本校方策案
议决：积极在内地筹设分校，地点假定在湖南衡阳。最好赶下学期开学，请校长转请校董会核准，以便尽速进行。

一件：补选校务会议代表案
议决：推郭大文先生为校务会议代表，补吴上千先生之缺。

一件：拟定下学期校历案
议决：下学期校历通过（油印附发）。

一件：筹备耶稣诞辰案
议决：交宗教委员会协同本校青年会办理。

一件：考核学生各项成绩案
议决：请教务处汇集各生成绩，报告下次本会议核办。

民国二十七年（1938 年）

日　期：一月十七日午后一时
　　　　（廿六年度第一学期第三次）
地　点：本校办公处
出席者：沈体兰　黄九如　魏金枝　史慕尔
　　　　陈其德　吴上千　郭大文　沈　淑
　　　　汪师竹　王楚良　王厚生　陈侠泉
主　席：沈体兰
纪　录：陈侠泉

报告事项

宣读上次会议纪录，通过。

校董会议决：仍依照创办人办学宗旨继续办学。核准校长建议，以工部局补助费之一部分，提作万一停办时教职员生活维持费。西顾问请史慕尔先生暂代。关于复兴计划，已加入华东基督教教育协会。联合请求英、美国外宣教会补助本校，请求数目为十三万元。此外并拟请求中央庚款补助，并向艾约瑟基金委员会请求拨发基金之一部分，以供复兴本校之用。

各项补助费：本年度工部局三千三百元分四期发给，停发一期，计可收到二千四百七十五元。下年度已继续请求，结果如何现在难料。艾约瑟基金补助费本学期早经预支，下学期亦已收到伦敦会津贴。教员薪水每月一百卅元，本学期六个月收到七百八十元。下学期恐只有三个月希望。

本学期预算最后修正为一万一千五百元，下学期预算收支各为一万二千元。

经济委员会报告：本学期可赢〔盈〕余一千元左右。

图书委员会报告：本校图书馆已毁，幸有杨美真先生捐赠若干书籍，又有沈校长在战区取出书籍亦捐给本校，因此本校下学期当可辟一图书室，再从事扩充云。

宗教委员会报告：圣诞捐募衣物分赠难民。近来每星期二第五节举行宗教讨论会，有史慕尔先生主领。

推广事业委员会报告：有本校高中学生数人及民校同学在中央收容所服务，办理难民教育，成绩甚好。

清理学生存款及附设机关账目委员会报告：清理工作进行顺利，在本学期结束前，拟再开会一次。

庆祝圣诞开会毕，全体照相以留纪念。是日，复兴纪念，上海各校长叙餐。

进修会自十月起每月开会一次，前两次请曹亮先生演讲，后两次请胡愈之、史诺先生演讲。

教职员同人中留职停薪者有王岳西、茹枚、黄胤三君。请假回籍者有萧月宸君。回校销假者有陈兆坤、吴上千二君。

华东基督教教育协会现筹备在沪办联合中学一所，救济各基督教学校在沪失学之学生。中等学校协进会与各大学、小学合并组织，教育协会会员数目大增。

下学期迁小沙渡路卅四号，开学定二月五日。甄别旧生所缴保证金概不发还，只准移作下学期用。二月七日招考新生，免费学额除荣誉奖金、教会子弟及教职员子弟照前设免费学额外，另设免全费八名，免半费十名。

教务方面

大考定一月廿四日起举行，各科教员每班命题两份，分印两纸，连座者不做同样题目，以免作弊。

考试成绩最好于考毕时，即将分数单填交教务处。因正值迁移校址，延迟则易于遗失。

教本如须更换，须于学期结束前决定。本届因书肆存书有限，尤须提前选定，早日交书肆代办。

下学期课程表上课时间改在下午，补习时间每星期至少须有三小时。

训导方面

操行分数请导师及教员分别批评，由训导处参酌办理。

缺席迟到近因严予处分，情形略好。扣分仍照从前办法办理，正在查核统计中。下学期拟仍向各生家长征求印鉴，以防流弊。

特种作业开学后两月情形甚好，有军事学、救护班等，后因环境关系暂停。

学生活动有刊物、壁报、出版，现因将届大考暂停，读书会尚在进行。

事务方面

购置项下尚有余款，如须添办之件或教本，请通知事务处，当照办。

校役节赏仍照往年办法，由事务处通知各位，注明赏赐数目，以便汇收均分。

迁移校址拟请郭大文、吴上千两先生到场照料。

讨论事项

一件：审查本学期收支案

议决：请郭大文、吴上千两先生审查本学期收支账目。

一件：建议复兴本校方策案

议决：请同人随时贡献意见供校务会议之研究，以资决定。

一件：继续试办招收女生案

议决：继续招收女借读生，仍为试办性质。

一件：试办后期小学案

议决：委托健友社试办一年，名称待定。

一件：提倡同人合作生活案

议决：在可能范围内，觅定较大之住宅合作。

一件：发起征求图书案

议决：征求图书，由图书委员会会同学生自治会，于开学时酌定举行。

一件：选举下学期校务会议代表案

议决：推魏金枝、吴上千两先生为教职员代表，出席校务会议。

一件：选举下学期进修委员案

议决：进修委员会委员萧月宸君遗缺，以梁邦彦君递补。

一件：规定免半费学额案

议决：规定下学期设免半费学额二十名，以本学期盈余之一部分，或拨保证金充公之一部分，或由教职员自由认捐，以凑足之。

日　期：二月十一日下午六时
　　　　（廿六年度第二学期第一次）

地　点：女青年会

出席者：沈体兰　黄九如　陈兆坤　陈其德
　　　　魏金枝　郭大文　吴上千　杨美真
　　　　梁邦彦　沈　淑　汪师竹　王楚良
　　　　王厚生　陈侠泉

主　席：沈体兰

纪　录：陈侠泉

报告事项

一、宣读上次会议纪录并执行议案情形，通过。

二、总务方面

艾约瑟基金补助费上学期早已预支，本学期亦已收到。伦敦会津贴西教员薪水上学期收到六个月，本学期恐只有三个月，现正在要求照常津贴六个月，能否做到，尚未可知。工部局补助费廿六年份只收到三期，计二千四百七十五元，廿七年份已继续请求，大约四月间方可发表。

上学期经济情形至十一月始渐好转，学期结束赢〔盈〕余九百元。遵校董会议决案，对于减薪之旧教职员十人，每人加发薪水一个月，余数移作免费学额经费。

本学期预算与上学期不同之点，如教职员薪水照比例折扣、设备费须视工部局补助费之有无而定。

上学期于一月廿九日考毕，日前已将成绩报告单分发各生家长。

寒假中，职员轮流到校办公。二月五日举行旧生甄别试验，七日举行新生入学试验。

迁移新校舍于一月廿九日下午实行，只半日即搬毕，秩序尚好。

搬取战区物件两次，凡可搬者都已搬出，约值数千元。

筹备小学本请健友社试办，旋因培成要求增加房租且嫌为时太匆促，暂行停顿。

三、教务方面

甄别旧生及格者计三十二名，拟于十二日再举行一次。

新生录取二十一名，亦有数人要求补考入学，拟于十二日与第二次旧生甄别试验同时举行。

注册截止计有二百二十人，女生比上学期增加数人。

课程表已公布，因尚有修改之必要，下星期一起另有新课程表公布。

教本皆已选定，由书店携书到校发售。惟活叶〔页〕文选尚在书局装订中。

四、训导方面

本学期管理将注意下列各点：一、门禁。二、缺席。三、请假手续。四、礼堂与教室之秩序。请教职员同人随时随地予以合作。

导师各级均联任，惟初三与高一或因与学生接触便利起见，有互调之提议。

级会前学期未照规定办理，本学期拟与各级导师商定划一办法。

课外活动如青年会、读书会等，现正在继续征求会员。其他团体如欲成立，须经过核准手续。

特种作业定在每星期三第五节，有演讲会、级会等，或全体、或各级分别举行。

五、事务方面

校舍除教员休息室及初一教室尚有问题外，余均已布置妥贴〔帖〕。

校工初本拟派一人驻值号房，因培成号房办事尚认真，即由培成号房兼值，不另派人。

购置用品或教具请开单交事务处，当照办。

电话本学期自行装置，教职员通电暂时毋须付费，俟本月底局方开单，如超过一百五十次时，再定办法。

讨论事项

一件：通力合作实行半日专任制案

议决：在此抗战时期，本牺牲合作精神，一切以校务为前提。对于下午半日授课、办公一任校方安排，绝不作私人之保留。

一件：整饬校风案

议决：注意学生课外活动利用星期日，提倡宗教生活与团体活动，其办法另定之。

一件：严行取缔缺席迟到案

议决：每日第一节前即一点二十分，各级实行点名一次。

一件：依照学力实施补习教学案

议决：本学期所有增加钟点，专为便利不及格学生之补习，其余学生可同时自修他种课业，不加限制。又不及格学生之不及格科目教员如欲考问，可在下午课毕后六时前行之。

一件：推行征求图书运动案

议决：请图书委员会于下星期内拟订办法，向本校师生作普遍之征求。

一件：布置及利用教员休息室案

议决：教员休息室应速布置，使教员有办公处所，请事务处负责办理。

一件：协助恢复民校、义校案

议决：同人对于恢复民校、义校应予以精神或物质上之赞助。并发起征求，将救国公债捐充基金。

一件：规定本学期小考次数及教材分量之分段案

议决：本学期小考仍照校历规定举行一次。教材最好分为两阶段，请各科教员预为估计，初、高中毕业级尤须注意。

一件：每日第三节后延长休息时间案

议决：自下星期起，每日第三节后延长休息时间为十分钟，至第一次小考后延长休息时间为十五分钟。

一件：处置参考书案

议决：每种参考书只须购备一份陈列书柜内，教员借阅时间应有限制。

一件：筹备教职员伙食案

议决：教职员伙食，请事务处择定厨房接洽价目后，征求同人尽量参加合作。

日　期：四月七日下午六时卅分

　　　　（廿六年度第二学期第二次）

地　点：教员休息室

出席者：沈校长　黄九如　陈兆坤　陈其德
　　　　魏金枝　郭大文　沈安石　吴上千
　　　　梁邦彦　沈　淑　汪师竹　王楚良

　　　　　　　　王厚生　陈侠泉

主　席：沈体兰

纪　录：陈侠泉

宣读上次会议纪录，通过。

报告事项

总务方面

校董会执委会日前开会议决，旧校舍暂不修理，惟将大门下锁，并连同伦敦会房子周围筑成篱笆。又核准汪师竹先生半休课，务请人代理。又议决，提前偿还建筑费欠款。

上学期收支审查无讹，校董会亦派员查过。

工部局补助费上届停发一期，本届尚未发表。伦敦会西教员津贴本学期只收三个月，计四百元。艾约瑟基金特别补助本有三千五百元，本届因贮款减息，只收一千五百元。魏德辉基金近增加八百元。

图书委员会前次征求图书收到甚少，兹已向会计室领款一百元，酌购应用书籍，并请各科提出复兴图书标准。

宗教委员会举行教职员宗教研究会两次，学生宗教讨论会两次。

经济委员会审查上学期收支账目，清理学生存款及附设机关账目，公布在案。

推广事业委员会办理民校，学生有一百余人，近来添授新文字，学生颇感兴趣。

总理逝世纪念，放假一日，下半旗，举行纪念式时，请张宗麟先生演讲。革命先烈纪念，下半旗，先一日举行纪念式，请卢广绵先生演讲。

第二期注册定本月八、九两日，各班轮流向会计室办理注册手续。

教职员进修会本学期举行两次，第一次请关锡斌先生演讲，第二次请吴耀宗先生演讲。本月底将举行第三次进修会，如有建议，请向进修委员会提出可也。

华东基督教教育协会日前开会，有葛德基先生报告旅行内地所得各种观感。

中等学校协进会近日开会，发起各校举办节约运动。

教务方面

本学期注册有二百四十一人。

课程查已照预定程序进行，且有温习时间。

小考在春假后开始，定四月廿七日为报告分数之期。

教本如无问题，下学期当继续采用。否则须于四月底酌定报告教务处核办。

训导方面

近来学生缺席或迟到除当日列表公布外，并当面查询究竟，因此缺席已渐减少。

操行受记过处分者约二十人，责令上午到校自修者八人。

课外作业有青年会，系宗教性质，精神甚好。有篮球队，系各班轮流赛球。有漫画组，正在组织中。又有两个研究学术团体，进行亦颇有秩序。

事务方面

校舍现赁用培成之一半，既嫌太小又不自由，下学期当设法改良。

校工毛凤山离校，由吴连生补充。孙明康亦已来沪，当将工作妥为分配。

购置项下尚余四十余元，如欲添购教本、教具请开单交来，以便照办。

电话此两月中未超过限度，教职员可免费使用。他日如超过，再行酌量收费。

讨论事项

一件： 建议修正本学期预算案
议决： 本学期预算应如何修正，请于本月底以前，向经济委员会建议。

一件： 建议编订下学期预算案
议决： 下学期预算应如何编订，请尽量向经济委员会建议，以供参考。

一件： 扩大征求图书运动案
议决： 在学校纪念日以前举行征求图书运动周，刊印、收条、分发、应用交图书委员会核办。

一件： 提倡课余体育案
议决： 推陈其德先生组织教职员球队，学生方面请白顾问负责指导。

一件： 推动本校复兴计划案
议决： 复兴本校先从充实图书、仪器着手。一面徐图在西南设立分校。

一件： 建议酌定下学期校舍案
议决： 下学期校舍除课室、办公室外，必须有操场、礼堂、实验室、图书室等方足数应用。除向培成接洽尽量增加外，请同人向外间物色建议。

一件： 建议修正本校一览案
议决： 编印本校一览，如有应修正之点，请于两星期内提出建议。

一件： 缩短春假期限并定各科温习办法案
议决： 春假前三天完全放假，后三天由教务处排定补课表公布。

一件：欢迎白顾问回校案

议决：定本月十四晚，在蜀腴川菜馆聚餐，以表欢迎。由事务主任负责筹备餐资，每人二元。

一件：筹备学校纪念日案

议决：五月五日学校纪念日，推魏金枝、吴上千、陈其德三位先生会同学生代表四人组织筹备委员会，负责筹备。请训导处转知学生自治会，早日推举代表，以便进行。

一件：筹备教师节案

议决：教师节请进修委员会负责筹备，费用以每人一元为限。

一件：如何防止学生舞弊案

议决：动员教职员全体注意纠正学生错误之

观念，并尽量设法消减各种足以引诱舞弊之因素。

一件：试题一律付印案

议决：试题一律付印，其中预留空白，以便学生即将答案填写于题目纸上。

一件：规定操行分数记分法案

议决：由导师汇集教员意见，酌加评语，提出分级会议决定之。

一件：习题分量分配案

议决：习题分量，各科应有相当分配，以免畸轻畸重。

一件：如何指导学生利用上午时间案

议决：教职员应指导学生团体利用上午时间开会，或体育球队亦可利用时间借地比赛。

迈伦中学武定路旧址

日　期：六月十六日上午十时
　　　　（廿六年度第二学期第三次）
地　点：武定路新校舍
出席者：沈体兰　白约翰　黄九如　陈兆坤
　　　　陈其德　魏金枝　郭大文　杨美真
　　　　沈　淑　梁邦彦　汪师竹　王楚良

　　　　王厚生　陈侠泉
主　席：沈体兰
纪　录：陈侠泉

主席宣读上次会议纪录，通过。

报告事项

（一）总务方面

校董会及执委会先后开过，通过本学期修正预算及下年度预算，并讨论校长出国计划。

旧校舍近有日军百余人内占据，现正由创办人交涉，要求撤退。

工部局补助费本年总数为二千三百元，日前已届发给第一期补助费，但因校舍工程卫生方面尚有问题，至今扣留未发。

租赁新校舍在武定路九百四十号，暑期学校即在新校舍内上课。

出版一览，此次材料比前减少。

征求图书，结果收得三千余册。

推广事业办有民众学校，由从前民校校友帮忙，精神颇佳。惟学生年龄甚小，工人不多。

春假期间规定补课办法，对于成绩不良之学生颇有帮助。

小考时有数名学生舞弊，已分别予以处分。

学校纪念日曾举行纪念会，同时有游艺会、校友赛球等节目。

毕业式提前两日举行，请陈鹤琴先生演讲。

教师节在新校舍聚餐，同人眷属都到，并参加华东教育会所召集之教师联欢会。

进修会、宗教研究会均每月举行一次，并无间断，本月系最后一个月，是否再举行一次，视情形而定。

伦敦会特别捐款由澳洲捐来，补助同人因战事受损失者，数目不多，业已酌量分发，略资贴补。

华东基督教教育协会将举行征求会员，希望同人尽可能参加。

上海中等学校协进会日前开会，报告不久将派人向各校收集关于呈报新生、插班生学籍及毕业生名单。

（二）教务方面

毕业考试定本月廿一日，考毕希望各教员统于廿三日以前将分数单缴交教务处，以便核算成绩。

学年考试定本月廿三日起至廿九日止，如系自写试题，请在考期前两日写就，交教务处付印。请各教员于各科考后两日内，填交分数单，俾利核算。希望在七月二日以前，统将分数单交齐，以期早日结束。

平日积分占平均成绩百分之五十，请各教员注意考查，分别填报。

课程如未教完者，务请赶授完毕。

教本下学期是否更改，下星期内必须确定，以便向书店接洽。

（三）训导方面

操行记分只须填甲、乙、丙、丁字样，由导师拟定交教员传观后，再交训导处斟酌决定。

课外作业本月廿二日以前结束，已收集调查表，俟交导师及各团体指导员阅后酌定分数。

学生自治会因新旧交替在即，已另举出廿五人接收。

暑期作业已确定办理者有民校教员补习班。

（四）事务方面

迁移校舍定六月二日起先搬入一部分，至七月一日完全搬入。

校具已统行修理并加漆，必要时当另行添制。

工役已添雇二人，派在新校舍内听候差遣，系临时性质。

水管电灯均已装修完好，电话拟于七月初迁移。

讨论事项

一件： 协助招生事宜案

议决： 教职员尽量参加协助招生事宜，并请事务处调查附近小学，报告教务处检寄招生简章，以资联络。

一件： 参加办理暑期学校案

议决： 暑校需要担任教课之教员，务必设法减除困难，尽量参加合作。

一件： 指导学生暑期服务工作案

议决： 指导学生暑期服务工作，请推广事业委员会负责，并加以鼓励。

一件： 建议校舍支配案

议决： 新校舍应如何支配，请同人于最近数日充分考虑，尽量建议。

一件： 恢复全日授课办公制度案

议决： 下学期教职员恢复全日授课办公，至于中膳应如何津贴，以期中午全体留校以利办公之处，由事务处妥拟施行。

一件： 建议薪金比例标准案

议决：下学期教职员薪金，遵照校董会决议，依学生人数作比例。除生活费五十元不折外，余数假定学生二百四十人六折，五百二十人发给全薪，余类推。

一件：筹备校务研究会案
议决：校务研究会定八月二十日举行，开会时间自晨至晚一全天，议程由沈校长拟定，再交校务会议决定。

一件：恢复各项行政会议案
议决：下学期恢复教导会议、事务会议。至各委员会应如何酌量合并之处由校务会议酌定之。

日　　期：九月三日下午一时
　　　　　（廿七年度第一学期第一次）
地　　点：会议室
出席者：沈体兰　白约翰　黄九如　陈兆坤
　　　　　陈其德　魏金枝　严家书　郭大文
　　　　　吴上千　沈　淑　梁邦彦　汪师竹
　　　　　王厚生　费圻钢　陈侠泉
主　　席：沈体兰
纪　　录：陈侠泉

宣读上次会议纪录，通过。

报告事项

一、总务方面

各项补助费，除艾约瑟基金补助费已经收到外，伦敦会补助费亦颇有希望，不久即有确讯。惟工部局补助费，须俟改造工程经视察后，再定是否补发。

上学期收支账目已经魏金枝、吴上千两先生查明无讹，签字证明。

迁移校舍于六月底、七月初两次迁竣。新校舍订约至明年六月底止。自建门房间一间。

上届毕业式六月卅日在培成学校举行。高中毕业廿六人，补考五人，留级十人。初中毕业廿八人，补考十四人，留级四人。本学期开始时举行补考，高中五人补考及格，均准毕业。初中十四人补考，及格七人，准予毕业，有三人虽未完全及格，暂准在校试读。

暑期学校有学生一百七十余人，成绩甚佳，以后每届可以仿照办理。

本届校务研究会于八月二十二日举行，已将讨论结果摘要油印分发，请查阅。

本学期已于八月卅一日正式上课，学生计共二百九十三人。

本学期各项会议日期表，兹已规定油印分发，请查照。

本校参加各教育团体：1. 中华基督教教育协会，本校校长担任该会执委会主席，将于今冬代表该会赴印，出席世界基督教大会。2. 华东基督教教育协会，本校白顾问兼任该会总干事，本校校长担任该会副主席。3. 上海教育协会，本校校长担任该会常务理事。该会近招待报界、学生界并发表遵守国家教育宗旨始终不渝之宣言。

二、教务方面

甄别旧生结果，有数人要求试读。准试读四星期后，再加甄别试验一次，以定去取。

招考新生第一次报名一百四十八人，录取九十三人。第二次报名一百卅七人，录取六十五人。

注册结果，到旧生一百五十九人，新生一百卅四人。

课程表已排定，如有意见，请向教务处报告。

教本尚有数种未齐，已催书局方面从速补购。

三、训导方面

正、副导师之任务应如何分配，请自行商定，报告教导会议查核。

各级级会已将级长选出，不日可以开始进行工作。

课外活动除表列各种外，尚有学术讲座及各级演讲会。如被请为指导员，请概允担任指导。

特种作业当求适应环境，拟俟学生自治会成立后再定。

四、事务方面

校舍因系租赁，只订一年合同，虽嫌狭小，尚可勉强应用。

设备因限于经费，只得将必需者略为购置，如教室内之黑板、图书馆内之书橱等。

校工现用四人，此外有传达生一人，前任传达生已升为助理员。

购置物件请早日开单交事务处，最好注明大约何价，何处可买，何时要用，以便照办。

午膳每月由校津贴二元半，教职员自出一元，请同人一致留校用午膳。不用亦须出一元。
电话因已超过定额，故此后私人电话一律每次收三分，师生同样待遇。公事电话由传达生登记，可免费。

讨论事项

一件： 建议修正本学期预算案

议决： 俟工部局补助费确定发给几期，再行酌将预算修正。

一件： 推选出席校务会议代表案

议决： 推魏金枝、吴上千两先生继续代表教职员出席校务会议。

一件： 推选进修委员会委员案

议决： 推黄九如、魏金枝、严家书三位先生为进修委员会委员。

一件： 审查暑期学校账目案

议决： 推郭大文、梁邦彦两先生审查暑校收

支账目。

一件： 增加教学效能注重练习案

议决： 注重平日成绩，由教务处拟定办法，提交教导会议及分科会议讨论施行。

一件： 严行取缔缺席迟到案

议决： 严厉纠正缺席迟到，由训导处拟定办法，提交教导会议讨论施行。

一件： 通力合作指导课外活动案

议决： 每日下午二时前及四时后课外活动请教职员尽量帮助。由训导处与体育委员会向教职员个别接洽。

一件： 参加节约救难运动案

议决： 本校师生应参加节约救难运动。教职员方面由校长室拟定办法施行，学生方面由训导处会同学生自治会办理之。

日　期： 十一月十四日下午四时半
　　　　（廿七年度第一学期第二次）
地　点： 会议室
出席者： 沈体兰　白约翰　黄九如　陈兆坤
　　　　陈其德　魏金枝　严家书　梁邦彦

林庚汉　沈　淑　汪师竹　王厚生
费圻钢　陈侠泉

主　席： 沈体兰
纪　录： 陈侠泉

宣读上次会议纪录，通过。

刘　晓

（1908—1988）

湖南辰溪人。1926年就读于上海国立政治大学，同年加入中国共产党。1937年11月，中共江苏省委重建后，刘晓出任省委书记。1938年秋，化名林庚汉，到麦伦中学任教，主讲世界史、公民课，向学生介绍马克思主义、"十月革命"及抗日民族统一战线。中华人民共和国成立后，任驻苏联大使，后历任外交部副部长等职。

报告事项

（一）总务方面

校董会执委会日前开会通过修正预算，并核准校长出国日期工作等案。

本年各项补助费均无问题，计工部局补助费

已领到春夏秋三期，艾约瑟基金及伦敦会本学期补助费均已先后领到。

本年度预算系根据学生人数二百八十人，本学期学生人数虽稍有超过，但因下学期或不免减少，故目下仍照此预算案进行。又本年各种补助费均已先后领到，设备一项尽可照

预算数目支款购置。

校长出国定十一月二十八日晨乘轮经香港至印度，出席世界基督教宣教联合会，会期自十二月十三至三十日。会毕前往英国，预定在该国勾留半年余，前三个月赴各处演讲，后三个月在牛津大学研究至七月。以后工作尚未定，希望八月底可以回国。

征募寒衣运动：本校师生共捐得国币九百四十余元，已解交银行转汇寒衣运动委员会总会核收。

节约救难运动：本校已将九、十两月捐款一百五十余元解交银行，收入上海难民救济协会户内，并另函知照节约救难委员会，以后仍按月继续进行。十一月份起解交银行，应收入节约救难委员会户内，此事请陈兆坤先生负责办理。

所得税：本校教职员仍按月扣缴，请陈其德先生负责办理。

华东基督教教育协会赵总干事近在华南工作，甫于日前返沪，报告华南基督教教育界亦组织联合机关。

上海市教育协会提倡征募寒衣运动后，现又提倡节约救难运动，甚为出力。

上海市中等学校协进会仍照常进行。

（二）**教务方面**

各科教材分量如未及二分之一者，请预为调匀支配，加紧教授。

成绩不良之学生，请各科教员随时严加督促。

学生生活调查表高中未交者甚多，请导师到班催告，速即填交。

第二次小考定下星期内举行，如有某科需要接连两小时考试者，请通知教务处，以便编排考试日程表时酌量照办。

（三）**训导方面**

学生进校匆遽间有忘携名牌者，故是否缺席须到班查问，请各教员赐予协助。

课外作业有未合规定标准者，过或不及，请诸位导师查明，予以鼓励或限制。

（四）**事务方面**

学生办公室、青年会办公室现已指定地点在三楼。

运动器具近已购置双杠，游艺室内已添置各种棋子，诸位可随意使用。

第一次所发之电话票如用完可续购，惟续购时须缴付第一次所发之票价，至结束时如有剩余可以退还。

讨论事项

一件：建议应付时局方针案

议决：照前两次校务会议议决案办理。

一件：建议复兴本校初步计划案

议决：照校务会议议决案办理。

一件：建议补助停止如何紧缩预算案

议决：如补助费停止，除节省各项开支外，当将教职员薪水多打折扣，以符预算。

一件：修正学业成绩考核办法案

议决：照校务会议议决修正条文，增加第七条丁项：凡主要科一科或次要科两科不及格，而成绩列丁等以下者，准于秋季开学前补考，补考成绩列丁等者升级，否则留级。

一件：加紧教学限制不及格人数案

议决：各科加紧教学办法交分科会议讨论，妥定标准施行。

一件：试办初中春季始业班案

议决：初中春季始业班因课室限制，展缓举办。

民国二十八年（1939 年）

日　期：一月七日午后十二时三刻
地　点：会议室
出席者：白约翰　黄九如　陈兆坤　陈其德
　　　　魏金枝　吴上千　郭大文　严家书
　　　　萧月宸（林庚汉代）沈　淑　梁邦彦
　　　　汪师竹　费圻纲　陈侠泉
主　席：黄九如
纪　录：陈侠泉

报告事项

总务方面

图书费、实验费本学期均仅支用半数光景，因银行存款不敷，故未照议决案办理。

大考在近，各科教材须赶紧教授，以便如期结束。试题请各科教员在一月十日左右交教务处。

本学期请假逾四星期以上者有戴宗信、潘乃康、董伯超三名，已函知其家长，照章不准参加大考。

下学期招插班生，定二月七日举行考试。

旧生补考定二月六日。

下学期需用教本须于本学期结束前决定。

免费申请书已油印多份，当在礼堂报告。学生如欲请求免费者，可向教务处领取，如限填送。

训导方面

本学期课外作业一月九日起停止举行。

训导处经手药品捐四十余元、新年献金七十元左右，节约捐十二月份学生未缴齐，寒假中继续不间断。

学生操行分数请各级导师征求教员意见，并酌量加注评语。

事务方面

电话费学期中不作结束，俟学期完了再行结账。

校工节赏拟仍照往例通告各位同人随意赏赐，将数目写明，以便汇集公摊。

图书方面

截至目下，计有中文书籍三千四百余册，英

文书籍四百余册。

讨论事项

一件：建议下学期课外作业内容及改订时间案
议决：下学期课外作业：1. 时事研究分班举行，学生须全体出席。2. 与抗战有关系事项。3. 由学生自动，至于时间星期一、三、五照旧，二、四改在下午，如有意见可尽量提出，以供采行。

一件：修正成绩报告单案
议决：照教务处所拟样式付印。

一件：统一操行及课外作业记分方法案
议决：操行及课外作业计分方法均标明甲乙丙丁等级，不必给分数。

一件：选定下学期教本案
议决：下学期教本，由教务处作成调查表，向各科征询决定。

一件：分配寒假作业案
议决：学业不良之学生由教员指定做习题，其分量以一星期能做成为标准。

一件：建议教职员进修会事宜案
议决：下学期教职员进修会由教员分科报告读书心得，职员亦须自行选择一科加入，同时报告。又寒假中每人读一册书，于下学期第一次进修会中摘要报告。

一件：注意下学期各级座次编定及级长人选案
议决：下学期各级座位重行编定，将喜欢谈话不守秩序之学生隔开。又级长人选由教务处会同训导处，将学业全部及格、操行列乙等以上之学生开单作为候选人。不合资格，不得被选。

日　　期：二月二十日下午十二时三刻
地　　点：会议室
出席者：白约翰　黄九如　陈兆坤　陈其德
　　　　魏金枝　郭大文　严家书　吴上千
　　　　关健夫　李敬祥　沈　淑　汪师竹
　　　　费圻钢　陈侠泉
主　　席：白约翰
纪　　录：陈侠泉

报告事项

沈校长来函报告旅行情形。
英大使参观本校民众教育。
兆丰路校舍租给犹太人暂住。

讨论事项

一件：推举查账员案
议决：推举吴上千、关健夫两先生为查账员。

一件：推举进修委员会委员案
议决：推举黄九如、魏金枝、严家书三先生
续任进修委员会委员。

一件：恢复交谊委员会案
议决：以后有交谊性质之聚会，请沈淑、陈
其德两先生帮同办理。

一件：处理寒假作业案
议决：寒假作业交分科会议择优传观。

关健夫 （1904—1946）

广西贺县人。1925年就读上海美术专科
学校时，参加学生运动，加入社会主义
青年团。1934年东渡日本留学，加入中
国共产党，次年担任中共留东京支部宣
传委员。1936年11月回国，在上海从事
学生运动，后任中共江苏省委第一届学
委委员。1937年来麦伦中学任教。抗战
胜利后，派赴东北。1946年牺牲。

日　　期：七月三日下午四时
地　　点：初二教室
出席者：白约翰　黄九如　陈兆坤　吴上千
　　　　魏金枝　陈其德　严家书　关健夫
　　　　汪师竹　费圻钢　陈侠泉
主　　席：白约翰
纪　　录：陈侠泉

宣读上次纪录，通过。

讨论事项

一件：教务处提出招考新生请教职员襄助
办理案
议决：通过。

一件：教务处提出暑校请留沪教员担任教课案
议决：通过。

一件：暑期应否举行交谊会、校务研究会案
议决：交谊会定八月初举行。校务研究会定
九月初举行。

日　　期：九月九日下午十二时三刻
　　　　（廿八年度第一学期第一次）
地　　点：会议室
出席者：沈体兰　白约翰　黄九如　陈兆坤
　　　　陈其德　魏金枝　吴上千　严家书
　　　　关健夫　沈　淑　胡赞平　张淮孚
　　　　陈维尧　汪师竹　费圻钢　胡　易
　　　　陈侠泉
主　　席：沈体兰
纪　　录：陈侠泉

宣读上次会议纪录，通过。
欢迎本学期加入教职员关健夫、胡赞平、张
淮孚、陈维尧、胡易四〔五〕君。

报告事项

一、总务

创办人方面表示，无论在何种情形之下，本校决予维持，并对于教职员同人之努力工作深致谢意，此后仍望本以前奋斗的精神继续迈进云。

艾约瑟基金委员会每年补助校长薪金二千四百元、校长住宅房租一千二百元、奖学金一千二百元，将继续补助。但廿六年度起，本校以经济困难，致校长房租补助收入后并未拨交校长，基金委员会对于此项办法认为仅系校长私人临时捐助，不允正式备案。此外，基金委员会每年特别补助三千五百元，用以偿还建筑欠款，大约尚须继续补助两年方可偿清，日内当补具公函向该会说明一切。

魏德辉奖学金名额有八名，将分别纪念捐资之人，其中有一名系该教堂妇女部所捐，曾指定作为女生名额。

工部局一九三九年补助费二千六百元，只收到上半年两期，下半年两期或将扣发。因改造楼梯问题，房东不答应，而改造费用需数千元，故未进行。现正拟向该局声请通融，一面继续请求一九四〇年之补助费，结果殊难逆料。

上学期收支账目已经查账员审查无讹。

本学期收支预算因学生人数不满三百人，工部局补助费又无把握，因此恐须修正预算，庶免将来发生亏空情事。

兆丰路旧校舍本暂借给犹太难民居住，明年一月起拟改作难民医院。

校长于九月四日回国即到校销假视事。

会议日期表油印分发，如认为有应变更之处，尽可建议更改。

各教育团体情形近略有变动，教协上中协会及上中教联会似皆停顿，本校除继续与华东基督教教育协会联给〔络〕外，其余暂不参加。

二、教务

暑期学校学生有一百四十七人，旧生补习不及格而留级者三人，新生得正式加入中学部者亦有数人。

本届招考新生两次，报名共二百三十余人，录取一百四十余人，缴保证者一百二十余人，实到一百十人。

注册结果新旧生共二百九十四人，其中女生九人。

课程表已公布实行，但因课外作业尚未排定，大约日内尚须最后修改。

各科教本均已妥定。

图书费规定一千元，如要购书请与教务处接洽。

实验费规定一千元，如要购买物品请与事务处接洽。

三、训导

各级导师高三白约翰，高二魏金枝，高一胡赞平，初三张淮孚，初二关健夫、吴上千，初一严家书、沈淑。

各级级会与学生自治会均告成立。

课外作业高中学生须参加二种至三种，初中学生须参加一种至二种，定下星期起开始活动。

四、事务

校舍：本学期教员休息室独立，教务处、训导处改为初三教室，事务处与教训两处合在一室办公。

设备方面因初二分组，增置学生坐椅三十八付。

校工：四人已将其工作岗位略为规定。新考取传达生名伍泉，在传达室司接电话及传达等事。

午膳：教员由校津贴膳费，数目由校务会议决定。学生包饭九月十二日开始，每月缴费五元。

电话：公事免费，私事每次须付三分电话券一张。

传达：来宾凡遇上课及开会时间按例不通知。现在门禁加严，出入不大方便，如有来宾表示不满意时，请原谅。

讨论事项

一件： 举行校务研究会案

议决： 校务研究会定本月十七日举行，上午九时起至下午五时止。

一件： 推选出席校务会议代表案

议决： 推魏金枝、吴上千两先生连任。

一件： 建议修正本学年预算案

议决： 暂缓修正，俟本学期结束时再行核办，并建议出租科学馆办夜校，招女生以增加收入。

一件： 建议修正作业时间表案

议决：课外作业时间仍排在上午，周会与纪念周合并，不请校外人演讲，详细办法由教务处会同训导处核定。

一件：规定同人进修与交谊办法案
议决：进修会筹备委员推黄九如、魏金枝、严家书三先生连任，交谊会筹备委员推沈淑、陈其德、关健夫三先生担任。

一件：改进图书馆工作案
议决：1. 请各教员对于学生阅书加以鼓励并指导。2. 指定课外读物，如馆中未备者，应酌量购买。3. 服务员努力工作者应予以名誉奖，以资激励。4. 设法扩充存书之量，在最近期间达到一万册以上。5. 设备费与购书费应有适宜之比例。6. 购书须得教务处之同意行之。

日　　期：十一月十一日下午一时
　　　　　（廿八年度第一学期第二次）
地　　点：会议室
出席者：沈校长　白约翰　黄九如　陈兆坤
　　　　陈其德　魏金枝　吴上千　严家书

关健夫　张淮孚　胡赞平　陈维尧
沈　淑　蓝仲祥　孙锡琪　费圻钢
胡　易　陈侠泉

主　　席：沈校长
纪　　录：陈侠泉

蓝仲祥（1907—1981）

1939—1941年期间在麦伦中学任教国文课及公民课。中华人民共和国成立后，先后在农业部、国家建委、计委秘书处工作。1954年加入中国共产党。1962年调江苏省泰州中学任副校长。

宣读上次纪录，通过。
总务方面
各项补助费：艾约瑟基金经常补助费已收到。建筑费部分大约尚有七百元至多一千元。希望伦敦会补助西教员薪金一千五百六十元。尚未收到工部局补助费，第三、四两期因改造扶梯问题未解决扣发。
修正预算案已经校务会议议决，将俟校董会集会时再提出通过。诸位如另有意见，亦可提议。
建议继续试办招收女生。因两年来试办结果尚无窒碍之处，本届忽奉校董会命令停止招收女生，校务会议议决认为，应再向校董会提出建议。
教职员进修会于日前举行，同时有数人报告读书心得，甚有兴趣。
会计员汪师竹先生于本月五日自经，大概半因病体难痊，半因经济窘迫，将请求校董会给予抚恤，并由本会邀约申禾区会与麦伦校友会发起举行追悼会。
征募寒衣本校师生共收一千八百余元，已缴交征募寒衣委员会，并已指定用途。
基督教教育会曾讨论各校共同应付环境办法，将派员赴浙东一带察看情形，并转内地巡视，以便将来必要时作迁校之举。
教务方面
结束暑期作业急不容缓，尚有国文、算学、社会科。一部分未缴交分数之教员，请速批阅交下以便结束。
分科会议均已次第举行，各科教材进度表请诸位教员详填备查。
补习不及格科目已将名单及补习时间表公布，将严厉执行。
图书、仪器本届规定各一千元。图书限于十一月二十日以前分别开单购齐。
训导方面
分级会议由各级导师先后召集开会，所讨论者大都注重学生操行及设法补救各级之缺点。

课外活动近有活报社、生活座谈会等之组织，训导处对于每一团体登记必令其附送社员名单，以免他日结束时擅自增添无从查考。

事务方面

膳食问题因天气渐冷，已与厨房接洽，派人到校内烧菜，时间亦可提早。

考试用纸因白报纸价贵仅备少许，供必要时之使用。如可用本国货毛边纸则较为省费，请斟酌办理。

科学馆将继续出租，但以后应令租赁人缴纳租金归学校收入，以补经费之不足，此事须请校董会考虑办理。

讨论事项

一件：建议修正预算案

议决：照校务会议议决案，向校董会建议。

一件：指定寒衣捐用途案

议决：整数一千五百元已缴交征募寒衣委员会指定用途，其未缴交之零数，俟结束时亦扫数缴交征募寒衣委员会并案办理。

一件：参加汪师竹先生追悼会案

议决：推沈校长代表全体教职员致词，学生由自治会、各级级会转知自由参加。

一件：教职员午膳加费案

议决：厨房派人到校烧菜。要求加费以每人加一元为限，仍由学校与个人各半负担，授权事务处洽办。

民国二十九年（1940 年）

日　　期：一月十三日午后一时

　　　　　（廿八年度第一学期第三次）

地　　点：会议室

出席者：沈校长　白约翰　黄九如　陈兆坤

　　　　陈其德　魏金枝　严家书　关健夫

　　　　胡赞平　陈维尧　蓝仲祥　沈　淑

　　　　费圻钢　胡　易　陈侠泉

主　　席：沈校长

纪　　录：陈侠泉

宣读上次会议纪录，通过。

报告事项

一、总务方面

教育部来电，奖勉有加。

校董会通过修正预算。招收女生问题征求伦敦会意见，再作最后决定。办学方针仍照向来办法，并不变更永久校址，视将来情势如何再定。

各项补助费经常部分均已照收，惟艾约瑟基金补助建筑费尚未交来。

建筑特款尚亏一万一千元，希望艾约瑟基金逐年拨助弥补。

汪君追悼会收得各方赙仪二百余元，已交其家属，尚有恤金一千元未付。

华东基督教教育会发起之寒衣捐，本校师生共捐得一千余元，已缴付。合作订购食米，本校同人共订购二十包。

二、教务方面

分科会议须于一月二十七日以前，分别将各科下学期课程及用书讨论决定。

学期考试廿二日开始至廿七日止，另当排定日程公布。

学业成绩初一、初二两班参差不齐，下学期分组时当加以注意。大考分数请于廿日以前缴交教务处。

招收插班生，请各位将入学试验题目早日交下付油印，考试时并请到场监试。

三、训导方面

操行成绩最优与最劣者请加评语。

课外作业以时事测验成绩为主要分数。

四、事务方面

膳食：教职员每人仍扣三元，厨房方面拟酌加半元或一元，尚未接洽。

校舍：无变更，惟须添水箱约费一百余元。

工役：明康患病请假数日，已渐愈，不日可以销假。

讨论事项

一件：建议筹设小学案

议决：筹办小学委员会，推黄九如、陈兆坤、陈其德、严家书、费圻钢先生为委员，指定黄九如先生为主席。

一件：筹备初三分组案

议决：下学年初三分组原则赞成，办法俟下届招生后再定。

一件：协同办理招考插班生案

议决：教职员同人随时襄助教务处办理。

一件：举办新年献金案

议决：以一月份师生节约捐作为新年献金。

日　　期：二月十七日午后十二时半

　　　　　（廿八年度第二学期第一次）

地　　点：会议室

出席者：沈体兰　白约翰　黄九如　陈兆坤

　　　　陈其德　魏金枝　吴上千　朱泽甫

　　　　严家书　关健夫　胡赞平　蓝仲祥

　　　　陈维尧　沈　淑　胡　易　陈侠泉

主　　席：沈体兰

纪　　录：陈侠泉

宣读上次会议纪录，通过。

欢迎新教员朱泽甫先生。

朱泽甫 （1909—1986）

毕业于晓庄师范学校，为陶行知学生。1937年，在上海加入中国共产党，负责国难教育社工作。1940年到麦伦中学任教。1941年撤往苏北根据地。

报告事项：

一、总务方面

一九三九年工部局补助费二千六百元已全部领到。本学期艾约瑟基金补助费二千四百元已提前于上学期底领到。本学期伦敦会补助费已领到三个月，计三百九十元。

第一学期收支账目已经结算，兹特分发，一面将交查账员审查。

寒假中有职员轮值办公，尚能应付过去。

修正校历有两点，即第一次小考展迟数日，春假缩短数日。

各项会议日程已规定油印，通知教职员按时出席。

集团购米已由华东基督教教育协会向外洋订购，闻此次每担价为四十八元八角三分云。

二、教务方面

本学期招生一次，计报名五十余人，录取二十余人。

注册入学者三百〇八人。

课程表已公布，惟教员中有数人因感觉不方便，尚须加以修正云。

教本均已选定，须令学生限日购齐。

分科会议当照会议日程表准时开会，讨论各该科事宜。

三、训导方面

各级级会现正在分头督促组织，不日可以一一成立。

课外作业应有指导员，请诸位同人如遇被邀请时，幸勿推却。

课外活动本学期拟令具报章程，以免漫无限制。

分级会议当按照会议日程表准时开会，讨论各该级事宜。

四、事务方面

设备：曾遵照工部局指示添置水箱，但因天寒水管爆裂，尚须邀工匠加以修理云。

校工：富明告假，托其舅父薛凤翔暂代。

膳食：因米粮昂贵，厨房常有辞绝不包之意，拟俟定购之米到时自行试办。

电话：公事登记，私事购券，照常进行。

讨论事项

一件： 建议修正一览案

议决： 请有关方面提出意见，汇交教导会议、校务会议审核。

一件： 建议拟订下学期预算案

议决： 请各方面随时提供意见，汇交校务会议着手拟订。

一件： 现行增减课程办法是否合理案

议决： 下学年全部课程请教务处征集分科会议意见，提交教导会议、校务会议审核。

一件： 如何解决排列课程之困难案

议决： 请教务处与有关教员商酌办理。

一件： 改变周会内容是否适当案

议决： 请训导处与宗教委员会审慎酌核办理。

一件： 选举查账员案

议决： 推吴上千、胡赞平两先生为查账员。

一件： 选举出席校务会议代表案

议决： 出席校务会议代表仍推魏金枝、吴上千两先生继续担任。

一件： 选举进修、交谊委员案

议决： 进修委员推关健夫、蓝仲祥、黄九如三位先生担任，指定关健夫先生为主席。交谊委员推陈维尧、陈其德、沈淑三位先生担任，指定陈维尧先生为主席。

一件： 筹备学校纪念日与教师节案

议决： 请校务会议核定办理。

日　期：七月一日下午一时
　　　　（廿八年度第二学期第二次）
地　点：会议室
出席者：沈校长　白约翰　黄九如　陈兆坤
　　　　陈其德　严家书　胡赞平　朱泽甫
　　　　沈　淑　陈维尧　费圻钢　陈侠泉
主　席：沈校长
纪　录：陈侠泉

宣读上次会议纪录，通过。

报告事项

上学期账目经教职员推举之查账员及校董会所派之查账员先后审查，证明无讹。

各项补助费大概可以照常继续，无问题。

房租因通知续租，手续办理稍迟，经一再力争，结果每月增加一百五十元，现已签订合同。

修正廿九年度预算收支总额，各为四万七千三百元（附发油印预算表）。

本校一览已修正印就，教职员可各取一本，以供参阅。下学年校历亦刊载其中。

暑假职员轮流休假，附设暑校上课时间在上午，酌请教职员担任教课。

华东基督教教育会将续办集团购米，惟办法尚未决定。

讨论事项

一件：协助办理暑校案
议决：请委员会与任课教员洽商办理，须严格考核成绩，注意教授方法。又所用教本尤须斟酌适宜。

一件：举行校务研究会案
议决：定八月廿一日在本校举行，讨论题目请校长拟定。教职员如有建议，请向校长室提出。

一件：恢复每周礼拜案
议决：每星期一次或两星期一次，请宗教委员会酌定之。

一件：改良进修会案
议决：进修会与时事讨论会酌量合并举行，除报告时事、介绍读物外，须常变换方式，俾可引起兴趣。在暑期中举行临时会一次，日期定七月三十一日。

一件：参加集团购米案
议决：集团购米俟有确定办法时，通告同人酌量参加。

一件：推举查账员案
议决：推严家书、陈维尧两君为查账员。

一件：筹备教师节案
议决：庆祝教师节定八月二十一日与校务研究会合并举行，请交谊委员会酌定办法。

日　期：八月卅一日下午一时
　　　　（廿九年度第一学期第一次）
地　点：礼堂
出席者：沈校长　白约翰　陈其德　朱泽甫
　　　　王基恩　沈　淑　胡赞平　陈维尧
　　　　费圻钢　唐紫萍　严家书　胡　易
　　　　陈侠泉
主　席：沈校长
纪　录：陈侠泉

宣读上次纪录，通过。
欢迎新教职员唐紫萍先生、王基恩先生。

报告事项

上学期收支账目经查账员审查，证明无讹。

暑期学校本届已结束，计有学生一百九十余人，收学费一千二百余元，均照往年成例办理，成绩堪称满意。

校务研究会于八月廿一日开会一全日，讨论各案，结果良好。

各科主席、各级导师及各项委员会名单已经委定，油印分发并公布在案。

各项会议日程已规定列表印发，希望以后照表实行。

关于教务、训导、事务各方面报告从略。

唐守愚

（1910—1992）

又名唐紫萍，山东省梁山县人。1933年加入中国共产党，1935年毕业于北京大学历史系。1940年8月到麦伦中学任教。曾任中共江苏南通地区江北特委书记、中共江苏省委及上海局文委书记。中华人民共和国成立后，历任上海高等教育处处长、华东军政委员会教育部副部长、文化部文物局副局长等职。

讨论事项

一件：推行校务研究会各项意见案

议决：审核教育方针及解决经济困难两案，请校务会议核议。增加教学效能及指导学生生活，交教导会议核议。推进宗教工作，交宗教委员会核议。改良合作进修，交进修及交谊委员会核议。并分别推行。

一件：选举出席校务会议代表案

议决：推胡赞平、蓝仲祥两先生为代表出席校务会议。

一件：选举进修、交谊委员会案

议决：进修委员会推严家书、唐紫萍、黄九如三位先生为委员。交谊委员会推沈淑、陈维尧、胡易三位先生为委员。

一件：筹募寒衣捐案

议决：推陈兆坤、王基恩、陈其德三位先生为委员，进行筹募寒衣捐事宜。

日　期：十一月十六日下午一时
（廿九年度第一学期第二次）

地　点：本校会议室

出席者：沈校长　白约翰　黄九如　陈兆坤
陈其德　魏金枝　严家书　胡赞平
沈　淑　朱泽甫　费圻钢　陈维尧
唐紫萍（林先生代）　胡　易　陈侠泉

主　席：沈校长

纪　录：陈侠泉

宣读上次会议纪录，通过。

报告事项

各项补助费：教育部补助费为二千四百元，已收一千二百元，经校董会通过接受，并以大部津贴教职员。工部局补助费秋季已收到。艾约瑟基金补助费本学期已收到。伦敦会补助费本学期尚未来，大概无问题。

修正预算草案收支总数各为五万元，俟呈请校董会通过确定。

集团购米：教职员共订购十八包，代校工订购二包，共二十包。已由华东基督教教育会向民食调节会订购。

寒衣捐：本校自十月一日开始进行，至十一月十日截止，共收二千八百二十七元一角。拟以二千元汇解中央，八百余元汇港，均交托华东基督教教育协会办理。

教务方面：第二次小考照校历规定，应自本月二十五日开始，但因第一次小考延迟两天举行，此次亦拟援例展迟两天云。

训导方面：周会讲员前因故略有调动，自此以后均可照原表进行。其他各种课外活动照常办理。上课秩序前因教员请假颇有影响，希望此后可以逐渐恢复。

事务方面：工部局卫生处建议添装尿斗，已招匠估价。教职员膳食因米价飞涨影响蔬菜，现每桌增添一菜，酌加膳费，惟天气渐冷，应如何方能得到满意解决，请诸位尽量建议。

讨论事项

一件：预筹应付上海局势突变对策案

议决：应联合各校取一致行动，并在可能范围内先作准备。

民国三十年（1941 年）

日　　期：一月十一日上午十时
　　　　　（廿九年度第一学期第三次）
地　　点：教职员休息室
出席者：沈校长　白约翰　黄九如　陈兆坤
　　　　　陈其德　胡赞平　蓝仲祥　魏金枝

吴上千　严家书　沈　淑　陈维尧
林淡秋　朱泽甫（盛代）　王基恩
费圻钢　陈侠泉

主　　席：沈校长
纪　　录：陈侠泉

林淡秋　（1906—1981）

浙江宁海人。曾在上海大同学校、上海大学就读。1929 年春到新加坡华侨中学教书，秋天回到上海，从事创作。1933 年参加社会科学者联盟活动。1935 年加入中国共产党。1940—1941 年在麦伦中学教国文、历史。1942 年到苏中抗日根据地从事新闻工作。中华人民共和国成立后，在《人民日报》社工作，先后任编辑、副总编、文艺部主任等职。

报告事项

一、宣读上次会议纪录，通过。

二、总务方面

应付时局方针，曾经校董会议决加入全国基督教。各中学筹设联合中学于内地，一面尽可能维持本校，万一或局面恶化时，只得维持一非正式之学校。

筹设联合中学已由中华基督教教育协会请准。美国宣教联合会补助开办费美金一千元，另拨筹备费国币二千元。现正在征求各校加入，本校校董会将正式去函表示合作。

特别补助费除教育部补助费外，旧校舍收入每月由伦敦会拨来一百元，充作教职员津贴。

修正本年度预算收支各为五万三千四百元，下学期增收学费及增加教职员津贴，先后经教务会议通过，校董会批准在案。

参加集团购米：本校教职员共订购四十五包，学校订购五包，共五十包。已于日前将定洋二千六百五十元送交华东基督教教育协会。

征募寒衣捐结果共收一千八百三十元，已分别缴解各收款机关并取得收据公布在案。

三、教导方面

学期考试定二月十三日起至十八日止，每日考试时间较平常提早，请诸位教员务必早到维持秩序。试题写在腊〔蜡〕纸上，请教员自行校阅一遍并请监考人员严厉执行，预防舞弊。交卷后请即查点，以免遗漏或误交。

学业成绩照章：平时分数占百分之五十，大考占百分之三十，两次小考合占百分之二十。平时成绩既占重要成分，务请酌给正确之分数，以期核实。

入学试验定一月二十日上午八时起举行，是日请教职员全体到校协助指导。

毕业生有一、二科不及格者，兹定二月五日举行补考，由教务处查明，分别通知。

寒假作业：各科教员可酌令不及格学生在家补习，其工作分量亦由各该科教员自行指定。

学期分数定一月二十一日上午汇齐，请诸位先生将分数单按时交进，以便是日向校务会议报告。

操行分数根据学生上课时之态度及下课时之行动，课外作业分数根据级会及时事讨论成绩，请诸位导师将训导处所发之分数单依限填报。

课外活动：寒假中有消寒室、冬令会等，请诸位多多指导。

四、事务方面

寒假中拟将消费合作社迁移改作厕所，因工部局卫生处一再指定办理，不能再缓。又校前场地拟再铺泥填平，以便利使用。

学生赔偿费请理化教员即日开交事务处，以便在学生存款内扣除，早日抄发清单。

电话券专供本校师生私人购用，每本三元，计三十四张。另售每张一角，由门房经售。

校工四人按例年终向教职员同人征求仆赏，将由事务处发通告，不拘多少。请将数目填明，俾便汇集平均分给，以期利益均沾。

讨论事项

一件： 筹设生活合作社案

议决： 筹设教职员生活合作社，推陈兆坤、陈其德、魏金枝三位先生为委员，指定陈兆坤先生为召集人，并请校务会议授权该委员会负责整理学生所办之合作社。

一件： 推进宗教工作案

议决： 由各人向宗教委员会贡献意见，并请宗教委员会检讨过去工作，拟具将来计划，再与校董会代表商洽进行。

日　　期：二月八日上午十时
　　　　　（廿九年度第二学期第一次）

地　　点：教职员休息室

出席者：沈校长　白约翰　黄九如　陈兆坤
　　　　陈其德　魏金枝　胡赞平　蓝仲祥
　　　　楼轶甫　盛雨辰　沈　淑　陈维尧

　　　　王基恩　费圻钢　胡　易　陈侠泉

主　　席：沈校长

纪　　录：陈侠泉

宣读上次会议纪录，通过。

欢迎新教员楼轶甫先生及代课教员盛雨辰先生。

楼适夷　（1905—2001）

浙江余姚人，中共党员。1928年参加太阳社，并在太阳社刊物《太阳月刊》《拓荒者》及鲁迅主编的《语丝》《萌芽》上发表作品。1929年留学日本，与蒋光慈、冯宪章、森堡等成立太阳社东京支部。1931年回到上海，参加"左联"。1933年初，在地下江苏省委宣传部任干事。1940年，化名楼轶甫，在麦伦中学代课。1945年，在新四军浙东根据地任浙东行署文教处副处长、处长。1949年，担任东北军区后勤政治部宣传部长。1952年回京，任人民文学出版社副社长兼副总编辑等职。

报告事项

总务方面

教育部补助费上年度已全数领到，工部局一九四一年第四期补助费通知于二月十二日起补发。

第一学期收支账目已结算，油印分发。

各项会议日程表已排定，请各负责召集人照办，如有改期之必要时，须预先接洽，以免时间冲突。

宗教委员会日前开会讨论青年会工作及改进周会礼拜等事。

教职员合作社由学生保证金项下拨来一千元作为资本金，专办教职员家庭日常必需品。

教务方面

本届招生报名四十八人，录取二十一人，实到二十人。

注册结果，新旧生共计三百十八人。

课程表现暂照上学期办理，此系临时沿用，俟一、二星期后当斟酌情形加以修正，每日第一节似须由导师担任。

各科所用教本在上学期终了前即由各教员指定，现已遵照办理。毕业级须在五月底以前全部结束。对于教材分量，请予适当处置。
又学生所用教本是否购齐，请于上课时注意
查看。
分科会议上学期尚有一、二未了议案，须继
续进行。
训导方面
课外作业有纪念周、级会、周会、青年
会、时事讨论等，希望在下星期内均能按序
进行。
课外活动仍照向例办理，一须聘请指导员，
二须向训导处登记。
分级会议当照会议日程表按时开会。
事务方面
校舍设备无甚变更，惟消费合作社须迁移他
处，该室改为厕所。
校工照旧分配职务，无更动。
教职员膳食本学期与厨房订定，按照米市涨
落定价比较稳妥。
电话：公事登记，私事使用电话券，每本卅
四张售三元，另售每张一角，由门房经售。

讨论事项

一件：建议修正一览案

议决：三十年度一览定五月底出版，所有修
正意见应于三月十五日以前向有关方
面提出，以便汇齐提交校务会议核议。

一件：建议拟订下学年预算案
议决：关于拟订下学年预算，应于四月七日
以前向有关方面贡献意见。

一件：选举查账委员案
议决：推王基恩、胡易两先生为查账委员，
审查上学期收支账目。

一件：选举出席校务会议代表案
议决：仍推蓝仲祥、胡赞平两先生继续代表
教职员出席校务会议。

一件：选举进修、交谊委员案
议决：推魏金枝、楼轶甫、陈兆坤三位先生
为进修委员，并推魏金枝先生为主席。
推陈维尧、沈淑、胡易三位先生为交
谊委员，并推陈维尧先生为主席。

一件：筹备学校纪念日案
议决：请交谊委员会建议，付下次本会议讨
论决定。

日　期：四月十二日下午十二时一刻
　　　　（廿九年度第二学期第二次）
地　点：教职员休息室
出席者：沈校长　白约翰　黄九如　陈兆坤
　　　　陈其德　魏金枝　蓝仲祥　胡赞平
　　　　楼轶甫（华涤生代）陈世聪　陆锦标
　　　　沈　淑　盛雨辰　陈维尧　王基恩
　　　　费圻钢　陈侠泉
主　席：沈体兰
纪　录：陈侠泉

宣读上次会议纪录，通过。
欢迎新教员盛雨辰、陆锦标、陈世聪及代课
教员华涤生四位先生。

报告事项

第一学期账目审查结果，因有一笔转账漏
登，总数并无出入，已更正。查账员认为满
意，已签字证明无误。
本学期经济状况因各项补助费有增无减，大
致可以收支相抵。

盛震叔（1912—1955）

又名盛雨辰。1939年到浙西，在民族日报社及民族周报任主编，在中国共产党领导下工作。1941年进麦伦中学任教。1944年到苏南抗日根据地，任中学校长。1944—1945年间加入中国共产党。上海解放后，任教育局党总支书记。

下年度预算标准已由校务会议通过，油印分发。将来当照此标准编订卅年度预算。

本校一览修正付印。所有应修正各点，关于教务、训导部分已经教导会议通过。如尚有意见可以补充，提交校务会议核议。

讨论事项

一件：选派代表参加联中案

议决：原则赞成人选，应由校长接洽委派。

一件：补选进修委员案

议决：进修委员楼轶甫先生辞职，暂由代课教员华涤生先生补充。

一件：筹备学校纪念日案

议决：推交谊委员为学校纪念日筹备委员，现在假期中之胡易先生一席暂推陈其德先生补充之。

一件：实行日光节约案

议决：暂不变更，俟校务会议开会再讨论决定实行日期。

一件：筹备暑期学校案

议决：本届应办理暑期学校，以便利本校学生及校外欲投考本校者得充分补习之机会。

日　　期：六月廿一日下午一时
　　　　　（廿九年度第二学期第三次）
地　　点：教职员休息室
出席者：沈校长　白约翰　黄九如　陈兆坤
　　　　陈其德　韩露似　魏金枝　胡赞平
　　　　蓝仲祥　冯仲足　沈　淑　盛雨辰
　　　　王基恩　陈维尧　陈世璁　费圻钢
　　　　胡　易　陈侠泉

主　　席：沈校长
纪　　录：陈侠泉

欢迎新教员冯仲足先生。

欢送训导主任陈兆坤先生（交谊会与本会议合并欢送）。

宣读前次会议纪录，通过。

冯宾符 （1914—1996）

又名冯仲足，浙江慈溪人。毕业于宁波效实中学。1934年，成为《世界知识》撰稿人。抗战爆发后，参加上海文化界救亡协会，翻译《西行漫记》。1940年《译报》创刊，任主编。1941年6月到麦伦中学任教。抗战胜利后，任《联合日报》总编辑和《联合晚报》主编。1947年加入中国共产党。中华人民共和国成立后，曾任人民出版社副总编，是民主促进会的创始人之一。

报告事项

下年度预算经校董会修正，收支各为七二五〇〇元。

教职员服务及待遇条例前经校董会将第廿二条修正，并删去第廿三条。此次为慎重起见，照战前办法附印于聘约之后。希望诸位于下星期内将聘约副本签名盖章，交回校长室存查，以便六月底以前全部确定。

预筹应变措置因筹办联中停顿，校董会曾议决交执委会妥拟办法，从长讨论。

各项补助费大致可以照旧无问题，惟本年份工部局补助费只收到春季一期，故本学年最后一月经济甚为困难。

毕业礼拜六月廿九日请刘廷芳博士演讲，毕业式七月一日假工部局女中举行。

暑假中职员照往例轮流休息，另再列表征求同人意见后公布。

本年仍办暑期补习学校,由暑校委员会主持,俟课程编排就绪再用书。

讨论事项

一件:参加暑期工作案

议决:同人除有特别事故外,当尽量参加。

一件:筹备校务研究会案

议决:照往例暑期中举行校务研究会,日期定九月一、二两日,筹备事宜由教务、训导、事务三主任担任之。

日　期:九月十三日上午十时
　　　　(卅年度第一学期第一次)
地　点:教职员休息室
出席者:沈校长　白约翰　黄九如　严家书
　　　　魏金枝　胡赞平　冯仲足　蓝仲祥
　　　　沈　淑　盛雨辰　陈世聪　陈维尧
　　　　费圻钢　王基恩　胡　易　陈侠泉
主　席:沈校长
纪　录:陈侠泉

欢迎新教职员。代理教务主任白约翰先生、训导主任蓝仲祥先生、副事务主任费圻钢先生、教务员兼代图书员胡易先生、兼任教员段力佩先生。

宣读上次会议纪录,通过。

报告事项

校务会议议决分级会议归并教导会议;分科会议开会次数视需要而定,由首席教员决定召集之;各项委员会先设宗教委员会,其余从缓;教职员代表出席校务会议暂时增为三人等情。

暑期补习学校有学生二百余人,其账目已推员审查,签字证明无讹。

暑假招生两次,举行校务研究会一次,进行均觉满意。

各项会议日程兹已由校长室排定,油印分发。校务会议及事务会议均在星期一、星期四午后举行。教职员会议及教导会议均定星期六上午举行较便。

关于教务方面,课程表已公布,各生课本是否齐备当定期检查一次。高中选科人数日内即可定夺。

关于训导方面,学生自治会约下星期三成立纪念周,讲员正在编排中,各级学生纪律请导师注意。

关于事务方面,暑期中曾将校舍粉刷一遍,并略加修理。校工仍旧。膳食仍由旧厨司承包,惟膳费略有增加。

讨论事项

一件:选举查账员案

议决:推盛雨辰、严家书两先生为查账员,审查上学期收支账目。

一件:选举出席校务会议代表案

议决:推严家书、胡赞平、黄九如三位先生为出席校务会议代表。

一件:选举进修、交谊委员案

议决:推冯仲足、胡赞平、魏金枝三位先生为进修委员会委员,并推冯仲足先生为主席。交谊会改为会长制,推陈世聪先生为交谊会会长。

一件:选举教职员消费合作社委员案

议决:推魏金枝、胡赞平、胡易三位先生为合作社委员,并推魏金枝先生为主席。

段力佩 (1907—2003)

原名段立培,江苏金坛人,教育家。1925年于麦伦中学毕业。1929年毕业于江苏省第一师范学校。1941年加入中国共产党,同年到麦伦中学担任训育主任兼国文教师。中华人民共和国成立后,曾任全国政协委员等职。

日　期：十一月十五日上午十时半
　　　　（三十年度第一学期第二次）
地　点：教职员休息室
出席者：沈校长　白约翰　黄九如　李仲融
　　　　严家书　胡赞平　冯仲足　盛雨辰
　　　　沈　淑　陈维尧　陈世聪　费圻钢
　　　　胡　易　陈侠泉
主　席：沈校长
纪　录：陈侠泉

欢迎代理训导主任李仲融先生。
宣读上次会议纪录，通过。

报告事项

上学期总账收支经盛雨辰、严家书两先生审查，本学期学生缴费账目经严家书、陈维尧两先生审查，均签字证明无误。

本年度预算经校董会议决，项目略有变动，总数并无增减。

本年度开始三个月，即八月至十月。决算报告油印分发。现照最新簿记添账册一本，分项登记。

各项补助费：本年份教育部补助尚有一千二百元未收，工部局补助尚有一期计二千一百廿五元未收，伦敦会补助尚有七百二十元未收。此外，艾约瑟、魏德辉及基督教教育协会补助均已全部收入账册。

各项委员会除宗教委员会已先设立外，日前又经校务会议议决恢复图书、体育两项委员会，其委员人选已公布。

登记全部图书、仪器手续已完毕，均分别立表存查。

新订学生课外活动及留校时间规则已经校务会议备案，公布施行后学生尚能遵守。

集团购米工部局所发之申请书以在校教职员、校工及寄午膳学生为限，教职员家属不在内，故只能申请每月购买五袋。

教务、训导、事务方面报告从略。

讨论事项

一件：协助控制预算案
议决：关于购置、消费等项，请同人督察学生、校工注意节省，并随时向事务处建议。

一件：筹备庆祝耶稣圣诞案
议决：交宗教委员会与交谊会共同筹备。

一件：集团购米案
议决：向工部局申请购买五袋，以一袋给校工，其余四袋分批发给同人，依家庭人数多寡而定先后，交教职员消费合作社酌办。

一件：公贺魏金枝先生喜得女公子案
议决：贺仪每份十元，参加或不参加均听便。

一件：学生要求与教职员赛球案
议决：交交谊会核办。

一件：解决同人生活困难问题案
议决：近来生活程度继长增高，如何能帮助教职员解决困难，提请校董会考虑再定办法。

日　期：十二月十三日上午
　　　　（三十年度第一学期第三次）
地　点：教职员休息室
出席者：沈校长　白约翰　黄九如　李仲融
　　　　严家书　胡赞平　冯仲足　盛雨辰
　　　　沈　淑　陈维尧　陈世聪　段力佩
　　　　费圻钢　胡　易　陈侠泉
主　席：沈校长
纪　录：陈侠泉

报告事项（略）

讨论事项

一件：本学期提早放假案
议决：本学期提早放假，原则赞成，结束日期视事实需要，随时由校务会议决定之。

一件：决定本校善后办法案
议决：建议本校原则上只得暂行停办，至善后办法应请校务会议从长计议。

日　　期：十二月二十七日上午
　　　　　（三十年度第一学期第四次）
地　　点：教职员休息室
出席者：沈校长　白约翰　黄九如　严家书
　　　　　魏金枝　李仲融　胡赞平　沈　淑
　　　　　冯仲足　盛雨辰　段力佩　陈世聪
　　　　　陈维尧　王基恩　费圻钢　胡　易
主　　席：沈校长
纪　　录：费圻钢

报告事项

（一）宣读十二月十三日第三次会议纪录，通过。

（二）本学期补助费尚有数项未收，共计六千余元。其中伦敦会经常补助七百二十元，特别补助二千元，业经校董会去函询问，据复以战事影响不克照付。故校董会议决十二月份薪金津贴只得依照聘约支给，所有特别津贴暂行取消。

（三）校务会议议决，根据教职员会建议，本校暂行停办，应转呈校董会请予裁夺，并指示善后办法。

（四）校董会议决，以本校设立人经济来源断绝，且尊重教职员公意，本校应自三十一年二月一日起暂行停办。

（五）一部分校董以个人名义发起另行筹设特种学校，以救济失学青年，业经组织委员会推定白约翰先生负责维持。

（六）校务会议议决，本学期提早结束，三十一年元旦放假一天，一月五日至九日学期考试，九日下午开始放假。

（七）第二次向工部局购米五袋，已将表格填送，大致可获批准。

（八）教职员消费合作社前向学校所借本金国币一千元已经清偿，尚有盈余二十余元。

讨论事项

一件：分配食米案
议决：此次所购工部局米得由教职员十二人平均分配，其款请校暂垫，日后扣还。

一件：处置消费合作社盈余案
议决：消费合作社盈余由同人均分。

一件：选举查账委员案
议决：选举严家书、盛雨辰两先生为查账委员，审查本学期账目。

一件：续购工部局米案
议决：三十一年一月份仍请学校向工部局继续购米，平均分配同人。

民国三十二年（1943 年）[①]

日　期：十二月二日
地　点：办公室
出　席：王志仁　陈其德　胡赞平　张容江
　　　　余志行　朱世璜　陈世聪　陈维尧
　　　　陈诒先　黄　颂　黄　瑶　魏义云
　　　　郭栋材　黎培基
主　席：王志仁先生
纪　录：黎培基

报告事项

（一）总务报告
（1）校舍问题：曾去接洽，尚未有回音。校舍委员会对加租问题亦商有应付办法，已上呈文致当局。
（2）教育会补助金九、十两月领到，每人一百元，但日籍教员与王校长者均要扣回。
（3）教职员、校工补助金共一二五九〇元，分发办法以钟点计算。

（二）教务报告
（1）初二有作弊行为。
（2）成绩总平均较上次差。
（3）试读生留级者有二人。

（三）训导报告
（1）初二曹敏与曹椒衍串通作弊，各记大过一次。传递者张畅记小过一次。
（2）操行成绩会后解决。
（3）服务最优：初二乙、初一乙。
准时最优：初一甲。最劣：初一乙。
秩序最优：初一甲。最劣：初二乙。
缺席最少：初二甲。最多：初一甲。
旷课最多：初一乙。最少：初二甲。
迟到最少：初二甲。最多：初一甲。
早操以初一乙最优，其余一样。

以上初中一、二年级。
服务最优：高一、初三。最劣：高三。
交费最速：高三。最慢：高一乙。
准时最优：初三。最劣：高一甲。
缺席最少：高一甲、乙。最多：高三。
旷课最少：高一甲。最多：高一乙。
迟到最少：高三。最多：初三。
早操最优：高一甲。最劣：高三。
以上初三及高中部。
（4）壁报出有四种。
（5）寒衣运动发动。
成绩以初三第一，初二甲居次，高一甲第三。

（四）交谊会报告
（1）第一次举行园游在兆丰公园。
（2）参观外国学校。
（3）大聚餐。

（五）合作社报告
曾经办肥皂、油及豆。

（六）图书馆报告
（1）罚款者甚多。
（2）王校长提议征书运动。

讨论事项

（一）如何督促学生自修案
议决：导师与家庭负责，请家长谈话，立自修表由家长督促之。
（二）早操年假结束案
议决：通过。
（三）延迟上课时间案
议决：由教务处酌量行之。
（四）操行成绩评定案
议决：有特别情形者增减之，余仍原状。

----

① 民国三十一年（1942 年）无"全体教职员会议纪录"。

民国三十三年（1944年）

日　　期：一月十八日

地　　点：会议室

出　　席：王志仁　陈其德　胡赞平　张容江
　　　　　魏金枝　黄　颂　余志行　陈诒先
　　　　　朱世璜　黄　瑶　陈维尧　陈世聪
　　　　　黎培基

主　　席：王志仁　陈其德

纪　　录：黎培基

报告事项

（Ⅰ）**主席报告**

（一）教职员全学期不缺席者，校方略备礼品。

（二）学生各项今日决定者有：女生课外活动最优、全校服务最优、初一甲级会成绩最优三种。

（三）请求自助同学有十五位，惜工作未能平均分配，下学期当改进之，并拟增劳力服务。

（四）消费合作社成绩极佳。

（五）校舍问题希望能解决之。

（六）正式决算不日即可结出。

（七）立案先请校董会办理登记，不生问题。

（八）预算

A. 收入（1）人数二七〇　三二五二六〇元
　　　　　（2）工部局补助　一三〇〇〇元
　　　　　（3）杂费　　　　一〇〇〇〇元

B. 支出（1）教职员薪金　二八三九〇〇元
　　　　　（2）其他

（九）兼任教员薪水下学期以六个月计算。薪水增加至少在一倍以上。

（十）校历已定，无什改变。

（Ⅱ）**教务报告**

（一）大考顺利结束，各位先生合作，方便不少。

（二）缺席除吉濑宽、余志行二先生外，全部均无缺席。

（三）大考无作弊情事发生，深为欣庆。

（四）下学期用书大致继续。

（五）上课谈话与大考前之缺点，二大缺点本学期均改进，极令人高兴。

（Ⅲ）**训导报告**

（一）迟到缺席扣分什钜，有多达廿余分者，希望下学期有改进。

（二）今年寒衣捐办理严密，成绩颇佳。

（三）级会及课外活动学期总报告大都缴阅。

（Ⅳ）**体育报告**

（一）早操比较有进步。

（二）校外比赛不多，而本学期教职员亦未比赛。

（Ⅴ）**图书馆报告**

本学期上轨道，只缺书两本。

（Ⅵ）**合作社报告**

盈余十六元另五分。

以后，以购好货为原则。

（Ⅶ）**女生指导报告**

组织有女生座谈会，每星期开会一次，会内可讲国音。

（Ⅷ）**交谊会报告**

举行三次，成绩颇佳。

讨论事项

（Ⅰ）新生招考日期案

议决：第一次一月廿二日　第二次二月五日。

（Ⅱ）女生活动最优、初一甲级会成绩最优、全校服务最优案

议决：女生活动最优：张振信。初一甲级会成绩最优：殷国良。全校服务成绩最优：郭育基、富立民。

（Ⅲ）相助同学解决经济困难案　杨维钧

议决：推行同学互助。

（Ⅳ）推定查账员案

议决：请胡赞平、郭栋材二先生任之。

（Ⅴ）本学期教职员仆费案

议决：二十元。

郭栋材（1918—?）

广东番禺人。麦伦中学40届校友，后毕业于上海大夏大学中文系。1943年受聘麦伦中学。早年曾在《西风》等杂志上发表文章。中华人民共和国成立后，加入了中国共产党。

日　期：三月廿八日中午
地　点：休息室
出　席：王志仁　陈其德　胡赞平　张容江
　　　　朱世璜　黄九如　黄瑶　魏义云
　　　　郭栋材　陈世聪　余志行　陈维尧
　　　　黎培基　陈诒先
纪　录：黎培基

主席宣告开会，通过上次纪录。

报告事项

（一）总务报告
（1）房屋问题：房主提起上诉，本一庭可解，但又判重开辩论，现已向各方请求协助中。
（2）卅二年度第一学期收支决算。
（3）卅二年度第二学期预算（第二期起增加一百元，大部用于薪金）。
（4）参加日语演讲得第五名。

（二）教务报告
（1）小考结束，分数均已交齐。
（2）人事更动：古濑宽先生、大观先生就任，余先生告假，请林鸿斌先生代理，致课程表以此亦稍有更动。
（3）小考后上课时间提早一刻钟。

（三）训导报告
（1）旷课迟到均少。
（2）小考前无记过者。
（3）上课谈话缺点，希望更能改进之。

（四）体育报告
（1）早操：高中较佳。
（2）比赛：篮球，初中结束，高中春假后开始。

（五）图书馆报告
上星期曾举行服务部会讨论征募，图书馆预定征求期限为五月五日止。

（六）女生指导报告
（1）增技能一部，国音不勉强。
（2）技能部曾制饼一次，惟成绩不佳。

（七）合作社报告
本学期曾经办煤子一批。

（八）交谊会报告
拟游叶园。

讨论事项

（一）推举立校纪念筹备委员案
议决：陈其德、陈维尧、陈世聪、胡赞平、张容江。

（二）演讲决赛日期案
议决：在校庆日举行。

（三）征求同学互助金案
议决：五月五日以后发动，请张容江领导之。

（四）设法补救学业过劣之学生
议决：办补习班，请陈其德、胡赞平、张容江进行之。

（五）史地平日分数评定案
议决：请文科首席招集定之。

（六）操行分数评定案
议决：廿九日召集分级会议决定之。

时　间：四月十一日一点
地　点：休息室
出　席：陈其德　胡赞平　魏义云　朱世璜
　　　　陈世聪　郭栋材　黄瑶　陈维尧
　　　　黎培基
主　席：陈其德
纪　录：黎培基

讨论事项

一、中英文演说比赛如何办法案

议决：（一）分高、初二组，每级产生代表二人参加预赛。

（二）由预赛决定优胜者，前三名参加决赛。

（三）预赛日期：高级五月三日，初级五月二日。

（四）评判：预赛以请校友为原则，决赛以请校董为原则。

（五）演讲人选：由导师会同教课先生选出之。

（六）时间：高级五七分钟，低级三五分钟。

（七）题目自由。

二、立校纪念如何筹备庆祝案

议决：推定下列各项委员会分别筹备

（一）展览会：请陈维尧、陈世璁、郭栋材三先生及各级代表负责进行。

（二）游艺会：请张容江、黎培基二先生负责进行。

（三）各项比赛：请胡赞平、朱世璜、魏义云三先生负责进行。

三、胶鞋如何分配案

（一）先行登记，领配给证。

（二）十七日办理缴款手续。

日　期：五月一日

地　点：休息室

出　席：王志仁　陈其德　朱世璜　胡赞平
　　　　陈维尧　魏义云　张容江　郭栋材
　　　　陈世璁　黄　颂　黎培基诸先生

主　席：王志仁

纪　录：黎培基

报告事项

（一）立校纪念日展览会有三：生物展览会、好癖展览会、算学展览会。

（二）立校纪念日游艺会各级皆有节目。

（三）立校纪念日程序（见束）。

（四）图书馆比赛五月四日结束。

（五）房屋诉讼胜诉，原告上诉驳回。

讨论事项

（一）三展览会地点案

议决：用前进二、三楼教室。

（二）游艺会前、后台负责人案

议决：前台黎培基，后台陈世璁。

（三）立校纪念日推选教职员致词案

议决：请黄颂先生致词。

日　期：五月廿日

地　点：休息室

出　席：王志仁　陈其德　胡赞平　张容江
　　　　陈世璁　朱世璜　蒋祖宣　郭栋材
　　　　魏金枝　黄　颂　黎培基先生

主　席：王志仁先生

纪　录：黎培基

通过上次纪录。

报告事项

（Ⅰ）总务报告

（一）校庆日经过良好。

（二）房屋问题曾往接洽，然未获解决。

（三）十八日有校长会议。

（四）基督教中等学校学费及专任教员薪水统计已发表，本校尚不为差。

（五）第一区公署十九日派员来校调查，经过尚佳。

（六）煤球请求派货，允给五担。

（七）胶鞋因电力关系仍未领得。

（八）学费交纳情形良好。

（Ⅱ）教务报告

（一）史地平日积分如何评定已由分科会议决定。

（二）有教员建议初中增设矿物学、高中增设地质学。

（三）小考已结束，毕业级大考廿六日起。

（四）补习班照常进行，迟到缺席者均有通知单通知家长。

（Ⅲ）训导报告

（一）小考无作弊情形。

（二）进行二募捐运动：1.旧衣捐；2.互助金捐。

（Ⅳ）图书馆报告

（一）此次劝募图书馆计捐赠二三二册，寄存九九册。

（Ⅴ）交谊会报告

（一）上次于圣约翰举行，盛况空前。

（二）下次接洽哈同花园。

讨论事项

（Ⅰ）生活补助费应否征收案

议决：不收为原则。

（Ⅱ）办理暑校案

议决：照常举办，请教务处拟行办法。

（Ⅲ）补救最劣级案

议决：成问题之级举行分级会议。

（Ⅳ）办理小学案

议决：先办预备班，请陈其德、胡赞平、张容江三先生负责之。

（Ⅴ）义务学校如何处理案

议决：在暑期中允许办理。

（Ⅵ）本届毕业式案

议决：由校务会议决定之。

（Ⅶ）招待毕业生案

议决：请陈其德先生全权办理。

（Ⅷ）鲍浩贤如何处理案

议决：不得大考，暑假后补考升级。

日　　期：六月廿四日

地　　点：办公室

出　　席：王志仁　陈其德　胡赞平　张容江
　　　　　魏义云　黄　颂　陈世聪　郭栋材
　　　　　陈诒先　黎培基

主　　席：王志仁先生

纪　　录：黎培基

通过上次纪录。

报告事项

一、主席报告

日前开校董会，对全体教职员之合作精神表示道谢。

二、总务报告

（一）对各同人之合作亦非常感谢。

（二）自去年以来，各方面均有显著之进步。

（三）房屋问题：正式判决未有，第一审可告一段落。

（四）学费：下学期征收额经校董会讨论，规定开学时视同等学校之折中数。

（五）第一次招生改至七月四日。

（六）毕业典礼改崇德女中。

三、教务报告

（一）补习班人数有六十六名，四班上课共九星期。

（二）各项考试均已举行。

四、训导报告

（一）互助金以初一乙成绩最佳，捐启交还之百分数尚佳。

（二）毕业考作弊者四人，其中二人经校务会议议决开除，另二人予以最后警告。

讨论事项

一、审查毕业生案

高三经补考没有一科不及格者三人。

初三留级者二人，证件不全二人。

议决：证件不全不能毕业。

二、程翼之家长请求程翼之作新生投考案

议决：不能通融。

三、富安民、陈敏铮操行不及格应否准予毕业案

议决：不准毕业。

四、如何举办本届毕业式案

议决：廿八日十时假崇德女中。

给凭王校长，给奖黄九如先生。

五、如何办理招生案

议决：第一次七月四日。

六、评定得奖各项人选案

议决：

（一）表现迈伦精神成绩最优者

钱学昌

（二）全校运动道德最优者

甘兰石

（三）全校礼貌最优者

刘起虬

（四）全校服务成绩最优者

郭育基

（五）女生课外活动成绩最优者

穆引弟

（六）级会成绩最优级

初三

（七）青年会工作最优者
杨维钧
（八）高三平日努力而最守秩序者
倪维泉

七、评定操行成绩案
议决：由各导师行之。
八、规定下学期各级用书案
议决：已由教务处与各教员评定之。

日　期：九月一日
地　点：礼堂
出　席：王志仁　陈其德　胡赞平　魏义云
　　　　黄　瑶　黄　颂　黎培基　陈世骢
　　　　陈维尧　郭栋材　朱世璜　邵鸿矗
　　　　尤振中
主　席：王志仁
纪　录：黎培基

通过上次纪录。

报告事项

Ⅰ．总务报告

一、教育局长更迭，由戴英夫氏继任。
二、基督教中等学校一般情形乃人数减少。
三、房屋问题定九月四日开调查庭。
四、旧校舍木屋被拆，曾往交涉。
五、上年度概况及收支总决算（见另纸）。
六、目前止留额人数三二八名，缴费二八七名。
七、本学期预算（见另表）。
八、兼任教员薪金以钟点计算之，专任照旧。
九、校方已将八、九月薪金发给，并进有煤球及盐油等物。

Ⅱ．教务报告

一、新生招考三次。
二、暑校开十单位，人数六六，科数一三七。
三、注册人数旧生一五三名，新生一二一名。
四、初三日文减为二小时，史地增为三小时，其他无何变更。

Ⅲ．训导报告

一、导师已决定初三为黄颂先生，高一陈其德先生，高二甲陈世骢先【生】，高二乙胡赞平先生，初一甲黄瑶先生，初一乙陈维尧先生，初二甲朱世璜先生，初二乙郭栋材先生。
二、各级秩序尚须整顿，希导师予以合作。

Ⅳ．图书馆报告

上学期遗失三册，募捐有二百余本，惟具价值者甚少。

Ⅴ．交谊会报告

预备野宴、聚餐各一次。

Ⅵ．合作社报告

一、上学期盈十六元一角，木箱二，麻袋三。
二、陈世骢先生代设法购炭，每担三千元。
三、油由各人备容器，集团往取。

讨论事项

Ⅰ．战时校务推进方针

1. 总务方面
一、对外以应付为原则。
二、提高学生程度、活动能力、纪律精神，以教会学校精神训练学生工作能力，以省立学校精神训练学业。
三、管理务求严格与家长多联络。
四、教职员合作精神更趋紧密。

2. 教务方面
一、引起学生求学兴趣，各科并重。
二、教严而须有效力。
三、引导学生参阅课外参考书。
四、多测验。
五、死制度而活用之。

3. 训导方面
一、课内秩序请授课教师多负责。
二、请准时上下课。
三、公共走道奔跑、喧噪严加制止。
四、提倡同学分组研究。
五、青年会交尤振中先生全权办理。
六、学生缺席调查每半月一次。
七、预防作弊。

4. 女生方面
一、应认清如何方为一新女性。

Ⅱ．其他

一、如何办理补习班案
议决：由教务主任全权办理。
每六星期为一期，每期每单位一二〇元，杂

费每人五十元。

二、分组原则案

议决：初一以英文，高二以科算为标准。

三、审别试读生案

议决：成绩不佳而合于留级标准者，留级。

四、如何督促奖学生成绩

议决：不及格者得减少其金额。

五、推举校务会议代表案

议决：陈世璁先生

六、推举交谊会委员案

议决：黄瑫、朱世璜、黎培基。

七、消费合作社委员案

议决：魏义云、郭栋材。

日　　期：十月廿三日一时
地　　点：二楼会议室
出　　席：陈其德　胡赞平　陈世璁　魏义云
　　　　　黄瑫　黄颂　陈诒先　陈维尧
　　　　　朱世璜　翁昭麟
主　　席：陈其德先生
纪　　录：翁昭麟

改正上次纪录：
（1）会名改正为教职员会议。
（2）初二甲、初二乙导师互调。
（3）消费合作社加入胡赞平、黄瑫两位。
通过之。

报告事项

总务方面

1. 关于额外配给米事：得被暂准配给。申请书于十七日由教育局加印，十八日由翁昭麟送往物品配给处，令于廿六日往换收条，凭条向市府624号领米票购米。照期限，首次食米已无法领到。

2. 关于学校房屋之诉讼事：经十五个月之审讯，初皆胜诉。最近奉庭谕，成立和解，和解判决书亦已到。律师酬劳及诉讼费共计约壹万贰仟余元，与越旦分担，每校六千余元，不致影响预算。

3. 近有人介绍买廉价之芜籼米，于上午派翁昭麟君往洽。因介绍人未晤，故米价未能确知。若能成功，款项由校方代垫一部，余由购者补足。

4. 邵鸿鑫先生双亲逝世，由王显纳先生代课，功课不受影响。

5. 近有校友发起致送礼物与白先生之举，学校对校内同学亦以自动为原则。校中于圣诞节时拟备款购物，以各教职员名义赠送白先生。

教务方面

1. 第二期补习班由校务会议决于廿五日起续办，办法提会讨论。

2. 第一次小考事：（一）效果极佳，无作弊情事发生。（二）先生未有迟到早退。（三）用纸省。（四）先生送回卷子快。（五）成绩已决算清楚。

3. 试读生将有八人降级，提会讨论之。

4. 抽查指定作业事，暂以各级正、副级长为对象。

训导方面

1. 级会工作迟缓，风纪部不起作用，教室日记欠详，确希各导师严加督促。

2. 壁报多不如期出版。

3. 记过者以初二乙为多，于学期结束时恐因扣分而影其升级。

4. 礼堂集会因学生不注意坐位，未能完全平静。

5. 操行记法：以各级教师任课钟点数之多少作计算标准。国、算、英、科各为20%，导师10%，史地10%，填写欠缺者以导师之分数为准。

6. 缺席情形因各级记载欠详，确统计结果如下：
报到人数最多者初二乙。
旷课最多者初一甲，次者初三，最少高二。
操旷最多初二乙。

讨论事项

1. 级长是否应增加分数案
议决：观其服务成绩而定。

2. 旷课及不带书者如何记载案
议决：旷课之记载及扣分照旧，不带书者由各级教师随时注意扣分，与旷课同，于成绩单中加一记载。

3. 成绩如何计算、发送、公布案
议决：
计算法：主科占2单位，次科占1单位。

发送：由各导师发给各学生转交家长，加印后于三日内归校备查。

公布：由各级服务股负责统计公布事宜。

4. 试读生小考成绩至劣者如何处置案

议决：各予降级处分。

初二甲：陆秀生（降）、杨德根（学行皆劣，召其家长谈话并特准于原级试读，若不改善，决予开除）。

初二乙：茅鼎亮、胡德孚（降）。

初三：李星、沈如松（降）。

5. 非试读生而成绩至劣者如何处理案

议决：召各家长谈话，俾互相督促。

6. 办理补习班案

议决：本次小考二科或二科以上之主要科不及格者，须参加补习，学杂费及其他照旧。

7. 操行如何评定案

议决：国、英、算科各占20%，导师10%，史地10%。

8. 第三期学费是否应增加案

议决：原则上因物价关系决定增加，多少由校务会议决后再呈校董会核准施行。

日　期：十一月廿一日（临时）

地　点：校内办公室

出　席：陈其德　魏义云　胡赞平　陈世聪　朱世璜　郭栋材　黄瑶　翁昭麟

纪　录：翁昭麟

讨论事项

对今日空袭如何处置案

议决：

（1）今日考试暂行停止。

考试期内：

（2）补考日期顺延一天。

（3）家长有电话来者，告以不考，已来者于空袭警报未解除以前，绝不放行。

（4）今日留校学生，近者由师长认可者放行，惟须留名备查。留校者由各值课师长率领，引避最下层。

以后办法：

（1）第二次考期内：八时半以前发突袭警报而尚未解除者停课。

（2）考后之上课期内：八时四十五分以前发突袭警报而尚未解除者，暂可不必来校。若于十时以前解除者，迅即来校上课。若十二时后尚未解除者，酌量由其留名离校。

（3）上课时若附近发生危险空袭时，则由该课教师领避最下层，并由其维持秩序。

日　期：十二月二日一时

地　点：校内

出　席：王志仁　陈其德　胡赞平　魏义云　陈维尧　陈世聪　朱世璜　黄瑶　郭栋材　翁昭麟

主　席：王志仁先生

纪　录：翁昭麟

通过上次记录。

报告事项

总务

1. 闻教育局将发动买卖教科书簿册。

2. 下期学费教育局发下表格征填具报，以定相当费额。

3. 中等学校将于十二月廿一日举行茶会交换意见，决定下期开学日期、收费标准等事。

4. 首期米票尚余一期，第二期申请书已送上，谅可照领。

5. 请免冬季房捐事，市府、教局两方有以立案为交换条件，故秋冬两季我校已照缴，他校也放弃请免。

6. 教局津贴已领到壹万叁仟伍百元，尚余四仟伍百元未知何时能领到。

7. 第三期学费普加壹仟元，成绩良好，共收廿二万八千余元。本校员工每人照一月份薪额发生活津贴一个半月，不足之数由常费拨付。

8. 明年之学校将有许多困难，如交通、物价、人数、费额等均无把握。

教务

1. 小考期内因发生空袭而停课，故考试顺延一天，经过良好。

2. 成绩并不比上期好，加紧是一原因。

3. 作业时间改自九时至一时零五分，每课休息五分钟。

4. 第二期补习班共 62 人，197 科（单位），开班 9 个单位。

初三至高二英文取消，初一最多，次者初三。高一至高二仅四人，其中两人缴费后不到，多有引避态度，下期须有良好处置办法提会讨论。

训导

1. 失窃书籍事：经侦查，结果知为高一吴明章所为，现已获相当解决，其家长认许赔偿总价值之三成。初、高二消费合作社不肯接受，经多方解说后，亦照领清楚，窃者亦已受开除处分。

2. 印就风纪记录表分发各级，风纪部逐周填报，高年级仍属敷衍。

讨论事项

1. 对空袭时如何处置案

议决：

A. 上课以前：（一）上午八时四十五分以前发出空袭警报而尚未解除者，暂时不必来校。（二）空袭警报于十时以前解除者，仍须迅速来校上课。（三）空袭警报于十时以后解除者，可以不必来校。

B. 上课时间内：（一）仅空袭警报时，须静坐于原教室，绝对服从该课师长之指导。（二）附近发生危险空袭时，由各值课师长率领引避最下层，严禁外出观望及喧哗。（三）空袭警报于十二时三十分以后尚未解除而经师长认可者，由其留名离校。

2. 自来水用量如何支配案

议决：定时开放，由一人专管。

3. 因电量关系对初三教室如何处理案

议决：在节电期间，阴天移至礼堂上课，坐位由朱世璜、黄颂两位决定。实验时仍让入原教室。

4. 如何庆祝圣诞案

议决：（1）用最经济办法。（2）推陈其德、魏义云、黄瑶、尤振中四位筹办。

5. 如何捐募寒衣及互助奖金案

议决：除局部由各导师推动外，由陈其德、魏义云、朱世璜、黄瑶、陈维尧组劝募委员会执行全部任务。

6. 如何举行宗教演讲案

议决：讲员敦请蔡文浩先生，日期十二月十五六，时间第五节（早操止，提早开会时间）。

7. 定期举行中英文书法比赛案

议决：预赛由各级中英文教师于廿五日以前定期举行，各选三名参与决赛。

8. 如何办理第三期补习班案

议决：依上期方法施行。

9. 下学期如何改善补习班案

议决：暂留下次讨论。

10. 各级壁报是否须保存于校方图书馆案

议决：由各级自己决定。

11. 对白先生送礼案

议决：由校方总办。

12. 规定分组标准案

议决：留后商决。

民国三十四年（1945 年）

日　　期：一月十六日中午

地　　点：校内

出　　席：王志仁　陈其德　胡赞平　魏义云
　　　　　陈世聪　黄　瑶　黄　颂　朱世璜
　　　　　邵鸿矗　陈维尧　郭栋材　尤振中

主　　席：王志仁

纪　　录：魏义云

宣读上次纪录，通过。

报告事项

总务方面

（一）学费问题：有沪新、民立等校校长请教局长谈话情形不良。据说中小学校长亦将向咨询会传达增加学费之苦衷，希能转变局长执行收费标准之意向，教会学校亦将于午后召集紧急会议。

（二）下期预算：因学生人数无把握，未能决定，照现在留额，情形殊可乐观。薪给方面如无特殊变化，希能照上期之四倍。

教务方面

（一）本学期教师告假者仅四人，除大关先生告假时间较多外，其余共只十五节。

（二）大考已结束，情形颇佳。各生学期考分及平日积分请于十八日前交与本处，以便早日结束填发报告单。

（三）各生报告单将于廿三日分发，除一部分学行较劣之学生报告单由邮寄递外，其余可由来人领取，请各导师届时来校襄助一切。

（四）第一次招考新生日期为一月廿日，第二次为一月廿九日。旧生补考亦于一月廿九【日】与第二次新生考试同时举行，各种试题请各教师先时拟定交与本处，并请届时到校阅卷及襄助一切。

（五）第三期补习班参加者卅人，计九十四单位，共开四班七单位，人数较前两期为少。

（六）中英文书法比赛结果如下：

一、中文

	高中部	初中部	
	小楷	大楷	小楷
第一名	黄人信	陈善昌	华仲昂
第二名	沈家燮	徐如芳	殷志适
第三名	甘兰石	樊继曾	李道恒

二、英文

	高中部	初中部
第一名	钟汉杰	金耀庭
第二名	翁维楷	蔡银元
第三名	陈维梁	李道恒

训导方面

一、本学期级会工作最优者高一，次者初三、初一甲，最劣者高二乙、初一乙。

二、级刊情形，高一、初三最优。

三、男女生问题：少数学生对于男女问题未能明白了解，不免稍有无谓纠纷，此后应一面加强女生能力，一面纠正男生之错误观念。

讨论事项

一、招生工作分配案

议决：原任教师命题，届时来校监考。

二、续办补习班案

议决：人数多则由校方商议办理，人数少则由成绩较优之高级学生担任指导事宜，或请校友课余担任，仍给相当酬报。成绩最坏者，函请家长谈话。

三、审查各项奖品案

议决：

表现迈伦精神最优者	蔡明训
全校服务成绩最优者	唐金根　唐南治
全校运动道德最优者	邝兴发
全校最有礼貌者	刘起虬
女生课外活动成绩最优者	穆引弟
级会成绩最优者	高一

余俟查核成绩纪录。

四、下期施行优绩生案

议决：学业、操行均在九十分以上称为优绩生。

五、推举校内查账员案

议决：由郭栋材、黄瑶、陈世聪三先生担任。

六、核定劝令退学之劣等生案

议决：高二乙何国良、严锡鑫、应可俭、徐炎海、蒋锡聪、王信宏六名函其家长，劝令退学。初一乙王经齐、殷志适、殷志逵函请其家长谈话。高二乙耿立鸣函令退学。

七、商定仆赏案

议决：专任教员五百元，兼任教员三百元。

八、如何分组案

议决：由校务会商决。

日　　期：二月三日下午
地　　点：校内
出　　席：陈其德　魏义云　胡赞平　陈世聪
　　　　　朱世璜　黄　瑶　黄　颂　陈维尧
　　　　　郭栋材　翁昭麟
主　　席：陈其德先生
纪　　录：翁昭麟

宣读上次纪录，通过。

报告事项

总务方面

一、前学期之结束至本学期之开学时间很短，账目未能料理清楚，再过数日当能全部结束。

二、本期人数已缴费注册者达二百二十五名，谅可增至二百四十名。

三、预算草案：本期因情形特殊，未能有正确之预算，现大略列表如下（另纸）。

四、申、新两报之贷金额将予提高，但校方仍需极巨之减免金额。

五、教局对各校之越限收费极感不满，本校暂观他校之态度而定进止。

六、此次之酬劳奖金普通总额二万八千元，特别总额壹万二千元。

七、若预算无特殊变更，本校聘书不日可发。

教务方面

一、各生学期成绩报告单已于一月廿三日分发，其不及格学科过多者，及未自领者，亦已络续寄出。不及格学生成绩单亦已分发各导师。

二、上学期学行优良得奖各生如次（另表）。

三、寒假期内招生两次：一次在一月廿日，报名者廿九人，录取正式生十三人，试读者十一人；一次在一月廿九日，报名者十八名，录取正式生十人，试读者四人。

四、本学期课程表已分发各教师，时刻仍旧。高中二不分组。

五、本学期教室重行分配如下：

高二 31　高一 201　初三 202　初二甲 32
初二乙 21　初一甲 22　初一乙 11

训导方面

一、请追认增加级长及级会工作人员之操行成绩。

二、韩松岩、邓铿铖于日文大考时通同作弊，为其前途计，经校务会议议决着令退学。

三、耿立鸣自被函令退学后，两次到校请求给予自新之路，经具保证书后，暂准继续试读。

四、以后每当级会时，请各导师督同点名。

五、改善早操办法提会讨论。

六、学生消费合作社之组织，由各级级长充任董事，蔡明训、唐南治、管绍淳任经理。盈余支配规定三分之一为经理人薪水，三分之一为股息，三分之一充善举，期限暂定开学前后各一月。

七、希转饬各服务部填缴各该级学生座位表。

八、希转饬各生从速填缴各项表格证书。

九、希级会、级组织促其早日成立。

十、女生座谈会情形很好。

十一、消费合作社之货物因积压日久，近发现短少。

讨论事项

一、追认增加级长及级会工作人员之操行分数案

议决：各级长加三分，部长加二分。

二、应付情形特殊之投考生及旧生案

议决：

（一）一律须经入学试验，暂定年内、年后两次。

（二）家境困难之学生可先准予入学，学费可定期缴纳，但不公开发表。

三、旧历新年是否应予休假案

议决：若教局无禁止明文，放假一星期。

四、续办补习班案

议决：年关后先由各导师探询各生可有此种需要，然后请教务处另订办法。

五、核定优级生标准案

议决：学行各须八十五分以上，于学期结束时发表，详细办法由教务处议订。

六、改善早操办法案

议决：领操暂由朱先生自己担任，后选择较优学生代替。点名选择工作态度较佳学【生】担任，由陈其德、魏义云、胡赞平、朱世璜、

黄瑶五先生组织体育委员会处理会务。

七、如何支配周会讲演案

议决：日期采取活动性，人数合并，材料集中科学常识。

八、如何推行宗教工作案

议决：利用日文空课时间召集。

九、决定本期比赛项目案

议决：中英文演讲、背诵辩论等，于校庆时举行。

十、征求各项奖品案

议决：由各位先生自己签定。

日　期：三月二十四日

出　席：王志仁　陈其德　魏义云　胡赞平
　　　　陈世聪　朱世璜　黄瑶　黄颂
　　　　陈维尧　尤振中　郭栋材　翁昭麟

主　席：王志仁先生

纪　录：翁昭麟

宣读上次纪录，通过。

报告事项

总务处

一、教育局对各校之越限收费，起初态度很严厉，后因物价狂涨故作罢论。惟又有饬令登记之说，将以重点配给为条件，究竟如何不得而知。

二、学生人数共二四三名，第一期后自动退学者三人。

三、教育局补助费之余款四千五百元已顺利领到。

四、平价米已领得两期，首次五担米质较好，第二次四担米质较差。分配方法以各人担任之时数，分四级为标准。

五、第三次特配米票已领到，惟日籍教师被取消领米资格。

六、宗教联合会近来发起组织临时救济会，推行特殊情况下之服务工作，经费开始捐募。

七、白先生之礼物自送进后已三个月未有回音。

八、学校疏散问题若教局有明文通知，再定进止。

教务处

一、第一次小考已顺利结束，成绩单预定于

周二抄誊完毕，周三发出。

二、初三黄民享迹近作弊行为已予相当处分。

训导处

一、缺席情形：全未缺席者共88名，占总数1/3，高一最佳，初三次之。

二、旷课者41人，操旷者110人，迟到者87人。

三、高二五生，态度不良，已予严重警告。惟盛卓人近又有违抗师长指导情事发生。

四、级会工作多顺利进行。

各导师

一、高二——（胡）除少数人较为傲慢不依指导外，其余尚好。惟级会工作进行不力。

二、高一——（其）一般情形相当正常，秩序方面渐见改善。

三、初三——（颂）课内课外工作尚称正常，青年意气方刚，若引导得法亦可向善。

四、初二乙——（聪）本班人数在全校各级中为最少，男女生之相差额却最大，故级会工作不易进行。

五、初二甲——（栋）本班学生因年纪关系，情趣发展不能一致，故彼此之间常有不必要之意气件发生。

六、初一乙——（尧）本人虽为本班导师，但因任课时间较少，未能多方接触，现在设法指导，使之向于正常之发展。

七、初一甲——（瑶）因年龄较小，思想较为纯洁，颇能接受师长之指导。

讨论事项

一、推定委员会定期举行英文背诵比赛案

议决：由陈其德、邵鸿蕃、黄瑶合议推行，比赛日期校庆日。

二、推定委员会定期举行中文演讲比赛案
议决：由魏义云、胡赞平、黄颂合议推行，比赛日期定于校庆日。
三、推定委员会定期举行小运动会案
议决：由体育委员会主持推行，日期校庆以后。
四、推定委员会筹备本届校庆案
议决：由陈其德、魏义云、胡赞平、朱世璜、翁昭麟合组筹备委员会。
五、定期举行教职员暨家属交谊会案
议决：日期四月八日或十五日，由黄瑶、朱世璜两先生主持，地点待洽。
六、充实各级级会工作案
议决：提倡小组研究，利用课余实行互助。
七、如何执行学生留校自修案

议决：留校自修学生由校关照其家长，免得悬念。
八、儿童图书馆捐款案
议决：由各导师推动。
九、统计各级学行成绩案
议决：照旧办理。
十、如何鼓励各项奖金受助生注重学业案
议决：成绩过差者，函其家长谈话。
十一、小考补考收费案
议决：每科壹百元。
十二、提早上课时间案
议决：春假以后提早一刻钟，校庆以后提早一刻钟。
十三、决定春假日期案
议决：三月廿九日起至四月二日止。

日　　期：五月十二日中午
出　　席：陈其德　胡赞平　魏义云　陈世聪　朱世璜　黄瑶　黄颂　陈维尧　郭栋材　翁昭麟
主　　席：陈其德先生
纪　　录：翁昭麟

宣读上次纪录，通过。

报告事项

总务处
1. 教育局对申请重点配给事监督很严，已有因虚报而被处分者。
2. 关于平价米事：主其事者迄未提起。
3. 校庆经过情形甚好，校友发起组织校友会。
4. 各项捐款成绩：中华基督教联会救济捐共二万五仟九百元（初一甲第一），儿童圖捐共壹万五仟六百七十一元（初三第一），各已分别送出。
5. 献书捐款因日期局促，未能如期清结。
6. 白先生最近来信，情形尚好。

教务处
1. 小考已顺利结束，成绩单亦已发出，高一第一，初一甲、乙进步最显著，初二甲退步最巨。
2. 中文演讲比赛结果：初中组王礼敬、高中组刘起虬。

3. 英文背诵比赛结果：初中组吴定文、高中组汪嘉毅。
4. 作业时间提前一刻钟。

训导处
1. 各级操行成绩已评定，请各导师查照。
2. 旷课缺席人数甚多。

讨论事项

1. 定期举行小运动会案
议决：定于五月廿三日，细节由体育委员会商决施行。
2. 举行毕业级学期考试及毕业考试案
议决：（日期）学期考试自五月廿八日至卅一日，毕业考试自六月七日至九日。（考场）#102、#202两室。
3. 如何督促成绩过差之留级生及自助生案
议决：通知其家长请加督促，由同学互助。
4. 重议优级生标准案
议决：A. 学期成绩、学行总平〔评〕在85分以上者。
B. 若操行在80分以上者，得重行评定之。
5. 核定本学年模范生标准案
议决：学年学行总平均在85分以上而最优者。
6. 定期推行同学助金募捐案
议决：暂定六月初发动，至下期开学。
7. 举办暑校案
议决：日期自七月初起，细节由教处拟订。

民国三十四年迈伦中学毕业生合影

日　期：六月廿三日
出　席：王志仁　陈其德　魏义云　胡赞平
　　　　陈世聪　陈维尧　陈诒先　黄九如
　　　　黄　瑶　尤振中　朱世璜　郭栋材
　　　　翁昭麟
主　席：王志仁先生
纪　录：翁昭麟

宣读上次纪录，通过。

报告事项

总务处

一、上期收支概况：因电、水、广告、修理及餐食超过预算，故恐有亏空，至总决算可于七月底结出，收支各项皆合理想。
二、免费者不达预定金额。
三、教职员缺席者不多。
四、校舍除另商定租金外，谅无其他问题。
五、助金劝募运动已开始。
六、消费合【作】社内既已派定物品，希各提清，以资结束。
七、暑校是否继续办理，提会讨论。
八、上期助金捐款募得一七一二九二．二〇。献书捐款共一二八九五〇。

教务处

一、各种考试皆如期顺利进行。
二、大考成绩亦已结算完毕。
三、初中毕业考试结果不能毕业者有许少康、华仲昂、华贻枏、何玉骐。
四、如何处置成绩过劣而合于退学标准之学生，提会讨论之。
五、招考新生时，请各该科先生示题及监考。

训导处

上期旷课及纠纷情事特多。

体委会

一、早操情形较往年为佳，惟缺席者过多。
二、各项比赛如期结束。

图书馆

本期由张祖璜、张恩民负责管理，情形尚好，出借书籍偏于文艺小说，科学及理论者很少，借阅者也偏于低级学生。

女生座谈会

一、各项工作皆能依照计划进行。
二、技能股因物价关系烹调仅举行一次。
三、内部互相猜疑不协。
四、下期本会是否需要继续组织，提会讨论。

讨论事项

一、评定各项奖品奖金案

议决：

表现迈伦精神成绩最优者　　蔡明训

服务工作最优者　　唐金根　张恩民

运动道德最优者　　邝兴发

最有礼貌者　　刘起虬

青年会工作最优者　　缪富恩

级会工作最优级　　高一

女生课外活动成绩最优者　　陈志庄　李星

其他由训导、教务处审定。

二、决定仆赏案

议决：专任者三千元，兼任二仟元。

三、毕业式秩序案

通过。

四、推定校内查账员案

议决：郭栋材、陈维尧、朱世璜。

五、如何处置学行过劣学生案

议决：管绍淳、杨庆福、吴定文特予补考升
级试读。

李光熙、胡文骅特予留级试读。

李志铭、施福洞、王经齐、李令章、
张俊德、高必安照章退学。

日　期：九月十五日

出　席：陈其德　胡赞平　魏金枝　白约翰
　　　　陈世璁　陈维尧　陆增礽　黄九如
　　　　黄　瑶　郭栋材　翁昭麟

主　席：陈其德先生

纪　录：翁昭麟

宣读上次纪录。

修正及追认上期校内查账员：郭栋材、陈世
璁、黄瑶三位先生，通过。

报告事项

总务处

一、宣读会计师查账证明书。

二、上期消费合作社尚余物品，计储钞捌
万元。

三、欢迎旧教员白约翰先生及新教员陆增礽
先生。

四、本校改组经过：因抗战胜利，故于八月
间由迈伦校董会议决解散，移交原创办人伦
敦会，重组麦伦校董会。恢复麦伦中学名义。

五、校舍问题：各项细节本已协商就绪，旋
因全面和平，合约延期签订。

六、已缴费注册者共 252 名，计开初一 52，初
二 42，初三 40，高一 49，高二 35，高三 34。

七、请追认参加受难学校复兴委员会。

教务处

一、暑校虽然人数不多，而师生精神尚好，
九次招生工作亦顺利完毕。

二、各级课程表已排定，讲室亦已分配如
下：初一 202，初二 201，初三 22，高一
102，高二 22，高三 31。

三、教科书采购困难，如何补救，提会讨

论之。

四、其他教务方面之工作，照上期办法办理。

讨论事项

一、如何采购各级教本案

议决：高三物理由该级代表向前届校友接
洽，史地等则请郭先生选购之。

二、如何排定周会讲员程序案

议决：如有适当讲员，则请介绍。集会高、
初中合并。

三、如何改进级会工作内容案

议决：以民主为集会原则，避免褊〔偏〕
激色彩之产生。提高学术风气，冲淡无谓
纠纷。

四、如何推进宗教工作案

议决：请白约翰先生及陈维尧先生主持。

五、如何参加庆祝胜利案

议决：提交校务会讨论。

六、如何参加欢宴白先生案

议决：餐费每人四万元，家属每人三万元。

七、提出复校建议案

议决：如议进行。

八、试办虹口初中部案

议决：课程之支配及简章请胡赞平先生起
草。房屋则请陈其德及白约翰两先生负责
接洽。

九、推定交谊会委员案

议决：郭栋材、黄瑶、翁昭麟。

十、推定本学年校务会教职员代表案

议决：陈世璁先生。

十一、推定本学期校内查账员案

议决：陈维尧、郭栋材、陈世璁。

日　期：十月十九日

出　席：白约翰　胡赞平　魏金枝　陈世聪
　　　　陈维尧　黄瑶　陈诒先　翁昭麟

主　席：胡赞平先生

纪　录：翁昭麟

报告事项

一、陈其德先生因病未能出席。

二、自本月廿三日至廿五日征收第二期学费。费额经校务会议议决：初中各级缴纳法币壹仟壹百元，高中各级壹仟肆佰伍拾元。

二、三期一次缴纳者听便，逾期每天罚款拾元。

三、虹口分校开办情形：据费先生报告，报名人数初一 10 人，初二 4 人，高小（六年【级】）2 人，高小（五年级）2 人，已经考试。量情合开初中一一班，大约可有 13 人，预定于昨日（十八日）开课。经费除开办费壹百万元外，概以收支相抵为原则。

四、小考定于廿六日起举行，共计四天。

● 白约翰先生报告上周校董会开会议决略案

一、麦伦复兴计划：A.兆丰路原址之犹太难民已去信通知，大概明春可迁出一部，明秋九月以前可出清。B.本校约于明年二月可迁一部前往上课，九月份可全部迁竣。C.经费问题：关于伦敦方面须六个月以后方有回音，预定于十二月间开校董会，俾能从长讨论。

二、原校董韦愨先生因事未能参加校董会，改选校友瞿鸿杰先生担任。李登辉先生年老目疾未能参加，改选迈伦时代之校董陆梅僧先生担任。艾黎回国，改选雷士德研究院院长安尔先生担任。并公推校董吴维德先生担任校董会主席。

三、请陈其德先生代理校长。

四、希望以后之教育方针注重于心理及人格方面之锻炼。

路易·艾黎
（Rewi Alley，1897—1987）

新西兰人。1927 年来沪，1932 年由曹亮推荐担任麦伦中学校董。1933 年，在宋庆龄支持下，帮助中共地下党工作。1939 年艾黎赴延安和晋西北，随后又去皖南新四军军部，协助兴办兵工企业。1942 年迁居甘肃省山丹县，兴办培黎学校。中华人民共和国成立后，继续在山丹办学，并到世界各地宣传新中国的成就。1957 年加入新西兰共产党。

日　期：十二月二十四日

出　席：陈其德　胡赞平　黄九如　黄瑶
　　　　陈维尧　郭栋材　桂壮　翁昭麟

主　席：陈其德先生

纪　录：翁昭麟

宣读上次纪录。

报告事项

总务处

一、教育局发到清寒学生补助费法币肆万捌仟伍佰元。

计高中每人二千元，初中每人壹千五百元。惟费额超过者多，如何分配，提会讨论之。

二、教育局及社会局联合发动教育贷金劝募运动，目标壹万万元，为下学期各学校之补助费，本校被派参加一单位。

三、联合欢迎宣抚员，茶会经过相当融洽。请其注意教育各点，亦已转达。

四、校董会执行委员会已核准复校经费筹募音乐会及提高第三期费额。

五、陈世骢先生因筹备出国，于最近辞职，其课程由桂壮先生代理。

六、经校务会议决：圣诞节休假二天，新年休假二天。

七、本期收支概况：因得教局补助费，谅不致亏空。基督教中学共得美国教会救济费七百万元，伦敦会方面可能有相当数目。

八、关于本校因战事所受各项损害已向各有关机关呈报，至结果如何未能预料，惟借用敌产校舍已无希望。

教务处

一、招待学生家长谈话经过：计发信九八封，按期到者二十一人，延期到者六人。

二、因试读成绩过劣而降级者共六人。

三、初中英文书法比赛优胜者高文魁。

高中英文作文比赛优胜者汪嘉毅。

四、中文并未举行，常识测验难于举行。

五、各级成绩比上次优良。

六、学籍卡已大部填就，惟初一一部同学上期成绩欠缺如何处置，提会讨论之。

训导处

旷课情形：旷课共五九节，请假七二节，迟到一四一节，不带书七四节。

讨论事项

一、如何鼓励捐送音乐会入场券案

议决：凡捐满壹万元者，由学校给工字奖，并留名纪念册。

二、重选校务会教职员代表案

议决：人数过少，候明日票选。

三、修正校历元旦放假二天案

议决：通过。

四、如何填报初一上期学籍案

议决：暂时空下，参考其他学校。

民国三十五年（1946 年）

日　　期：一月廿九日
出　　席：陈其德　魏金枝　胡赞平　黄九如
　　　　　黄　瑶　桂　壮　陈诒先　郭栋材
　　　　　翁昭麟
主　　席：陈其德先生
纪　　录：翁昭麟

宣读上次纪录，通过。

报告事项

总务处

一、报告本学期校务概况（另详报告书）。
二、下学期费额业经校董会核准，高中壹万陆仟元，初中壹万贰仟元。
三、最近因参加游行而受教育局召集训话者，共有 29 校。
四、最近获教会方面复兴费壹百万元。虹口校舍请葛莱非先生负责接洽，借用女校房屋已正式去函申请，期限最短借用三年。
五、复兴委员会经校董会决议，由创办人代表一名（葛莱非），校董会二名（瞿鸿杰、陆梅僧），校友二名，学生一名，教职员一名，共七名组织。
六、校董会查账员已推定郑佳宾先生。
七、本期经济正式结算尚未结出，恐有相当亏空。
八、陆增礽先生因东吴大学迁回苏州，下期将不能来此授课。

教务处

一、第二次小考成绩统计结果比第一次优良。
二、学期考试如期结束，成绩单预定于卅一日发出。请各先生将成绩尽于廿九日前交下，以便结算。
三、学行成绩过劣学生如何处置，提会讨论。
四、招考插班生定于二月七日举行，届时希各先生莅校监考并预先示题。

训导处

一、本期从未缺席者共二十余名，原因为早操改课间操之故。
二、本期因犯规而遭记过处分者共八名。
三、下期恐因派别问题，以致管理方面增多困难。

决议事项

一、推定复兴会教职员代表案
议决：陈其德先生。
二、推定校内查账员案
议决：郭栋材、黄瑶两位先生。
三、如何处置学行成绩过劣之学生案
议决：如全部成绩中仅有一科及格或操行不及格者，劝令退学。如成绩或操行过劣，则予警告。

日　　期：三月二日
出　　席：陈其德　胡赞平　魏金枝　黄　瑶
　　　　　柯天斧　路象恒　蒋逸霄　宓欢卿
　　　　　郭栋材　翁昭麟
主　　席：陈其德先生
纪　　录：翁昭麟

宣读上次纪录，通过。

报告事项

陈其德先生报告

一、上学期预算及决算均经教职员会暨校董会双方查核无讹。
二、本学期预算暂照原通过之收费标准拟定。以后仍拟向校董会提议增加，在第二次收费时，教职员薪金希能普加大成。
三、高三物理实验决定参加教局主办之实验站举行。
四、市教局贷金经核定廿一名，该款分两次交到。
五、华东基督教联合会年会恢复举行，日期在春假期内，希诸位代表本校出席。
六、白先生已于阴历年底登轮返英，并由香港寄来一信。

七、校友筹备会如期于十日在本校召集，决定校庆日举行全体大会及联欢会，详细办法候四月中旬再行讨论。

八、陈维尧、陈世骢、白先生之课程本学期起请宓欢卿、路象恒、蒋逸霄、柯天斧四位先生分别担任。

九、本学期学生因全面和平而增多，但以讲室问题未能尽量收容。

教务处报告

一、新生考试分两次举行：二月七日及二月十八日，报考人数105，录取约一半。

二、劝令退学学生计：初一10，初二2，初三4，高一1，高二1。给予最后警告者：初二1，初三2，高二1，已分别函知各家长。

训导处报告

一、各级座位表已排定，于数日内印出。

二、级会工作人员亦已选定。

三、请各导师转知注册手续未全各生，从速前来办理。

四、改进训导方法：（1）评语代替操行给分。（2）随时考查。（3）视察各讲室之整洁秩序。

讨论事项

一、如何排定周会讲员案

议决：校内方面暂定如下：三月份蒋先生，四月份柯先生，五月份路先生，六月份宓先生，校外讲员另外请定。

二、如何推进各项体育比赛案

议决：由体育指导支配，暂分校队、级际、轮流三项。

三、定期举行中英文演说预赛决赛案

议决：预赛于四月中旬，决赛校庆日。初中英文背诵由黄瑶先生主持，高中英文演说由柯天斧先生主持。中文演说初中由郭栋材先生主持，高中由魏金枝先生及陈诒先生主持。

四、如何督促试读生努力学业及限制劣等生参加课外活动案

议决：召各家长谈话请互相合作，若仍无进步趋向，则依照原定原则执行，并竭力防止投机取巧及逃考情事发生，劣等生随时限制其活动。

五、如何评定学生操行及各级风纪案

议决：操行概以评语为原则，各级风纪则由非级任教师随时抽查，学生操行之优劣可参照学生票决。

六、如何推进宗教及青年会工作案

议决：由柯先生主持。至宗教运动周之讲员则由陈其德先生、柯天斧先生负责商请，并参加其他礼拜堂。

七、如何筹备立校纪念案

议决：由陈其德、魏金枝、胡赞平合组筹备会。游艺会由柯先生、魏先生、蒋先生、黄九如、黄瑶先生主持。

八、补选查账员案

议决：郭栋材、黄瑶、蒋逸霄三位先生担任。

日　期：四月廿七日

出席者：陈其德　胡赞平　魏金枝　黄　瑶　黄九如　柯天斧　凌治铺　蒋逸霄　郭栋材　路象恒　翁昭麟

主　席：陈其德先生

纪　录：翁昭麟

宣读上次纪录，通过。

报告事项

陈校长报告

一、教育【局】近有嘉奖令到校，可证以往学籍毫无问题。

二、华东基督教联合会教育会年会已于春假期内如期举行，出席者有五人，吾校领到救济费四十万元。

三、昨接教局通知，往领第一次补助费柒万捌仟元。经商定分配办法为：专任六仟元，兼任叁仟元，图书馆员暨工役各一仟元。惟手续非常麻烦，其支票迄未能免得现钞。

四、被难学校联合向救济总署申请物品、修理费。

五、学费征收相当顺利，经济较窘学生多能获得校外补助。

六、白师母来信，并介绍其朋友赠送杂志给学校，将由高二学生布置于阅览室。

七、申请配给面粉、奶粉等表格已填就送局。

教务处报告

这次成绩单中如操行过差或学业主要科不及

格者，概由邮局寄发。

训导处报告

最近因犯规而记过者三人。

秩序未能尽善。

讨论事项

一、定期举行教职员联欢会案

议决：日期暂定五月十二日，地点昆山南翔，详细办法由交谊会决定。

二、定期举行小运动会案

议决：日期暂定五月十八日，细节由路象恒先生召体育委员会决定。

日　期：七月五日中午

出　席：陈其德　胡赞平　魏金枝　黄九如
　　　　黄　瑶　郭栋材　路象恒　凌治铺
　　　　翁昭麟

主　席：陈其德先生

纪　录：翁昭麟

宣读上次纪录，通过。

报告事项

总务处报告

一、因届学期结束，杂务较多，以致本期概况未能印出。

二、沈体兰先生已于六月底返沪，本校师生曾于本月三日联合公宴沈先生。

三、下期聘书候沈先生有便，定可发出。

四、毕业典礼定于本月八日假崇德女中举行，届时请各位先生出席。

五、毕业礼拜则定于七日在校举行，届时请徐松石先生讲道。

六、奶粉尚有余额已公布，学生前来登记以便特予配给。教局近将分配尊师金。

七、中华基督教教育协会中等学校复兴委员会拨助本校校具补助费三百万元，已由伦敦会转交。

八、复兴经费到现在为止，共募得四百余万元。

九、此地校舍屡接房东律师来函催逼迁让。如何应付，候校董会或同沈先生商议，原址校舍继续交涉中。

十、本期开支恐将超出预算。

三、处置试读成绩过劣两学生案

议决：张学明学行俱劣，退学。袁铭德再予试读机会。

四、如何协力筹备庆祝校庆案

议决：校庆特刊请魏金枝、郭栋材两先生为指导。展览会之部请蒋逸霄、黄九如两位主持。

游艺会请柯天斧、魏金枝两位主持。

请黄九如先生代表教职员致词。

请柯先生、凌先生代表教职员参加游艺节目。

教务处报告

一、各级成绩业已评定，其名次为高三、初

二、高一、高二、初三、初一。

二、各级考试如期举行，毕业级未能参加毕业考者，高中有周增灵、张锡璠、史美铙（因中途退学）；初中有张建国、吴子华、陈乐吾、陈志文、林葆琨、胡文骅、林洲七名。中途退学者二名。因毕业考未及格而重参加补考者仍有徐关炯、林邦未能及格，赵宝根则未参加补考，如何决定，提会讨论。

训导处报告

一、本期注册学生283名，从未来校上课者2名，中途退学者10名，得勤字奖者15名。

二、秩序方面除课内以外，集会时仍未改善。级会工作方面，壁报各级俱有，演讲会亦有举行，而本期级会报告迄未交齐。

合作社报告

1. 消费合作社希于最近能清结，故有剩余物资，各位将物品领出。

2. 本期劳绩奖品获得者有胡赞平、黄瑶、魏金枝、陈诒先四位。

讨论事项

一、决定本期仆赏数额案

议决：专任四千元，兼任二千元。

二、剩余奶粉如何分配案

议决：教职员方面按家庭人口配给，每人三磅。学生方面除申请者以外，勤字奖学生每人二磅。

三、审查高初中毕业生名额案

议决：徐关炯、赵宝根、林邦各有一科不及

格，由学校发给证明书。其余高中黄人信等三十六名，初中陈达先等三十八名，均准予毕业。

四、审查本学期各项奖品得奖学生案

议决：（附名单）。

五、如何举办暑期学校案

议决：照旧举办，各科教师暂定如下：初中英文、算学由凌治铺先生；各级国文郭栋材先生；理化及高中数学路象恒先生；高中英文陈其德先生；蒋先生另行接洽。

六、招考新生案

日期：七月十二日。请担任功课教师拟就试题，届时来校监考及阅卷。

麦伦中学复校后第一届高、初中毕业合影

日　　期：九月七日下午

地　　点：本校会议室

出席者：沈体兰　魏金枝　陈其德　费圻钢
　　　　萧克勤　胡赞平　郭栋材　周醒华
　　　　凌治铺　翁昭麟　黄　瑶　黄九如
　　　　曹学源　陈侠泉

主　　席：沈校长

纪　　录：陈侠泉

主席介绍新任教职员。

宣读上次纪录。

报告事项

总务方面

上年度决算已经本校稽核委员及校董会指定会计师审查。

本学期收费分三次，其日期均在校历上规定。

本月九日举行始业式。

本校目下全恃学杂费收入维持，故本学期预算亦本量入为出原则编制，本学期可能达五千八百三十二万。

校舍房东已二次催迁，虽前经胜诉，但恐仍有问题。虹口犹太难民尚占住，仅允造四座活动房子应用，一时尚难迁回。

学费经中等学校校长谈话会决定数目，一切应公开，每届呈报教育局两次，款须存银行，由学校组织经济稽核委员会为公平合理之支配。

教务方面

暑假招生三次，投考四百二十人，计录取一百八十一人。

暑校七月十五日开始，八月廿五日结束，学生一百零六人。

课程表已排定分发各教员，大致无甚变动。

事务方面

修理校舍已将各处墙头粉刷，并将各课室黑板重漆一遍，桌椅亦酌量添置。

讨论事项

一件： 改选校务会议代表案

议决： 郭栋材、魏金枝、周醒华三先生当选教职员出席校务会议代表。

一件： 改选交谊委员会案

议决： 黄瑶、凌治铺、周醒华三先生当选交谊委员会委员。

一件： 改选经济稽核委员会案

议决： 郭栋材、魏金枝、胡赞平三先生当选经济稽核委员会委员。

一件： 改选消费合作社委员案

议决： 黄瑶、郭栋材、翁昭麟三先生当选为消费合作社委员。

周醒华 （1915—1973）

麦伦中学 36 届校友，江苏苏州人。1946 年回麦伦任教。上海解放前，曾参加中国共产党领导的地下外围组织。上海解放后，任麦伦中学校务委员会主任委员、教导主任。1958 年起，任继光中学校长。1963 年当选虹口区人大代表，并曾当选为常务委员会委员、区科协主席。

民国三十六年（1947 年）

日　　期： 一月十三日正午
（三十五年度第一学期第二次）
地　　点： 本校会议室
出席者： 沈校长　陈副校长　白约翰　胡赞平
田常青　黄　瑶　魏金枝　郭栋材
周醒华　凌治铺　陶增棠　黄九如
周天行　翁昭麟　陈侠泉
主　　席： 沈校长
纪　　录： 陈侠泉

报告事项

前日校务会议关于本届余款，应由教职员妥议分配办法。
校舍已与房东接洽延长租赁期限。
预算所定学生人数及免费额计算方法，均已照校务会议决议各点改正。
教职员聘约将尽，本星期内致送。

讨论事项

一件： 分配本届余款案
议决： 推请陈其德、黄瑶、魏金枝三先生核定分配办法。

一件： 教员授课与职员办公钟点应如何支配案
议决： 推请胡赞平、田常青、魏金枝、凌治铺四先生核议办法，再行提出校务会议讨论。

一件： 寒假招生案
议决： 寒假招生暂定一月廿八日招考一次，如不足额，二月初再招一次。

一件： 致送教职员聘约案
议决： 建议本校行政当局以后致送教职员聘约在每届学期结束之前一个月。

日　　期： 二月二十二日午后（第三次）
地　　点： 会议室
出席者： 沈校长　陈副校长　白约翰　胡赞平
田常青　黄　瑶　魏金枝　郭栋材
周醒华　凌治铺　曹学源　费圻钢
萧克勤　施衍之　王继璞　翁昭麟
主　　席： 沈校长
纪　　录： 陈侠泉

报告事项

本学期新教员增加白师母一人。黄瑶先生辞事务主任及图书馆管理员，事务改由陈副校长兼，图书馆由教务处监督，自助生办理。
陶增棠先生被派至虹口分班任教，近以另有他就，改聘王继璞先生担任。
上学期收支账目已结束，并经校内经济稽核委员会审查，明日再送校董会指定之查账员审查。
本学期修正预算已经校董会通过，其总数为八千万元。
复兴经费已经师生代表审查无误，其数目渐次增加。截至最近止，计储有准备金及国币一千余万，惟其中有三百余万由校董郑嘉宾经手出借，本月廿六日到期恐有问题，已托郑校董尽可能向前途收取。
校舍武定路房东请求法院调解，事前已自行同意订有续约，大概不致涉讼。虹口方面犹太人已有来函，表示本年三月间可以交还科学馆一座，至其他房子恐须再延若干时日，始能收回。
教务方面报告：课程表已排定公布，补考化整为零利用第五节时间，但补课则须另行设法。
训导方面报告：除现有青年会外，将恢复自治会组织，课外活动当尽量利用下午时间。
事务方面报告：私人电话原系每次收一百元，现增为二百元。电话券每本六千元。同人如欲购买日用品，可建设委托合作社代办。
虹口分班报告：本学期有学生一百二十二人，学杂费定为二十五万元，一次收。教员薪水亦一次发。免费生数额占百分之十三。

讨论事项

一件：推举校务会议代表案

议决：推举周醒华、凌治镛、萧克勤三君为出席校务会议代表。

一件：推举经费稽核委员会委员案

议决：推举周醒华、郭栋材、萧克勤三君为经费稽核委员会委员。

一件：推举消费合作社委员案

议决：推举陈其德、黄瑶、田常青三君为消费合作社委员。

一件：推举进修委员会委员案

议决：推举田常青、白约翰、魏金枝三君为进修委员会委员。

一件：推举交谊委员会委员案

议决：推举凌治镛、黄瑶、田常青三君为交谊委员会委员。

田常青 （1947—1990）

湖北黄陂人。1935年毕业于麦伦中学。抗战期间就读于西南联大。1947年1月，受沈体兰邀请来麦伦中学担任教导主任。1947年秋，离校赴北平，任基督教青年会总干事，后任北京中学校长。

日　期：四月十二日下午（第四次）

地　点：会议室

出席者：沈校长　陈其德　白约翰　胡赞平　田常青　黄九如　魏金枝　郭栋材　周醒华　凌治镛　曹学源　费圻钢　萧克勤　王继璞　翁昭麟　陈侠泉

主　席：沈校长

纪　录：陈侠泉

报告（略）

讨论事项

一件：夏令作业时间案

议决：自本月十五日起改用夏令时间，每晨第一课照新钟八时二十分开始。

一件：捐募图书运动案

议决：学生分为十队，武定路本校七队，虹口分班三队。

教职员分甲、乙两队如下：

甲队：沈校长、白约翰、田常青、黄九如、郭栋材、凌治镛、费圻钢、施衍之、陈侠泉

乙队：陈其德、胡赞平、黄瑶、魏金枝、周醒华、曹学源、萧克勤、王继璞、翁昭麟

甲队沈校长任队长，并推费圻钢先生为副队长。乙队陈副校长为队长，并推曹学源先生为副队长。四月十四日为开始募集之期，计三星期。每星期六报告捐募成绩一次，并将捐得书名按时公布，以免重复。所捐之书刊印经募人或捐赠人之姓名，凡超过目标者给予奖状，捐有价值之书者，给予奖章，以示鼓励。

日　期：六月二十八日午后（第五次）

地　点：会议室

出席者：沈校长　白约翰　陈其德　胡赞平　魏金枝　田常青　周醒华　凌治镛　黄瑶　郭栋材　费圻钢　萧克勤　施衍之　陈侠泉

主　席：沈校长

纪　录：陈侠泉

报告事项

欢送离校教职员田常青、费圻钢、曹学源、王继璞，四位先生均因另有高就请准辞职，

不胜依依惜别之情。

考试分数务请同仁依限缴交教务处，以便迅速填发成绩报告单。

毕业式定七月三日在虹口校舍举行，请帖已分发。

招生考试定七月十五日在虹口举行，招考班次初一起至高二止。及春始初一下一班报名日期七月初一日起，同人如有亲友入学可请介绍。

暑期补习班初中一决定办在虹口，其余各班武定路及虹口两处，看报名人数而定。

本期经费支出未结束，大概稍有余款，俟确定后再支配。

下期计划此时殊难预定，同人如有意见请向校长室提出。最感困难者有下列三点：1. 为物价变动甚剧，影响收费数目。2. 收费标准难遽确定。3. 自西区迁往虹口，学生人数不能预定，因此教职员待遇亦难前定。

修理虹口校舍应做的均已进行，惟最近因漆匠罢工，恐须延迟款项。如复兴经费足敷应付，则将伦敦捐款保留。

剩余物品五罐分配给离校教职员五人，即由田、费、曹、王、翁各一罐。教职员仆费定为专任每人二万元，兼任每人一万元。

讨论事项

一件：审核得奖人名单案

议决：通过。

日　期：九月十三日午后一时

　　　　（卅六年度第一次）

地　点：办公室

出席者：沈体兰　白约翰　陈其德　余之介

　　　　黄九如　魏金枝　吴逸民　周醒华

　　　　郭栋材　刘菱芬　凌治铺　马健行

　　　　黄　瑶　茹　枚　王基恩　郭乃安

　　　　郭若愚　施衍之　陈侠泉　陈承融

主　席：沈校长

纪　录：陈侠泉

报告事项

上次纪录，通过。

介绍新旧教职员。

本校迁校工作经暑假中两月之努力颇称顺利。武定路临时校舍由同居之越旦中学接收，所有不能迁移之各种设备均作价转让于该校，款亦已收清。

修理校舍共约用去一万万二千元，由复兴基金、犹太难民救济会及越旦中学偿款凑合，应付大致尚称满意。伦敦会与本校商定重行划分校址，校舍由伦敦会拨归本校空地，又借用住宅一所及小学校舍全部，并将卫生厕所迁移。

本学期预算因学生人数未达预算数目，尚须另筹弥补之法，或须再度修正。

收费仍照高中一百二十万元，初中九十万元，已呈报教育局。杂费占学杂费四分之一，免费额超过百分之十五。学费全部充教职员薪金外，不敷约二千万元于杂费中支付，教职员薪金平均为上学期之三.三倍，职薪占百分之廿五。

讨论事项

一件：选举校务会议代表案

议决：推举周醒华、凌治铺、马健行三君为出席校务会议代表

马健行　（1914—2010）

河北唐山人。1946年燕京大学毕业。在校期间，组织全校最大的"新蕾团契"，并与中共中央南方局青年组建立了联系，接受中共地下党的领导，成长为一名学生运动的杰出领袖。1947年5月，应沈体兰聘请，到麦伦中学任教。在麦伦期间，他积极促成中国学联的成立，是麦伦学运的领路人之一。1948年4月，加入中国共产党。1950年，担任麦伦党支部书记。1951年，调北京市教育局工作。

一件：选举经费稽核委员会委员案
议决：推举周醒华、郭栋材、马健行、凌治铺、魏金枝、吴逸民诸君为经济稽核委员会委员。

一件：选举进修、交谊委员会委员案
议决：推举白约翰、魏金枝、余之介三君为进修委员会委员。黄瑶、凌治铺、陈其德三君为交谊委员会委员。

余之介
（1907—1979）

浙江温州人。1933 年毕业于南京中央大学。1935 年参加上海文化界救国会，积极投身抗日救亡工作。1938 年加入中国共产党。1947 年 8 月，来麦伦担任教导主任。上海解放前夕，受沈体兰委托代理校长。1950 年，北上担任第一任教育部长马叙伦的主任秘书等职，1958 年专任民促中央委员兼北京市委专职副主席。

一件：推举消费合作社委员案
议决：推举魏金枝、黄瑶、陈其德、周醒华、施衍之诸君为消费合作社委员，

并推魏金枝先生为主席，黄瑶先生为副主席。

日　期：十二月十一日午后四时
　　　　（卅六年度第一学期第二次）
地　点：校长住宅
出席者：沈校长　白约翰　陈其德　余之介
　　　　王基恩　吴逸民　邱汉生　周醒华
　　　　施衍之　马健行　茹　枚　黄瑶
　　　　陶慧华　郭乃安　郭茗愚　郭栋材
　　　　刘菱芬　魏金枝　陈侠泉　陈承融
主　席：沈校长
纪　录：陈承融

报告事项

一、宣读上次会议纪录，通过。
二、白约翰先生报告：进修委员会本学期已举行过二次，第一次讲员为台湾刘主安校长及唐山王又得校长，第二次为基督教协进会洪绂博士。以后仍拟继续举行一次或二次，诸位同仁如有意见，请多多贡献，以便采纳遵行。
三、黄瑶先生报告：交谊委员会曾于中秋节晚上举行一次赏月聚会，并有余兴等节目。此外曾有两次决定旅行常熟及无锡，均因参加人数过少，不克成行，宣告流产。此次圣

诞节庆祝会时，教职员同仁拟参加一大合唱节目，由本会筹备练习。王基恩先生提议最后一次交谊会希望在学期终了后举行。
四、魏金枝先生报告：消费合作社曾于开学后购进米、油、肥皂、草纸四种日用品，现依市价计算可赚千余万元，当于学期结束时分发同仁。又此次美国援华会配给食物内有盐桶二十只，拟出售其中已损坏者，所得之款购买薪炭作为暖锅之用。
五、周醒华先生报告查账情形：上学期账目已经查核无误。本学期八至十一月份账目已交经济稽核委员会，尚未查核。按会计室报告，十一月底已向银行透支近九百万元，惟自卖去砖头以后，已将银行透支之款归还清讫。
六、沈校长报告：本学期所以亏欠，皆由于复兴经费亏六千万元，暂由经常费垫支。所致将来伦敦会补助之一百五十磅〔镑〕约五千余万元补付来后，亏欠之款即可弥补。

讨论事项

一件：拟订《五十周【年】校庆募捐运动办法草案》请公决案

议决：原则通过。如有意见可于两星期内向校长室书面提出。

一件：拟订《实行男女同学建议草案》请公决案

议决：原则通过。

一件：订定《教职员临时宿舍使用合约草案》请公决案

议决：同人如有修正意见，应尽两星期内向校长室书面提出。

一件：修正教职员待遇及服务条例案

议决：原文应加修正，同人如有意见应尽二星期内向校长室书面提出。

一件：如何筹备庆祝五十周【年】校庆纪念案

议决：组织设计委员会，推沈体兰、余之介、陈其德、白约翰、周醒华、魏金枝、茹枚七位先生为委员。

民国三十七年（1948 年）

日　　期：一月廿一日上午九时
　　　　　（卅六年度第一学期第三次）
地　　点：校长住宅
出席者：沈校长　白约翰　陈其德　余之介
　　　　吴逸民　王基恩　魏金枝　黄九如
　　　　郭栋材　刘菱芬　陶慧华　凌治镛

　　　　马健行　邱汉生　周醒华　黄　瑶
　　　　郭若愚　施衍之　郭乃安　陈侠泉
主　　席：沈校长
纪　　录：陈侠泉

宣读上次会议纪录，通过。

郭乃安（1920—2015）

贵州盘县人。1939 年贵州省立盘县师范毕业。1947 年南京国立音乐学院毕业。1948 年参加中国共产党。毕业后来麦伦中学任音乐教师。任教期间，不仅开设音乐课，在课余还举办音乐讲座，组织歌咏组。中华人民共和国成立后，曾任上海总工会文工团团长，后调中央人民政府文化部艺术局。

报告事项

试办男女同学校董会已通过，暂不收寄宿女生。

五十周年募捐运动校董会已通过，惟对于建筑校舍希望不但建筑学生宿舍，对于教职员宿舍希望能一并建筑，因伦敦会对于新拨校舍在二年后恐须收回，另作他用。

教职员待遇及服务曾将战前所订条例提出，上次本会议及校务会议征求同人意见，迄未有人提出修正意见，故月初校董会开会时，即将修正草案提出，通过。其中所修改者就是基薪数目较战前提高，现在如有人再提出任何建议，下次校董会仍可提出修正，希望同人尽量发表意见，以便汇转下届校董会讨论。

教职员临时宿舍大致已分配，只等犹太人全部迁出，即可迁入。现已开始动工修理，同人中如有变更计划或人数增减，可向校长室声明。

校舍支配委员会初议学生宿舍迁至伦敦会新拨校舍内，将科学馆全部恢复为教室，惟尚有种种小问题，旋经校务会议一再讨论，现已一一解决，并将其中可以供教职员住的房间妥为分配，依专任教职员家中人口多寡次序，决定房舍之大小。

经常费盈余提一部分作特别酬劳，已交消费合作社办理，另提一部分作不缺席之教职员礼物则须俟学期结束后方可实行。

教导处报告：本届学生成绩报告单预备一月廿八日发出，希望各教员于廿四日前缴交分数，并请将考试卷保存。招生定二月五日举行，入学试验试题请于一月廿五日拟就交教导处。

总务处报告：教职员临时宿舍俟犹太人全部出屋加以修理，大概三月中可以全部迁入。膳食委员会已将膳食账目结束，计膳余，全膳学生每人约可发还五十六万元，午膳每人发还八万元。校工现有七人，下学期看情形至少须添雇一人，如经费许可最好添二人，门房人选颇感困难，希望同人中代为物色介绍。

各委员会报告从略。

讨论事项

一件：修订一览案
议决：请同人研究一览内容，早作准备，将应行修订之处及应增材料向校长室提出，以便交校务会议审议。

一件：改革课程案

议决：在春季学期内详细研究课程增减，提交教导会议讨论。如有重要修改，须交校务会议决定，希望在暑假后实行。

一件：分配奶粉案

议决：民校转来奶粉及请捐助经费，其分配办法交消费合作社办理。

一件：规定教职员给与仆赏案

议决：专任教职员十万元，兼任四万元。

一件：设立生活辅导委员会案

议决：由全体导师组织生活辅导委员会，原则通过。惟与教导处应如何联系配合，请原提案人拟具办法，交校务会议讨论决定。

一件：在固定名额外，每班增收清寒免费生五名案

议决：尽量利用各种宣传方法，以期凑满固定学额，额外多给免费，并鼓励校内同学助学运动，以减少失学人数。一面请教导处将各班免费生抄交导师，设法调查家庭状况，发表意见，以供审核时之参考。

一件：如何改善教职员待遇案

议决：教职员待遇问题设一专门委员会讨论之。

一件：如何推进教职员福利事业案

议决：扩充消费合作社为福利委员会，办理教职员各项福利事业。

一件：关于补课问题案

议决：请担任补课诸先生集会检讨一次，以期有所改进。

一件：关于下学期伦理课案

议决：请下学期担任伦理课之四位教师向教导处提出意见，以求教材进度之合理化。

一件：关于排课增加测验、加强自习及更换教科书案

议决：请各教员与教导处协商办理，教科用书须及早公布或定购，以免书店涨价，增加学生之负担。

日　　期：三月八日下午四时

（三十六年度第二学期第一次）

地　　点：会议室

出席者：沈校长　白约翰　陈其德　余之介　魏金枝　黄九如　邱汉生　黄瑶　周醒华　凌治镛　马健行　刘菱芬　郭栋材　郭若愚　施衍之　陈侠泉

主　　席：沈校长

纪　　录：陈侠泉

报告事项

宣读上次纪录，通过。

校长报告：本学期预算已经校董会通过，当场分发。

本届学生人数为三百七十人，欠费未收者约一亿四千万元，复兴经费亏欠约一亿六千万元，现经常费以一亿元存比期，一亿元套利。学生存款拨一亿元借给教职员福利委员会，作购买日用品之用，校董会已准备案。惟此款之主权应属于学校，将来动用此款时随时要收回。英国援华会所捐修理费六十磅〔镑〕已收到，计折合国币四千六百万元。

余教导主任报告：本学期女生劳作、体育与男生分别上课，由陶慧华先生担任。组织生活辅导委员会，推周醒华先生任主席。添设特别教室在活动房内，科学馆三楼设阅览室，陈列报纸、杂志以供众览。民校今日开学，本届学生颇多，分初、中、高三级，上课时间下午四时至六时。

陈总务主任报告：接收临时校舍土木工程及装修水电均已分头进行，约订三月十日完工，届期验收如有不满意处，须责令补工。本届因场地辽阔，限于经费校工只添雇一人，又三分之一颇感困难，当场分发校工工作分配表。使用电话：教职员采用记账办法，每月结算一次，学生须购电话券，每次照公用电话价收费，凭券通话，时间定每日下午四时至六时。教职员眷属膳食或包饭或包菜均可，其价格由膳食委员会依公平原则酌定之。

讨论事项

　　一件：选举膳食委员会委员案
　　议决：教职员参加膳食委员会名额四人，请学校当局指派总务主任与会计为当然委员，另由教职员公推郭栋材、魏金枝两君。

　　一件：选举五十周年校庆筹备委员案
　　议决：公推陈其德、余之介两主任代表教职员参加五十周年校庆筹备委员会。

　　一件：选举校务会议代表案

　　议决：推举周醒华、马健行、凌治镛三君代表教职员出席校务会议。

　　一件：选举经费稽核委员案
　　议决：选举郭栋材、刘菱芬、邱汉生三君为经费稽核委员。

　　一件：选举进修、交谊、福利委员案
　　议决：选举白约翰、邱汉生、余之介三君为进修委员会委员。黄瑶、陶慧华、刘菱芬为交谊委员会委员。魏金枝、陈其德、施衍之为福利委员会委员。

邱汉生
（1912—1992）

江苏海门人。1932年上海大夏大学国文系毕业。1941年12月，应新四军通海行署之约，创办海门中学并任校长，为新四军培养干部。1943年春，日寇清乡，学校被迫解散，避居上海、浙江，任教黄岩中学。1945年5月加入中国共产党。1946年回沪，任复旦大学、大夏大学副教授。1947年应沈体兰校长之聘，来麦伦中学任教。1954年9月，调北京人民教育出版社，任历史编辑室副主任等职。

日　　期：四月十四日晚
　　　　　（卅六年度第二学期第二次）
地　　点：会议室
出席者：沈校长　白约翰　陈其德　余之介
　　　　　吴逸民　邱汉生　魏金枝　周醒华
　　　　　凌治镛　黄瑶　　刘菱芬　陶慧华
　　　　　郭栋材　王基恩　郭乃安　郭若愚
　　　　　陈侠泉
主　　席：沈校长
纪　　录：陈侠泉

报告事项

校长报告

教会学校校长会议李局长到会解释六点：（一）应有家长联谊会，各校长主张应有家长教员联谊会。（二）希望环境美化。（三）女生宜注重家事科。（四）应注意体育。（五）应注意国际联谊。（六）以后收费各校应先与教局接洽。李局长并谓将向市长建议下期收费以实物为标准云。

上学期决算已由经济稽核委员与校董会稽核，查明无误。

组织大纲修正各点已在校董会通过。

五十周【年】募捐运动：设立人已捐二十亿元，校董亦答应竭力劝募。校友曾在青年会开会决定，分四大队分头进行捐募，此事已呈报教局，谅无问题。并拟先向银行借款三十亿元预购建筑材料，大概可以实现。

教导处报告

生活辅导委员会已开会，对于学潮主张因势利导，严禁壁报带有刺激性，自治会亦将开大会，当尽量疏导。对于学生自修课严禁擅离教室。

总务处报告

教职员私人电话优待以七折收费。家属水费除教职员本人得免费外，其余每人收四万元。电灯每户除四十支光一盏免费外，余照通盘摊派。烫斗、无线电收音机使用时间按月报告一次，以凭收费。电炉绝对禁止使用。洗衣、晒衣地点当集中一处。

讨论事项

一件：分发学生捐册案

议决：学生以级为单位，导师为各该级顾问。

每生具领捐册一本，目标为五百万元，捐款最低额定为十万元，取竞赛方式，每周报告一次。

一件：校庆时停课案

议决：五月五日放假，六日停课一天。

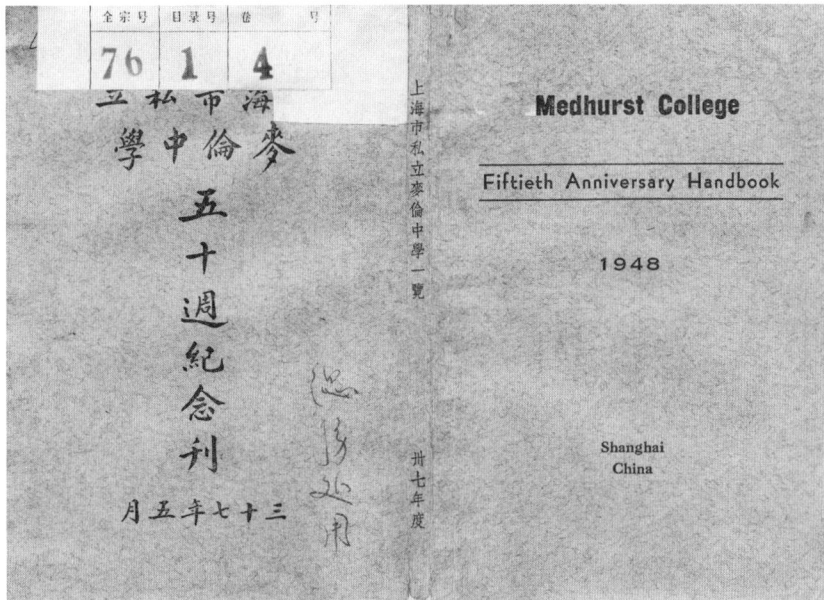

五十周年纪念刊封面

日　期：七月三日晚

（卅六年度第二学期第三次）

地　点：会议室

出席者：沈校长　白约翰　陈其德　余之介
　　　　邱汉生　吴逸民　黄九如　魏金枝
　　　　黄　瑶　郭栋材　周醒华　凌治铺
　　　　陶慧华　刘菱芬　马健行　陈侠泉

主　席：沈校长

纪　录：陈侠泉

报告事项

校董会于日前开会议决：授权学校当局酌将建筑图样缩小，前拟附建膳厅只得删去，当重行招标。

教育局令查复参加反美扶日游行学生人数及其姓名，拟参照他校情形办理。校董会议决：请学校当局劝告学生勿参加校外政治行动，当可照办。

下学期教职员曾就已决定续聘者先发聘函。

此外因初三分组未决定，体育拟改聘专任，添设生活指导一人，正式聘约须俟八月补发。

教导处报告：本届毕业生高中卅六人，初中廿四人，各级分数希望各位教员在七月六日交齐，以便十日寄发成绩报告单。招生定七月十六日上午考国、英、算，下午考科学、史地，希望担任命题各教员将题目于十二日交教导处，以便缮印。暑校因报名者甚少，恐不能开班。旧生补考定九月七日。

总务处报告膳食：教职员七月七日起改为每人五斗米一月，学生膳余每人发还数在一百万元至二百万元之间。校舍趁暑假期间修理，小便处后门亦须趁建筑工程开动时加以修理。场地去草拟购芟草机一个，价约一亿余元。仆赏数目请公决。

讨论事项

一件：结束募捐运动案

议决：学生所领捐册如有遗失，须报告导师

请予证明，并由会计将所有未缴还捐
册者开单交导师研究催缴。

一件：学生生活辅导案
议决：注重积极辅导，不重消极管制。

一件：领取市府贷金案

议决：由总务处派员具领。

一件：仆赏数目案
议决：住校教职员每人六十万元，非住校
者减半。厨工赏金在校全膳者每人
三十万元，半膳者十万元或十五万元。

日　　期：九月二十日下午
　　　　　（卅七年度第一学期第一次）
地　　点：会议室
出席者：沈校长　白约翰　陈其德　余之介
　　　　　邱汉生　凌治镛　周醒华　马健行
　　　　　陶慧华　刘菱芬　黄　瑶　杨孔娴
　　　　　叶耀芳　郭栋材　尹志仑　郭乃安
　　　　　胡景清　施衍之
主　　席：沈校长
纪　　录：陈侠泉

宣读上次会议纪录，通过。
介绍新教职员，计有杨孔娴、叶耀芳、尹志
仑、胡景清四位先生。

报告事项

上学期决算计亏短国币一亿八千余元，因会
计病假未审查，兹已定期在下星期日交校董
会查账员审查。
预算收支总数各为金圆三万零四百元，现因
学生人数超过十五人，则超收之数应分别加
在教职员薪金及其他支出项下，当重加修
正，再提校董会批准。
建筑费已收法币五百卅亿元，营造合同约
五百六十亿元，惟水电装修不包括在内，故
尚须续募若干，希望向新生及校友尚未捐
助者再行劝募，此事当交募捐运动委员会
讨论。又捐款升值计算办法亦当加以讨论
决定。

修正教职员待遇及服务条例已经校董会执委
会通过。薪金支给标准部分提前实施，其余
部分须经校董会议通过方可施行。
教导处、总务处报告从略。

讨论事项

一件：选举校务会议委员案
议决：推选邱汉生、周醒华、马健行三位先
生为教职员代表出席校务会议。马
健行先生坚辞，以候补刘菱芬先生
递补。

一件：选举经费稽核委员案
议决：推选郭栋材、吴逸民、刘菱芬三位先
生为经费稽核委员会委员。

一件：选举进修、交谊、福利、膳食委员案
议决：推举白约翰、邱汉生、魏金枝三位先
生为进修委员会委员。陶慧华、黄
瑶、叶耀芳三位先生为交谊委员会委
员。魏金枝、陈其德、施衍之三位先
生为福利委员会委员。马健行、陈其
德、施衍之、魏金枝、周醒华五位先
生为膳食委员会委员。

一件：体育运动及医疗问题案
议决：鼓励教职员参加体育运动，交交谊委
员会核办。举行教职员体格检查，交
福利委员会研究办法。

刘菱芬　（1921—1999）

曾先后就读于暨南大学、大同大学化学
系，1945年6月加入中国共产党，1947
年8月至1949年5月在麦伦中学任教，
同时任中共上海学委女中区委委员兼分
区委书记。中华人民共和国成立后，曾
任中国科学院上海硅酸盐研究所副所长
等职。

日　期：十二月廿二日下午
　　　　（卅七年度第一学期第二次）
地　点：会议室
出席者：沈校长　白约翰　陈其德　余之介
　　　　黄九如　魏金枝　邱汉生　吴逸民
　　　　马健行　周醒华　凌治镛　黄　瑶
　　　　郭栋材　杨孔娴　尹志仑　茹　枚
　　　　胡景清　施衍之　陈侠泉
主　席：沈校长
纪　录：陈侠泉

上次会议纪录经传观通过。

报告事项

五十周【年】募捐运动已告结束，当场分发收支对照表，计结存三千五百余元。惟建筑费尚有两期未付，捐册尚有十余本未收回，以校友居多数，正在设法催收中。

学生宿舍建筑将届落成，因营造厂要求照生活指数加给工资，致工人怠工，一时未能完工，恐须延至下期开学时方可迁入使用。

尊师金已结束，当场分发收支对照表，拟将不缴之学生七人姓名公布。

经常费因物价高涨以致亏短。前向教职员及学生膳委会价购米油则以跌价，亦有损失，现款甚紧，故拟向各方移借以应急需，希望以后各部分支出力求节省，免超过预算太多，难以弥补。

家长、教师联谊会开过筹备会两次，由陈鸣一先生主席，招待会中通过简章，当场分发。同人如有意见，可向当选该会委员之白、邱、周、凌、刘五位教师提出。又承陈鸣一先生募捐金圆五百元以供安全委员会装置警铃之用，足见家长赞助学校之热情。

安全委员会因时局严重而产生，推白约翰先生为主席，凌治镛先生为书记，曾开会多次决议设立守望组，并由同学轮流守夜，现因时局稍趋安定，今日起停止学生守夜。紧急集合因连日天雨未举行。

伦敦会赠送同人毯子二十二条，每人领收一条，均已分讫。

学校公物总登记前曾各发表格一张，请同人中未填者即予填回，以便编列号码备查。

讨论事项

一件：审查募捐运动及尊师金案
议决：审查募捐运动教职员方面请郭栋材先生为代表，审查尊师金请经费稽核委员会担任之。

一件：应付时局对策案
议决：定一月三日开会，分大局、行政、教导、宗教四组讨论之。推沈校长、白约翰先生、余之介先生、凌治镛先生分任一组，负责草拟讨论大纲并搜集资料。

一件：改组教职员福利委员会案
议决：教职员福利委员会扩大组织，设委员七人，下分膳食、合作二组，每组设主席一人。原有膳食委员会应于本学期终了时结束。

一件：改选各项委员会案
议决：校务委员、经费稽核委员及进修、交谊各委员下学期除组织上必须变更外，均联任，不再改选。福利委员会委员推茹枚、魏金枝、郭栋材、白约翰、周醒华、余之介、凌治镛七位先生担任之。

民国三十八年（1949 年）

日　　期： 二月十四日下午
　　　　　（卅七年度第二学期第一次）
地　　点： 教职员休息室
出席者： 白约翰　余之介　陈其德　黄九如
　　　　　魏金枝　吴逸民　凌治铺　周醒华
　　　　　黄　瑶　马健行　刘菱芬　刘毓敏
　　　　　杨孔娴　尹志仑　郭栋材　郭乃安
　　　　　胡景清　施衍之　陈侠泉
主　　席： 余之介
纪　　录： 陈侠泉

　　介绍新教员刘毓敏先生。
　　上次会议纪录已经传观，作为通过。

报告事项

　　上学期决算计盈余金圆券一千九百余元。
本学期预算因学杂费有一部分尚未收齐，故
未编制就绪，惟有两点已确定，即教职员薪
金占学杂费收入百分之七十五，办公费未动
用，部分购存物资，以免将来金圆券贬值
损失。

总务方面：新宿舍因寄宿生人数比上期略
少，故尚宽畅，校工仍旧仅更换木匠一人。
教导方面：注册人数超过三百九十人，学级
仍旧。课程删去自修课。教室添特别教室一
间。学业考查减少期中小考一次，加强平时
成绩考查。
安全委员会、福利委员会报告从略。

讨论事项

一件： 筹备本届校庆案
议决： 本届校庆应举行游艺会、展览会、运
　　　　动会等，授权校务会议聘请人员，组
　　　　织校庆筹备委员会负责进行。

一件： 征求对于校务建议案
议决： 关于行政、经济、教导、总务各方面，
　　　　请同人尽量提出建议，以求改进。

一件： 补选交谊委员会缺额案
议决： 公推陈其德先生为交谊委员会委员兼
　　　　召集人。

日　　期： 六月十三日下午
　　　　　（卅七年度第二学期第二次）
地　　点： 会议室
出席者： 白约翰　余之介　陈其德　魏金枝
　　　　　叶耀芳　刘毓敏　周醒华　尹志仑
　　　　　茹　枚　郭栋材　郭乃安　杨孔娴
　　　　　胡景清　施衍之　陈侠泉
主　　席： 余之介
纪　　录： 陈侠泉

报告事项

　　市政教育机关对本校接管情形，戴白韬处
长指示各点如下：（一）训导制度取消，改
生活辅导，隶属于教务处。公民军训童子
军课取消后设政治课，在政治课未有教材
时，可鼓励学生做课外活动。学校内的国民
党三青团、民社党、青年党均须停止活动。
（二）对私校的方针是加强联络，协助改造。

主要的是帮助各校贯彻新民主主义教育，经
费则须自己设法。对教会学校一视同仁并不
歧视，但须遵守人民政府的法令，外国人充
任教员亦所欢迎。学校产业是国家财产，人
民事业，政府应予保护，私人不能任意变
更。（三）对私校的意见：（1）私校前途问
题。目前私校是不可少的，是被重视的，因
为有广大的儿童青年要求学习，非公立学校
所能收容。（2）经费问题。应该开源节流，
开源是靠收学费，收费标准可根据全校开支
及学生负担而定。对贫苦功课好的思想进步
的学生可以免费，名额由各校自定。经费来
源还可请求工商界及热心教育家捐资兴学，
同时还应从事生产工作。关于各校今后的经
济，应将收支公开，每隔几个月公布一次。
学校的收支在原则上是要取之于学生用之于
学生。留额金制度是不合理的，但各校如认
为必要，亦可酌量少收。暑期开办补习班可

斟酌情形收费，入学考试亦可依学生负担能力收取报名费。（四）关于教师生活问题。希望私校教师待遇尽量提高，可以安心专教一校课程，减少兼课情形。（五）领导机构：（1）组织校务委员会，除校长及行政人员外，教员代表、学生代表均应参加。（2）校董会要找能领导能帮助学校的人充任，凡不关心学校的人应即改聘，报告市教处。（六）今后学校作风应实事求是，实行民主作风，展开学习运动，成立各种座谈会，大家互相研究。（七）暑期前应办的事：（1）文凭因格式未定，各校可先发证明书。（2）入学资格仍旧需要，但凭同等学力〔历〕投考亦可。（3）学期考试、毕业考试照旧严格执行。（4）操行过去所定的甲乙丙丁等级不妥，将来当由学生分组自评其优点、缺点，但现在暂不执行。暑期所有功课都应结束，各校在七月八日以前造具总报告，放假日期俟人民政府有统一规定，再登报公布。

讨论事项

一件： 举行教职员进修会案

议决： 请进修委员会主席白约翰先生筹备，于本学期结束后举行一次进修会研究新民主主义，日期约在七月初。

一件： 学生代表参加校务会议案

议决： 建议本学期准学生自治会派员列席校务会议，下学期开学后再定适当办法。

一件： 留额金应否征收案

议决： 再向其他各校调查，如多数学校征收留额金，本校亦当照办。

一件： 开办暑期学校案

议决： 暑校先定期报名，如报名人数足额则开办。

一件： 规定暑期放假日期案

议决： 本届结束应照原定日期，惟毕业式延至七月初举行。

麦伦中学第四十三届毕业式合影

1949 年

日　期：十月廿四日下午
　　　　（一九四九年秋季学期第一次）
地　点：教职员休息室
出席者：凌治镛　胡景清　茹　枚　白约翰
　　　　施衍之　陈侠泉　尹志仑　郭栋材
　　　　陈其德　余觉今　段庆麟　马健行
　　　　樊　康　姚菊珊　崔　九　韩露丝〔似〕
　　　　叶耀芳　黄　瑶　陶慧华　周醒华
主　席：周醒华
纪　录：陈侠泉

上次会议纪录经传观，通过。

报告事项

会计报告本学期开始至十月二十日止收支
情形。
主席报告本学期人事变动情形及预算草案。
总务主任报告裁撤传道生并减少校工以节
省经费，致人手不敷调遣，暂不派人值夜
等情。

讨论事项

一件：追认临时校务委员案
议决：追认临时校务委员，马健行、凌治
　　　镛、余觉今三君任期至正式校务委员
　　　产生之日止。

一件：修正本校组织大纲案
议决：组织大纲内第一、二、六、八、十、
　　　十一、十四各条有重加考虑余地，建
　　　议校务会议讨论之。

一件：推举校务委员候选人案
议决：推举郭栋材、马健行、徐为之、吕秀
　　　芳四位为校务委员候选人。

一件：推举经济稽核委员案
议决：推举凌治镛、郭栋材、张景昭三君为
　　　经济稽核委员。

一件：推举学习委员会委员案
议决：推举樊康、余觉今、沈体兰三君为学
　　　习委员会委员。

一件：推举福利委员会委员案
议决：福利委员会包括交谊、生产两组，推
　　　举陈其德、陶慧华、叶耀芳、周醒
　　　华、马健行五君为委员。

一件：按照预算加发教职员薪金案
议决：俟欠费学生收得成数，按照薪金比例
　　　发给教职员，至存款利息教职员应得
　　　之数由经费稽核委员核定之。

一件：预定下次本会议日期案
议决：下次本会议定期中考试后举行，确期
　　　临时再行通告。

叶耀芳 （1924—1997）

福建福州市人，1947年参加革命，1948
年毕业于燕京大学生物系。1948年到麦
伦中学任教。1951年调上海科普协会，
当选上海市第一届人民代表大会代表。
1957年调科学普及出版社，任编辑室主
任。后任中国科学院计划局副编审。

日　　期：十一月廿三晚
地　　点：教员休息室
出席者：沈校长　周醒华　陈其德　白约翰
　　　　韩露似　郭栋材　姚菊珊　樊　康
　　　　余觉今　张景昭　马健行　吕秀芳
　　　　陶慧华　徐为之　段庆麟　胡景清
　　　　施衍之　陈侠泉　李道翊
主　　席：沈校长
纪　　录：陈侠泉

报告事项

沈校长报告召集此次会议之原因。

学生会李道翊同学报告学代会议决学运任务。

教导处报告本校于廿三日举行座谈会之经过情形。

讨论事项

一件：如何贯彻学运任务案
议决：根据本校实际情况，先从提高学生程度入手。

一件：如何协助同学展开总检讨工作案
议决：请各级级任随时指导协助。

一件：如何展开教职员各方面的工作检讨案
议决：请教导处按教职员人数分成小组，举行工作检讨会。

一件：选举出席私校座谈会代表案
议决：推徐为之先生出席。

一件：选举中小教联校代表案
议决：推马健行、樊康二先生担任。

附注：本校依教职员人数应推选校代表三人，由得票次多数郭栋材先生补充，已在十一月廿六日临时教职员集会通过。

1950 年

日　期：四月十三日下午
地　点：教员休息室
出席者：周醒华　陈其德　马健行　白约翰
　　　　韩露似　郭栋材　徐为之　吕秀芳
　　　　樊　康　张景昭　陶慧华　叶耀芳
　　　　黄　瑶　尹志仑　胡景清　施衍之
　　　　陈侠泉
主　席：周醒华
纪　录：陈侠泉

报告事项

上学期决算已经郭栋材先生等五位审查无误。本学期初步预算根据学生三百卅人编制，现虽超过四十余人，但因欠缴学什费有八千余折实单位，故员工薪金最后一个月必须缓发。

本学期地产税已由学校向教局申请减免百分之五十，但因伦敦会尚未办妥校产正式移交手续，如因此而不能减免百分之五十时，其超额部分应由伦敦会缴纳。关于教职员宿舍及校长住宅部分，因系向伦敦会暂借二年，故该部分之地产税不应由学校缴纳。

教育工作者工会沪东区中教支会四月十二日成立，本校陈其德、段庆麟、胡景清、施衍之四位先生当选支会委员，段庆麟先生并被选为区会委员。

教职员学习委员会已成立，分两组，每星期举行学习小组会一次。

生产救灾委员会已积极进行工作，截至本日止已募得人民币一百二十万，米一千余斤，定于本星期内将募捐救灾事结束。关于生产方面，已分配土地展开春耕，教职员均踊跃参加。

恢复工人夜校，现有学生九十四人，分高、中、初三级，每晚上课自下午六时半起至九时止。

迎节劳动节青年节筹备委员会已开过一次会，决定邀教导、总务两处三位主任加入筹委会，并拟再请新青团派代表参加筹备。

本校中共党支部于四月八日公开成立，员生均一致表示欢迎。校长就任华东教育部副部长，本学期因须兼顾本校校务，暂定每星期一、三、五下午前往该部办公。下学期本校人事方面须另行调整。

讨论事项

一件：推选校务委员候选人案
议决：推举马健行、郭栋材、樊康、叶耀芳四位先生为校务委员候选人。

一件：推选教职员福利生产委员会案
议决：推举施衍之、陈其德、黄瑶、郭栋材、尹志仑五位先生为生产福利委员会委员。

一件：建议下学期学校行政调整案
议决：建议校务委员会请校董会物色相当人选担任校长。如未能物色相当人选，拟请沈校长继续担任并添设副校长或代理校长一人，将职权妥为划分，俾校务得以照常进行。

一件：推进学习模范运动案
议决：推进学习模范运动，请教导处召集教导会议讨论之。

樊　康（1917—2001）

又名思曾、慎咸，浙江镇海人。1936年入复旦大学新闻系就读。曾于1942年及1949年先后两次在麦伦中学任教。1944年1月，加入中国共产党。

日　　期：九月十九日下午四时
地　　点：教员休息室
出席者：周醒华　陈其德　黄　瑶　余觉今
　　　　叶风虎　吴祖麟　郭栋材　吕秀芳
　　　　陶慧华　虞穉筠　马问蕊　徐为之
　　　　李志申　胡景清　段庆麟　余连如
　　　　施衍之　陈侠泉
主　　席：周醒华
纪　　录：陈侠泉

讨论事项

一件：选举校代表案
主席报告：本校应选举代表三位，参加提篮桥区教育工作者工会，讨论如何产生第四届人民代表会议代表候选人。
议决：公推陈其德、虞穉筠、胡景清三位先生为代表。

一件：组织学习委员会案
议决：公推周醒华、余觉今、吴祖麟三位先生为委员。学习时间每晨（除星期日外）七时三刻至八时一刻集体阅读，九月二十日开始，地点在教员休息室。每星期四下午四时至六时、七时至九时分组讨论，分组方法由学习委员会拟订之。

日　　期：十月十七日晚
地　　点：教员休息室
出席者：沈体兰　周醒华　陈其德　张景昭
　　　　黄　瑶　尹志仑　白约翰　祝耀楣
　　　　马问蕊　吴祖麟　李志申　陶慧华
　　　　吕秀芳　段庆麟　叶风虎　余觉今
　　　　曾　铮　余连如　虞穉筠　徐为之
　　　　胡景清　施衍之　汪明高　陈侠泉
主　　席：沈体兰
纪　　录：陈侠泉

上次会议纪录经传观，通过。

讨论事项

一件：规定校务委员名额案
议决：本届教职员与学生人数较上学期增加，校务委员名额除校长、教导主任、总务主任仍为当然委员外，教职员代表增为五人，学生代表增为三人，并设候补教职员代表二人，候补学生代表一人。

一件：关于选举校务委员方式案
议决：教职员代表由教职员会票选，候选人七人。学生代表由学生会推举候选人，统交由大会普选之，普选时不以候选人为限。如欲另选他人者，听得票较多者为正式代表，次多数作为候补代表。

一件：选举教职员校委候选人案
议决：选举郭栋材（21 票）、李志申（20票）、胡景清（20 票）、吴祖麟（18票）、余觉今（18 票）、虞穉筠（17票）、徐为之（17 票）七位先生为教职员校务委员候选人。

一件：工会基层组织案
议决：工会筹委名额暂定为五人，教职员方面推陈其德、马问蕊、张景昭三位先生担任，工友二人由工友自行推举之。

校友回忆

民主革命的教育基地
——抗战爆发前后的麦伦中学

陈一鸣　施　宜　蓝田方

麦伦中学在 1931 年由爱国进步教育家、社会活动家沈体兰主持学校后，以先进的教育思想培养进步的青年为目标，进行了教育的根本改革。学校广泛而灵活地团结了文教界、宗教界和国际人士支持办校，在进步师生共同努力下，将学校转变成为民主革命教育基地，成为上海历时最久的进步学校之一。

沈体兰、曹亮和麦伦教育

沈体兰原为中华基督教青年会全国协会学校组干事，他悉心研究考察英国教育，发表过《中国教育之改造》等英文演讲。1931 年夏秋，他受邀任麦伦中学教务主任。当时，沈先生认识了中共党员浦化人和革命作家胡也频，政治思想受到启迪。"九一八"事件后，他积极投身抗日救亡洪流，和爱国人士共同发起"时社"等多种爱国组织，随时代前进。

1932 年 5 月，沈先生就任麦伦校长后，聘请挚友曹亮来校任教务主任，共同策划学校全面革新。曹亮是中国社会科学家联盟成员，又是苏联之友社和上海文化界救国会发起人和领导成员之一，协助过美国进步作家在上海创办英文刊物《中国呼声》。在他俩的合作下，麦伦确立了进步的办学方针和师生集体民主办校的各项制度，团结了一批爱国、正直、有学识的教师，发挥了办学的骨干作用，其中主要有魏金枝（著名作家，中国左翼作家联盟成员）、张以藩（任训导主任）、茹枚、曹孚、陈其德、黄九如、萧月宸、陈兆坤、吴上千（吴彻之）等。沈先生善于尊重、团结、教育外籍教师，如英国教会驻校代表、英语教师白约翰（John S. Barr）及其夫人，英籍物理教师赖璞吾（E. R. Lapwood）等，使他们对学校的教育改革和主张抗战、民主的政治立场持同情态度。学校还邀请教育界进步人士韦悫等和支持中国革命的国际主义战士、新西兰人路易·艾黎（Rewi Alley）参加校董会，获得更多政治上的支持。

学校始终坚持进步的政治方向，将政治思想教育放在首位。每周一的纪念周会，都由沈先生向师生作国内外形势报告。抗战前，他就充分揭露日本帝国主义、德意法西斯侵略和英美政府的"绥靖政策"，公开抨击蒋介石不抵抗主义和反人民的内战政策，主张停止内战、一致对外。在课堂上，他不顾在一旁监视的国民党军事教官，公开透露中国工农红军北上抗日已抵达陕北的信息。他还科学地分析了学生运动兴起的必然性和正义性，批驳了种种歪曲论调，热情支持爱国学生运动。他曾慷慨陈词："有我们这边的麦伦，就没有那边日本司令部；有那边的日本司令部，就没有我们这边的麦伦!"他的报告，对师生起了很大的教育和鼓舞作用。

同时，全校每周举行一次学术讲座，主要邀请著名学者和爱国进步人士来演讲，演讲内容涉及政治、国际、社会、经济、文化、教育等各个领域，开阔了师生的视野。学校还邀请著名文教界人士来指导学生课外活动，形成了校内外力量联合办学的格局。

曹亮主持全校"社会科"的教学指导：规定奖励各班级订阅报纸和组织时事研究班，每周六的第四节课都举行时事测验，培养学生关心国内外大事的风气；倡导社会调查，由高年级学生主持，向附近居民调查经济、文化教育和卫生等状况，使学生更多地认识社会实际环境。

曹先生主讲"社会科"中的公民课和历史课，向学生介绍帝国主义如何瓜分中国，中国的出路在于反帝反封建，并讲授社会科学的基本常识。他介绍学生读瞿秋白的《社会科学概论》等理论书籍，鼓励学生自学。他上课的方法也新颖活泼，要求大家提出各种社会现实问题，他一一写在黑板上，然后从社会基本矛盾和社会制度出发，逐一解剖揭示这些问题的本质和根源。这种理论与实际密切结合的教学法，使学生深受教益。

他常精辟地分析形势，指出方向。"西安事变"发生后，麦伦学生出于抗日热情，在校园贴出新闻大字报，十分兴奋。曹亮就在高年级班上介绍了中国共产党的抗日民族统一战线政策，揭露何应钦等亲日派借"西安事变"策动扩大内战的阴谋，指出应逼蒋抗日，争取和平解决。

麦伦图书馆藏书十分丰富，除中外古籍外，还有大量马克思、恩格斯、列宁的著作和各种社会科学、中外现代进步文艺著作，是当时上海学校中所少见的。图书馆订阅的进步刊物《世界知识》《读书生活》《中国农村》《大众生活》《新生》《海燕》等受到同学们的欢迎。一些同学经常在课间和宿舍里漫谈读书体会，探求救国救民真理。据毕业后管理图书馆并任英文教师的王楚良（秘密共青团员）回忆，许多新书是曹先生送来的。

生气勃勃的学生活动

麦伦校务会议规定的教育原则是："一、建立高尚思想。二、养成社会意识。三、练习集体生活。四、实行公众服务。"即要培养有时代责任感的、集体主义的、为大众服务的青少年。随着国难的加深，沈体兰还明确指出"要培植为公道牺牲、为大众奋斗的勇士""有爱国精神及救国能力之公民"，还实施了"国难教育"。

学校的教育方针贯彻了学生全面发展和学习与实践相结合的原则，规定"学生之学期成绩、操行成绩、课外作业（指课外活动）三者均能及格者始得毕业或升级"。为此，学校大力倡导和支持学生自治活动。学生自治会以高班学生为主，通过民主选举产生，领导全校各班级学生自由组织参加各种课外活动，进行自我教育和锻炼。社团活动有文学会、世界语研究班、新文字班、国术班（大刀）、自行车队、射击班、救护班、测绘和去安徽农村进行服务实习等。全校举行中英文演讲比赛和辩论会，辩论"民主与独裁"等辩题。

学生活动中影响最大的是歌咏活动、戏剧活动和工人教育活动。救亡和革命歌曲的合唱声经常响彻在麦伦大礼堂、校园和许多班级中，最流行的是《义勇军进行曲》《毕业歌》《大路歌》《自由神》《救亡进行曲》《祖国进行曲》《保卫马德里》等。音乐教师胡然指挥歌咏团排练和演出黄自的《旗正飘飘》《热血歌》《抗敌歌》大合唱，歌曲昂扬，激发了全校学生的爱国热情。1937年春，民众歌咏运动倡导者刘良模慰问绥远抗日将士归来，在麦伦教全体学生唱《五月的鲜花》，许多学生是含着热泪唱的，《救中国》《国际歌》也在麦伦部分学生中传开了。特别值得一提的是麦伦的校歌，由曹亮作词，音乐家胡周淑安作曲，豪迈的歌词充分表达了学校鼓励青少年立志做改造人类世界先锋的革命精神。历史实践证明，麦伦对青少年的教育影响是深远的。

抗战前麦伦的戏剧活动，是上海学生进步戏剧运动中的主力之一。1934年学生成立了"白光剧社"，此后发展为"未名剧社"，由陈芝祥任社长，干学伟任副社长，教师魏金枝、黄九如、茹枚和吴上千（导演）指导，吸引了一大批爱好戏剧的学生。到1937年抗战全面爆发，共演出了30多个剧本，主要是田汉、熊佛西、陈白尘、楼适夷、于伶等作家的剧本。经曹亮介绍，剧社和当时左翼的"剧联""音联"取得联系，得到田汉、张庚、丁星、崔嵬等的帮助。许多剧本都深刻地揭露了民族灾难和社会黑暗，培育了学生的社会意识和民族精神。这些演出，有的是为师生演出，有的是为民众夜校、补校、义校学生及他们的家长演出，还参加各校爱国联合演出和《大公报》主办的救灾募捐义演。麦伦的陈芝祥、干学伟和陈维楚等学生还参加了戏剧界在1934年为麦伦科学馆募款的《扬子江暴风雨》的首次公演。这一歌剧气势磅礴地歌颂了我国工人阶级的英勇气概，对上海青年教育至深。未名剧社在1935年和1937年曾两次公演此剧。1935年7月，当歌剧的作者与主角聂耳不幸逝世的消息传来，麦伦学生十分悲痛，黄君夔等一批学生还参加了上海文艺界联合举行的追悼纪念会。麦伦的剧社孕育了人才。1942年，鲁艺演出话剧《带枪的人》，麦伦校友干学伟扮演列宁。陈芝祥后来成为剧作家。

未名剧社合影

从 1932 年起，麦伦就把产业工人、工商学徒和工人子女作为学校教育的对象，创设了民众学校（16 至 50 岁的工人）、补习学校（16 至 30 岁的有一定文化的学徒和职员）和义务学校（6 至 10 岁的工人子弟）。为领导这一社会教育运动，学校成立了"推广事业委员会"，先后由曹亮和沈体兰主持，其办学的宗旨十分鲜明："使学生明了社会问题的真相，使学生与民众打成一片，使学生得为民众服务之机会，使失学民众能受适当教育，使民众进一步解决生活，使学校成为改造社会之中心。"

大批麦伦初、高中的学生担任了校办各类学校的教师及班主任。毕业生王厚生、王楚良、张云飞等任民校训导、教务、事务等主任职。他们和来自香烟厂、纺织厂、糖果食品厂、铁工厂和小菜场的数百名工人及商店学徒打成一片，通过教学、访问工人家庭和工厂，处理他们的劳资纠纷和家庭纠葛等问题。这些工人学生学唱革命歌曲、参加每周时事讲座、讨论工人和妇女切身问题，还参加军事操训练。他们成立学生自治会、办壁报，经常召开学生和家长同乐会，扩大社会政治影响。毕业学生成立了校友会，创办了 5 所民众分校，麦伦还为此举办师范班，培训工人教师。到全面抗战前夕，总计有 1 000 余人接受了这些职工学校教育，出现了一大批有一定文化程度、有政治及阶级觉悟的学生，为工人运动和妇女运动造就了骨干力量。全面抗战爆发后，不少人走上了抗日斗争的前线。

站在时代的前哨

1935 年北平"一二·九"学生运动爆发的新闻传来，麦伦高三班的陈芝祥和沈世雄、杨修严、林华清、朱开宏等进步学生商量后，

贴出一张大布告，号召"凡不愿做亡国奴的，都到大礼堂来开会"。大会决定联络上海各中学，组织起来一致行动。当各中学代表按预定时间来麦伦时，租界巡捕房的"包打听"（即密探或线人）也来了，于是会议改到沈世雄亲属家开。会议决定由麦伦、正风、爱国女中、惠平、同济中学代表筹备"上海中等学校救国联合会"（以下简称"中学联"）。12 月 17 日，在正风中学召开会议，正式成立了中学联。19日，由于打听到上海各大学学生已发动去江湾市政府请愿，20 日清晨，麦伦中学全部住宿学生打着校旗，一路上串联爱国女中等校去江湾。在市政府门前，学生提出抗日和停止内战等要求，麦伦代表沈世雄面对国民党政府人员潘公展，批驳了他"先安内后攘外，不是打内战不抗日"的谎言。其后，中学生队伍回市区游行，一路上高呼"打倒日本帝国主义"，并藐视了停在虹口路上的日本铁甲战车。队伍在麦伦大礼堂集中，正风中学韩瑞芳代表主席团宣布中学联正式成立。当天，麦伦校方贴出了停课一天的布告。不久，华北学联陈翰伯来到麦伦找沈校长，沈校长把中学联的陈芝祥介绍

陈明（陈芝祥）

给了陈翰伯，中学联请陈翰伯向各校代表介绍了北平学运的状况。当时，中学联和抗日救国青年团都是由中国共产党领导的。

1935年12月24日，全市各界联合组织了群众游行示威，以响应爱国学生运动。中学联的负责人被分配任候补指挥，麦伦的一批学生任纠察队员。当游行群众按信号在南京路集中行动时，遭到骑高马的外国巡捕用棍棒殴打和驱赶。站在前列高举旗帜的麦伦学生董宗湘出于义愤，用竹竿和巡捕搏斗。他随即被逮捕押到法院判刑，经麦伦校方出面，将他保释回校。游行队伍转到闸北集中，召开市民大会后继续游行。

从1936年1月起，许多全市性的群众救亡活动，包括鲁迅追悼会，以及中学联组织的去工厂、农村、街头的宣传活动，都有麦伦学生以及民众夜校工人参加。1936年陈芝祥参加共青团后不久成为中共党员，他在毕业前，将麦伦和中学联工作交给参加"青抗"和共青团的张则孙。他俩都参加了上海学联和全国学联的筹建工作，负责上海学联的总务和全国学联刊物《学生呼声》的发行。

1936年秋季，国民党当局派军事教官进驻麦伦。由于师生对教官争取教育工作的成功，先后有两个教官都被军训当局撤走。最后来的一个教官，气焰特盛，他在校务会上说："上海有几所中学情况'特殊'，所以派我来麦伦的。我是郦悌（国民党"十三太保"之一）的学生，是代表政府的，学校大事要通过我！"沈校长严肃地说："根据学校行政系统规定，教官位置在训导处领导下，和教导员并列"，把他顶了回去。教官想对学生训话，沈体兰就以军训大队领导的身份，向高二的军训学生讲话，然后宣布队伍解散。

从"学协"到建立党支部

1937年9月麦伦暂迁市区上课后，党领导的"上海学生界救亡协会"（以下简称"学协"）成立。负责人王明远找到麦伦高三班的陈一鸣，要他代表麦伦参加"学协"成立大会，任"学协"执委。在沈校长支持下，麦伦学生自治会经全体学生表决，成为"学协"的团体会员。陈一鸣和同班的曹厚德分别担任"学协"宣传部和组织部干事，在"学协"党团负责人张英、周平、陈伟达领导下工作。麦伦全体学生积极投入支援前线、支援难胞的捐募寒衣运动，校内堆起了学生从家里拿来的寒衣，墙上贴出各班学生捐献数字的图表。一批学生走上街头，贴出大字报，向行人宣讲《抗日救国十大纲领》；他们去难民收容所，向难胞进行抗日反汉奸宣传，教唱抗日救亡歌曲，用自己画的大幅漫画做启发式对话，还演出了《放下你的鞭子》。学生自治会经常举办讲座，邀请知名学者周予同、平心等来演讲、出版大幅壁报、自画连环画、介绍"红五月"的中国现代史。"学协"个人成员则组成小组，定期学习形势和传达布置"学协"的工作任务。好几个学生在"学协"介绍下，参加了"现代知识讲座"和"社会科学讲习所"的系统政治理论学习，特别是介绍阅读《西行漫记》，使进步学生对中国共产党有了深刻的认识。由于学校的进步条件，麦伦中学成为"学协"办训练班等活动的一个阵地。

1938年7月，"学协"陈伟达介绍刚毕业的陈一鸣加入了中国共产党。陈一鸣则介绍了曹厚德和在校学生朱育勤（陈炎）加入了党组织。此时，朱育勤已接任"学协"代表，参加执委、常委工作。

1939年2月，麦伦建立了第一届党支部，由朱育勤（任书记）和侯忠澍（在校外已入党，转麦伦学习）及侯介绍入党的蓝天福（蓝田方）三人组成。从此，在党的基督教学校学生运动委员会及教会中学区委的领导下，麦伦党支部有计划地发展党员和开展群众工作。抗战时期，麦伦党支部先后由侯忠澍、施宜任书记。

通向革命的道路

1937年到1938年，麦伦不少学生陆续奔赴延安、敌后和前线。他们是陈芝祥（行前，沈体兰送他50元作路费，他进了延安中央马列学院，后参加战地服务团）、干学伟（参加演剧队先去武汉，魏金枝老师送他50元作路费）、陈锦清（进"鲁艺"）、张则孙（和姨父李公朴同去延安。他先进陕北公学，后去晋冀鲁豫抗日根据地）、林华清（进"抗大"，曾留校做外文翻译工作，翻译了白求恩给毛主席的信）、王季香（黎雪，原是洪湖赤卫队的小侦察员，与哥哥段士谋同为路易·艾黎收养的孤儿，一起赴延安。曾任白求恩翻译，后在中国工业合作协会工作）、朱开宏（余侠平，进陕北公学和中央党校，后在根据地从事军需、兵工厂工作）、董宗湘（《全民通讯社》记者，去延安学习）、杨继春（杨一民，进"抗大"，后参加冀中游击战争）、吴同和（吴滨，去延安）、史观济（史平，在湖南抗敌演剧队，后转山西做党的工作）、陈维楚（田申，又名田海男，田汉之子，参加革命部

陈维楚

队工作）、毛凤山（麦伦中学校工和补校学生，沈体兰支援他路费去延安）、王诚（补校学生，和毛凤山同行，同进"抗大"，两人都参加了八路军）、曹学源（参加湘鄂赣边区中国工农红军抗日游击支队，后改编为新四军）。民校与补校学生在抗战时期去新四军的有陆迅行、陆力行、励淦、芳田、袁剑萍、任雅英、洪海泉等。去延安的还有麦伦补校的德文教师潘芳田。

在麦伦这个民主革命的教育基地中，许多青少年奠定了革命进步的思想基础，因此有一大批在抗战时期离校转入他校或进入大学或社会工作的学生都先后加入了中国共产党，如抗战前期毕业的徐永炜（魏持群）、严润芳（严琦）、金祖荫、周允正、寿继灿（王一定）、叶源朝（叶水夫）、陈炳鄂、洪强生、钱存学、王保恩、俞鸿士等，抗战中、后期离校的曹奇峰、赵家傲（赵自）、唐孝宣、陈何良（陈良）、赵振声、陶大钧、肖安民、吕德明、杜信恩、王荣鑫、杨重光、洪一龙、许锡振、陈庆道、恺国钧、方中和、吴人勉、陈观吾等。

在抗战中、后期奔赴江南游击区和抗日民主根据地的有李济同、樊健、蓝天福、沈曾华、侯忠澍、洪强生、吴绿颖、邱维民、田宗佑等。另有三位为祖国献出了年轻的生命，他们是：颜振新、蔡达君、王妙发。这些先烈是为真理而战斗的光辉榜样，他们走的道路，也是许多爱国青少年共同走的革命道路！

（原载《抗日战争时期上海学生运动史》，略有修改）

刘晓和麦伦青少年的情谊

陈一鸣

1988年6月11日，中国共产党的一位卓越领导人，被誉为"久经考验的共产主义战士、无产阶级革命家"的刘晓同志，不幸逝世。6月29日在北京举行了遗体告别仪式。麦伦的校友，除我专程去京外，还有在京的王楚良、钱存学、沈曾华、范思廉、朱宗正等几位。我们代表母校，送的挽联是："忆往年广宇沉沦听惊雷，看今朝故园桃李起栋才。"前句是借引鲁迅的诗，以他在黑暗长夜中，仰望中国革命必胜的豪情，来寄托我们对刘晓同志的缅怀和对中国共产党爱护、培育我们的感激之情。

启迪青年去追求真理

回溯历史的记录，刘晓同志是1937年5月从延安动身，由党中央派遣来上海，担负重建党的组织和领导抗日救亡群众运动的重任。行前，毛泽东、张闻天、刘少奇等中央领导人都分别找他做了重要谈话，对如何在上海贯彻党确定的正确路线、方针政策做了嘱咐。后刘晓化名林庚汉到达上海。"七七事变"前夕，周恩来同志在上庐山前在上海又对他做了工作指示。和刘晓同来上海的，是他的夫人张毅，她是一位原从上海去延安参加革命的学生。1937年11月，继党领导上海的抗日群众运动后，以刘晓为书记的中共江苏省委成立。上海的抗日民族统一战线工作、文化工作、各界群众工作，围绕抗战，更蓬勃地发展起来。

1937年10月，我那时是麦伦高三的学生，参加了党领导的"上海学生界救亡协会"，和曹厚德（毅风）同学代表麦伦学生自治会并担任学协的干事。到1938年上半年间，在沈体兰校长的热情支持下，学生自治会开展了多种宣传教育活动。我们饥渴地阅读并介绍新出版的《西行漫记》一书。它使大家第一次全面具体地了解到中国共产党和工农红军的真实面貌。美国作家斯诺在书中记述了1936年在西北革命根据地，红军政治部主任刘晓陪他参观红军中的政治教育活动并当翻译的情况。斯诺对他的印象是："刘晓是我在红军中遇到的思想最一本正经，工作最刻苦努力的青年之一。他是个极其认真的二十五岁的青年、面容清秀聪明，态度极其温和谦恭，彬彬有礼。我感觉到他内心中对自己同红军的关系极为自豪。他对共产主义有一种宗教式狂热的纯粹感情。"刘晓1924年从湖南到上海，在上海政治大学学习，从事反帝反封建的活动，后加入了中国共产党。他在县委、省委工作，后来转到福建省委和红军中工作，并参加了长征。

1938年秋季学期，化名林庚汉的刘晓，由爱国人士聚餐会中的中共文委负责人王任叔介绍给从事教育界救亡工作的沈体兰校长，到有光荣爱国传统的麦伦中学任教。当时学校已迁往武定路。此前，我已毕业并加入了中国共产党，由比我低一级的（39届）朱育勤同学继续作为学协的代表并任常委。我和他仍保持着密切的联系。他兴奋地告诉我，学校里请来了一位很进步的林老师，在课堂上讲的是抗战形势和毛泽东的新著《论持久战》。他还经常生动地介绍红军的情况和长征的故事，自称曾被红军俘虏过，所以有亲历的体会。

麦伦中学历任教职员名录 五

姓名	籍贯	任职
刘晓　林庚汉	湖南沅陵	华东军政委员会人民监察委员会主任
严家书	江苏吴县	
陆钦载	上海市	上海外国语学校
胡易		
贲圻纲		
胡赞平	陕西西乡	
蓝仲封　张淮子	浙江宵海	中央人民政府轻工业部教育处
何泽祥	河南唐河	山东大学教授
朱锡祺	浙江嘉兴	
孙维尧	安徽桐城	中央人民政府出版总署图书馆
陈宁	江苏无锡	
唐守愚	福建闽侯	
王基恩　唐紫萍	山东满宵　浙江鄞县	华东军政委员会教育部副部长

麦伦中学历任教职员名录 六

姓名	籍贯	任职
楼适夷　楼枕甫	浙江绍兴	中央出版总署人民出版社
威震卿　威雨辰	浙江徐姚	上海市人民政府教育局主任秘书
赵楼初	安徽太湖	华东军政委员会人事副部长
林淡秋	浙江三门	北京人民日报社
陈锦标	江苏南通	
陆世聪	浙江嘉兴	
冯宾符　冯仲足	湖南长沙	山东大学教授
李仲融	浙江慈谿	北京世界知识社总编辑
段力佩	江苏金坛	大连大学医学院教授
孙以栋	江苏吴江	上海市育才中学校长
陈诒先	湖北黄陂	北京大学教授
邵鸿磊　张咏义	浙江兰谿	
朱世璜	浙江嘉兴	中央人民政府纺织工业部副司长

麦伦中学历任教职员名录

刘晓同志在高中三个年级（39、40、41届）任课，还担任高一的级任。同学们记得的是：他教"世界史"，分析了马克思主义的思想来源和时代背景，描述了巴黎公社、第一国际和十月革命。唱男高音的王家祥同学听了先生讲解《国际歌》的产生后，引吭高歌原已学会的《国际歌》，这事使大家难以忘怀。刘晓教"公民课"，讲的是新三民主义、抗日民族统一战线。在高一的"国文课"上，他以当时抗战的报告文学作为补充教材，介绍八路军的战绩等。他知识渊博且尊重人、平等待人，态度谦和，大家都喜欢向他提问，下课后还上前围住他请教。他还担任了高一班读书会的指导，在与学生热烈的研讨中，启迪大家去追求真理。

培育党的青年干部

刘晓同志很重视在上海大中学校的学生中建党，培养党的青年干部。1939年1月间，他和领导教会学校党的工作的陈修良同志主持了一次党支部书记训练班。这次是在青年会中学党支书丁景唐家中召开的，参加的还有麦伦中学、清心男中、上海医学院的几位党员，当时他们并不认识。麦伦的朱育勤，经我介绍在1938年11月入党，上级领导就通知他去参加这次训练班。朱育勤回忆，他忽然见到了林庚汉老师，不禁叫了一声"林先生"！刘晓在会后就关照他，让他保守秘密。

刘晓上了两次课，他用对比的方式讲了党总结的历史经验教训，尤其是"左"倾路线给党和革命事业造成的严重损失；根据党中央的正确路线，阐明了中国社会的性质、革命在现阶段的任务、动力和对象；党的抗日民族统一战线在敌占区的工作方针。此后，陈修良同志又讲了两次关于党的性质、宗旨以及党支部的任务、党支部书记的职责、工作方法等。经过刘晓同志等深入浅出的讲解，学员们受到深刻的党史、党建教育，政治觉悟有了较大的提高。会后，麦伦的学生党支部就建立起来了。从此，麦伦的党的建设启动了、发展着，成为团结引导学生共同前进的核心力量。我是在1942年秋进入淮南抗日民主根据地，参加中共江苏省委办的上海干部训练班，见到刘晓同志的。在一百多位上海青年干部学员中，许多是学生界的同志。刘晓同志向我们作抗战以来上海工作基本经验的总结报告，开阔了我们的视野。他还要求我们每一个人都总结好自己担负的工作。在训练班的集体生活中，他经常亲切地和我们交谈。他了解我在麦伦中学的成长和此后工作的情况。记得我曾问他对斯诺的看法，他对斯诺的为人及其报道所起的作用和价值做了评价。

上海代表团出席第一届新政协会议（前排右一沈体兰，居中刘晓）

引导青年为振兴中华深造

麦伦学生成长为建设祖国的人才，是刘晓同志的殷切期望。40届蒋孝义同学等走上学习农业科学，倡导农业现代化的道路，是来自刘晓的引导。蒋孝义回忆说："刘晓对同学们说，中国是一个以农立国的大国，现在农业破产，经济萧条，百废待举，但将来的中国必须振兴农业，希望毕业的同学有人能去学农业。刘晓还比较了外国人办的金陵大学农学院、国民党政府办的中央大学农学院和私立的南通农学院等，盼望同学能获得真才实学，并和农民打成一片。我们受到教育，毕业后我和同班的沈校长的两个妹妹，沈泓、沈潜，还有沈校长的外甥王加珍四人都考取了在上海的南通农学院。尽管我的父亲要我学医，我也没接受。我们在南通毕业后，从事农业科学的教学和实验。抗日胜利后，我在黄炎培先生支持下，在浦东川沙家乡创办了一所'新中国高级农业学校'。但解放前夕被国民党当局解散。解放后，我又在安徽农学院任副院长和国营农场场长，实现了我的愿望。"

蒋孝义同学在解放前参加了爱国民主人士的活动，继续受到刘晓同志的关怀教育，此后从事民主建国会的工作。党的十一届三中全会后，川沙县委为编县志，因刘晓同志早年曾在郊县从事革命活动，就托蒋孝义去信给在北京的刘晓同志，请他为县志题字，后终于取得了

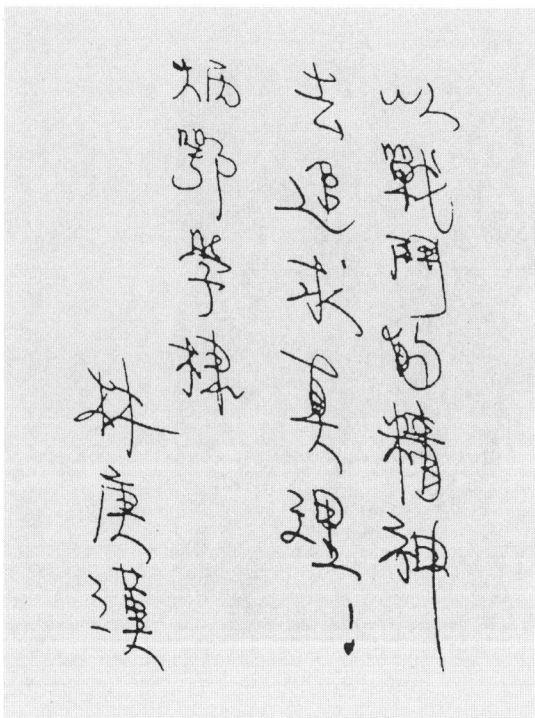

林庚汉老师在学生陈炳鄂的留言册中的题字

受过"四人帮"迫害的刘晓同志在病中用颤抖的手写成的字。

师生情谊重

刘晓同志于1938年到1939年在麦伦任教时，住在离学校不太远的爱文义路（今北京西路）1560号，一座楼房的二楼亭子间。有些同学曾去拜访过，如39届朱育勤和陈炳鄂，40届郭栋材，41届侯忠澍、蓝天福（田方）、施宜、钱存学等。刘晓热情地接待了他们，还介绍了林师母。解放以后，同学们才知道林先生就是刘晓，几个校友再访北京的刘晓家时，张毅同志还记得他们的姓名，并风趣地说："你们的作文本还是我批改的呢！"39届叶源朝（叶水夫）同学每年春节总要到刘晓同志家去拜年，以感谢恩师。施宜同学回忆说："1962年，任苏联大使的刘晓同志回国了，我正去北京开会，就写了一封信去问候他。他竟亲自到我住的旅馆中来看我。"

在陈炳鄂同学珍藏的留言册中，有刘晓同志的题词："以战斗的精神去追求真理！炳鄂学弟　林庚汉。"20世纪50年代，陈炳鄂在上海市纺管局工作，请去苏联访问的纺织工会主席汤桂芬带一张照片给刘晓同志并向他问好（怕他记不起来）。汤桂芬回来时，带回了一张回赠的刘晓夫妇合影，他很激动。

初潮浪花在麦伦

傅家驹 / 整理

抗战胜利，沦陷区人民欢欣雀跃，高呼"天亮了"，期望中国从此走上和平、民主、独立、富强的道路。但是，短短数月内国民党反动派的种种倒行逆施，疯狂劫收，准备内战，却使人民坠入失望和迷惘之中。

"欢迎马歇尔"的斗争

1945年11月27日，美国宣布马歇尔将军以总统特使身份来华调停国共军事冲突。上海地下党学委根据中央的指示精神，决定组织上海大中学校学生欢迎马歇尔，通过群众性合法斗争的形式，既表达中国人民的力量和意愿，要求马歇尔公正调停内战，促进国内和平，又揭露美国假调停真扶蒋反共的真实面貌，提高群众觉悟。

这是麦伦地下党在学生中开展宣传反内战、要和平的第一次行动。侯忠洛同学先通过串联和小型活动，在班级同学中进行动员，同时争取校方的支持。当时参加游行，要使用学校的校旗，经向代校长陈其德报告后他表示同意将校旗借出。此外，我们还以麦伦全体同学的名义致函马歇尔，在信封封面上由范思廉用钢笔画了一尊"和平女神"的塑像，象征我们反对内战、要求和平的心愿。

12月20日，麦伦学生四十余人和全市四千余大中学生一起，从四面八方汇集到中央商场旁边，准备向马歇尔住地南京路外滩的华懋饭店（今和平饭店南楼）出发。队伍刚要起步，就遭到国民党暴徒的疯狂破坏，一些学生惨遭毒打。事实是最好的老师，参加游行的学生十分愤怒：为什么要用这种流氓手段来对付我们？抗战胜利后的人民连"欢迎"的自由也没有了？这个政府代表谁？通过这场斗争，不少学生提高了觉悟，涌现出一批积极分子。

昆明"一二·一"惨案和公祭于再

1945年12月1日，昆明学生举行反对内战、反对美国干涉中国内政的集会，国民党出动大批军警，用机关枪、手榴弹进行血腥镇压。该事件造成于再、潘琰、李鲁连、张华昌四位师生被害，六十余学生受伤。当这场震惊全国的昆明"一二·一"惨案消息传到上海后，激起上海师生的极大愤怒。麦伦地下党员将烈士遗体照片，用绘画方式复制放大，到各个班级去展出，揭露国民党镇压学生的残暴罪行，号召同学积极参加公祭与追悼会，声援昆明学生反内战反迫害斗争。

1946年1月13日，玉佛寺公祭于再等烈士。麦伦中学动员众多学生前往参加，公祭后又上街游行。一首《安息吧，死难的同学》迅速在学校中传唱。"安息吧，死难的同学，别再为祖国担忧。你们的血照亮了路，我们会继续前走。你们真值得骄傲，你们为真理而斗争。冬天有凄凉的风，却是春天的摇篮。安息吧，死难的同学，别再为祖国担忧。现在是我们的责任，去争取民主自由。"歌声教育了未去玉佛寺参加公祭的学生，擦亮了他们的眼睛，撕开了反动派的伪装，大大提高了师生的政治觉悟。

学运的初潮在麦伦萌动，麦伦是最早参加学生运动的中等学校之一，深得各校信任和称道。一批积极分子通过教育锻炼加入了党的组织。

助学——化解失学危机

物价飞涨，民不聊生。学费猛涨 7 倍，失学危机如利剑高悬在清寒学生头上。反动政府忙于发动内战，对此熟视无睹。地下党学委决定抓住这件事关众多人切身利益的大事，发动学生助学自救。1945 年冬，上海基督教学生团体联合会出面联合一批大中学校开展助学运动，帮助清寒学生筹措学费，渡过难关。

麦伦中学党组织立即行动起来，成立了"助学委员会"。经校内调查，全部或部分交不出学费的学生竟占 1/3。助学运动一发动，参加者十分踊跃，就连家境较好的学生也纷纷加入，颇有声势。

1945 年寒假到 1947 年暑假期间，助学运动掀起了多次大规模群众性活动，中间还结合开展了尊师活动。反动派由于内战需要，大量削减教育经费，广大教师连基本生活也难维持，尊师助教，促使教师和学生站到了一条战线上。

麦伦中学各班级组成若干小组，开展多项活动，有募捐金钱、商品，有义卖助学章、光荣花，有设摊义卖小商品、小手工艺品，有街

头宣传演出、各种义演。此项活动发动面之广、参与者之多、活动之丰富多样，达到了空前程度，校内气氛活跃、生机勃勃。运动的结果不仅解决了清寒学生的学费困难，更重要的在于团结人、教育人、锻炼人，形成了一支坚强队伍，为以后的开展活动打下了坚实基础。

助学徽章

大型木刻展——再一次宣传社会

1947 年春，青年会中学来麦伦商量，想联合起来，再出新招。高仰康向沈体兰校长求助，借用一些苏联影片放映展演。沈体兰校长一贯支持学生活动，对这个设想更是赞许，他出主意介绍高仰康等到辣斐德路（今复兴中路）郭沫若寓所。郭沫若热爱青年，热情接待了学生并听取来意，委婉建议可否另辟新径，举办大型进步木刻展。于是，高仰康一行又兴冲冲来到善钟路（今常熟路）与木刻家刃锋相会，刃锋一口答应，允承全部展品由他联络，积极提供。

木刻展地点设在西藏路宁波同乡会，展期

10天，自4月1日—9日，后应观众要求，又延长展期7天。刃锋提供的木刻展品富有时代气息和战斗特色，基本上都是争民主自由、反对内战反对迫害的作品，甚至有反映解放区减租减息、土地改革、生产开荒等内容，少量有书籍插图、自然风光、人物肖像等，有的质朴凝重，有的尖锐泼辣，有的粗犷强烈，有的柔美流畅，风格多样，流派纷呈。此次入场券印制颇有特色，既是入场门票，又是精美书签。画面赫然是解放区劳动英雄牵着一头肥硕牯牛，准备春耕，透出一份新生活的浓浓情意来。整个展出很受欢迎，为各界瞩目，报纸做了介绍，并刊出了部分作品。在国民党反动派悍然发动内战，上海笼罩在白色恐怖的日子里，居然有这样一场展出，不啻是一声春雷，其社会意义可见一斑。

"学保联"斗争，反会考，再战再捷

1947年2月6日，在地下党学委领导下，上海43所私立中学、129名学生代表聚会于麦伦中学，由麦伦中学等发起，成立"上海学生学业保障联合会"，开展又一个领域的斗争。会上推出麦伦等7所学校为主席团，下设6组，分别展开工作。一面与"上海市教职员职业保障会"联络，相互支持；一面通电全国，向社会呼吁，《大公报》《文汇报》等均刊出新闻。"学保联"的斗争又是一条新的战线，其锋芒针对反动政府，要求兑现一年前许下的诺言：发放5亿元作为私立学校补助经费，除确保20%减免费名额外，以此款充作助学经费；同时要求提高教育经费，改善教职员工待遇。"学保联"设有党组，领导此项斗争，其成员包括麦伦中学高仰康、南洋模范徐惟诚、中国女中张明珍。

2月9日，"学保联"假中国女中召开全市中学代表会，会议因特务警察破坏而流产。12日，各私立中学学生赴教育局请愿，18所学校、500余学生参加，麦伦、南模等校参加人数最多。教育局中教处处长谢恩皋、局长室主任秘书彭振球接待学生代表9人，一场谈判唇枪舌剑，进出火花。这次请愿谈判具有特色，会内代表与会外学生群体集会相结合相呼应，谈判情况及时传出，谈判代表不时有新成员参与，源源不绝，谢恩皋被驳得理屈词穷，狼狈不堪，被迫答应学生要求：先准上课，后缴学费。学生获胜而归。事后，国民党反动政府摄于社会及群众力量，只得拨出5亿元充作助学基金。

这次斗争之所以能形成浩大声势，取得完全胜利，和各界广泛支持分不开。中小学联谊会及私立学校校长均向教育局表示，支持"学保联"的要求；各报刊登大量新闻消息，撰写评论，免费为"学保联"活动刊登启事广告，造成强大舆论声势。斗争使参与者再次体会到联合的力量、斗争的力量，斗志更旺。

1947年4月，反动政府忽做规定：凡应届毕业生必须经过统一会考合格，才承认中学毕业。此举实质是妄图以沉重的学业负担来遏制学生运动，并借机整肃一批进步学生，理所当然遭到学生强烈反对。4月下旬，南京的中学首举义旗，反对会考，上海紧紧跟上，反会考斗争次第展开。

麦伦中学等首作响应。反会考斗争在麦伦并非没有一点阻力，高三班级为此辩论两次，当时有人反对，多数人顾虑重重。辩论中，班上功课好、威信高的同学何福沅、奚祥德理直气壮地揭露反动派的真实面目，慷慨表示自己即使不被大学录取，也坚决反对会考，如此有力表示使反会考斗争统一了认识和行动。《文汇报》刊出了这条消息，对各校震动很大，推动了反会考斗争的扩大和深入。到 5 月 2 日，全市已有 40 所中学响应，反对会考已成主流。5 月 6 日，正式成立"反会考联"，斗争更具规模，步调更为有力。在广大学生的一致和坚决斗争下，国民党政府不得不宣布会考中止执行。

一项项活动，一桩桩斗争，麦伦中学是前列，是中坚，是骨干，是基地，发挥出坚强的战斗堡垒作用，在全市大中学校中享有崇高威望，"民主堡垒"说法不胫而走，为大家所承认。

中国学生联合会在上海麦伦中学秘密成立前后

赵徐平

抗日战争的胜利，使得灾难深重的中华民族从战火中走了出来，民众渴望从此国家能实现和平民主，百姓能安居乐业。然而国民党政府为了实行其一党专权统治，违背人民愿望，玩弄假谈真打伎俩，企图消灭中国共产党领导的人民民主力量。中国共产党人看清了国民党假和平真内战的本质，于1945年11月5日号召全国人民动员起来，用一切方法制止内战。当时，处于全国民主运动中心的昆明学生，首先发起了"反内战、争民主、要和平"的"一二·一"运动，并迅速得到了全国青年学生以及其他进步团体的热烈响应，国统区波澜壮阔的学生运动序幕就此拉开。

麦伦中学成为全国学联诞生地

1947年5月，为了能更好地领导学运的开展，中共上海局审时度势，敏锐判断出建立全国性学生联合组织的时机已趋成熟，随即向中央发出请示，在接到中央《关于学运方针给上海局的指示》后，立即开始酝酿成立中国学生联合会（简称"全国学联"）相关事宜。筹备工作最初是在南京进行的，由于当时南京政治形势紧张，不久即转移到上海秘密进行。

6月初，北平燕京大学学生马健行（华北学联理事会成员），应上海麦伦中学沈体兰校长之邀，来沪商榷受聘于麦伦中学任教一事。马健行来沪前，华北学联理事会任命他为华北学联理事会常任代表，借来沪受聘任职之机，参加全国学联的筹建。到沪后，他在沈校长[时任上海大学教授联谊会（简称"大教联"）干事兼召集人]的帮助下，通过"大教联"的关系，会晤了上海学联代表史继陶（中共党员，上海交通大学机电系学生，其时受上海党组织指派，负责参与全国学联的筹备），沟通筹备事项。经党组织精心策划，6月17日下午，来自华北、上海、南京、浙江、昆明、武汉、苏州、河南等省市、地区的学联代表汇集上海，在上海麦伦中学（武定路940号）秘密召开全国学生代表会议，成立中国学生联合会。当天的会议议程是各地代表交流本地学运情况和经验。史继陶受上海地下党学委书记吴学谦同志面授，作了《关于上海学运的经验》的报告，华北、南京等地学联也做了交流。为确保安全，从第二天起，会议转移到福州路上的汉弥尔登大厦（今福州大楼）继续举行。之后两天的会议，讨论并通过了筹备会起草的中国学生联合会章程和成立宣言，选出了华北、武汉、浙江、南京、上海和昆明等地学联为理事单位。此外，大会还对全国学联的机构与分工、加强地区间联系、推进地区学联筹建、出版学运刊物《学联通讯》、筹措经费以及开展暑假活动等事项进行了讨论，做出了相应决议。成立初期的全国学联，由筹备期间负责秘书处工作的史继陶担任秘书长。考虑到各地代表的返途安全，全国学联将宣布正式成立的时间推迟到了 7 月 10 日，宣布的同时，还公布了《中国学生联合会成立宣言》《中国学生联合会章程》，并陆续发表了《告全国同胞书》《告全国同学书》《告全国家长书》《告全国师长书》《告华侨青年书》和《告世界青年书》等。

中国学生联合会成立宣言

全国学联选择在上海麦伦中学成立并非偶然，有其历史必然性。当时的麦伦中学，在教育家、社会活动家、爱国民主人士沈体兰校长主持下，秉持"科学、民主、进步"的办学思想，聘请了诸如曹亮、刘晓、关健夫、唐守愚、林淡秋、冯宾符、楼适夷、赵朴初、王元化、朱泽甫、段力佩、魏金枝、余之介、邱汉生、刘菱芬等一批共产党人和思想进步、道德高尚、学识渊博的知名学者充实到教师队伍，对学校进行了大刀阔斧的改革，励精图治，把一所旧式教会学校改造成了民主革命的教育基地，培养造就了一批批立志献身人民、为人民事业奋斗终生的革命干部和人才。王楚良、陈明、朱开宏、杨修严、沈世雄、张则孙、陈氏三兄弟（陈一鸣、陈一飞、陈一心）、雷树萱、干学伟、朱育勤、侯忠澍、施宜、钱存学、蓝天福、沈曾华、陈乐扬、张显崇、侯忠洛、范思廉、高仰康、李维嵩、朱宗正等就是其中的优秀代表。他们离校后奔赴延安等解放区，投身八路军、新四军抗战前线和隐蔽战线。"抗大上海分校"的誉称早为流传。早在"一二·九"运动初期，麦伦中学就与正风中学、爱国女中等联名发起成立了上海市中学生救国联合会（简称"中学联"）。学校支持学生爱国行动，宣传抗日，传播民主思想，组织学生剧社和歌咏队演出革命戏剧，开办民校、补校。1939 年，校内就建立了地下党支部。"五二〇"运动时，学校被选为上海中学联的主席团成员。

"伟哉麦伦吾校，时代之光耀，放射趁今朝，普照人类仗吾曹。年少英豪。必信、必忠、矢勤、矢勇在吾曹，年少英豪……"

共产党人曹亮为麦伦校歌所填写的这激扬奋进、充满朝气活力的歌词，激励了一批批麦伦学子,鼓舞他们奋斗。同时也见证了当年始终立于时代潮头的麦伦中学的超伦轶群!将它誉为"革命熔炉""民主堡垒"是实至名归,全国学联选址麦伦中学开成立大会也顺理成章。

坚持斗争　完成使命

全国学联成立后,就被国民党反动政府苛责为非法组织而遭取缔。当时社会上,尤其是各大、中学校内弥漫着一股恐怖气氛,一有风吹草动,当局军警特务就严密搜捕抓人。鉴于环境残酷,学联组织只得在秘密状态下艰难开展工作。

当时党领导全国学联工作的是中共上海中央局的钱瑛同志。为了能扩大学联影响,争取国际声援,党组织决定指派钱存学(中共党员,麦伦中学41届高中毕业,其时是上海交通大学机械系学生、青年会会长)作为代表,去捷克首都布拉格参加国际学联工作。在党组织的安排下,6月底,钱存学与先期到达布拉格的解放区青年代表团(蒋南翔为团长)会合,组成中国学生代表团,参加了国际学联第二次理事会大会。参会期间,中国学生代表团揭露了国民党独裁政府依美反共、破坏和平、发动内战的行径,报告了中国学生在国统区白

1947年7月,钱存学在捷克布拉格出席
国际学联理事会会议

色恐怖环境下开展学运的艰难历程,并将携带的中国学运资料在大会上分发,激起了与会代表的强烈反响。代表团的活动,加深了国际社会对中国学运的了解,提升了全国学联的国际影响力。

1948年2月,东南亚青年代表大会在印度加尔各答召开,应世界民主青年联合会和国际学联的邀请,中国学联组织代表团前往参加,受到了热烈欢迎。这次会议上,中国代表团高举反帝、反殖旗帜的大会发言,在各国青年中引起巨大反响,尤其激发了东南亚广大华侨学生的爱国热情,对之后华侨青年学生满怀着对新生祖国的期待,纷纷选择回国学习、工作起到了促进作用。

解放战争中后期,党领导下的全国学联发动的对国民党独裁政府的斗争层出不穷,如1947年10月,以"浙大于子三事件"为中心的抗暴运动;1948年4月间,华北学生开展的"反迫害,保卫学联"的"四月风暴"斗争;1948年5月初,全国爆发大规模的"反美扶日"爱国运动;等等。这些运动,有力地动摇了国民党的统治根基,加快了解放战争的进程,为夺取解放战争的最后胜利发挥了重要的推动作用。

1949年3月1日至6日,中华全国学生代表大会在北平召开。中共中央致电祝贺,并希望大会能号召全国学生再接再厉,积极参加和援助中国人民解放斗争,使这个斗争迅速取得最后的胜利。大会宣告成立全国学生运动的统一领导机构——中华全国学生联合会。至此,"中国学生联合会"在经历了一年零九个月与国民党政府艰苦卓绝的斗争后,完成了其光荣使命,被载入新民主主义革命的光辉史册。

在迎接上海解放的日子里

陈一心

陈一心

我是 1945 年 9 月进入上海麦伦中学（现继光高级中学）求学的，1947 年 3 月，读高一时加入中国共产党，当时只有 15 岁，是学校中年龄最小的中共党员。1949 年 1 月，我担任了中共地下党麦伦中学党支部书记。当时，我们麦伦中学有中共地下党员 24 人，地下党领导的秘密外围积极分子组织"新民主主义青年联盟"和"新民主主义少年先锋队"成员 62 人，加起来共有 86 人，约占全校学生总数的三分之一，有着较好的党员和群众基础。1949 年，"打过长江去，解放全中国"的口号响遍大江南北，英勇的中国人民解放军正准备向上海进军。当时，地下党的领导指示我们按照党中央、毛主席制定的"隐蔽精干、长期埋伏、积蓄力量、以待时机"的十六字方针，里应外合，配合解放军解放上海。在中共地下党提篮桥区委的领导下，我们麦伦中学党支部紧急动员起来，依靠地下党员和积极分子，冒着白色恐怖，团结广大群众，开展了一系列迎接上海解放的活动。

巧周旋，绘制据点分布图

为了配合解放军解放上海，地下党组织要求上海每个区开展调查，把各条马路的工厂、学校、仓库，特别是国民党警察局、国民党军队的驻地情况摸清楚，并绘制出详细的地图。接到任务后，麦伦中学地下支部立即开展了讨论研究。最后大家一致认为，这样的调查摸底必须以巧取胜，发动初中生是个不错的办法。因为初中生年龄小，沿着马路边玩、边看、边记，不易引起敌人的注意。于是我们发出秘密通知，向学校的地下党员和积极分子布置任务，让他们发动同学开展调查研究。就这样，小同学们在放学后三三两两地走出校门，他们背着书包，边走边玩。有的假装打羽毛球，看到可疑的地方，"啪"一下把球拍到院子里，然而再假装进去找球，看看院子里到底是什么情况，有什么东西，然后牢牢地记在心里；也有的假装上厕所、借打电话等，反正是利用各种可以想到的办法，采取各种可以利用的手段来摸清情况。经过十多天的努力，大家把收集到的信息汇总上来，最后由我们麦伦中学地下党支部和积极分子完成了提篮桥区的秘密地图。东长治路、提篮桥周边的国民党军队驻地、警察局、军械仓库等全都一一标明。完成任务后，我们将地图交到了上级党组织的手中。1949年7月1日，在上海地下党和解放军的会师大会上，陈老总专门提到了这件事。他说："上海地下党的同志很了不起，提供了大量的地图和国民党军警的分布情况，对我们顺利解放上海起到了很好的帮助作用。"我们听了感到十分高兴，原来我们绘制的地图，已由区委转到市委，最后送到了华东野战军的手里，地下党员为上海解放做出了一份贡献。

守阵地，保卫学校迎解放

1949年5月中旬，从上海郊区传来的炮声越来越近。5月20日以后，学校就停课了。一些同学回去了，一些同学则留在了学校。组织上要求留校人员坚守阵地，保卫学校，于是我们就组织了一个护校委员会，成员包括学校的代理校长陈其德、地下党员教师马健行以及学生会代表张恭伟和我。这时候，一件意想不到的事发生了。一个排20多个国民党官兵突然占领了我们学校。这是一支国民党军的辎重后勤部队，他们首先占据了学校的科学馆，并将带来的2 000多桶汽油全部放在了足球场上，还将十几匹马放养在校园里。这些讲着一口北方话的国民党兵来势汹汹，在科学馆楼顶架起两挺机关枪，一挺对着高阳路，一挺对着虹镇地区。这时，地下党区委领导张显崇赶到学校，和我们一起商量对策，认为无论如何不能在这里发生战斗，2 000多桶汽油一旦爆炸，别说是麦伦中学难以保全，就连附近虹镇地区的居民都要遭殃。我们决定，不能和他们来硬的，他们占领了我们学校，总是要吃饭的，我们学校的伙食团就给他们搭伙做饭，从生活上接近他们，缓和关系。一些小同学还故意接近他们，用"袁大头"和他们交换美国军刀作为收藏，他们能赚点小外快也蛮高兴的。同时，学校的陈其德、马健行老师出面做他们的工作，晓以利害，指明前途，向他们指出，如果再顽抗下去，毁掉的不仅是学校，连他们自己也将毁掉。终于，这些国民党官兵没敢轻举妄动。5月25日，我们打开无线电收音机，听到市区（苏州河以南）的电台已在播放"解放区的天是明朗的天""人民解放军进行曲"，而地处苏州河以北的麦伦中学却还被国民党军队占领着。直到5月26日，学校附近还在打仗，但我们纠察队仍坚守在保卫学校的阵地上。5月27日清晨5点多，我们一觉醒来，听到对面科学馆没有一点声音，感到很奇怪，赶快跑去查看，这才发现这些国民党官兵都偷换上同学们的衣服逃走了，枪支弹药和国民党军服丢了一地。1949年5月27日是个永远难忘的日子。那天清晨，上海下着小雨，早上7点左右，我们看到身穿草黄色军装、吹着牛角号的解放军队伍朝学校门口跑来。终于看到自己的队伍了，我们激动得跳了起来，情不自禁地上前和他们拥抱，有几个解放军就留在了学校。这时，马路上有很多国民党军队丢下的枪支弹药，我们就帮着解放军把舟山路、库伦路（今海伦路）一带散落的枪支弹药收集到学校的活动房里。那天，我们每人背着一支枪，好不威武。当天晚上，我们学校成了人民保安队在提篮桥区的战斗指挥部，近1 000名国民党军队的俘虏被押来关在了学校科学馆的一楼和二楼，我们就帮着解放军登记造册，有一个国民党的营长假装是伤兵，被我们当场识破。

为了迎接上海解放，我们整整忙了五天五夜，终于把收缴的枪支弹药和十几匹马以及2 000多桶汽油完整地交到解放军手中，我们的学校也完好无损地回到了人民的手中。

两幅领袖像的诞生

许福闳

1949 年 5 月 27 日，据守苏州河北岸的国民党军队有的溃退，有的挂起了白旗。街上虽仍响起零星枪声，但上海全城已告解放。这天，天气也一改前几天的阴霾，而渐显晴朗，刚刚获得解放的上海市民，开始涌向大街小巷，沐浴着青春的温柔阳光，人们的欢声笑语溢满了新生的上海滩。

蓦然间，在新闸路临近泰兴路的一段路边，热闹的人群忽然静了下来，不约而同地把目光聚集到一幢绿色洋房前。只见这幢平时大门紧闭、少有人进出的神秘楼房，敞开了边门，走出一位时髦的妇女和两名学生装束的少年，费力地将两幅 2 米高、1.5 米宽的毛主席和朱总司令巨幅油画像搬到停在门口的三轮车上，缓缓地驶出弄堂。

麦伦中学学生抬着精心绘制的毛主席像庆祝上海解放

这幢绿色洋房，原是抗战胜利后国民党当局没收的敌产，长期闲置不用。1949 年初，我的父亲许大纯虽早已弃政从商，但仍挂着"少将参议"的头衔。凭借过去的关系，我家搬进了洋楼。当时底层只住了一位看门的老人，二层有一户三口之家，男的是国民党的现职军警人员，占着两间，平时他身佩手枪，大多数房间仍空着。国民党军警及保甲人员从不过问这里的一切，这里便成了我党地下活动的一处安全场所。

当时我刚 16 岁，是高中二年级的学生。由于耳闻目睹国民党反动政权的腐败及自己封建官僚家庭的没落，在早年参加革命的哥哥影响下，较早萌发了对自身进步和社会解放的追求，开始投入学生运动，参加一些党的外围活动，如编印刊物、演出戏剧等。经过几年的考验，1948 年底，我和戚国埏等同时被吸收为中共党员。入党后，我又和他一起编印迎接解放的宣传材料。刻印地点设在我的卧室。每次刻印结束，我们都非常小心地拭净滴洒的油墨，拾去零碎的废纸，然后把油印机严密地包好，藏在写字台下面，避免被人发现。

但意外还是发生了。由于我的疏忽，半张印坏的传单留在抽屉里，被我父亲发现了。一天，他异常沉重地对我说："你的哥哥已经走了（这时我的哥哥已去了苏北解放区），你还是个孩子，不要瞎胡闹。"当晚，我即向党组织的傅家驹同志汇报了情况。第二天，我按上级指示对父亲做了工作，父亲沉默半晌，两行混浊的眼泪沿着脸颊流下来，只沙哑着声音说了句："你自己可要小心呀！"便骤然转身离开了。面对父亲的回应，我心头涌上一阵酸楚，但更多的却是高兴，我知道父亲已经默许了我的活动，他不会再干涉我，而且会保护我。党组织知道这一情况后，就把党的一些重要活动放在我家，由我母亲接待，我便在外望风。

1949 年 4 月上旬，麦伦中学党支部书记陈一心同志根据地下党区委张显崇同志的布置告诉我："上海即将解放，我们要做好迎接解放的各项工作，现在组织上要我们各画一幅毛主席和朱总司令的巨幅像，使上海人民在上海解放的当天就能看到领袖像，使领袖的肖像耸立在我们人民宣传队伍的前面，引导我们走在上海马路上。你家比较安全，画家是否就住在你家作画。活动要非常隐蔽，不得与任何外人接触，一定要采取周全的保密和安全措施。"我们刚刚学过毛主席的《新民主主义论》等文章，对毛主席怀有无限的崇敬。我懂得在严重的白色恐怖下，完成这项任务的艰巨性。考虑到父母当时对党的态度等各方面条件，我当即表示没有问题，并立即着手准备。由比我高一级的女同学韩苹卿陪我到木匠铺定做画架，声称家里房子小，要做两只屏风把房间分割开来。画架做好之后，画室就设在我的卧室里，墙上挂了布帘子，盖住画布，房门也装上布门帘，使外面的视线看不见室内的活动。一切安顿妥当之后，一天下午，我便带着一卷报纸——联络的暗号，来到北四川路国立戏剧专科学校对面的一幢新式里弄房屋前，我轻轻叩响楼门，一位约 30 岁的男子出来开门。接上头后，我们当即决定马上就搬去我家。不一会工夫，他便拎着一只黑色的小画箱出来，后面还跟着一个 20 岁左右的青年人，和我一起回了家。从此，这两人便住在我的卧室里画像，日常生活都由我母亲照料，我则住到同学家去，有时在家，就住在客厅里。那时的纪律要求，如无特殊情况，我们都不进画室，也不和他们交谈，我只记得画家沉默寡言，作画期间，他把全部心血都倾注在画幅中。他们整日闭门不出，大约过了半个月，画像完成了。这是两幅巨幅油画，画面上的毛主席身穿深蓝色中山装，戴红军的八角帽；朱总司令是穿解放军军装，戴军帽，英姿威武。画布面朝墙，外面罩上帘子，表面看去全然不觉里面藏着画像。之后，画家带着他的助手，在一个漆黑的夜晚，悄然地离开了我们家。

大约隔了 10 天，解放的炮声便在上海的郊区隆隆响起。五月二十五日清晨，解放军开始进入市区，沪西地区首先解放了。我们急切地企盼着上海全城解放，因为麦伦中学地处苏州河北，要等全城解放之后，才能将领袖像送到学校去。二十五日我们徒步去察看，苏州河上所有的桥都不通，解放军与国民党守军隔桥对峙，不时响起阵阵枪声。一直到二十七日上午，我们发现桥通了，就立即将画像从家中取出，叫了一辆三轮车，在母亲的帮助下，把画像搬上了车，我们坐在画像后面，手扶像架，以无比激动和自豪的心情，沿新闸路、北京路，过外白渡桥向麦伦中学进发。沿途遇到的行人目光都被画像吸引过来，有的面露惊喜，似乎在问："这么快就把领袖像画好了？"更多的是带着疑问的眼神，似乎在问："这画的是谁？"

一到学校，我们看到人民保安队、人民宣传队已集中在学校里活动。这两幅画像出现在学校大门口，立刻吸引了所有在校师生，他们争相观看。有的同学说：是从这幅画像开始认识毛主席的。自这以后，每逢人民宣传队去工厂或有集会宣传时，画像都列在队伍的最前面。这两幅像还走在 1949 年上海"七·六"大游行东区游行队伍的最前面。提篮桥区一带的职工、居民都认识麦伦中学的这两幅画像。许多单位集会时还向我们借用。刚解放的上海人民，从画像上看到了毛主席的形象，也看到了新中国的曙光。

许福闳

邱汉生与麦伦中学

陈　缸

麦伦中学有一百多年校史，虽然曾是教会学校，但在 20 世纪 40 年代后期却成为中共地下党组织的重要据点和爱国师生民主运动的坚强堡垒。

邱汉生（1912—1992），又名竹师，历史学家、哲学家，江苏海门三阳镇人。1932 年毕业于上海大夏大学国文系，辗转执教于沪、苏、浙多所中学。1941 年 12 月应新四军通海行署邀请，创办海门中学并任校长，为新四军

邱汉生

输送有文化的新生力量。1945 年 5 月加入中国共产党。1946—1947 年任复旦大学、大夏大学教授。1947 年应沈体兰聘请至麦伦中学任教，新中国成立后担任上海市教育局中等教育处副处长。1954 年 9 月调北京，任人民教育出版社历史编辑室副主任，系中国科学院（今中国社会科学院）历史研究所中国思想史研究室研究员，在中国社会科学院研究生院、北京师范大学等多所大学兼任教授、研究员。他是侯外庐学派创建人之一，精通史学、经学、文学、哲学，在中国思想史、哲学史领域尤有建树。其学术代表作有《四书集注简论》及与人合著的《中国思想通史》《宋明理学史》等。

本文姑且不论邱汉生国学研究之学术成就，谨记述他与麦伦中学的渊源及背景，追寻其在麦伦中学的活动轨迹。

1946 年 6 月，国民党撕毁《双十协定》，内战爆发。是年秋，沪地各大学有正义感的进步教授组成"上海大学教授联谊会"（以下简称"大教联"），张志让、沈体兰担任正、副召集人，成员包括马寅初、翦伯赞、陈望道、叶圣陶、周予同、周谷城、楚图南等，邱汉生也加入其中。从抗议美军迫害沈崇事件开始，在一系列反内战、反饥饿、反迫害游行及反特务暴行斗争中，大教联伸张正义集会声援，在报纸上公开发表宣言。1947 年 5 月 20 日，当局

一夜间在上海各大学逮捕爱国进步学生数百人，或予关禁，或予杀害，妄图一举扑灭革命火焰。邱汉生不仅积极参与民主斗争，还作为大学教师十位代表之一，面见国民党上海市市长吴国桢，要求释放被捕学生。6 月 3 日，《大公报》发表 76 位教授联合署名的《对学生运动之意见》，其中就有沈体兰、邱汉生等，当局似乎已觉察邱汉生的中共党员身份，恼羞成怒，对复旦大学、大夏大学校方强施淫威，迫使校方宣布将其解聘。同年秋，他接受复旦大学教授、麦伦中学校长沈体兰聘请，转入麦伦中学教书。

1947 年 8 月 20 日，邱汉生与麦伦中学签署首份应聘书，"兹愿任麦伦中学专任教员，担任高初中国文所有授课，项目及薪津数额应俟开学时给定之，任期至卅十七年一月三十一日止"。稍后，于 8 月 31 日又签订了一份补充聘约，内容更为具体详尽，担任的教务是高三历史、高二国文和初二甲国文，兼任高二导

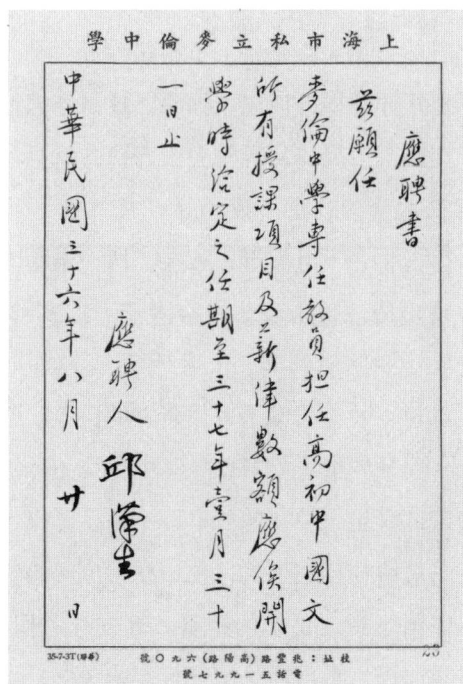

邱汉生应聘书

师，每周授课十八到二十一小时，另每周一次指导晚间自修课，每月薪津国币二百六十万元，以六个月计算，且注明在校住宿。沈体兰与邱汉生惺惺相惜，对邱汉生倍加关怀，为方便他借课余时间静心撰著，更考虑到有利于掩护其开展秘密文宣工作，特安排他住进既相对安全又比较宽敞的校内宿舍。邱汉生蛰伏麦伦中学期间，所涉事务异常纷繁，既要从事面上的教学，参与校务活动，又要完成党组织交给的艰巨任务，还要挤出时间潜心治学著述，好在他正值盛年，思维强、精力旺、笔头勤、效率高，梳理各项头绪有条不紊，应对复杂环境泰然自若。

邱汉生原先的党组织上线是中共上海地下党教委负责人马飞海，1947 年秋末冬初，马飞海到麦伦中学找邱汉生，通知其以后党的联系工作由吴从云接替。不久，吴从云来麦伦中学同邱汉生接上关系，并提出党要办一份群众性的教育刊物，发起对反动势力的文化斗争，由邱汉生等几位同志负责编辑出版。经过初步研究，他们确定了这份刊物的主要任务：揭露国民党法西斯教育的反动性和危机，宣传介绍进步的教育思想和经验，渗透适度的形势分析，团结教育广大中、小学教师，在教育领域发挥进步舆论导向。由于是在白色恐怖形势下办的公开出版物，故以中间进步的面貌出现。为了对付当局的书报检查，刊物采用丛刊形式，一辑一辑不定期出版，既不算期刊也不算书，定名为《现代教学丛刊》。随后，吴从云请邱汉生将计划转告著名教育家、麦伦中学校长沈体兰先生，征询他的意见，沈体兰听后表示赞同。

该刊编辑部设在麦伦中学，吴从云介绍中共党员陈云涛、张文郁、施效人协同邱汉生一

起工作，领导编辑丛刊的党支部相继建立，吴从云任支部负责人，支部成员为上述诸人，隶属上海地下党教育委员会，与麦伦中学的党支部各自独立，彼此间无横向联系，这是当时地下斗争的形势所致。具体分工为：邱汉生负责编辑工作，陈云涛多担负事务性工作。丛刊每辑以一篇主要文章或中心内容命名，开头有几篇短论，由编辑部根据形势发展，抓住目前教育战线的几个关键问题阐发意见，分头执笔，不请外人写，吴从云、邱汉生、陈云涛、张文郁（陈鹤琴秘书）、施效人都擅写短论。短论后是一两篇较有分量的论文，充分发挥上海文化教育界进步力量的优势，约请政治上进步、比较有号召力的知名人士执笔，如叶圣陶、周建人、陈鹤琴、蔡尚思、夏康农、沈体兰、周予同、吴若安、方与严等人。然后是几篇讨论教育问题或介绍教育经验的文章。有时候也刊登教育文艺，间或刊登分析形势的文章。丛刊出版经费由一位往来于上海与解放区之间进行商业活动的俞心愈先生提供，他指定刘仁慧担任会计。丛刊出版后，委托华华书店发行经销。

《现代教学丛刊》第一辑

《现代教学丛刊》筹备于1947年冬，由邱汉生集稿，由他发交印刷所。印刷所地处北火车站附近的爱而近路（今安庆路），规模很小。每次由邱汉生把在麦伦中学编定的稿件送去，排好版后，去印刷所校对，或者把排印样稿带回麦伦中学，再与陈云涛分别校对。1948年2月，第一辑以蔡尚思《蔡元培的革命教育》发刊，第二辑刊发夏康农、魏金枝等著《新文化运动和社会运动》。刊物至1949年4月上海解放前停刊，共出版8辑。该刊对研究解放战争时期的教育发展、乡村小学等方面有重要作用。

差不多在同一时期，邱汉生与著名历史学家侯外庐、杜国庠往来频繁。侯外庐、杜国庠在抗战胜利后迁沪并居住于虹口，共同主编《新思潮》周刊，附在当时的《文汇报》刊出，宣传马列主义，并针对思想理论界流行的错误观点进行批判。邱汉生撰文《思辨篇》驳斥胡适，投稿《新思潮》，不几日就刊登了。《新思潮》两主编邀邱汉生见面，邱汉生欣然前往拜访，恰巧《新思潮》编辑部离麦伦中学不远，在狄思威路（今溧阳路）小菜场附近一个弄堂里，地址亦即侯外庐先生的家。杜国庠家在虹口天宝路天宝里，从麦伦中学向西，沿高阳路步行五六分钟，过一座小桥，往北拐不远就到。邱汉生会不时去看望杜老，两人亲密无间且长谈不倦，话题涉及先秦诸子、西汉经学、魏晋玄学、隋唐佛学、宋明理学、清代朴学、近代思想以及当前学术思想研究的任务。叙谈之余，侯外庐把《中国思想通史》第一卷清校样交给邱汉生，委托他再审读一遍。邱汉生读毕将书稿清校样送还时，侯、杜两位便约他参加《中国思想通史》的撰著。据侯外庐回忆，当时邀邱汉生参与，是出自杜老的提议，且蔡尚思也推荐过，认为他对汉代有研究。

《中国思想通史》

身为中共地下党员，邱汉生等是冒着极大风险从事革命宣传工作的。黎明到来前往往是最艰难的时刻，1948年夏秋之际，面对严酷现实，支部领导吴从云告诫支部每一个成员，随时警惕，万一被捕就用事先准备好的"供词"同敌人在法庭上进行顽强斗争。这种"供词"是政治斗争的特殊工具，以达到保护党组织、保护同志、反击敌人的政治目的。邱汉生等都做好了随时献身事业、献身信仰的心理准备，并将这种准备视作是最好的考验和锻炼。每当支部会和编委会在邱汉生家举行时，他就遵照事先约定，在家中窗台上摆一盆花，使与会者看到后可放心赴会。邱汉生还铭记万一他遭敌人逮捕，就在走出门时顺手打翻这盆花，及时发出危险信号。同志们的电话号码，邱汉生都用心记在脑子里，不留片纸只字。要记住电话号码那些枯燥的阿拉伯数字是不太容易的，但是为了党的利益，为了保密，他就下功夫硬

记。邱汉生的党员身份是绝对保密的，即使对家人，也丝毫未透露，直到解放后公开党的组织，他妻子方才知道自己的丈夫是共产党员。

1948年秋，出于安全、效率和便捷等多重因素考虑，《现代教学丛刊》编委会一般安排在麦伦中学邱汉生家中召开，偶尔也到静安寺赵家桥陈云涛家里开会。1948年冬到1949年初，时局急剧变化，为了适应形势发展，《现代教学丛刊》出版的节奏加快。于是，他们就把排印地点改到规模较大的正中书局印刷所。这个印刷所排得快，稿子交过去几天内就可排出来了，邱汉生和陈云涛有时索性坐在正中印刷所校对，边校边改，省去了来回跑和拿回家校对的时间。很快，新的丛刊就印成出版了。最后两辑丛刊的内容，是根据党的指示，号召广大教师护校，迎接解放，并介绍老解放区的教育经验，准备迎接即将来临的江南解放。

1949年5月，上海解放，邱汉生调离麦伦中学，履职市教育局，自解放初至1954年卜居虹口四平路新陆邨13号，直至调京工作。

历经沧桑的私立麦伦中学于1953年由上海市教育局接管，沿用原校名显然已不合时宜，遂经时任市教育局中等教育处副处长的邱汉生提议，更名为"上海市继光中学"。"继光"两字含双重寓意：一是纪念抗美援朝特级英雄黄继光；二是继承、光大该校之优良传统。是年6月12日，在学校草棚隆重举行的纪念建校65周年集会上，邱汉生代表市教育局郑重宣布启用新校名，由此，该校步入新的发展阶段。

附录

大事记年表

民国纪元前十三年
本校创设于本埠山东路麦家圈
定名麦伦书院

民国纪元前十二年
迁移校址于虹口兆丰路
裴文君任校长
设汉文及英文两部，每部各设正馆备馆四班

民国纪元前八年
第一部校舍落成
办理第一届毕业式

民国三年
麦庐伯君任校长

民国四年
艾约瑟堂落成

民国七年
库寿龄、卢克逊两君主持校务

民国八年
学生因事务纠纷发生离校风潮

民国十一年
彭思君任校长
合并汉文、英文部，裁撤正馆第三、四班

民国十三年
取消正馆备馆，设高中三年级、初中三年级、预科一级

改设秋季始业班

民国十五年
学生因纪念五卅国耻罢课离校

民国十六年
首任本国校长夏晋麟君就职
组织校董会
向本市教育局呈请立案
设立事务处

民国十七年
建筑理化实验室
改建网球场
设立学生自治委员会

民国十八年
奉市教育局令准立案
设立训育处
添设图书室

民国二十年
奉教育部令准备案
设立教务处
实行部颁中学课程暂行标准
奉部令组织学生义勇军
因学生爱国运动提早放寒假

民国二十一年
沪战中春季学期展迟开学
开办暑期实习班
现任校长沈体兰君就职
添设健身房、图书馆、博物室、艺术教室、生物学实验室、会议室、教员休息室、学生游艺室等

---

① 民国二十五年前大事记年表来源于麦伦中学校刊社编印《麦伦中学四十周年立校纪念刊》。
民国二十六年始至 1950 年大事记年表来源于麦伦中学校务会议和全体教职员会议记录。

聘任体育指导员
裁撤初中预科
增设各项选科
改设导师制
厘订行政大纲，设立各项行政会议
举行卫生、劳力、读书等运动
设立民众学校
组织消费合作社
改组学生自治会

民国二十二年
制定校训及校歌
组织各级级会，实行值日生制
填高全部地基
增辟校园篮球场、排球场及田赛场，添设疗养室
改学分制为绩点制，注重操行及课外作业成绩
厘订教务大纲及训导大纲
实施国难时期训练方案
举行第一次立校纪念
童子军团登记
民众学校立案
创设补习学校

民国二十三年
创设分科分级会议
创设校刊社
举行第一次校务研究会
体育馆及卫生厕所落成，增辟动物苑
举行学术讲座及各科成绩比赛
组织假期服务团
组织教职员进修会
高级补习学校立案
举行募捐游艺会

民国二十四年
组织推广事业设计委员会、简师附小筹备委员会
添建传达室
实施军事管理，高一学生参加第一次集中训练
修正国难时期训练方案，增加特种作业
创设民众学校分校，办理暑期识字学校

民国二十五年
裁并教务、训导两处，合成教导处
设立招收女生筹备委员会，改组推广事业委员会
分设高中文、理、工各项补充科

进行建筑科学馆募捐运动
科学馆落成
创设义务学校，举办民教师范训练班

民国二十六年
科学馆落成典礼
改推广事业设计委员会为推广事业委员会，沈体兰先生为委员长，曹亮先生为副委员长
四十周年立校纪念
由辣斐德路临时办事处迁至虞洽卿路慕尔堂为校址开学
曹亮先生离校
沈淑先生代表本校全体师生慰劳绥远抗战将士

民国二十七年
迁小沙渡路三十四号
制定校旗
租定武定路九百四十号新校舍
沈校长以中华基督教教育协会执委会主席身份离沪赴印度出席世界基督教宣教联合大会
参加征募寒衣运动

民国二十八年
兆丰路校舍由伦敦会代表租给犹太人居住
沈校长回国举行欢迎会
结束消费合作社

民国二十九年
恢复消费合作社
增加房租至每月七百五十元
赵朴初先生来校代课

民国三十年
设教职员生活合作社
按工部局发表新钟点改变上课时间
续租校舍至明年六月底
陈其德先生辞职，蓝仲祥先生继任训导主任

民国三十一年
三十一年二月一日起学校暂行停办
筹设迈伦补习社，聘白约翰先生为社长
举行教职员话别会

民国三十二年

请陈其德先生兼任副校长

训导主任段力佩先生辞职

房屋诉讼四审后胜诉

民国三十三年

立案请校董会先办理登记

房屋租期至三十四年七月底

黎培基辞职

上海空袭,考试暂行停止一天并顺延举行

民国三十四年

迈伦校董会议决解散,移交原创办方伦敦会,重

组麦伦校董会,恢复麦伦中学名义

设立虹口分校,假天乐堂试办初一、二及高小

请陈其德代理校长

设立麦伦中学恢复基金

民国三十五年

兆丰路犹太难民迁出

沈体兰先生返沪受聘校长

分校改名麦伦中学虹口分班

民国三十六年

犹太人三月归还虹口科学馆

迁回兆丰路原址上课,武定路临时校舍由越旦中

学接收,不能迁移之设备均作价转让于该校

民国三十七年

五十周年校庆

教育局令查复参加反美扶日游行学生

1949 年

市政教育机关接管本校

临时校务委员马健行、凌治镛、余觉今任期至正

式校务委员产生之日

学生会李道翙同学报告学代会议决学运任务

1950 年

教育工作者工会沪东区中教支会四月十二日成

立,本校陈其德、段庆麟、胡景清、施衍之四位

先生当选支会委员

恢复工人夜校

4 月 8 日公开成立中共党支部

沈体兰校长就任华东教育部副部长

推陈其德、虞穉筠、胡景清参加提篮桥区教育工

作者工会,讨论产生第四届人民代表会议代表

候选人

组织工会筹委会,名额暂定为五人

历任教职员名录 [1]

姓　名	在校时用名	籍　贯
包克私		英国
裴　文		英国
麦卢伯		英国
厍寿龄		英国
卢克逊		英国
彭　思		英国
夏晋麟		浙江鄞县
白约翰		英国
周福庆		广东中山
张霆潮		浙江吴兴
董世和		浙江鄞县
楼乃雄		浙江义乌
徐汉章		江苏吴县
汪师竹		江苏宝山
孙文贤		上海市
李庆甫		江苏宝山
谈荫奄		江苏青浦
顾志周		江苏金山
陆颂周		浙江吴兴
顾蓉初		江苏吴县
曹　孚		江苏宝山
戴符九		北平市
曹志绥		浙江杭县
包克私夫人		英国
韩露似		美国
夏晋麟夫人		上海市
仇子同		浙江鄞县
马兆椿		江苏吴县
忻良德		江苏余姚
戴乐仁夫人		英国
沈体兰		江苏吴江
郭大文		浙江上虞
茹　枚		广东东莞
丁仲甫		浙江鄞县
陈侠泉		浙江平阳
曹　亮		湖南常宁
江振德		江苏吴县
陈其德		浙江永康
张以藩		湖南长沙
沈　淑		江苏吴江
金江蘅		江苏吴江
王卓我		江苏吴江
吴文庆		浙江鄞县
王季深	王坚生	江苏丹徒
陆宇安		江苏无锡
修中诚		英国
苏德宏		江苏吴县
赖璞吾		英国
潘　芳	潘蕙田	安徽婺源
黄九如		湖南资兴

---

[1] 以到校先后为序。

（续表）

姓　名	在校时用名	籍　贯
魏金枝		浙江嵊县
陈志道		浙江义乌
周受明		湖北咸宁
萧百新		湖南祁阳
黄　瑶		浙江镇海
陈蓉馨		福建闽侯
向大延		湖南衡山
吴帆波		湖南江华
陈兆坤		江苏武进
胡　然		湖南益阳
萧镜玄		湖北江陵
王岳西		浙江奉化
萧月宸		四川高县
詹　斌		福建崇安
王厚生		安徽天长
夏伯初		湖北武昌
陈特汉		湖南长沙
黄　胤		湖南衡阳
吴上千		江苏武进
王楚良		浙江绍兴
张云飞		江苏无锡
杨美真		湖北孝感
沈安石		江苏吴江
梁邦彦		广东中山
关健夫		广东紫星
张惠衣		浙江海宁
刘　晓	林庚汉	湖南沅陵
严家书		江苏吴县
陆钦轼		江苏吴县
费圻钢		上海市
胡　易		浙江宁海

姓　名	在校时用名	籍　贯
蓝仲祥		陕西西乡
何　封	张淮孚	河南唐河
胡赞平		浙江嘉兴
朱泽甫		安徽桐城
孙锡祺〔琪〕		江苏无锡
陈维尧		福建闽侯
唐守愚	唐紫萍	山东济宁
王基恩		浙江鄞县
楼适夷	楼轶甫	浙江绍兴
盛震叔	盛雨辰	浙江余姚
赵朴初		安徽太湖
林淡秋		浙江三门
陆锦标		江苏南通
陈世骢		浙江嘉兴
冯宾符	冯仲足	浙江慈溪
李仲融		湖南长沙
段力佩		江苏金坛
孙以栋	张咏义	江苏吴江
陈诒先		湖北黄陂
邵鸿矗		浙江兰溪
朱世璜		浙江嘉兴
陆增礽		江苏常熟
郭栋材		广东番禺
翁昭麟		广东潮阳
柯天斧		广东番禺
蒋逸霄		江苏无锡
路象恒		江苏宜兴
凌治镛		广东番禺
施衍之		浙江乐清
萧杏村	萧克勤	湖南长沙
田常青		湖北黄陂

（续表）

姓　名	在校时用名	籍　贯	姓　名	在校时用名	籍　贯
周醒华		江苏吴县	余觉今		广东新会
曹学源		浙江上虞	樊　康		浙江镇海
陶增棨		江苏镇江	张景昭		浙江嵊县
王继璞		湖北武昌	吕秀芳		浙江永康
余之介		浙江玉环	徐为之		江苏镇江
邱汉生		浙江黄岩	金缠言		江苏吴江
吴逸民		福建厦门	段庆麟		湖南长沙
刘菱芬		浙江镇海	曾　铮		江西新淦
陶慧华		青岛市	祝耀楣		浙江萧山
马健行		河北丰润	李志申		福建闽侯
郭若愚		上海市	陆瑞源		江苏无锡
郭乃安		贵州盘县	余连如		江苏宜兴
陈承融		浙江平阳	虞稺筠		江苏丹阳
杨孔娴		河南商城	马问蕊		浙江崇德
叶耀芳		福建闽侯	陶　津		浙江绍兴
胡景清		江苏南通	李　秀		辽东海城
尹志仑		四川蓬溪	孙庆桐		江苏无锡
刘毓敏		河北	汪明高		江苏宝山
沈恩衍		江苏吴江			

中共地下党支部情况

1939年2月，麦伦中学成立中共地下党支部。1950年4月8日，麦伦中学召开了第一次公开的支部大会，标志着学校党支部的正式公开。

历任党支部书记

朱育勤（1939年） 　　 侯忠澍（1939年）

施宜（1940年） 　　 张显崇（1945年）

李维嵩（1947年） 　　 吴文熙（1948年）

陈一心（1949年1月至5月）

洪震平（1949年6月至12月）

马健行（1950年1月至8月）

麦伦中学中共地下党学生党员名册

序号	姓　名	基本情况
1	朱育勤	39届校友，1939年任党支部书记
2	侯忠澍	40届校友，1939年任党支部书记
3	蓝天福	41届校友
4	施　宜	41届校友，1940年任党支部书记
5	顾以健	41届校友
6	雷树萱	39届校友
7	沈曾华	42届校友
8	蔡文龙	42届校友
9	毛乾丰	43届校友
10	林戊荪	45届校友
11	张显崇	46届校友，1945年任党支部书记
12	马柏年	46届校友

序号	姓　名	基本情况
13	葛起明	46届校友
14	金兴祖	46届校友
15	高仰康	47届校友
16	苏国栋	47届校友
17	杨光琴（女）	47届校友
18	籍传慧（女）	47届校友
19	章匀珊（女）	47届校友
20	芮瑞蓉（女）	47届校友
21	梁德源	47届校友
22	侯忠洛	48届校友
23	李维嵩	48届校友，1947年任党支部书记
24	朱宗正	48届校友
25	陈一飞	48届校友
26	范思廉	48届校友
27	洪蕙心（女）	48届校友
28	周身濂（女）	48届校友
29	吴文熙（女）	49届校友，1948年任党支部书记
30	张恭伟	49届校友
31	陈一心	49届校友，1949年1—5月任党支部书记
32	王忆滨	49届校友
33	王适存	49届校友
34	张　闽	49届校友

序号	姓　名	基本情况	序号	姓　名	基本情况
35	何寿源	49 届校友	47	洪震平	52 届校友，1949 年 6—12 月任党支部书记
36	周怀珍（女）	49 届校友	48	丁庆丰	52 届校友
37	傅家驹	50 届校友	49	陈佩瑛（女）	52 届校友
38	金绍华	50 届校友	50	钱关林	52 届校友
39	戚国延	50 届校友	51	干惠民	52 届校友
40	秦关林	50 届校友	52	赵舜华（女）	52 届校友
41	许福闳	50 届校友	53	顾以仁（女）	52 届校友
42	戴桂康	51 届校友	54	孔慧英（女）	52 届校友
43	李士铭	51 届校友	55	周　鸿	52 届校友
44	钱纪良	51 届校友			
45	陶大镛	51 届校友			
46	袁楚梁	51 届校友			

后　记

　　2024年4月，上海市虹口区档案馆申报的国家重点档案保护与开发项目"民主堡垒 学运先锋——上海市私立麦伦中学档案开发项目"获批。在国家档案局、上海市档案局的指导下，在众多档案专家与上海史学者的关心帮助下，项目得以顺利完成。

　　《上海市私立麦伦中学档案汇编》（以下简称《汇编》）从馆藏麦伦中学档案中遴选、整理校务会议记录和全体教职员会议记录共21卷，时间跨度从1931年至1950年，集中呈现了麦伦中学从一所教会学校逐步转变为民主堡垒的历程。其间，一批中共地下党员以教师身份为掩护，在教学中影响学生走上了民主革命道路。

　　《汇编》以弘扬红色文化、先进文化为主题，在"十四五"规划收官之年，向社会呈献虹口区打响"文化三地"品牌、推动档案资源转化利用的丰硕成果。在此，特别感谢张斌、彭晓亮、陈子善、完颜绍元等专家学者，施宜、陈一心、许福闳等麦伦中学老校友，及上海教育出版社编辑们为《汇编》出版给予的帮助和付出。

　　限于水平，本书在编纂过程中仍有许多不尽如人意之处，敬请专家、学者及广大读者批评、指正！

图书在版编目（CIP）数据

上海市私立麦伦中学档案汇编 / 上海市虹口区档案馆编. — 上海：上海教育出版社, 2025. 5. — ISBN 978-7-5720-3511-1

Ⅰ. G639.285.1

中国国家版本馆CIP数据核字第202597AH71号

策划编辑　刘美文
责任编辑　周　伟　姜一宁
装帧设计　王鸣豪
封面题字　施　宜

上海市私立麦伦中学档案汇编
上海市虹口区档案馆　编

出版发行　上海教育出版社有限公司
官　　网　www.seph.com.cn
地　　址　上海市闵行区号景路159弄C座
邮　　编　201101
印　　刷　上海普顺印刷包装有限公司
开　　本　889×1194　1/16　印张21　插页2
字　　数　492千字
版　　次　2025年6月第1版
印　　次　2025年6月第1次印刷
书　　号　ISBN 978-7-5720-3511-1/G·3138
定　　价　188.00元

如发现质量问题，读者可向本社调换　电话：021-64373213